Über die Verfasserin

Marianne Gronemeyer, geboren 1941, acht Jahre Lehrerin in Hamburg, ab 1971 Friedensforschung, Projekt: Friedens- und Partizipationsforschung, Gesellschaftliche Bedingungen des Friedens; Folgeprojekt: Entwicklungspolitische Sensibilisierung in außerschulischen Lernfeldern, beide gefördert von der Deutschen Gesellschaft für Friedens- und Konfliktforschung. Sozialwissenschaftliche Dissertation: Motivation und politisches Handeln, Hamburg 1976. Habilitationsschrift: Bedürfnisse – Gegenbedürfnisse – Bedürfnislosigkeit. Zur Reformulierung sozialwissenschaftlicher Bedürfnistheorien. Weitere Publikationen: zus. mit H.-E. Bahr (Hg.): Erwachsenenbildung – Testfall Dritte Welt, 1977, zus. mir R. Gronemeyer (Hg.): Frieden vor Ort, 1982; zus. mit G. Eisenberg (Hg.): Der Tod im Leben, 1985.

Marianne Gronemeyer

Die Macht der Bedürfnisse

Reflexionen über ein Phantom

rowohlts enzyklopädie
kulturen und ideen

kulturen und ideen
Herausgegeben von Wolfgang Müller
in
rowohlts enzyklopädie
Herausgegeben von Burghard König

Originalausgabe
Veröffentlicht im Rowohlt Taschenbuch Verlag GmbH,
Reinbek bei Hamburg, Juli 1988

Umschlaggestaltung Werner Rebhuhn
(Vignette: Harfenspieler aus der Welislawschen Bilderbibel,
14. Jahrhundert, aus der Fürstlich Lobkowitzschen
Bibliothek, Prag)
Satz Sabon (Linotron 202)
Gesamtherstellung Clausen & Bosse, Leck
Printed in Germany
2480-ISBN 3 499 55460 7

Freude aus Verunsicherung ziehen –
wer hat uns das denn beigebracht!

(Christa Wolf)

Inhalt

5
Exkurs: Leben-in-Daseinsbedingungen, Alltag und Gattungsmäßigkeit

Vorwort

Es gehört zu den tückischsten und erfolgreichsten Winkelzügen der Macht, die Wörter nur so zu gebrauchen, daß sie haargenau das bezeichnen, was ist; daß sie zu einem Spiegelbild der Verhältnisse werden und sie so bestätigen. Ihr kritischer Sinn, der über die gewordenen Verhältnisse hinausweist und andere denkmöglich macht, wird unterdrückt. Die Unterdrückungsgeschichte der Sprache und die Unterdrükkungsgeschichte der Menschen gehören zusammen.

> «Im ganzen – haltet Euch an Worte
> Dann geht Ihr durch die sichre Pforte
> Zum Tempel der Gewißheit ein.»

Das ist der übelmeinende Rat des Mephistopheles, seine Anleitung zur Selbstzerstörung, seine Verführung zum Untergang.

Also sollte man den Wörtern gerade *nicht* trauen, wenn man die teuflischen Absichten dieser Einflüsterung durchschaut hätte? Also sollte man sie als das entlarven, was sie sind: leeres Stroh, das ohne Aussicht auf Besserung der Lage gedroschen wird? So simpel ist die Dämonie des Mephisto nicht, daß man sich nur an ihr Gegenteil halten müßte. Mit einfachem Widerspruch ist ihr nicht beizukommen, allenfalls mit Überlistung: seinen Rat mehr als wörtlich nehmen, ihn buchstabengetreu befolgen und auf seine Verheißung pfeifen. Sich wirklich an die Wörter halten, ihnen mehr trauen als dem Augenschein der Wirklichkeit, so genau in sie hineinzuhören und auch in ihre Geschichte, daß sie ihre kritischen, überschießenden Gehalte preisgeben, aber nicht um der Gewißheit willen.

Aus der genauen Befolgung des mephistophelischen Rates habe ich in den folgenden Überlegungen Gewinn zu ziehen versucht. Dem Leser wird zugemutet, mit dem gebräuchlichen Sinn vieler Begriffe * zu brechen und sich auf eine befremdliche Verwendung einzulassen. So wird

* Alle fremdsprachigen Zitate und Anmerkungen wurden von mir selbst ins Deutsche übertragen.

«Bedürfnis» zum Machtbegriff, «Ohnmacht» und «Erleiden» werden zu Widerstandskategorien, «Unterlassen» wird zur Tugend, «Bedürfnislosigkeit» bedeutet Wohlstand, und «Nichtwisserschaft» erscheint als vernünftige Alternative zur Wissenschaft.

Dieses Buch «erstatte» ich meinen durch die Jahre hin wichtigsten Lehrern «zurück». Mit dem Begriff der Rückerstattung beziehe ich mich auf die – von der unseren vollkommen verschiedene – Geschenkökonomie. In ihr gelten drei Grundregeln:

Erstens: Jeder schenkt freigebig weg, was er hat.

Zweitens: Niemand darf die Annahme der Gabe verweigern.

Drittens: Der Beschenkte erstattet den Gewinn, den er aus der Gabe zieht, an den Geber zurück.

Ihr wart als Lehrer freigebig mit dem, was Ihr hattet.

Ich habe mich bemüht, Eure Gaben anzunehmen.

Ich erstatte Euch den Gewinn, den ich für mich daraus gezogen habe, in Gestalt dieses Buches zurück:

meiner Mutter, Reimer Gronemeyer, Hans-Eckehard Bahr, Ivan Illich und Euch unermüdlichen Diskutanten: Johannes Beck, Heinrich Dauber, Christian Marzahn, Wolfgang Sachs und Herbert Stubenrauch.

M. G.

I

Die Macht der Bedürfnisse oder Die Bedürfnisse der Macht

«Es gibt eine Geschichte: Es war einmal ein Mann, der lebte in Armut. Nach vielen Abenteuern und einer langen Reise durch die ökonomische Wissenschaft traf er die Überflußgesellschaft. Sie heirateten, und sie hatten viele Bedürfnisse.» (J. Baudrillard, 1970, S. 93)

Dieser satirischen Nachricht entnehme ich zwei wichtige Botschaften.

Erstens: Der Mensch lebte in Kargheit (rareté), ohne doch deshalb Bedürfnisse zu entfalten. Armseligkeit macht also mitnichten begehrlich.

Zweitens: Bedürfnisse sind eine Ausgeburt der Überflußgesellschaft.

Beide Botschaften warten mit einer Überraschung auf. Ihre Umkehrung scheint die Logik eher für sich zu haben: Kärglichkeit macht Bedürfnisse und Überfluß stillt sie. Muß man nicht den Mann in seiner Armseligkeit doppelt beklagenswert finden? Nicht nur, daß er in einer kläglichen Lebenslage sein Dasein fristen muß, offenbar mangelt es ihm auch an geeigneten Antriebskräften, sich über seine Erbärmlichkeit zu erheben. Andererseits: wenn man sich denn sein Schicksal angelegen sein ließe, was wollte man ihm wünschen? Überfluß? Oder Bedürfnisse?

Die Rede vom Überfluß beschwört ja längst nicht mehr die Vision vom üppig überquellenden Füllhorn, an dem man sich ungestraft gütlich tun kann. Überfluß hat einen Beigeschmack von Ungenießbarkeit angenommen. Nicht das ‹Überfließende›, sondern das ‹Überflüssige› ist der in den Vordergrund drängende Bedeutungsgehalt, wenn immer unser gesellschaftlicher Zustand mit dem Überfluß gekennzeichnet wird. ‹Verschwendung› schwingt mit in dem Begriff, ‹Verschleiß›, ‹Ausplünderung›, ‹Raubbau›, auch ‹Nutzlosigkeit und Sinnleere›[1] und manche endzeitliche Ahnung.

Und nun die Bedürfnisse, Abkömmlinge der Überflußgesellschaft? Sind sie in ihrem Erbgut geschädigt durch die Verkommenheit des Überflusses? Haben sie teil an dessen deprimierendem Verfall? Kann ich dem Mann in seiner Rareté also weder das eine noch das andere wünschen, weder den Überfluß noch die Bedürfnisse? Und soll ich ihn darum ‹arm, aber glücklich› nennen? Und seine Begegnung mit der Überflußgesellschaft ein einziges Unglück?

Es fällt schwer, die Bedürfnisse für genauso marode zu halten wie den Überfluß. Zu viele Hoffnungen heften sich an sie als an eine im letzten doch unbestechliche Instanz, von der wir uns Korrektur und Richtung erwarten können. Bedürfnisse sollen im Kern doch resistent sein gegen den verderblichen Einfluß der Überflußgesellschaft, alles in allem in der Lage, den Kampf gegen deren gefährliche Auswüchse aufzunehmen und einen weiterführenden Weg zu weisen.

Bedürfnisse: Antriebskraft der besseren Möglichkeit?

«Der wirkliche dialektische Antrieb ist Bedürfnis; einzig dieses gibt, als ungesättigtes, als ein durch die ihm jeweils gewordene Welt nicht erfülltes, den immer wieder entspringenden und sprengenden Widerspruch ab. Jede Halberfüllung oder unzureichend gewordene Bewegungsgestalt, Geschichtsgesellschaft zieht in ihrem Schoß die Träger weitergehenden Bedürfnisses groß, entwickelteren Vermögens, es zu erfüllen. Das Bedürfnis wie das aktive Vermögen widersprechen der alten Daseinsform, so werden sie explosiv, so enthalten sie den Beruf zur Zukunft, das ist zur nächsten, den Widerspruch relativ aufhebenden Stufe.» (E. Bloch, 1968, S. 137f)

Daß sie diese Sprengkraft haben, daß sie der ‹Sauerteig› der gesellschaftlichen Entwicklung seien, das hat den Bedürfnissen ihren guten Ruf bei denen eingetragen, die von gesellschaftlicher Erneuerung sich mehr erhoffen als vom Bewahren des Erreichten. Kurz: das hat sie zu einem Angeld auf eine bessere – oder auf überhaupt eine – Zukunft gemacht. Insbesondere verdanken die Bedürfnisse ihren guten Ruf vier Qualitäten, die ihnen nachgesagt werden.

Erstens: Sie machen den Menschen vermögend.

Zweitens: Sie machen den einzelnen einzigartig und damit das Ganze vielgestaltig.

Drittens: Sie machen den Menschen gemeinschaftsfähig.

Viertens: Sie schaffen dem Menschen eine Heimat.

Keine dieser vier Qualitätszuschreibungen kann man recht verstehen, ohne einer Grundbedingung menschlicher Existenz eingedenk zu sein: Der Mensch ist ein Mängelwesen, auf die Besorgung seiner Sicherheit existentiell angewiesen.

«Der Mensch ist das einzige Lebewesen, das nicht nur eine instrumentale Intelligenz, sondern Vernunft besitzt, die Fähigkeit, seinen Verstand dazu zu benutzen, objektiv zu *verstehen* – das heißt, das Wesen der Dinge, wie sie an und für sich sind, und nicht nur als Mittel zu seiner Befriedigung zu erkennen. Mit diesem Bewußtsein seiner selbst und mit dieser Vernunft begabt, ist sich der Mensch seiner Getrenntheit von der Natur und von anderen Menschen bewußt; er ist sich seiner Machtlosigkeit und seiner Unwissenheit bewußt; und er ist sich seines Endes bewußt: des Todes. (...)

Der Mensch ist das einzige Lebewesen, das sich in der Natur nicht zu Hause fühlt, das sich aus dem Paradies vertrieben fühlen kann, das einzige Lebewesen, für das die eigene Existenz ein Problem ist, das es lösen muß und dem es nicht entrinnen kann. Er kann nicht zu dem vormenschlichen Zustand der Harmonie mit der Natur zurückkehren, und er weiß nicht, wohin er kommt, wenn er vorwärts geht.» (E. Fromm, 1974, S. 202f)

«Als der Mensch seine Entwicklung begann, war sein Verhalten bereits nur wenig von Instinkten geleitet. (...) (er) verfügt (...) über kein ererbtes Programm, das ihm sagen würde, wie er sich in den meisten Fällen zu verhalten hat, in denen sein Leben von der richtigen Entscheidung abhängt. So ist anscheinend der Mensch, biologisch gesehen, das hilfloseste und schwächste aller Lebewesen.» (E. Fromm, 1974, S. 202)

Betrachten wir die vier Qualitäten der Bedürfnisse angesichts der Grundannahme, daß der Mensch ein Mängelwesen ist, ein wenig genauer:

Erste Annahme: Bedürfnisse machen vermögend

Daß der Mensch ein Mängelwesen ist, von der ‹Stiefmutter Natur› unzureichend ausgestattet, ist eine Feststellung, die zumeist aus dem Vergleich des Menschen mit den Tieren hervorgeht.[2] Der Verlust seiner Instinktsicherheit, der ihn so hilflos und unbehaust in der Natur sein läßt, wird nun allerdings verschmerzbar durch eine schier unerschöpfliche Energiequelle. So sehr es ihm zur Lebenstüchtigkeit an allen Ecken und Enden von seiner natürlichen Grundausstattung her fehlt, so sehr ist der Mensch ein *Streber*. Der Mangel wird ihm zur Herausforderung; er ruft seine Bedürfnisse auf den Plan, diese nicht versiegenden Antriebskräfte[3], die ihn kühn machen, erfinderisch und vermögend, dem Mangel die Stirn zu bieten.

Weil nun aber das Streben ebensosehr eine Existenzbedingung des Menschen ist wie seine mangelhafte Ausstattung, also nicht erschöpfbar, darum kann dem Menschen sein Fluch zum Segen werden: er treibt seine Kühnheit, seine Erfindungskunst und sein Vermögen über die bloße Lebensnotdurft hinaus und erhebt sich weit über die animalische Existenz.[4]

«Als nacktes, Instinktloses Thier betrachtet, ist der Mensch das elendeste der Wesen (...) Schwach und unterliegend, dem Zwist der Elemente, dem Hunger, allen Gefahren, den Klauen aller stärkern Thiere, einem tausendfachen Tode überlaßen, stehet Er da! einsam und Einzeln! (...) Das Instinktlose, elende Geschöpf, was so verlaßen aus den Händen der Natur kam, war auch vom ersten Augenblick an, das heilthätige vernünftige Geschöpf, das sich selbst helfen sollte, und nicht anders, als konnte.

Alle Mängel und Bedürfniße, als Thier, waren dringende Anläße, sich mit allen Kräften als Mensch zu zeigen: so wie diese Kräfte der Menschheit nicht etwa blos schwache Schadloshaltungen gegen die ihm versagten größern Thiervollkommenheiten waren (...): sondern sie waren ohne Vergleichung und eigentliche Gegeneinandermeßung seine Art.» (J. G. Herder, 1891, S. 93 f)

«Die Natur, die weniger stiefmütterlich ist, als ihre Verläumder sie schildern, legt oft in ihre Kargheit selbst den Sporn, der neue Anstrengung hervorruft und die Geistesanlagen entwickelt.» (G. Forster, 1970, S. 708; ursprüngl. 1792/93)

«(...) und gleichwie Bedürfniß von der einfachsten Art der Stachel ist, der unwillkürlich unsere ersten Bewegungen erregt, so wird im Fortgange der Ausbildung, wenn mehrere Gegenstände die Begierden reizen, ein vervielfältigtes Bedürfniß die Quelle neuer Thätigkeit.»[5] (G. Forster, 1970, S. 20; ursprüngl. 1788–90)

Zweite Annahme: Bedürfnisse machen einzigartig

Noch einmal: Der Mensch ist ein Mängelwesen, seiner Sicherheit beraubt durch den Verlust seiner Instinkte. Zugleich ist dieser Verlust die Bedingung seiner Freiheit: So wie ihm seine Sicherheit abhanden kommt, so ist er von seiner Vorbestimmtheit erlöst. Was ihn mit seiner Freiheit verbindet, ist einerseits «das Bewußtsein seiner selbst» (E. Fromm), und das sind andererseits seine Bedürfnisse. Die Bedürfnisse lösen die Instinkte ab und leiten die Handlungen des Menschen an. Ihre Besonderheit gegenüber den Instinkten ist die, daß sie ihr Programm nicht in sich selbst tragen, sondern Resultate von Weltbegegnungen sind, so daß man sagen kann, dem Menschen werden seine Erfahrungen zu Bedürfnissen, wie auch umgekehrt seine Bedürfnisse ihn an neue Erfahrungen heranführen.[6] Diese mögen nun mehr der Aufrechterhaltung seiner Sicherheit oder der Realisation seiner «Fähigkeit zur Freiheit» (E. Fromm) dienlich sein. Es gibt unzählige Mischungsverhältnisse in der Gewichtung von Freiheit und Sicherheit, die von Gesellschaft zu Gesellschaft und von Einzelnem zu Einzelnem differieren. Aber nicht allein darauf, daß keine zwei Menschen und keine zwei menschlichen Gemeinschaften die gleiche Entscheidung über das Verhältnis von Sicherheit und Freiheitsrisiko fällen, beruht ihre Einzigartigkeit. Vielmehr soll gelten: Je mehr die Fähigkeit zur Freiheit das Lebenskonzept bestimmt, desto weiter werden die Grenzen der Existenz hinausgeschoben; desto verschiedenartigere Weltbegegnungen und Erfahrungen kann jemand haben; desto vielfältigere Bedürfnisse können ausgebildet werden; desto mehr kann jeder einzelne seine Einzigartigkeit wählen. Und weil dies kein linearer, sondern ein dialektischer Prozeß ist, gilt auch umgekehrt: Je vielfältigere Bedürfnisse ausgebildet wurden, je unterschiedener Menschen in ihrer Einzigartigkeit sind, desto mehr Freiheitsrisiko zur Ausweitung der Existenzgrenzen werden sie zu tragen imstande und bereit sein.

Steht also der Zusammenhang von Freiheit und Bedürfnis für Weiterung dessen, was Menschen in der Welt und an sich selbst vermögen, so bedeutet die Entscheidung für Sicherheit enges Lebensterrain, geringe Vielfalt der Bedürfnisse, wenig Individuierungschance: «Solange das Individuum, bildlich gesprochen, die Nabelschnur, die es mit der Außenwelt verbindet, noch nicht vollständig durchtrennt hat, ist es nicht frei; aber diese Verbindung gibt ihm Sicherheit und ein Gefühl von Zugehörigkeit und Verwurzelung. (...) Diese ‹primären Bindungen› (...) bedeuten einen Mangel an Individualität, aber sie geben dem einzelnen Sicherheit und Orientierung.» (E. Fromm, 1972, S. 40)[7]

Wann immer der besonderen Subjektivität des einzelnen Rechnung getragen werden soll, wann immer seine Unverwechselbarkeit auf dem Spiel steht, wird Bezug auf seine Bedürfnisse genommen. Man könnte sagen: das Individuum *ist* seine Bedürfnisse. Sie geben ihm sein Gesicht. «Die Entstehungsgeschichte des Menschen ist im Grunde genommen die Entstehungsgeschichte der Bedürfnisse.» (A. Heller, 1976, S. 44) Uneingestandenermaßen läßt sich diese Rückbesinnung auf die Bedürfnisse oft vom Geist der Archäologie inspirieren. So, als könnte man durch Abtragung von überlagerndem Schutt zur authentischen Realität des Individuums vordringen. So, als sei doch in den Bedürfnissen das Wesen des Menschen beschlossen, das zwar durch die gesellschaftliche Realität oberflächlich vermüllt, aber nicht zerstört werden könne. So, als könnten die Bedürfnisse, wenn sie nur sorgsam genug gereinigt und blankgeputzt würden, den Glanz der Authentizität offenbaren, die dann als kritische Instanz gegen die gesellschaftliche Wirklichkeit aufgerufen werden könnte.[8]

Dritte Annahme: Bedürfnisse machen gemeinschaftsfähig
«Da Menschen erst von Natur, dann durch gesellschaftliches Lernen, durch ihre Erziehung, durch Sozialisierung, durch sozial erweckte Bedürfnisse gegenseitig voneinander mehr oder weniger abhängig sind, kommen Menschen, wenn man es einmal so ausdrücken darf, nur als Pluralitäten, nur in Figurationen vor.» (N. Elias, 1977, S. LXVII)

Weil der Mensch ein Mängelwesen ist, ausgestoßen aus der Harmonie mit der Natur, ist er genötigt, seine Isolation zu überwinden. Der Mangel an Festgestelltheit durch Gleichgewichtsgesetze der Arterhaltung wird kompensiert durch das Bedürfnis nach dem anderen Menschen. Und wiederum gilt, daß dieses Bedürfnis ihn über das Niveau der bloßen Arterhaltung hinausführt, ihn fähig macht zu einer affektiven Verbundenheit mit anderen Menschen: «Der *höchststehende Gegenstand* des menschlichen Bedürfnisses ist der *andere Mensch*. Mit anderen Worten: Der Humanisierungsgrad der menschlichen Bedürfnisse ist daran zu messen, wieweit der Mensch ein Ziel zum höchsten Gegenstand des Bedürfnisses des anderen Menschen *geworden* ist.» (A. Heller, 1976, S. 44)[9]

Daß der Mensch seine Instinktsicherheit für den Umgang mit den Artgenossen eingebüßt hat, statt dessen mit ihnen durch Bedürfnisse verbunden ist, ist die Bedingung dafür, daß er seinem Zusammenleben eine je verschiedene Gestalt geben kann.[10] Dies begründet seine gesellschaftliche Freiheit, deren Kehrseite allerdings sein gesellschaftliches Risiko ist. Er kann seine Freiheit verfehlen, sei es durch Übertreibung, sei es durch Untertreibung. Aber je vielgestaltigere Formen des Zusammenlebens er erprobt, desto vielfältigere gesellschaftliche Bedürfnisse können sich entfalten, die ihrerseits nach weiteren Verwirklichungen verlangen.

Vierte Annahme: Bedürfnisse schaffen Heimat
Dem Menschen bietet die *Natur* keine Heimat, obwohl er Teil von ihr ist. Sie ist ihm fremd und bedrohlich. Wiederum ermöglicht ihm sein ‹Antriebsüberschuß›, die natürlichen Lebensbedingungen so zu verwandeln, daß sie ihm bekömmlich sind. Er stellt, getrieben durch seine Bedürfnisse, der Natur eine von ihm gemachte Welt gegenüber: «Der Mensch ist also organisch ‹Mängelwesen› (Herder), er wäre in jeder natürlichen Umwelt lebensunfähig, und so muß er sich eine *zweite Natur*, eine künstlich bearbeitete und passend gemachte Ersatzwelt, die seiner versagenden organischen Ausstattung entgegenkommt, erst schaffen, und er tut dies überall, wo wir ihn sehen. Er lebt sozusagen in einer künstlich entgifteten, handlich gemachten und von ihm ins Lebensdienliche veränderten Natur, die eben die Kultursphäre ist. Man kann auch sagen, daß er biologisch zur Naturbeherrschung gezwungen ist.» (A. Gehlen, 1980, S. 48)

Die vom Menschen gemachten Dinge, die seine ‹Welt› konstituieren, zeichnen sich aus durch ihre Dauerhaftigkeit: «ihre Haltbarkeit verleiht der Welt als dem Gebilde von Menschenhand die Dauerhaftigkeit und Beständigkeit, ohne die sich das sterblich-unbeständige Wesen der Menschen auf der Erde nicht einzurichten wüßte; sie sind die eigentlich menschliche Heimat des Menschen.» (H. Arendt, 1960, S. 124) Auch für den Umgang des Menschen mit der äußeren Natur gilt – wie für den Umgang mit sich selbst und jenen mit dem anderen Menschen –, daß seine Bedürfnisse ihn weit über die schiere Daseinsvorsorge hinaustragen. Er stattet seine Welt mit Gegenständen aus, die den Nützlichkeitserwägungen des reinen Überlebenskampfes nicht entspringen könnten. Am augenfälligsten ist dies Überschußmoment beim Kunstwerk.[11]

Die nach menschlichem Bedürfnis geschaffene Welt ist aber nicht nur Ort der Geborgenheit, Behausung, Schutz, sondern ihr gegenüber kommt der Mensch zum Bewußtsein seiner selbst; in ihr als seinem Werk erkennt er sich selbst. Im Angesicht ihrer erfährt er die Herausforderung des Risikos der Freiheit; sie ist das Medium, in dem er sich als Mensch realisiert. Und wieder ist die von ihm geschaffene Welt gleichermaßen Ergebnis schon entfalteter und Entstehungsort neuer Bedürfnisse.

Alles in allem bieten die den Bedürfnissen nachgesagten Qualitäten Grund genug, von der Bedürfnis*begabung* des Menschen zu sprechen: «(...) der Mensch, ‹begabt› mit Bedürfnissen, die ihn an die Gegenstände ‹heranführen›, welche ihm Befriedigung ‹schenken›» (J. Baudrillard, 1970, S. 93). Nun heißt dies freilich nicht, die Bedürfnisse seien wegen ihrer überragenden Bedeutung für die Lebensfähigkeit des Menschen gleichsam im Stande der Unschuld geglaubt worden. Wo sie als unfehlbar, als Authentizität verbürgend, als Garanten des letztlich doch unbestechlichen menschlichen Wesens behandelt wurden, geschah dies entweder aus Naivität oder aus Gewinnsucht, in beiden Fällen also in höchstem Maße interessenverhaftet. (Interessierte Naivität bei der Einschätzung der Bedürfnisse mag besonders die wohlmeinenden Pädagogen auszeichnen, damit es dann doch etwas gäbe, einen harten, das meint guten Kern, den man durch erzieherische Sorgfalt freilegen kann. Aus Gewinnsucht halten Ökonomen und ihre praktizierenden Anhänger die Bedürfnisse für ‹authentisch›, weil diese nur dann als respekterheischende, auftraggebende Instanz für Produktion gelten können und das «freie Kräftespiel von Nachfrage und Angebot» durch sie legitimiert ist.)

Demgegenüber hat die Kritik der Bedürfnisse eine lange Tradition. In der vormodernen Bedeutung des Begriffs bezeichnen ‹Bedürfnisse› «‹fehlende notwendige Dinge›, im Singular bedeutet es ‹Mangel›, ‹Notlage›, ‹Bedrängnis›, auch ‹Armut›» (Geschichtliche Grundbegriffe, Bd. 1, Art. «Bedürfnis», 1977, S. 443). Gemäß dieser Bedeutung ist die Kritik der Bedürfnisse aus ihrem Vergleich mit dem zur «‹sustentatio vitae› (zum Lebenserhalt) Unerläßlichen» (Geschichtliche Grundbegriffe, 1977, Art. «Bedürfnis», S. 442) hervorgegangen. Gegenstand der Kritik war das über das *Lebensnotwendige* hinausgehende Bedürfen. Motiv der Kritik war die Ermahnung zur Mäßigung und Bescheidung. So wird die Kritik der Bedürfnisse zu einer Anprangerung des Luxus und des Genusses. Beide gelten als ausschweifend und verderblich. Ihre besondere Gefährlichkeit beruht darauf, daß sie unersättlich und ansteckend sind. Die Verurteilung von Luxus und Genuß ist sowohl moralisch als auch ökonomisch und militärisch motiviert. Moralisch-ökonomisch dient sie der Eindämmung von Ansprüchen, die nicht befriedigt werden können, militärisch wirkt sie einem Hang zur Verweichlichung entgegen, die kriegsuntauglich macht. Voraussetzung für diese Unterscheidung ist eine gültige Übereinkunft über das, was der Mensch zum Leben braucht: «(...) eine genaue Bestimmung fehlt gewöhnlich: das Lebensnotwendige wird als allgemein eindeutig vorausgesetzt.» (Geschichtliche Grundbegriffe, 1977, Art. «Bedürfnis», S. 447)

Mit dem Aufkommen der industriellen Fertigung von Lebensgütern erfährt zugleich mit dem Bedürfnisbegriff auch die Bedürfniskritik eine Modernisierung. ‹Bedürfnis› wird aus der Bedeutungsgemeinschaft mit ‹Notdurft› herausgelöst und wird bestimmt «als je fehlende oder geforderte Sache, ohne Beschränkung auf das zum bloßen Lebensunterhalt Notwendige (...) dieser Gesichtspunkt kam der Ausweitung von Produktion und Handel entgegen, für die eine Orientierung jenseits der bloßen Notwendigkeit immer wichtiger wurde» (Geschichtliche Grundbegriffe, 1977, Art. «Bedürfnis», S. 444). Neben die konservative Bedürfniskritik, die die allenthalben propagierte Bedürfnissteigerung mit Mißtrauen verfolgt,[12] tritt jetzt eine Bedürfniskritik, die gerade die Beschränktheit der Bedürfnisse zum Gegenstand hat. Die Motive dieser neuen Kritik sind vielgestaltig:

– Die Entgrenzung der Bedürfnisse setzt sich um in gesteigerte Nachfrage und dient insofern der Produktionssteigerung. Die Stagnation der Bedürfnisse hemmt die Entfaltung der Produktivität und des Profits.
– Die Vervielfältigung der Bedürfnisse ist die Bedingung dafür, daß der Mensch sich aus dem tierisch-unfreien Zustand einfacher Naturbedürfnisse befreit. Ihre Stagnation hemmt die allseitige Entwicklung aller Anlagen des Menschen und setzt seinen Fähigkeiten enge Grenzen.
– Die Bedürfnissteigerung führt zu einer explosiven Steigerung des Unmuts über versagte Befriedigung und fördert den revolutionären Anspruch auf Umverteilung des vorhandenen Reichtums. Stagnation der Bedürfnisse verewigt Knechtschaft und soziale Ungerechtigkeit.[13]

Notieren wir zwischendurch, daß ‹Bedürfnis› zu einer in höchstem Maße verwirrenden Universalkategorie avanciert ist, die unterschiedslos zugleich das Streben nach *vielfältigen* Fähigkeiten und jenes nach *produzierten* Fertigwaren bezeichnet, zwei Weisen des Strebens, die nicht nur jede Gemeinsamkeit vermissen lassen, sondern sich sogar jenseits einer gewissen Schwelle wechselseitig ausschließen. Denn in dem Maße, wie Menschen sich bedienen aus einem Fundus von Versatzstücken einer *fertigen Welt*, in dem Maße kommen ihnen die überflüssig gewordenen Fähigkeiten abhanden oder werden gar nicht erst entdeckt. So wird ‹Bedürfnis› zweischneidig, eine Bezeichnung zugleich für die Möglichkeit, menschliches Wesen zu gewinnen und zu verlieren. Es gilt gleichzeitig: Der reiche Mensch ist der an Bedürfnissen reiche Mensch: «Der reiche Mensch ist zugleich der einer Totalität der menschlichen Lebensäußerung *bedürftige* Mensch.» (K. Marx, MEW, Ergänzungsband 1, 1968, S. 544) Aber auch: «Jeder Mensch spekuliert darauf, dem anderen ein *neues* Bedürfnis zu schaffen, um ihn zu einem neuen Opfer zu zwingen, um ihn in eine neue Abhängigkeit zu versetzen und ihn zu einer neuen Weise des *Genusses* und damit des ökonomischen Ruins zu verleiten. Jeder sucht eine *fremde* Wesenskraft über den anderen zu schaffen (...).» (K. Marx, MEW, Ergänzungsband 1, 1968, S. 546f)

Hier ist die Unterscheidung von ‹wahren› und ‹falschen› Bedürfnissen durch den Hinweis auf ihre Manipulierbarkeit vorbereitet, die erst in der ‹Überflußgesellschaft› wirklich plausibel erscheint: «Wir können wahre und falsche Bedürfnisse unterscheiden. ‹Falsch› sind diejenigen, die dem Individuum durch partikuläre gesellschaftliche Mächte, die an seiner Unterdrückung interessiert sind, auferlegt werden: diejenigen Bedürfnisse, die harte Arbeit, Aggressivität, Elend und Ungerechtigkeit verewigen. Ihre Befriedigung mag für das Individuum höchst erfreulich sein, aber dieses Glück ist kein Zustand, der aufrechterhalten und geschützt werden muß, wenn es dazu dient, die Entwicklung derjenigen Fähigkeit (seine eigene und die anderer) zu hemmen, die Krankheit des Ganzen zu erkennen und die Chancen zu ergreifen, diese Krankheit zu heilen. Das Ergebnis ist dann Euphorie im Unglück.» (H. Marcuse, 1968, S. 25) Bedürfnisse sind auch aus der Perspektive der Macht zwiespältig, ihrer Ausbreitung und Vervollkommnung förderlich, aber gleichzeitig eine gefährliche Keimzelle der Rebellion gegen Unterdrükkung. Die Macht muß das waghalsige Kunststück riskieren, die Begehrlichkeit gleichzeitig zu reizen und mit äußerster Wachsamkeit im Zaume zu halten.

Während noch bei Marx die Bedürfnisse *selbst* als Unterdrückungsinstrumente eine nur untergeordnete Rolle spielen, während doch die Vorenthaltung der Befriedigungsmittel (das Privateigentum an diesen wie auch an den Mitteln zu ihrer Herstellung) das Wesen der Herrschaft ausmacht, wird in der Überflußgesellschaft nicht nur die Verteilungsungerechtigkeit, sondern erst recht die Einwanderung der Herrschaft in eben die Bedürfnisse zum Skandal.[14] Daß die Bedürfnisse zugleich das Zentrum der Beherrschung der Individuen *und* Ausdruck des eigenen Willens sind, macht ihre zweite Ambivalenz aus. Bedürfnisse sind der Ort der Unterworfenheit und der einwilligenden – d. h. nicht notwendigerweise *bewußten* – Unterwerfung unter Herrschaft. Die Kritik der ‹falschen› Bedürfnisse ist wiederum eine Kritik an der ins Unermeßliche sich steigernden Bedürfniseskalation, ohne jedoch die Befreiung von dieser selbstlaufenden Dynamik der unaufhörlichen Bedürfnisüberbietung in der Form der «Rückkehr zu gesunder und robuster Armut, moralischer Sauberkeit und Einfachheit» (H. Marcuse, 1968, S. 253) zu propagieren. Gleichwohl schließt die Kritik dieser sich überschlagenden Bedürfnissteigerung eine Kritik an den Gegenständen der Bedürfnisse ein. Denn Bedürfnisse entzünden sich ja immer nur an ihren ‹Gegenständen›. Gegenstände der ‹falschen Bedürfnisse› sind konsumierbare Befriedigungsmittel. Das schließt Konsumartikel im engeren Sinne ebenso ein wie konsumierbare, vorgefertigte Lebensmuster, Urteile, Meinungen, Empfindungen, Bewertungen.[15] Der nächste Schritt ist eine logische Konsequenz. Wenn ‹wahre› von ‹falschen› Bedürfnissen unterschieden werden, kann die Kritik nicht dabei stehenbleiben, schädliche Bedürfnisse kenntlich und die ihnen entsprechenden Befriedigungsmittel und -weisen dingfest zu machen. Denn bis dahin könnte es scheinen, als würde der Part vom Konsumenten gespielt. So, als könne er sich durch einen einfachen Akt der Entscheidung von der Verführung befreien. Erst wenn hingegen die *industrielle Produktion* als ein die Gesellschaft in allen ihren Sektoren prägendes Grundprinzip («force productive», schreibt J. Baudrillard) in Betracht gezogen wird, können die konsumierbaren Befriedigungsmittel als Knute einer Zwangsherrschaft erkannt und entlarvt werden: «Der Konsument wird, trotz allem, im Stande der Bedürftigkeit gehalten von einer Produktion, die seine aktuellen Bedürfnisse nur um den Preis der Erweckung neuer Bedürfnisse befriedigt – neuer Bedürfnisse, die Bedürfnisse der Produktion und nicht mehr der Menschen selber sind. Darum bleiben diese auch als Konsumenten den Anweisungen der Produktion verhaftet. (...) (Sie sind) unfrei gegenüber einem Angebot, das auf dem Einhalten der ihm aus der Produktionssphäre anhängenden Umgangsvorschriften besteht.» (J. Habermas, 1957)

Hier verbindet sich also die Kritik der Bedürfnisse mit einer Kritik der Konsumtion *und* einer (wenn auch nicht hinreichend konsequenten) Kritik der Produktionssteigerung.[16] Kritik der Bedürfnisse ist also wiederum Kritik an ihrer Übersteigertheit, nicht jedoch in konservativer Absicht wie vormals zur Bewahrung der gesellschaftlichen Ordnung, sondern mit Aussicht auf ihre revolutionäre Erneuerung. Was den «Konsumzwang» (J. Habermas) so verderblich macht, was den ‹falschen› Bedürfnissen ihre teuflische Macht verleiht, ist ja nicht nur der Umstand, daß Menschen über Gebühr mit Unnützem und Überflüssigem in Betrieb gehalten werden; sondern, daß sie dafür ihre Seele verkaufen. Die falschen Bedürfnisse werden geschürt nicht nur, um die Produktionsmaschine profitabel auf Hochtouren zu halten, sondern um die ‹wahren› Bedürfnisse auszurotten. Es ist dies ein Nullsummenspiel. In dem Maße, wie Menschen sich den falschen, über sie verhängten Konsumbedürfnissen verschreiben, in demselben Maße werden ihre «nach Befreiung verlangenden Bedürfnisse» (H. Marcuse) von jenen verschlungen. «Es ist der kennzeichnende Zug der fortgeschrittenen Industriegesellschaft, daß sie diejenigen Bedürfnisse wirksam drunten hält, die nach Befreiung verlangen – eine Befreiung auch von dem, was erträglich, lohnend und bequem ist – während sie die zerstörerische Macht und unterdrückende Funktion der Gesellschaft ‹im Überfluß› unterstützt und freispricht. Hierbei erzwingen die sozialen Kontrollen das überwältigende Bedürfnis nach Produktion und Konsumtion von unnützen Dingen; (...).» (H. Marcuse, 1968, S. 27) Konsum- und Befreiungsbedürfnisse werden gerade dadurch unversöhnlich, daß jene befriedigt werden als Entschädigung für die Unterdrückung dieser. Die Ungezügeltheit der Unterdrückungsabsicht entspricht der Ungezügeltheit der Produktion.

Wenn die beiden Bedürfnistypen sich so komplementär zueinander verhalten, dann liegt das Programm der gesellschaftspolitischen Veränderung auf der Hand: nämlich jene gewaltsam niedergehaltenen wahren Bedürfnisse zu entfesseln, damit diese dann ihrerseits die wuchernden falschen, rein quantitativen Bedürfnisse in Zucht nehmen. «Die unbegrenzte Akkumulation der quantitativen – der entfremdeten – Bedürfnisse läßt sich nur durch einen einzigen Prozeß verhindern und unterbrechen: durch die Entwicklung qualitativer Bedürfnisse, die sich nach und nach durchsetzen.» (A. Heller, 1975, S. 22) Nicht, daß damit alles in die Hand des Subjekts gegeben wäre, das gleichsam dezisionistisch seine Bedürfnisse umschalten müßte. Denn: «Die Bedürfnisse der Mitglieder einer konkreten Gesellschaft werden von den konkret existierenden Objektivierungen ‹geliefert›.» (A. Heller, 1975, S. 22) Die veränderten Bedürfnisse sind demnach zugleich Voraussetzung und Ergebnis einer veränderten Welt der menschlichen Hervorbringungen. Die Zuversicht, es könne eine Entwicklung der nicht-entfremdeten qualitativen Bedürfnisse geben, gründet auf der unerschütterlichen Überzeugung, daß der Entfremdungszusammenhang nicht hermetisch ist, daß die Zurichtung auf ‹Eindimensionalität› nicht endgültig vollzogen ist.

Die Diskussion über die Janusköpfigkeit der Bedürfnisse führt zu zwei Schlußfolgerungen:

– Der aus der Entfremdung herausführende Ausweg der Konsumaskese schließt nicht eine Option für Bedürfnislosigkeit ein. Vielmehr läßt die Ambivalenz der Bedürfnisse beides fordern, die Entfaltung von Bedürfnissen und die konsequente Verweigerung ihnen gegenüber. Bedürfniskritik umschließt die Kritik am Zuviel wie am Zuwenig der Bedürfnisse. Sowohl Bedürfnislosigkeit als auch Bedürftigkeit können «verdammt» genannt werden je nach ihrem konkreten Inhalt.[17]
– Die Kritik an Produktion und Konsum gilt nicht der Produktion und dem Konsum als solchen, sondern der verselbständigten Produktion und dem erzwungenen Konsum. Sie ermöglicht aber eine Perspektive auf nützliche Produktion und freien Konsum, sofern denn die qualitativen Bedürfnisse nicht mehr von den quantitativen unterjocht werden.

Wenn ich nun erneut zurückkomme auf die eingangs gestellte Frage, was zu halten sei von jener Ehe des armen Mannes mit der Überflußgesellschaft und ob ich ihn zu seiner zahlreichen Nachkommenschaft beglückwünschen oder sein hartes Los beklagen soll, so bin ich um guten Rat und klare Antwort nach wie vor verlegen. Offenbar hängt alles davon ab, welche Bedürfnisse ihm da in die Wiege gelegt wurden, und wohl auch davon, wie bewußt und verantwortlich er seine Vaterschaft wahrnimmt.

Die drei theoretischen Grundmodelle, in denen heute kritisch über Bedürfnisse nachgedacht wird, machen den guten Rat nicht billiger.

1. Wahre und falsche Bedürfnisse

Da ist zuerst der Versuch, plausible Unterscheidungskriterien zu unterbreiten, nach denen sich alle denkbaren Bedürfnisse in ‹wahre› und ‹falsche› klassifizieren lassen. Ein Versuch, der zum Scheitern verurteilt ist, weil er mit einem Paradox fertig werden muß: ‹Falsche› Bedürfnisse sind ja wesentlich dadurch gekennzeichnet, daß sie fremde, oktroyierte Bedürfnisse, Bedürfnisse ‹von außen› sind. Wie nun aber, wenn die Individuen die über sie verhängten Bedürfnisse als ihre eigenen in Anspruch nehmen? Wäre nicht, ihnen dies streitig zu machen ein, neues ‹Verhängnis›? [18] Und ‹wahre› Bedürfnisse sind ja nicht einfach dadurch wahr, daß sie aus dem tiefsten unverdorbenen Innern des Individuums aufsteigen, nicht korrumpiert durchs niedere Erdendasein gesellschaftlicher Existenz. Alle Bedürfnisse sind ‹von außen›, insofern sie sich an Gegenständen (= Objektivationen) entfalten. ‹Wahr› sind sie vielmehr dadurch, daß sie lebensdienlich sind. [19] Der Ausschnitt eines Gesprächs zwischen Herbert Marcuse und Jürgen Habermas offenbart das Dilemma:

Marcuse stellt fest: «Was ich sage, beruht auf zwei Werturteilen, die selbst nicht wieder reduzierbar sind, nämlich: 1. Es ist besser zu leben als nicht zu leben; 2. Es ist besser, ein gutes Leben zu haben als ein schlechtes. (...)»

Habermas' Gegenfrage lautet: «Wer bestimmt, was das bessere Leben ist?»

Die Antwort: «Genau auf diese Frage würde ich die Antwort verweigern. Wenn jemand noch nicht weiß, was ein besseres Leben ist, ist er hoffnungslos.» (J. Habermas u. a., 1978, S. 30f)

So geht es. Geht es so?

Die Unterscheidung der vorhandenen Bedürfnisse in ‹wahre› und ‹falsche› nach dem Maß ihrer Äußerlichkeit oder unter dem Maßstab der freien, souveränen Wahl wird ein Balanceakt, bei dem entweder dem Individuum die Hoheitsrechte über seine Bedürfnisse doch abgesprochen werden oder Aussagen von nichtssagender und allemal zustimmungsfähiger Allgemeinheit gemacht werden.

2. Grundbedürfnisse

Da ist zweitens der Versuch, *Grundbedürfnisse* zu ermitteln oder *Hierarchien* von Bedürfnissen je nach ihrer Dringlichkeit fürs Überleben zu erstellen. Die verschiedenen Versuche, menschliche Grundbedürfnisse zu bestimmen, haben mit dem Konzept der ‹wahren und falschen› Bedürfnisse die Opposition gegen den Überfluß, gegen Verschwendung und geplanten Verschleiß gemeinsam. Wie breit ansonsten das Spektrum an Pointen in den verschiedenen Grundbedürfniskonzepten sein mag, so stimmen sie doch überein

- in dem Interesse, Existenzminima zu ergründen, jenseits deren Leben und Gesundheit bedroht sind – seien dies nun Grenzen materiellen oder psychosozialen Elends –

– und in dem Interesse, möglichst erschöpfend jenen Fundus an Bedürfnissen zu bestimmen, der allen Menschen ungeachtet ihrer sonstigen Veschiedenheit gemeinsam ist.[20]

Die Emphase der Grundbedürfniskonzepte liegt weniger auf dem Lebens*möglichen*, dem Zugewinn an Lebensreichtum, dem «Konsumverzicht in hedonistischer Absicht» (J. Habermas), als vielmehr auf dem Lebens*notwendigen*: Beides, die Markierung des Existenzminimums und die Feststellung der Universalität der Grundbedürfnisse, geben dem Anspruch auf ihre Befriedigung ihr unabweisbares Gewicht. Grundbedürfniskonzepte berufen sich auf die *Gleichheitsrechte*, und zwar zumindest auf das allen anderen vorgeordnete Gleichheitsrecht: das gleiche Recht zu leben. Grundbedürfnisse werden beansprucht als kritische Instanz für die Beurteilung von *Entwicklung*; sowohl der des Individuums als auch der der Gesellschaft, als auch schließlich der der menschengemachten Umwelt. Eine Entwicklung, die der Befriedigung der Grundbedürfnisse von *allen* Menschen nicht Rechnung trägt, muß unter der Prämisse, daß Grundbedürfnisse für jeden Menschen gleichermaßen Gültigkeit haben, in der pointiertesten Bedeutung des Wortes unmenschlich genannt werden. Umgekehrt ist *menschliche* Entwicklung dann gleichbedeutend mit der immer besseren Befriedigung der Grundbedürfnisse in jeder Untereinheit der durch das Gleichheitsrecht begründeten *Menschheit*. Das Grundbedürfniskonzept ist aber anfällig dafür, daß sich die Gleichheits*rechte* unterderhand in Gleichheits*pflichten* verkehren und daß mit der Berufung auf Grundbedürfnisse eine Verurteilung zum dezisionistisch festgelegten *Minimum* gerechtfertigt werden kann.

3. Entdeckung von Alltagsweltdefiziten

Ein dritter Weg des kritischen Nachdenkens über Bedürfnisse scheint geeignet, die Paradoxien des Konzepts der ‹wahren› und ‹falschen› Bedürfnisse zu vermeiden wie auch die mit dem Grundbedürfnisansatz verbundenen Schwierigkeiten. In diesem Ansatz wird negativ bestimmend verfahren. Nicht die Frage, was sein soll, ist erkenntnisleitend, sondern die Frage, was nicht sein kann. Das heißt, konkrete Ensembles des Alltagslebens werden darauf untersucht und beobachtet, welche Bedürfnisse sich in ihnen *nicht* oder nur äußerst *marginal* oder *rudimentär* entfalten können, weil diese Ensembles arm oder ganz und gar entleert sind von bestimmten, bestimmbaren Erfahrungsgegenständen, das heißt auch Lebensmustern, Tätigkeiten, Verständigungsformen, Beziehungsweisen. Diese Betrachtungsweise hat gegenüber jenen den Vorteil, die eingeschränkte Wahlmöglichkeit ins Visier zu nehmen, ohne die konkrete getroffene Wahl zu beleidigen. Sie zielt auf die Lebensumstände und deren Auszehrung und maßt sich nicht an, die Pauperisierung des Individuums zu beklagen und seine Erlösungsbedürftigkeit zu konstatieren. Sie weist im Unterschied zu den Grundbedürfniskonzepten auf den fehlenden Reichtum hin und bezieht ihren Impetus nicht aus der Unterschreitung der Elendsgrenze. Zwei Schwierigkeiten, die vielleicht nur zwei Gestalten derselben Schwierigkeit sind, bleiben jedoch.

– Wenn ich feststelle, daß jemand bestimmte Bedürfnisse nicht hat ausbilden können, wie kann ich vermeiden, daß diese Feststellung zugleich die imperativische Aussage enthält, er hätte sie ausbilden sollen?
– Der Standpunkt, von dem aus ich die Pauperisierung eines konkreten Alltagslebens notiere, ist außerhalb dieser Armut; er ist der eines Experten des größeren Reichtums; es ist der Standpunkt von jemandem, der den in der Alltagsszenerie vorgefundenen Bestand an Erfahrungsmöglichkeit wenigstens imaginativ zu ergänzen und zu überbieten imstande ist.

Wird nicht notwendig durch die Feststellung der Defizite eine neue Zwangsherrschaft begründet,[21] die verbindliche Programmatik einer *zu produzierenden Vielfalt*? Deren unvermeidliche Begleitfigur ist die Kreation eines neuen Mängelwesens, das auf seine Erlösung harrt, die Kreation des seiner inneren Vervielfältigung oder Differenzierung bedürftigen Menschen. Die Selbstentdeckungspropaganda modernen Therapieunwesens ist nahe daran, eine Pflicht zur Ausschöpfung des inneren Reichtums zu verhängen. Schon steht die Weigerung, ein seelisches Leid oder eine versagte Lebensmöglichkeit für therapiebedürftig zu erklären, unter Rechtfertigungsdruck. Andererseits: Was wäre im pauperisierten Alltagsleben die Grundlage einer *in Ruhe gelassenen Vielfalt*?

Die Bedürftigkeit der Macht

Um dem Wesen der Bedürfnisse in der ‹Überflußgesellschaft› auf die Spur zu kommen, muß offenbar neben der Frage nach ihrem Woher und ihrem Wie die dritte Frage nach dem Wozu hartnäckig gestellt werden. Das ändert die Richtung des Nachdenkens und seine Brisanz: Nicht die «Macht der Bedürfnisse» ist dann das vordringliche Thema, sondern die «Bedürfnisse der Macht».

Die Maus, einmal gefangen, ist in der Gewalt der Katze. Sie hat sie ergriffen, sie hält sie gepackt, sie wird sie töten. Aber sobald sie mit ihr zu *spielen* beginnt, kommt etwas Neues dazu. Sie läßt sie los und erlaubt ihr, ein Stück weiterzulaufen. Kaum hat die Maus ihr den Rücken gekehrt und läuft, ist sie nicht mehr in ihrer Gewalt. Wohl aber steht es in der *Macht* der Katze, sie sich zurückzuholen. Läßt sie sie ganz laufen, so hat sie sie aus ihrem Machtbereich entlassen. Bis zum Punkte aber, wo sie ihr sicher erreichbar ist, bleibt sie in ihrer Macht. Der Raum, den die Katze überschattet, die Augenblicke der Hoffnung, die sie der Maus läßt, aber unter genauester Bewachung, ohne daß sie ihr Interesse an ihr und ihrer Zerstörung verliert, das alles zusammen, Raum, Hoffnung, Bewachung und Zerstörungs-Interesse, könnte man als den eigentlichen Leib der Macht oder einfach als die Macht selbst bezeichnen. Es gehört also dazu – im Gegensatz zur Gewalt – eine gewisse Verbreiterung, mehr Raum und auch etwas mehr Zeit. (E. Canetti, 1980, S. 313)

Macht ist ein schillernder, ein vieldeutiger Begriff. Er kann die *Ausstattung* der Mächtigen bezeichnen: Macht haben. Fast könnte man Macht als deren *Eigenschaft* ansehen, die Eigenschaft der Überlegenheit, wäre da nicht doch die Möglichkeit rapiden Verlustes oder schleichenden Zerfalls. ‹Macht› ist in dieser Bedeutung das Vermögen, den Körper, den Geist und den Willen anderer, eigenen Interessen entsprechend, zu unterwerfen.

‹Die Macht› kann sodann als Kollektivbegriff für die *Träger* von Macht verwendet werden.

‹Macht› kann drittens die Art und Weise der *Machtausübung* bezeichnen.

Sie kann ferner ganz allgemein und durchaus nicht nur im pejorativen Sinn ein *Vermögen*, eine *Fähigkeit*, eine *Potentialität* ausdrücken: mächtig sein.

‹Macht› kann schließlich ein *Verhältnis* beschreiben, ein Wechselverhältnis zwischen Herren und Knechten, zwischen Machthabern und Machtunterworfenen. In allen diesen Bedeutungen wird der Begriff im folgenden vorkommen, der Kontext wird das jeweils Gemeinte kenntlich machen.

Wie kommt Macht über uns? Wie verschafft sie sich Geltung? In welchen Erscheinungsformen tritt sie uns gegenüber? Und ist denn dieses ‹Wir›, das die Gemeinde der Unterworfenen konstituiert, überhaupt zulässig? Gibt es diese scharfe Trennung zwischen Gebieten und Befolgen? Hat die Macht ein Gesicht? Kann man ihr begegnen?

Das auffallendste, allen ihren Erscheinungsformen gemeinsame Merkmal ist das Bemühen um *Eleganz*. Die Feststellung, dies sei ihr hervorstechendes Kennzeichen, ist womöglich irreführend. Denn das Wesen ihrer Eleganz ist gerade, daß sie nicht ins Auge springt: allgegenwärtig, aber als sei sie nicht; verborgen, ohne klammheimlich zu sein; von *souveräner Unauffälligkeit*. Die Macht hat sich modernisiert in unseren Breiten. Sie hat ihre Plumpheit, Dreistigkeit, Roheit, das Barbarische abgelegt. Eine Macht, die sich terroristisch gebärdet, mit Gewalt herumfuchtelt, trägt den Makel, hoffnungslos altmodisch zu sein, nicht auf dem laufenden, nicht up to date.

Auch hier gibt es ein Nord-Süd-Gefälle. Elegante Machtausübung ist ein Privileg der ‹Ersten Welt›. Diktatur, Tyrannei, grelle Ausbeutung, die schäbigen Gestalten der Macht, bleiben den armen Ländern vorbehalten. Noblesse, auch im Machtgebaren, muß man sich leisten können.

Freilich, die Eleganz ist ein nicht erreichtes Ideal, etwas, an dessen Schliff noch Hand gelegt werden muß. Ungekonntheiten, Tolpatschigkeiten, Ausrutscher auf dem Parkett, die peinlichen Sünden der Emporkömmlinge sind vorerst an der Tagesordnung. Die Politiker zumal haben noch ein gewaltiges Pensum bis zur Parkettauglichkeit zu absolvieren. Sie haben die Lektion der Unauffälligkeit noch nicht begriffen, sind in blinder Eitelkeit befangen, halten sich mit rechthaberischem Auftrumpfen auf, drängeln sich ums Gesehen-Werden. Vielleicht ist ihr Scheitern an dieser Aufgabe zwangsläufig, weil sie nicht wirklich Macht-Haber sind, sondern die vorgezeigten Figuren im ansonsten unsichtbaren Mächtespiel. In der Wirtschaft, in den Chefetagen der multinationalen Konzerne, sogar beim Militär ist man da viel weiter in Stilfragen: vornehme Zurückhaltung, Lässigkeit; nicht etwa in der Machtausübung selbst, sondern in deren Zurschaustellung und Fühlbarmachung. Die perfekte Macht ist diejenige, deren Existenz die Macht*unterworfenen*, nicht etwa die *Inhaber*, am allerentschiedensten bestreiten, befangen im Freiheitswahn. Dazu taugt nur die *Demokratie*. Das ist ihr zweites Gesicht.

Nun eignen sich nicht alle Formen der Vollstreckung von Macht gleich gut für diese Prozedur der Raffinierung. Aber die Bemühung hat auch bei geringer Eignung Erstaunliches vermocht. Drei Gestalten, in denen Macht auftritt und Unterwerfung erzwingt, sollen auf ihre Affinität zur Eleganz hin betrachtet werden:

- *die Besitzmacht*
- *die diagnostische Macht*
- *die nicht-intentionale Macht*/die Macht der Katastrophe.

1. Die Besitzmacht

Da ist erstens die klassische Macht, die Besitzmacht, deren Ursprungsform die Einzäunung von Land ist. «Der erste, welcher ein Stück Landes einzäunte, sich in den Sinn kommen ließ zu sagen: *dieses ist mein*, und einfältige Leute antraf, die es ihm glaubten, der war der wahre Stifter der bürgerlichen Gesellschaft. Wieviel Laster, wieviel Krieg, wieviel Mord, Elend und Greuel hätte einer nicht verhüten können, der die Pfähle ausgerissen, den Graben verschüttet und seinen Mitmenschen zugerufen hätte: ‹Glaubt diesem Betrüger nicht: ihr seid verloren, wenn ihr vergeßt, daß die Früchte euch allen, der Boden aber niemandem gehört.›» (J. J. Rousseau, 1978, S. 230; ursprüngl. 1755)

Die Landnahme, die Aneignung des *Ortes*, an dem das zum Leben Notwendige gedeiht, wo es gefunden oder erzeugt werden kann, ist *die* Besitzergreifung, die allen anderen Akten der Machtgewinnung durch Besitz vorausgeht. Mit dem Privateigentum an Grund und Boden wird das ausschließliche Verfügungsrecht an allem, was die Natur hervorbringt, ihr gesamtes ‹lebendes und totes Inventar› reklamiert. Die Privatisierung des Landes besiegelt das Ende seiner gemeinschaftlichen Nutzung, sie setzt das «Recht auf Gemeinheit» (I. Illich) außer Kraft, hebt das Gemeineigentum (Allmende), an dem alle Mitglieder der Gemeinschaft ungehindert partizipieren konnten, auf. (Vgl. Chr. Sachße, F. Tennstedt, 1980, S. 99 und S. 183 ff)

Dies ist nun ersichtlich eine Beraubung, die den Beraubten nicht äußerlich bleibt, sie nicht unverändert läßt. Der Zaun, der ihnen den Zugang zu den Grundstoffen ihres Lebensunterhaltes verwehrt, verschließt ihnen zugleich den Zugang zu einem Teil ihrer selbst. Wer das Land der allgemeinen Nutzung entzieht, gewinnt Verfügung über die Menschen. Denn: wer sich nicht erhalten kann, muß sich verdingen. Die Verfügungsgewalt ist nicht nur eine über die Arbeits*kraft*, sondern, was schwerer wiegt, eine über die Lebens*zeit*, und was noch schwerer wiegt: die Menschen werden ihrer *Daseinsmächtigkeit* und Selbsterhaltungskompetenz beraubt, d.h. ihrer Fähigkeit, ihr Leben in Gemeinschaft mit andern aus eigenen Kräften zu erhalten und zu gestalten. Der Zaun macht aus daseinsmächtigen Menschen *belieferungsbedürftige Mängelwesen*. Weder können sie sich *nehmen*, was die Natur gewährt, noch können sie herstellen, was sie zum Leben brauchen. Sie müssen es sich *zuteilen* lassen unter Bedingungen eines ungleichen Tausches. So tiefgreifend wie die Verwandlung von der Daseinsmächtigkeit zur Belieferungsbedürftigkeit und Versorgungsabhängigkeit ist, so tiefgreifend ist die Verwandlung des Zusammenlebens: An die Stelle der gemeinschaftlichen Nutzung des Landes und der kooperativen Erzeugung des Lebensunterhaltes tritt die Rivalität um die rationierten Lebens-*Mittel*, der Verteilungskampf. Das Prinzip des Teilens weicht dem der Zuteilung. Menschen, die, um ihr Leben zu fristen, etwas ‹kriegen› müssen, sind ‹kriegende›, also auch kriegerische Menschen. Auf diese erhellende Doppelbedeutung des Wortes ‹kriegen› in der deutschen Sprache hat I. Illich hingewiesen. Kriegend sind im übrigen nicht nur die Untertanen, die, untereinander rivalisierend, ihren Lebensunterhalt für Lohnarbeit eintauschen, sondern auch diejenigen, die den produzierten Reichtum aneignen und verwalten und Macht haben, ihn nach ihren Bedingungen zuzuteilen. Auch sie haben sich ihrer Daseinsmächtigkeit begeben und die Erhaltung und Gestaltung ihres Lebens einer Maschinerie der Produktion überantwortet.

Selbst wenn wir uns der utopischen Vorstellung hingäben, daß alle Güter der Welt, der ganze menschheitlich erwirtschaftete Reichtum, gerecht verteilt würden, so bliebe doch diese Beschädigung, die Herabwürdigung des Menschen zum belieferungsbedürftigen Mängelwesen, davon unberührt. Selbst wenn also die Gleichheitsrechte praktische Gültigkeit hätten, bliebe die Freiheitsfähigkeit, die auf der Selbsterhaltungsfähigkeit gründet, im Kern getroffen. Natürlich können auch nach der Enteignung dieser Kompetenz noch diese und jene bedeutenden und begeisternden Fähigkeiten ausgebildet werden. Aber nur die Fähigkeit, das Leben aus eigenen Kräften zu erhalten, setzt Individuen und Gemeinschaften instand, Entscheidungen darüber zu fällen, wieviel Macht sie über sich anerkennen wollen. Dies gilt nicht nur für die Beherrschung durch den Menschen, sondern längst auch für die Tyrannei der Maschinen.[22] Der Verlust dieser Fähigkeit macht sie erpreßbar durch die Drohung, von der Versorgung abgeschnitten zu werden.

Wie ist es nun aber möglich, daß eine derart einschneidende, an den

Lebensnerv gehende Beraubung so unauffällig vonstatten gehen kann, daß die Beraubten ihrer nicht gewahr werden? Wie kann Besitzmacht elegant sein?

Erstens: Sie *ist* vonstatten gegangen. Nicht erst heute wird man in ihre Verhältnisse hineingeboren. Und das, was ist, ist allemal leichter im Recht als das, was sein könnte. So sehr hat die Besitzmacht den Charakter des Selbstverständlichen angenommen, daß sie sich nicht einmal mehr als Schicksal oder Naturgegebenheit oder Gottgewolltheit tarnen muß.

Zweitens: Der Schmerz der Verstümmelung wird verschmerzbar gemacht. Besitzmacht ist vor allem dadurch legitimiert, daß die Aneignung des Landes und danach aller anderen Produktionsmittel die unabdingbare Voraussetzung entfesselter Produktivität ist. Über der aber liegt eine Verheißung: die Verheißung lückenloser Versorgung von der Wiege bis zum Grabe.

Jeder der drei großen Industrialisierungsschübe von den industriellen Anfängen bis zur Gegenwart wartete mit einem eigenen Befreiungsversprechen auf:

– Mit der Dampfmaschine verband sich das Versprechen: Es wird genug für alle da sein;
– mit der Erfindung des Elektromotors die Zusage: Ihr werdet nicht mehr im Schweiße eures Angesichts euer Brot essen müssen. Die endgültige Erlösung von der Mühsal ist nur noch eine Frage der Zeit.
– Und mit der Computerisierung wird die Erlösung von Streß in Aussicht gestellt;[23] die lebenserhaltende Anstrengung der wachsamen Selbstdisziplinierung und Selbstkontrolle, die ganze überstrapazierte Aufmerksamkeit, die der Sicherung des Lebens gewidmet werden muß, vom Straßenverkehr bis zur Empfängnisverhütung, von der Kriminalitäts- bis zur Gesundheitsüberwachung, kann an die Maschine delegiert werden.

Die Deutung, daß sie dieses Versprechen einlösen werde, erfährt die Produktion landauf, landab. Von ‹links› bis ‹rechts› besteht Einigkeit, daß Produktion Befreiung bringt, nicht, daß sie Freiheit kostet. «Ob man produziert, um zu verkaufen, oder produziert, um zu verteilen, der Prozeß dieser Produktion wird nicht nur von keiner der beiden Seiten angetastet, er wird *verehrt*, und es ist nicht zu viel gesagt, wenn man behauptet, daß er in den Augen der meisten heute etwas Heiliges hat.» (E. Canetti, 1980, S. 211 f) Es ist gelungen, die Überzeugung zu nähren, daß von der entfesselten Produktion beide profitieren, die

Herren und die Knechte, wenn auch unter den gegenwärtigen gesellschaftlichen Verhältnissen in unterschiedlichem Ausmaß.

Aber nicht nur erscheinen die Menschen für die Einbuße ihrer Herstellungskompetenz durch komfortablen Konsum überreichlich entschädigt, vielmehr hat die auf die Spitze getriebene Produktion eine phantastische Welt von Prothesen hervorgebracht, die geeignet erscheinen, den Menschen mehr als perfekt zu ersetzen. Weit davon entfernt, sich durch die Maschinenwelt, durch das «Beamtenvolk seiner Geräte, seiner Untergeräte und Unteruntergeräte» (G. Anders, 1980, S. 35) versklavt und um die Unverwechselbarkeit gebracht zu fühlen, zollt er dem makellosen Gerät Bewunderung, ja, es nötigt ihm eine «prometheische Scham» ab. Darunter versteht Günther Anders die *«Scham vor der ‹beschämend› hohen Qualität der selbstgemachten Dinge»* (G. Anders, 1980, S. 23); Scham über den *‹Grundmakel›, «geworden, statt gemacht zu sein»* (G. Anders, 1980, S. 24); Scham über die im Vergleich zum Gerät *«‹leichte Verderblichkeit des Menschen›»* (G. Anders, 1980, S. 50) und seine Störanfälligkeit. Die immer vollkommenere und besser organisierte Maschinerie ist Gegenstand selbsterniedrigender Bewunderung und Anlaß für schamvolle Selbstbezichtigung. Ihrer faszinierenden Überlegenheit gegenüber kann Selbsterhaltungskompetenz nicht einmal mehr wünschbar und ihr Verlust nicht als beklagenswert erscheinen.

Drittens: Die Illusion hat gefestigt werden können, daß prinzipiell jeder Anteilseigner an der Macht sein kann – durch Teilhabe an der Mächtigkeit des Ganzen:

- sei es am Sieg *des* Menschen über die Natur – bis hin zur Landung auf dem Mond und zur Eroberung des Himmels;
- sei es an der Weltgeltung der eigenen Nation – vom Wirtschaftswunder über die Fußballweltmeisterschaft bis hin zur militärischen Überlegenheit –;
- sei es schließlich durch den Aufstieg in der sozialen Hierarchie, den Rangvorteil, den man vor anderen erringt.

«Es liegt im Interesse der Mächtigen, freiwillig dem Ohnmächtigen, dessen Aggression verhindert werden soll, Konzessionen zu machen; für freiwillig abgetretene Trophäen kann man dann wieder Kompensationen der Ehrfurcht und Unterwerfung verlangen und erhalten. Da aber *magische* Partizipationen die gleiche aggressionseinschränkende Wirkung haben können wie reale, können magische Machtpartizipationen aller Art Ohnmächtige freiwillig in der Ohnmacht erhalten. Die Illusion, von der Autorität, die einen erst der Aktivität beraubt und in eine masochistisch-rezeptive Haltung gebracht hat, geliebt und durch Zufuhren von Selbstgefühl erhalten und erhöht zu werden, ist offenbar ein Mittel, mittels dessen Klassengesellschaften sich erhalten.» (O. Fenichel, zit. bei M. Erdheim, 1984, S. 371)

2. Die Macht der Diagnose

Penetranter und zugleich verschwiegener, unkenntlicher als die Besitzmacht ist die diagnostische Macht. Sie entsteht aus dem Normalitätsmonopol. Wer sich das Recht anmaßt, wem es aber auch zugestanden wird, zu dekretieren, was als *normal* gelten soll, der verfügt über diagnostische Macht. Es ist leicht zu sehen, daß diese Macht vor keiner Erscheinungsform oder Äußerung des Lebens haltmachen muß. Die Frage, was als normal, was als tolerabel und was als unduldbare Abweichung, als krankhafte Ausdrucksform des Menschseins zu gelten hat, ist beliebig wiederholbar und in prinzipiell jedem Lebensbereich zur Entscheidung zu treiben.

Wer darf sich *gesund* fühlen? Welchen Spielraum hat die *Vernunft*, ehe sie in Irrationalität abgleitet? Welche *Empfindungen* darf sich jemand leisten, ohne auffällig zu werden? Welche *Sprache* darf man sprechen, ohne ungebildet zu erscheinen? Welches *Wissen* ist tauglich, um dem Verdikt der Dummheit zu entgehen? Wo sind die Grenzen des guten *Geschmacks*? Wieviel Unordnung gilt der *Ordnung* als erträglich? Wieviel *Leid* darf ein lebenswert genanntes Leben aushalten und ausleben? Was ist Lüge, was ist *Wahrheit*? Was ist *gut*, was ist schlecht? Was ist *Recht*, was ist Unrecht? Wer ist begehrenswert *schön*, wer abstoßend häßlich? Wer ist *normal* und wer verrückt, wer mit seiner Seele in *Einklang* und wer in pathologischer Disharmonie? Welches *Verhalten* ist originell und welches gestört? Mit der Antwort auf diese Fragen wird über Zugehörigkeit und Nicht-Zugehörigkeit entschieden. Die Legitimationsquelle, aus der diese Macht schöpft, ist das Expertentum. Expertentum macht den, der es nachweist, in allen Normalitätsfragen zuständig und urteilsfähig. Die Legitimationsbasis der diagnostischen Macht ist ersichtlich viel solider und zwingender als die windige Verführungskunst, mit der die Besitzmacht sich Popularität verschafft.

Der Experte ist der professionelle Beobachter von Mißständen. Die Diagnose, etwas sei ein Mißstand oder – weniger drastisch – ein Problem, enthält die Verpflichtung, Abhilfe zu schaffen, einen *Beseitigungsimperativ* sozusagen. In der Tat nimmt der Experte diese Verantwortung auf sich. Seine wirkliche Macht wächst ihm weniger aus seiner überragenden Urteilsfähigkeit zu als vielmehr daraus, daß er über die Mittel verfügt, Normalität zu schützen und zu *produzieren.* Sein Produktionsmittel ist ein apparategestütztes Know-how. Resultat des Produktionsvorgangs sind unzählige Dienstleistungen zur Normalisierung beliebiger Erscheinungsformen des Lebens und zu ihrer Angleichung an die expertokratisch gesetzten *Standards*; ein unerschöpflicher Ausstoß an Betreuungs-, Behandlungs-, Bildungs-, Informierungs-, Heilungs- und Versorgungseinheiten im Dienste der Optimierung menschlicher Existenz. Diagnostische Macht erhebt nicht nur Anspruch darauf, verbindlich zu definieren, was normal ist, sie erschöpft sich nicht darin, verpflichtende Standards vorzuschreiben, sie *monopolisiert* auch die *Verfahren*, mit deren Hilfe die jeweiligen Normalitätsstandards erreicht werden können. Nur innerhalb der von ihr verwalteten und überwachten Verfahren und nach den dort geltenden Regeln kann der Mensch zu seinem *menschlichen* Wesen gelangen. Nur durch die Schule kann er gebildet werden, nur durch den Arzt gesund, nur mit Hilfe der Wissenschaft vernünftig, nur durch die Medien informiert, nur durch den Rechtsspruch gerecht und nur durch den Therapeuten er selbst. Um sich in einer Gruppe zusammenzufinden, braucht man einen Sozialarbeiter, um einem Nachbarn zu begegnen, einen Gemeinwesenarbeiter, um einen Konflikt in der Familie zu lösen, einen Rechtsbeistand, um einen Freund zu begraben, einen Beerdigungsunternehmer und um selbst zu sterben, einen Thanatologen.

Der *Zaun* ist das Symbol auch der diagnostischen Macht. Dient er der Besitzmacht zur *Aussperrung*, zur Verhinderung des allgemeinen Zugangs und Zugriffs zu den Gaben der Natur, so dient er der diagnostischen Macht zur *Einsperrung* in die herrschende, von ihr beherrschte, durchregelte, mit Institutionen vollgestellte Normalität. Wiewohl sie unnachgiebig über die Einhaltung ihrer ‹Ordres› wacht, zieht sie es vor, den sanften, integrativen Weg ihrer Durchsetzung zu beschreiten. Sie ist mehr auf Besserung als auf Bestrafung aus, handelt lieber pädagogisch als punitiv, gemeindet lieber ein, als daß sie verstößt. Aber auch sie hält die Untertanen mit Rivalität bei der Stange, mit der erbitterten *Konkurrenz um Konformität.* Auch sie erhält sich durch die systematische Zersetzung der Daseinsmächtigkeit und Selbsterhaltungskompetenz der Machtunterworfenen; nicht dadurch, daß sie die *Mittel* dafür enteignet, sondern dadurch, daß sie ihnen das Recht verwehrt, nach selbstgesetzten *Zielen* ihr Leben einzurichten. Ihr Metier ist die Klientelisierung. Ehe nicht einer ein Mehrfachklient geworden ist, kann er nicht als hinreichend loyal gelten und gibt zur Beunruhigung Anlaß. Diagnose steht im Dienst der Massenproduktion von Loyalität.

Diagnostische Macht hat es allemal leichter, elegant zu sein, als Besitzmacht. Während Besitzmacht ihren Ursprung in einem Gewaltakt hat, in einer gewaltsamen Beraubung, die sie vergessen machen muß, tritt die diagnostische Macht von allem Anbeginn ihren Untertanen mit freundlichem Gesicht gegenüber und mit dem Versprechen, sie, wenn nicht zur Höchstform, so doch zu einer höheren Form menschlicher Existenz zu führen, sie ihrem *Wesen* näherzubringen. Obwohl sie aber um soviel philanthropischer legitimiert ist und soviel sicherer im Sattel sitzt, hat sie doch eine spezifische hohe Anfälligkeit und Fragilität: Sie ist angewiesen auf die *Kollaboration* der Unterworfenen. Ohne daß diese die den Angeboten entsprechenden *Bedürfnisse* ausbilden, ist sie nicht existent. Erst das verzweifelte Bedürfnis nach Zugehörigkeit, das Bedürfnis nach anerkannter Bildung, Vernunft, Gesundheit, Rechtmäßigkeit, Selbstverwirklichung, erst die Anerkennung der Standards und des eigenen Ungenügens ihnen gegenüber begründet das Abhängigkeitsverhältnis. Erst die allgemein gewordene Begehrlichkeit in Sachen Normalität setzt die Normalitätsverordnungen in Kraft. Bedürfnisse lassen sich nicht erzwingen, sondern nur wecken. Elegant ist diagnostische Macht, wenn sie Teilhabe an ihren Segnungen als ‹Recht auf...› deklariert. Wofern sie – in Ermangelung entsprechender Bedürfnisse – eine Teilnahme*pflicht* verhängen muß, ist sie plump und riskiert Rebellion. Das Recht auf Sicherheit ist allemal zustimmungsfähiger als die immer wieder erwogene gesetzliche Verpflichtung jedes Eigenheimbauherrn zum Bunkerbau. Das Recht auf Bildung macht anspruchsvoller als die Schulpflicht. Das Recht auf medizinische Versorgung ist einleuchtender als ein Impfzwang oder eine ‹Reihenuntersuchungsverordnung›. Noch unzuträglicher aber ist es ihrer Noblesse, wenn sie prohibitiv auftreten muß, wenn sie die Normalität durch Verbote schützen muß, da fordert sie Übertretungen, die immer eine Machteinbuße bedeuten, geradezu heraus.

Der Unkenntlichkeit der diagnostischen Macht kommt vor allem die Konkurrenz der Untertanen zu Hilfe. Da ein jeder sich um so zugehöriger fühlen kann, je weniger zugehörig andere sind, bestehen alle auf der striktesten Einhaltung der Normalitätsstandards, dulden keine Ermäßigung und fordern die Ahndung von Abweichungen. In der Konkurrenz um Konformität verteidigen die darin Befangenen nach Kräften die eigenen Fesseln. Wer so die Normalität überwachen hilft, fühlt sich als Anteilseigner der Macht. Das garantiert den Mächtigen ihren guten Schlaf. Vor häßlichen Übertreibungen der Klienten müssen sie sich allerdings hüten, um ihr Inkognito zu wahren und ihre Eleganz zu erhalten. Im Falle der Besitzmacht ist die Versorgung eine Entschädigung für Beraubung. Im Falle der diagnostischen Macht ist die Versorgung selbst die Machtausübung. Das macht sie nahezu unauffindbar.

3. Die Macht der Katastrophe

Die dritte Gestalt, in der modernisierte Macht in Erscheinung tritt, das sind die *unerwünschten Nebenfolgen* anderweitiger Machtexekutionen. Auch dabei handelt es sich durchaus um Beraubungen und Schädigungen der Unterworfenen. Sie werden jedoch nicht Opfer eines absichtsvollen Aktes der Unterwerfung, sondern haben die *in Kauf genommenen* Schäden und Zerstörungen, die destruktiven *Begleiterscheinungen* einer ansonsten immer weniger fühlbaren Machtausübung zu erdulden.

Die Vergiftung von Luft und Wasser, die Verseuchung und Vermüllung der Erde, das Massensterben der Bäume, auch die drohende Erstarrung im nuklearen Winter, der gestreckte Tod aus Tschernobyl, die Aufheizung der Atmosphäre, der Höllenlärm der Maschinen, der sich flächendeckend über die Erde ausbreitet, die zunehmende Unbekömmlichkeit der Nahrung, das Aussterben von Tausenden von Tier- und Pflanzenarten, die seelische Verwahrlosung in den städtischen Betonwüsten, all dies ist *nicht* im Interesse der Macht. Pointiert könnte ich sagen, all diesen Drohungen gegenüber finden sich Herrschende und Beherrschte in harmonischem Interessengleichklang: Die Chemiekonzerne wären zufrieden mit einem kristallklaren Rhein. Die Autokonzerne würden es begrüßen, wenn der Wald sich doch als resistent erwiese und sich erholte. Die Betreiber der Nuklearanlagen würden sich des leidigen «Restrisikos» gern entledigen, und die Politiker wären das Drogenproblem gern los, wenn dies alles zu haben wäre ohne Einbuße an *Profit* – wobei die profitable Nutzung der herbeiproduzierten Schäden für neue Produktionszweige zur Reparatur der Schäden mit ins Kalkül gezogen wird.

Restlos geht aber wohl der Katastrophenkurs gegenwärtiger Machtpolitik weder in den kühlen Rechenexempeln der Profitlogik auf, noch in den hitzigen Kalkulationen nackter Gewinnsucht. Die ökologischen und sozialen Katastrophen sind nicht *nur* in Kauf genommen, nicht *nur* bedauerlich unvermeidbare Nebenerscheinungen anderer Zwecksetzungen. Insgeheim und tief verborgen stellen sie einen Hauptzweck dar. Sie sind Ausdruck des «*Zerstörungs-Interesses*» (E. Canetti), das noch jeder Macht, auch der elegantesten, ihren innersten Antrieb gibt. Wirklich furchterregend ist Macht nicht durch ihre Gewinnsucht, sondern durch ihre – uneingestandene – Nekrophilie (E. Fromm), ihre geheime Liebe zum Leichenhaften, ihre Verachtung für alles Lebendige, ihre gleichgültige Maschinenhaftigkeit. Erst in der Herrschaft über Leben und Tod, erst im Vollbesitz ihrer Zerstörungskräfte ist sie ihrer selbst auf eine Weise gewiß, wie sie es durch bloße Anhäufung von Reichtum nie werden kann.

Wie wahrt eine Macht, die mit Katastrophen unvorstellbaren Ausmaßes hantiert, ihr Inkognito? Wie schützt sie sich vor Rebellion und Widerstand? Wie entgeht sie der Notwendigkeit, sich gewaltsam und terroristisch zu behaupten?

Am meisten im Bunde mit einer modernisierten Macht sind die modernisierten Katastrophen. Sie haben nur wenig mehr von der Urgewalt und dem Schrecken archaischer Katastrophen an sich. Sie sind weder sichtbar noch hörbar. Man kann sie nicht fühlen, schmecken oder riechen. Unsere Sinne sind ihnen nicht gewachsen. Wir können sie nicht wahrnehmen oder erfahren, sondern müssen über sie informiert werden[24] von Experten, die wiederum nur deshalb Kenntnis von ihnen haben, weil Computer, Seismographen und Geigerzähler ihnen Störungen und Unregelmäßigkeiten melden. Experten sind den Laien nicht in der Erfahrung oder Wahrnehmung oder im Augenschein überlegen, sondern in der Verfügung über Maschinen und in der Vertrautheit mit Maschinen-Outputs, die sie zu lesen gelernt haben. Auch wird es immer schwieriger, eindeutige Zusammenhänge herzustellen zwischen den Katastrophen und ihren Folgen, weil diese sich erst mit großer zeitlicher Verzögerung einstellen. Selbst die ‹modernen› Krankheiten haben Anteil an diesem *Katastrophenmimikry.* Ihnen gelingt es über lange Zeit, nicht den leisesten Zweifel an der vollen Vitalität des in Wahrheit längst in Auflösung befindlichen Todgeweihten aufkommen zu lassen.

Aber auch dieser dritten Machtgestalt gegenüber ist Kollaboration im Spiel. Einig sind sich Herrscher und Beherrschte in der Borniertheit, mit der für den Profit des Augenblicks das Morgen geopfert wird; in der Verantwortungslosigkeit gegenüber den Nachkommen, denen als Hauptlebenszweck die Bewachung der giftigen Substanzen, die wir ihnen hinterlassen, aufgebürdet wird; in der Rücksichtslosigkeit gegenüber denen, die – weit weg – schon jetzt, als Zeitgenossen, die katastrophischen Begleiterscheinungen moderner Machtpolitik sichtbar, fühlbar und beileibe nicht unauffällig tragen müssen; in der Respektlosigkeit, mit der gesteigertes Wohlbefinden des *Menschen* den Lebensrechten aller anderen Lebewesen übergeordnet wird. Die Unterschiede sind graduell, aber die Haltung des In-Kauf-Nehmens-um-des-Vorteils-von-heute-willen wird den Mächtigen von ihren Untertanen nicht prinzipiell bestritten, sondern nur in diesem und jenem häßlichen Detail. Jeder hat Anteil an der Katastrophik des Ganzen und auch an der Macht, für die das Endzeitliche der Gegenwart der Preis ist. Die Verstrickung in die Unheilspolitik ist so zwangsläufig, daß eine Existenz im Abseits dieser Macht ausgeschlossen ist.

Der allgemeine Überlebensrausch, der Überschwang des Verschontseins, der Taumel des Davongekommenseins, der «katastrophile Kitzel» (P. Sloterdijk), der jede Katastrophennachricht als mächtige Empfindung begleitet, ist Gewähr genug für eine am Niedergang der Welt zielstrebig und selbstvergessen arbeitende Macht. Und für ihre leichtfertigen oder verlogenen Beschwichtigungen findet sie offene Ohren: Besser gut verdrängt als immer dasselbe schlechte Gewissen.

Macht – Bedürfnis – Knappheit

Um dem Zusammenhang zwischen *Macht* und *Bedürfnis* auf die Spur zu kommen, muß ich *das* Wesensmerkmal beleuchten, das allen drei ‹Mächten› gemeinsam ist. Der Wesenskern moderner Macht ist *Knappheit.* Sie eint ihre ansonsten disparaten Erscheinungsformen. Weder kann man Macht verstehen ohne Rekurs auf Knappheit, noch Knappheit ohne Rekurs auf Macht. So unauflöslich hängen nach meinem Verständnis beide zusammen, daß ich Macht vollständig und ohne darüber hinausgehenden erklärungsbedürftigen Rest durch Knappheit definieren will:

Macht ist die Fähigkeit, Knappheit zu schaffen.

Solche Definition widerspricht den meisten geläufigen und weithin akzeptierten Annahmen über Knappheit: «*Knappheit* – begriffen zunächst ganz allgemein als Mißverhältnis zwischen Vorrat und Bedürfnis zu Ungunsten des letzteren – *ist ein Grundtatbestand menschlicher Existenz.*» (B. Balla, 1978, S. 3)[25] Diese lapidare Feststellung scheint keinen Widerspruch zu dulden. Knappheit, so läßt sich schließen, ist keine Eigenschaft der Güter, so wie z. B. Seltenheit ein Merkmal ist, das den Gütern an sich, im Vergleich etwa zur Häufigkeit anderer Güter, zukommt. Knappheit ist ein Verhältnis- oder besser: ein Mißverhältnis-Begriff. Von einem Gut zu sagen, es sei knapp, ist nur mit Bezug auf die ihm entsprechenden Bedürfnisse möglich. So kann es durchaus sein, daß ein sehr seltener Gegenstand durchaus nicht knapp genannt werden kann, wenn niemand ihn besitzen will. Was niemand will, kann nicht ‹zu wenig› sein. Knappheit kann nur aus anthropozentrischer Perspektive wahrgenommen werden.

Hieraus wäre nun – logisch – zu folgern, daß es einen Zustand von Nicht-Knappheit geben könnte, wenn entweder genügend Vorräte vorhanden wären, um die Bedürfnisse zu decken, oder wenn die Bedürfnisse sich der Qualität und Quantität des Vorhandenen angleichen würden.

Nun würde allerdings diese mögliche Schlußfolgerung den Rechtfertigungszusammenhang, in dem die Knappheitsthese das theoretische Hauptstück bildet, empfindlich stören. Nur das bis in alle Zukunft sich erneuernde *Mißverhältnis*, nur das fortgesetzte Vorauseilen der Bedürfnisse, die durch das Zuhandene nie dauerhaft befriedigt werden können, nur die Unzufriedenheit in Permanenz liefert den Rechtfertigungsgrund für Produktionssteigerung in Permanenz. Darum also wird Knappheit zum *Grundtatbestand menschlicher Existenz* erklärt. Knappheit und Bedürfnis gelten als ursprungsgleich, sie sollen beide der Naturausstattung des Menschen entstammen. «Diese Mängelwesen-Eigenschaft des Menschen ist nun Grundlage und Ausgangspunkt für die Knappheitsproblematik.» (B. Balla, 1978, S. 12) Wohlgemerkt, nicht die Bedürfnisse als Antriebsenergie gehören zur menschlichen Natur, sondern das *Mißverhältnis* zwischen ihnen und dem Zuhandenen. Bedürfnisse sind *naturgemäß* solche, die über die Mittel hinausschießen. Die Unzulänglichkeit der Mittel ist eine *anthropologische* Unzulänglichkeit, bzw. anthropologische Knappheit. (B. Balla, 1978, S. 12)

In der Tat, Knappheit und Bedürfnis sind ursprungsgleich. Sie bedingen einander sogar. Aber sie entstammen nicht der Naturausstattung des Menschen, sondern der zentralen Operation der Macht. Den unlösbaren Zusammenhang von Knappheit und Bedürfnis will ich vorerst in einer zweigliedrigen These festhalten.

– Bedürfnisse richten sich immer nur auf knappe Lebensgüter. Anders gewendet: Das Auftreten von Bedürfnissen ist immer ein Signal dafür, daß die ihm entsprechenden Gegenstände zuvor knapp geworden, besser: *verknappt* worden sind.

– Nur wenn sich Bedürfnisse auf sie richten, sind Lebensgüter knapp.

Noch bündiger formuliert lautet die These:

– Knappheit schafft Bedürfnisse.
– Bedürfnisse schaffen Knappheit.

Ganz offenkundig steht diese These in striktem Gegensatz zu allen jenen Einschätzungen der Bedürfnisse, die gerade aus ihnen den wahren menschlichen Reichtum entspringen sehen und die gerade die Bedürfnisse für die eigentliche menschliche Begabung erachten.

Mitnichten wird jedoch mit der These der Anspruch verbunden, sie solle oder könne die Ungereimtheiten, die noch jede Theorie der Bedürfnisse eingebracht hat, reimen. Allenfalls steht sie für das Bemühen, den alten Fragen ein ganzes Paket neuer hinzuzufügen oder vielmehr mit einer veränderten Perspektive die Dreistigkeit zu erschüttern, mit der interessengeleitete Grundannahmen über Bedürfnisse für die Rechtfertigung politischer und ökonomischer Praxis ausgebeutet werden.

Bedürftigkeit entsteht in einem Gewährungsverhältnis. Nur wenn das Wollen und das Vollbringen nicht in Personalunion existieren; nur wenn die Instanz, die die Bedürfnisse hervorbringt, getrennt ist von der Instanz, die die Bedürfnisse befriedigt, entsteht das Abhängigkeitsverhältnis der Bedürftigkeit. Nur wenn diese Trennung vollzogen ist, läßt sich überhaupt sinnvoll von ‹Bedürfnissen› sprechen. Wozu jemand ungehindert Zugang hat, woraus er sich dreist bedienen kann, was vor seinem Zugriff nicht versperrt ist, was reichlich und im Übermaß vorhanden ist, was in der Reichweite der eigenen Fähigkeiten liegt, weckt keine Bedürfnisse. *Wertschätzung erfährt in der Knappheitsgesellschaft hingegen nur das, worum rivalisiert werden muß.* Der Überfülle, dem, was jedem nach Belieben möglich und erreichbar ist, wird mit Achtlosigkeit begegnet. Knappheit also regiert das gesellschaftliche Leben, wenn Daseinsmächtigkeit – das meint ja nichts anderes, als daß das Wollen und das Vollbringen in Personalunion existieren – zerstört ist.

Wenn ich statt des Satzes: «Ich ernähre mich», sagen muß: «Ich habe ein Bedürfnis nach Nahrung»; wenn an die Stelle des Satzes: «Ich arbeite», der Satz treten muß: «Ich habe ein Bedürfnis nach Arbeit»; wenn ich nicht mehr einfach lerne, sondern ein Bedürfnis nach Bildung geltend mache; wenn ich die Feststellung: «Ich fühle mich wohl», durch: «Ich habe ein Bedürfnis nach Wohlbefinden», ersetze, dann sind die erstrebten Güter knapp. Um ihre Gewährung muß ich mich, mit meinesgleichen konkurrierend, an den Arbeitgeber, die Schule, den Therapeuten oder Arzt wenden.

Darin, daß sie die Zerstörung von Daseinsmächtigkeit zur Bedingung hat, unterscheidet sich Knappheit fundamental von Armut oder Entbehrung oder Mangel oder Entsagung. Alle diese Formen minderer oder begrenzter Verfügung über Lebensmittel schließen die Fähigkeit der in ihnen Lebenden, ihr Dasein in vielgestaltigen Tätigkeiten gemeinschaftlich zu sichern, nicht aus. Knappheit setzt diese Fähigkeit außer Kraft. Es ist ein Unterschied, ob Menschen temporär in Not geraten oder ob sie gesellschaftlich als belieferungsbedürftige Mängelwesen konzipiert sind. Nur in dem Maße, wie Menschen in verschiedenen Lebensbereichen um diese Fähigkeit der Selbsterhaltung gebracht sind, können sie wirklich machtunterworfen werden und erleiden Knappheit: unverwaltete Fülle wird in verwaltbare, verwaltete, warenförmige Befriedigungsmittel überführt.

Noch einmal: Daß Besitzmacht Knappheit schafft, daß die Macht der Besitzenden darin besteht, daß sie anderen etwas vorenthalten; daß die Besitzlosen, um ihr Dasein zu fristen, die ihnen gesetzten Bedingungen erfüllen müssen, ist offensichtlich. Gleichwohl wird sogar dieser einleuchtende Tatbestand in seiner Plausibilität dadurch verdunkelt, daß die Konzentration des Eigentums als die unaufgebbare Voraussetzung für entfaltete Produktivität gilt und entfesselte Produktivität wiederum als Königsweg der Knappheitsbekämpfung erscheint. Wenn Knappheit sich als ein objektives Zuwenig an Vorräten – gemessen an den Bedürfnissen der Menschen – darstellt, dann ist in der Tat der einzige Ausweg aus diesem unbefriedigenden Zustand, ein ‹Mehr› hervorzubringen, mit der Aussicht, es werde irgendwann ein ‹Genug› geben. Wenn aber dies die Knappheits*ideologie* ist, wenn Knappheit nur da ist, wo die allgemeine Zugänglichkeit zu den Gütern – materiellen wie nicht-materiellen – unterbunden ist, dann läßt sich Knappheit nicht besiegen durch Produktivität, deren Voraussetzung ja gerade die Behinderung der allgemeinen Zugänglichkeit und Nutzung ist.

Weit schwieriger durchschaubar ist die knappheitserzeugende Kraft der diagnostischen Macht. Sie stellt die Selbstgenügsamkeit, die Bedürfnislosigkeit unter Zensur und erzwingt engagiertes Streben nach Durchschnittlichkeit oder Überdurchschnittlichkeit. Überdurchschnittlichkeit ist die einzige Form der Abweichung, die sie duldet, ja honoriert. Jede Abweichung, die auf das ganz Andere aus ist oder sich den Standards verweigert, stellt sie dagegen unter Sanktion. Die Denunziation der Selbstgenügsamkeit macht Knappheit umfassend. Nichts, was nicht unter Optimierungspflicht geriete. Um jede beliebige

Erscheinungsform, Äußerung oder Gestalt des Lebens in Knappheit zu überführen, muß allem ‹*Von-Selbst*› der Garaus gemacht werden. Jegliche nicht-artifizielle Lebensäußerung wird ausgemerzt. Das Leben wird vollständig arrangiert. Alles Beiläufige und Selbstgängige wird ihm ausgetrieben. Alles Tun und Trachten wird besonderen Prozeduren unterworfen. (Wann kommt der Tag, an dem man an der Volkshochschule einen Kurs für Liebeserklärungen besuchen kann?) Alles wird auf Verwaltbarkeit und Verfahrensmäßigkeit zugerichtet.

Um die Herrschaft der Knappheit durchzusetzen, müssen schließlich auch *selbsterhaltende Tätigkeiten* unterbunden werden. Sie kommen durch *Produktion* außer Gebrauch. Ebenso werden durch Produktion die den Tätigkeiten vorausgehenden und durch sie erworbenen *Fähigkeiten* außer Kraft gesetzt. Selbsterhaltende Tätigkeiten zeichnen sich dadurch aus, daß sie

– Gebrauchswerte erzeugen;
– daß sie von der Planung bis zur Vollendung einen für den Ausführenden überschaubaren Zusammenhang bilden. Dies gilt auch für kooperative Herstellungsvorgänge, in denen nicht jeder einzelne den ganzen Gegenstand herstellt oder erzeugt, in denen also bestimmte Teilfertigungen zusammengefügt werden;
– daß der oder die Ausführenden der Tätigkeit auch die Nutznießer ihrer Tätigkeit sind.

Das Verhältnis von *Produktion* und *Subsistenz-Tätigkeit* wird bestimmt durch ein Gesetz der Komplementarität. Dort, wo Produktion sich ausbreitet, verschwindet subsistenzorientierte Tätigkeit. Das Lebensmuster der Kooperation wird durch das Produktionsmuster der Arbeitsteilung abgelöst. Produktion verdrängt Selbsterhaltungsfähigkeit in jedem Lebenssektor, den sie erschließt. Ein Nebeneinander beider gibt es nicht.

Daraus folgt: Knappheit kann nicht *besiegt*, sondern nur *vermieden* werden. Es gibt zwei Weisen der Vermeidung von Knappheit, das heißt der Vermeidung eines Mißverhältnisses von ‹Bedürfnissen› und Vorhandenem.

– Die ‹Bedürfnisse› werden angeglichen an das, was vorhanden ist; die Ziele werden so bestimmt, daß die Mittel hinreichen. Das ermöglicht Wohlstand auch bei eingeschränkten Mitteln.
– Die Fähigkeiten werden so ausgebildet, daß das Angestrebte in gemeinschaftlicher Tätigkeit erreicht werden kann.

Im ersten Fall, dem *Leben-in-Daseinsbedingungen*, sind die Ziele mit den vorhandenen Mitteln in Übereinstimmung gebracht.

Im zweiten Fall, dem *Leben-mit-Fähigkeiten*, sind die Ziele und die Potentialität, das Vermögen, deckungsgleich. In beiden Fällen können Lebens-Mittel, gemeinschaftlich aus eigenen Kräften und für den eigenen Gebrauch, autonom verfügbar gemacht werden, ohne Angewiesensein auf eine Instanz, die Macht daraus bezieht, daß sie Lebens-Mittel gewähren oder vorenthalten kann. Lebensgüter sind nicht knapp, wie karg die Ausstattung mit ihnen immer sein mag.

In Kategorien von Bedürfnissen:

- ‹Leben in Daseinsbedingungen› ist gekennzeichnet durch *Bedürfnislosigkeit*[26].
- ‹Leben mit Fähigkeiten› ist gekennzeichnet durch *Nicht-Bedürftigkeit.*

Zusammenfassung

Daseinsmächtigkeit, die auf Bedürfnislosigkeit und Selbstgenügsamkeit beruht, also darauf, daß dasjenige, was in einer Gemeinschaft als lebensnotwendig gilt, bestimmt wird durch das, was vorhanden ist und was die Natur ‹freiwillig› gewährt, kann auf zwei Weisen zerstört werden: durch Zugriff auf die vorhandenen Lebensgüter (*Entzug*) und durch Zugriff auf die selbstgenügsamen Zielsetzungen (*Erziehung*). Daseinsmächtigkeit, die auf Nicht-Bedürftigkeit beruht, also auf erworbenen oder erwerbbaren Selbsterhaltungsfähigkeiten gründet, kann dadurch zerstört werden, daß die Ausbildung und Ausübung der Fähigkeiten behindert wird oder daß lebenserhaltenden Tätigkeiten der Boden entzogen wird (durchaus auch im wörtlichen Sinne).

So wie also Daseinsmächtigkeit immer auf drei Faktoren eruht – auf der allgemeinen Zugänglichkeit der Lebensgüter, auf einer ausgeglichenen Ziel-Mittel-Relation und auf der Ingebrauchnahme von Fähigkeiten –, so wirken auch bei Knappheit und machtvollem Entzug von Daseinsmächtigkeit die drei Faktoren

- Eingriffe in den Lebensraum,
- Eingriffe in die Zielautonomie,
- Eingriffe in die Tätigkeiten und Fähigkeiten

zusammen, eines ermöglicht und verstärkt das andere.

Gegenstände der Knappheit			
		materielle	immaterielle
Formen der Verknappung	Entzug	I Besitz/Eigentum = Entzug von Grundstoffen und Mitteln für Tätigkeiten allgemeiner Nutzung	II Produktion(szwang) = Entzug von gebrauchswertorientierten Tätigkeiten/Fähigkeiten (statt dessen Arbeitsteilung/Lohnarbeit)
	Diagnose	III Konsumzwang Lebensstandard = verpflichtende Normalität	IV Behandlungszwang dekretierte Normalität = Bedürftigkeit bei Abweichung von der Normalität – Institutionen

Die Grundbedürfnisse der Knappheit

Die Versuchung, darüber nachzudenken, wie denn nun das Böse in die Welt kam, ist groß. Die Frage nach den präzisen Entstehungsursachen von Knappheit und nach den einzelnen konkreten Stadien ihres Siegeszuges, mit dem sie nun schon fast alles, was lebt und nicht lebt, unterworfen hat, ist genauso bohrend wie die jahrhundertelang gestellte Frage nach der Genealogie der Macht – und genauso unbeantwortbar. Mit meiner Definition von «Macht» ist der Beantwortung dieser Frage nichts hinzugewonnen. Ich erinnere an die Doppelaussage der These: Knappheit schafft Bedürfnisse, wie auch umgekehrt Bedürfnisse Knappheit schaffen. Damit ist die Frage, was zuerst da war, die Macht oder das Bedürfnis nach ihr, ebenso unentscheidbar wie die nach der Originalität von Huhn oder Ei. Die Inbrunst, mit der dieser Frage nachgegangen wird, erklärt sich ja wohl aus der Hoffnung, daß, wenn man nur wüßte, wie das Übel begann, man auch verstünde, ihm ein Ende zu bereiten. Ich denke, um die Chance einer wirksamen Entmachtung der Knappheit abzuschätzen, ist es nicht notwendig, eine lineare Entstehungsgeschichte zu zeichnen, sondern es ist notwendig, ihre Funktionen und ihre Mechanismen zu kennen.

Ich sage dies vorweg, um beim Nachdenken über die ‹Grundbedürfnisse› nicht immer wieder die Knappheit mit sich selbst, also mit dem Bedürfnis, zu erklären und um auch dieses Mißverständnis beim Leser auszuschließen.

Knappheit ist nicht einfach nur eine Beschränktheit von Gegenständen oder Situationen oder Tätigkeiten, auf welchem Niveau auch immer, sie ist ein gesellschaftliches Verhältnis. Sie prägt ein Gemeinwesen in allen seinen Lebensäußerungen und Funktionen genauso wie die Vermeidung von Knappheit. Sie ist die dritte mögliche Antwort auf die existentielle Unsicherheit des Menschen.

- Die erste Antwort, das Leben-in-Daseinsbedingungen, war der Versuch, Sicherheit dadurch zu haben, daß die gemeinschaftlichen Ziele mit dem in der Natur «Vorgewalteten» (E. Bloch) in Übereinstimmung gebracht werden. Der Verlust der Instinktsicherheit wird kompensiert durch die gesellschaftliche Nachbildung eines Zustandes, in dem Natur Heimat ist (Natur als Norm).
- Die zweite Antwort, das Leben-mit-Fähigkeiten, von der ersten nicht trennscharf abzusetzen, war der Versuch, Sicherheit durch die Ingebrauchnahme der Fähigkeiten zu erwirken und der Natur eine aus ihren Stoffen von Menschenhand gemachte Heimat entgegenzustellen. (H. Arendt, 1960, S. 129) Dabei beruht das Heimatgefühl weniger auf den Gegenständen, die diese ‹Welt› ausstatten, als auf dem Bewußtsein, sie hergestellt zu haben. Die eigentliche Heimat ist in den Kräften selbst, ist das *Selbstvertrauen.*[27]
- Die dritte Antwort nun ist, Sicherheit dadurch zu gewinnen, daß die Welt der Gegenstände so vervollkommnet wird, daß sie jeglicher Bedrohung standhält. Nur in diesem dritten Konzept haben wir es gemäß meiner Definition mit Sicherheits*bedürfnissen* zu tun.

Knappheit ist eine Form der Macht, die – anders als Gewaltherrschaft – sich der Bedürfnisse der Menschen bemächtigen muß. Totalitär, also umfassend ist diese Macht durch die Indienstnahme von vier ‹*Grundbedürfnissen*›:

- das *Sicherheitsbedürfnis,*
- das *Zeitbedürfnis,*
- das *Bequemlichkeitsbedürfnis,*
- das *Anerkennungsbedürfnis.*

Wenn es gelingt, den Glauben an diese vier Bedürfnisse allgemein und zweifelsfrei zu machen, ist die Herrschaft der Knappheit unumschränkt. Sie begründen ein hermetisches System der Bedürftigkeit, mit dem verglichen die vielbeklagte Manipulation durch die «geheimen Verführer» eine harmlose Attacke auf die Autonomie des einzelnen ist. Angesichts dieses Systems wird alle Konsumkritik, Konsumentenaufklärung und sogar die Konsumaskese zum Schattenboxen.

Den vier ‹Grundbedürfnissen› ist ein Wesensmerkmal eigen, das aus der Perspektive der Macht unverzichtbar ist: Sie sind *unersättlich*. Das heißt: Sie stellen eine unbefristete Herausforderung an die Produktion dar und eine ebenso unbefristete Legitimation der Macht, die sich auf sie beruft. Deshalb sind sie die Grundbedürfnisse der Macht, was etwas ganz anderes ist als ‹menschliche Grundbedürfnisse›.

1. Das Sicherheitsbedürfnis

Wie wird Sicherheit knapp? Wie wird sie zum Bedürfnis? Wie wird das Bedürfnis unersättlich?

Sicherheit wird knapp, wenn ihre Besorgung an Mittel überantwortet wird, an Sicherheit verbürgendes Gerät, gesetzliche Regeln und Reglementierungen, an Institutionen der Daseinsvorsorge. Erst wenn sie losgelöst ist von den Personen, wenn sie verkörpert – oder besser: verdinglicht – ist im materiellen und nicht-materiellen Inventar unseres Lebens, entstehen Sicherheitsbedürfnisse. «Wann fühle ich mich sicher?», so lautet die eine Frage, mit der ich das Ausmaß meiner Sicherheit erforschen kann. «Wann bin ich sicher?» heißt die andere. Die Ähnlichkeit der beiden Fragen ist trügerisch. Sie zielen in Wahrheit auf zwei grundverschiedene Lebensmuster. Die erste unterstellt, über seine Sicherheit könne jemand nach eigenem Gutdünken und selbstgesetzten Maßstäben entscheiden. Die Antwort fiele bei diesem so, bei jenem anders aus, je nachdem, wieviel Risiko und Lebensunsicherheit jemand zu tragen imstande und bereit sei. Sicherheit sei eine Sache des den Menschen möglichen *Vertrauens*

– zu sich selbst,
– zu den anderen,
– zur Lebenswelt.

Die zweite Frage läßt die Sicherheit als eine die Lebensumstände auszeichnende *Eigenschaft* erscheinen und zugleich als etwas, das sich an Maßstäben orientiert, die ich nicht selbst setze und auf die ich keinen Einfluß habe, an Sicherheits*standards*.

Sicherheit, die, von mir losgelöst, weder von meinem Vertrauen, noch von meinen Fähigkeiten abhängt, Sicherheit, die ich nicht *am eigenen Leibe trage*, sondern an Mittel und Maßnahmen delegiert habe, bedingt ein Grundmuster im Umgang mit einer unsicheren Umwelt: Ich muß mich ihrer erwehren, statt mich mit ihr zu befreunden. Der Blick wird auf Gefahrenerkennung spezialisiert, Mißtrauen wird zur Tugend und die Abwehr der Gefahr zur ersten Lebensanstrengung.

Der Bedarf an Sicherheit gewährendem Inventar ist tatsächlich unstillbar. Er kann prinzipiell nicht befriedigend befriedigt werden. Das hängt mit der Vergänglichkeit zuallererst des Menschen, aber auch der ihn umgebenden Dingwelt zusammen. Es gibt keine letzte Sicherheit des Lebens und keinen Schutz vor dem Vergehen von Vergänglichem. Die möglichen Gefährdungen des Lebens sind unendlich. Ein ein für allemal gelöstes Sicherheitsproblem wirkt nicht etwa beruhigend, es stimuliert vielmehr immer ausgeklügeltere, feinsinnigere Gefahrenerkennung, die Entdeckung immer neuer Sicherheitslücken und die immer perfektere und raffiniertere Gegenwehr.

Aber mehr noch: wenn das unendlich bedrohte Leben so ausschließlich an den materiellen und nicht-materiellen Sicherheitsvorkehrungen hängt, dann sind diese wiederum Gegenstand ernstester Sorge und ihrerseits schutzbedürftig. Es muß also Vorbeugung zweiter, dritter und vierter Ordnung geben, die Sicherung der Sicherungen. Das was wir «Rüstung» zu nennen uns angewöhnt haben, die monströse atomare, biologische und chemische Vernichtungsmaschinerie, diese zum Äußersten getriebene Bedrohung der eigenen und fast aller anderen Gattungen, ist das Ergebnis einer solchen panischen Sicherheitsobsession, die den jeweils erreichten Stand der Sicherheit grenzenlos überbieten muß.

Weiter: die an den Mitteln hängende Sicherheit ist – im Gegensatz zu der auf Vertrauen, Befreundung und Fähigkeiten gründenden Sicherheit – immer ein Raub an der Sicherheit anderer. Ja, ich bin nur in dem Maße sicher, wie ich Unsicherheit über andere verhängen kann. Auch hier richtet sich das Befriedigungsmittel gegen das Bedürfnis und wird kontraproduktiv. Der Mitmensch, durch den gnadenlosen Konkurrenzkampf um Sicherheit zum Feind gemacht, wird gefährlich.

Ohne rückfällig zu werden und nun doch letzte Entstehungsursachen ergründen zu wollen, will ich das Sicherheitsbedürfnis gleichwohl zurückführen auf die Aussperrung des Todes und der Toten aus der Gemeinschaft der Lebenden (womit wiederum diese Aussperrung erklärungsbedürftig ist). «Der Tod als universelle menschliche Bedingung existiert erst, seit es eine *gesellschaftliche* Diskriminierung der Toten gibt. Die *Institution* des Todes ist wie die des Weiterlebens und der Unsterblichkeit eine späte Errungenschaft (...).» (J. Baudrillard, 1982, S. 227) Erst wenn der Tod aufhört, «ein möglicher Zustand der Person» zu sein, ein «Aspekt des Lebens» (J. Baudrillard, 1982, S. 210), ist das Leben Minute für Minute bedroht. Erst dann entsteht ein unstillbares Sicherheitsbedürfnis zum Schutz des Lebens. Erst dann wird auch das Überleben (im Sinne von ‹jemanden überleben›) zum erstrebenswertesten substantiellen Vorteil, der über andere Menschen errungen werden kann. Insofern ist das Sicherheitsbedürfnis dreifach unersättlich: Es ist in sich selbst unstillbar, weil es ein Gut erhalten will, das nicht erhalten werden kann: das vom Tod abgetrennte Leben. Es ist unersättlich, weil die erdenklichen Bedrohungen, denen das Leben ausgesetzt ist, unendlich sind, mithin auch die Bedürfnisse nach Schutzvorkehrungen ad infinitum fortgezeugt werden. Und es ist schließlich unersättlich, weil der zu erringende Vorteil – wenn denn die ‹Krone des Lebens› unerreichbar ist – sich auf den des *Überlebens* reduziert. Das Sicherheitsbedürfnis wird befriedigt durch den *Vorsprung*, den einer vor dem anderen in der Verfügung über Sicherheitsapparaturen erringt. «Das Phänomen des Überlebens läßt sich also als grundlegende Operation der Geburt der Macht analysieren.» (J. Baudrillard, 1982, S. 203)

«Der *stehende* Mensch wirkt autonom, als stünde er für sich allein, und als hätte er noch die Möglichkeit zu jeglicher Entscheidung. Der *sitzende* Mensch übt einen Druck aus, sein Gewicht stellt sich nach außen dar und erweckt ein Gefühl von Dauer. So wie er sitzt, kann er nicht fallen; er wird größer, wenn er sich erhebt. Der Mensch aber, der sich zur Ruhe niedergelassen hat, der *liegende* Mensch hat sich entwaffnet. Es ist ein leichtes, ihm in der Wehrlosigkeit seines Schlafes beizukommen. Der Liegende ist vielleicht gefallen, vielleicht ist er verwundet worden. Bevor er wieder auf den Beinen steht, wird er nicht für voll genommen.

Der *Tote* aber, der nie wieder aufsteht, hat eine ungeheure Wirkung. (...) Und nun setzt der Schrecken ein vor der Tatsache des Todes (...). Der Schrecken über den Toten, wie er vor einem daliegt, wird abgelöst von Genugtuung: man ist nicht selbst der Tote. (...)

Die Situation des Überlebens ist die zentrale Situation der Macht. (...) Der Lebende dünkt sich nie größer, als wenn er mit dem Toten konfrontiert ist, der für immer gefällt ist: in diesem Augenblick ist ihm, als wäre er gewachsen.» (E. Canetti, 1981 b, S. 25 ff)

Die Aussperrung des Todes, durch die dann der reine Mehrwert des Lebens unendlich gefährdet erscheint, ist die Grundfigur aller Knappheit.[28] In ihr wird die Unersättlichkeit des Bedürfens grundgelegt. In ihr waltet die nie endende Mühe, dem Tod Leben abzuringen.

2. Das Zeitbedürfnis

Die Aussperrung des Todes schafft nicht nur Sicherheitsbesessenheit, sie schafft auch Zeitknappheit. «Es gibt nur einen guten Tod, den besiegten (...). Für jeden soll es möglich sein, bis zur Grenze seines biologischen Kapitals zu gelangen und sein Leben ‹bis zur Neige› ohne Gewalt oder vorzeitigen Tod zu genießen. So, als ob jeder sein kleines Schema eines Form-Lebens, seine ‹normale Lebenserwartung› und einen ‹Lebens-Vertrag› in der Tasche hätte – daher der *soziale* Anspruch auf eine Lebensqualität, zu der ein natürlicher Tod gehört. Ein neuer Gesellschaftsvertrag: die ganze Gesellschaft mit ihrer Wissenschaft und Technik wird gemeinsam verantwortlich für den Tod jedes Individuums. (...) Jeder hat das Recht, aber gleichzeitig die *Pflicht* eines natürlichen Todes.» (J. Baudrillard, 1979, S. 95 ff)

Die Zeitknappheit ruft ein vehementes und unersättliches Bedürfnis nach Lebenszeit hervor. (Ebenso wie umgekehrt das Bedürfnis nach Lebenszeit diese knapp macht.) Das Zeitbedürfnis ist zum einen auf Befriedigungsmittel gerichtet, die geeignet sind, die Lebensspanne zu verlängern, den Zeitpunkt, die Grenze des ‹natürlichen Todes› hinauszuschieben. Darin ist es ganz zielgleich mit dem Sicherheitsbedürfnis, insofern es dabei nicht nur nach den im engeren Sinn medizinisch-technischen Mitteln zur Lebensverlängerung greift, sondern nach jedweder Vorkehrung zur Abwendung von Gefahr.[29]

Auch das Zeitbedürfnis ist in bestimmter Hinsicht ein Derivat des Überlebensbedürfnisses. Es ist unersättlich wie das Sicherheitsbedürfnis.

- Wiederum hat die Unersättlichkeit einerseits ihren Ursprung in dem Bemühen, der Lebensspanne Einheiten von Zeit zuzusetzen, das ‹Lebenskapital› zu erhöhen, ohne daß sich doch an der Grundtatsache seines unerbittlichen Endes etwas änderte, nachdem der Austausch mit dem Tod und den Toten einmal abgebrochen ist.
- Unersättlich ist das Zeitbedürfnis aber auch dadurch, daß Befriedigung aus einer günstigen Relation der eigenen Lebenszeit zu der des Anderen, aus dem Zeit*gewinn* gezogen wird.

Man kann jemanden oder etwas überleben. Etwas: ein Ereignis, eine Katastrophe, eine Gefahr, eine Krankheit, eine bestimmte, für durchschnittlich erachtete Lebensspanne. Oft überlebt man, indem man eine Katastrophe oder Gefahr übersteht, auch andere. Aber das ist nicht zwingend. Jemanden überleben verbürgt mehr Macht als etwas überleben. Die Macht ist inkorporiert in dem Profit, den jemand an dem knappen Lebensgut ‹Zeit› davonträgt. (Kriege und Hochrüstung stehen im Dienste des kollektiven Machtgewinns durch Überleben anderer, im Dienste also nicht nur von einzelnen, sondern von Nationen.)

Während dieser Aspekt des Zeitbedürfnisses nur eine veränderte Betrachtungsweise des Sicherheitsbedürfnisses ist, geht das Bedürfnis nach *Zeitersparnis* darüber hinaus. Der Idee der Zeiteinsparung liegt die Einsicht zugrunde, daß Zeit immer nur als gefüllte, gelebte, verbrachte Zeit erfahren werden kann. Zeiteinsparung bezeichnet den Versuch, das Verhältnis von schlecht gelebter zu gut gelebter Zeit zugunsten der letzteren zu verschieben. Das Bedürfnis nach Zeitersparnis wird dadurch befriedigt, daß man sich in möglichst vielen der notwendigen, mühsamen und routinierten Tätigkeiten *vertreten* lassen kann, um damit ‹freie› Zeit zu gewinnen. «(...) Vertretbarkeit (ist) das Maß von Herrschaft (...) und jener (ist) der Mächtigste, der sich in den meisten Verrichtungen vertreten lassen kann (...).» (M. Horkheimer, Th. W. Adorno, 1969, S. 41)

Auch das Zeitbedürfnis in beiderlei Gestalt ist nicht nur unersättlich, sondern verlangt zu seiner Befriedigung nach Produktion von Gütern und Dienstleistungen. Wunderbarerweise wird aber unter dem Gesetz der sich überschlagenden Beschleunigungen des Lebens nicht nur ein unersättliches Bedürfnis nach zeit*sparendem* Gerät virulent, sondern ein ebenso unersättliches nach zeit*vertreibendem* Gerät. Der seiner Daseinsmächtigkeit beraubte Mensch ist auch seiner Zeitautonomie beraubt. Gelebte Zeit zerfällt in Beschleunigung und Zeitvertreib. Noch dazu ist beides passivisch: man *wird* beschleunigt, und die Zeit *wird* einem vertrieben.

Auch das Zeitbedürfnis kehrt zuletzt seine Absichten gegen sich selbst. Beschleunigung ist in Wahrheit zeitraubend. Sie schafft beileibe keine *freie* Zeit, sondern führt zur planenden Durchstöberung noch des letzten unverwalteten *Augenblicks* und überführt ihn in die alles verschlingende, tickende Zeit. Wieviel Zeit bleibt übrig, die nicht *gemessen* und von der Uhr beherrscht wird? Wieviel Zeit bleibt uns, wenn wir unsere Pflichten als Produzenten, Konsumenten, Patienten, Klienten, Aus- und Fortzubildende, Erholungssuchende, Pendler und Bürokraten unserer ‹privaten› Existenz absolviert haben, kurz: wenn wir unserer Bedürftigkeit Rechnung getragen haben?[30] Je schneller die Umdrehungen des Lebens werden, desto mehr Zeit wird für die Erfüllung dieser Pflichten eingesetzt werden müssen; alles im Dienste der maximalen Ausschöpfung der Lebensmöglichkeiten, ein gleichwohl vergeblicher Wettlauf mit der verrinnenden Zeit.

3. Das Bequemlichkeitsbedürfnis

Wie wird Bequemlichkeit knapp? Wie entsteht ein Bedürfnis nach Bequemlichkeit? Wie wird das Bequemlichkeitsbedürfnis unersättlich?

Einem einigermaßen unbefangenen Zeitgenossen müssen diese Fragen obsolet erscheinen. Daß es besser ist, es bequem zu haben als unbequem, scheint ebenso evident wie Herbert Marcuses Grundaxiom, es sei besser, ein gutes Leben zu haben als ein schlechtes. Und folglich könne man das Bequemlichkeitsbedürfnis für so etwas wie eine ‹natürliche Vernünftigkeit› des Menschen erachten. Was es jedoch mit dem Bequemlichkeitsbedürfnis auf sich hat, hat meisterhaft Heinrich Böll in seiner Erzählung von der Begegnung des müßiggehenden Fischers mit dem unternehmerisch planenden Touristen aufgedeckt. Der Tourist macht dem in der Sonne dösenden Fischer allerlei Vorhaltungen, stellt ihm die verpaßten Gelegenheiten vor, die Fänge, die ihm entgehen, wenn er nicht unverzüglich bei der günstigen Witterung ausführe. Der Fischer zeigt sich desinteressiert an den phantastischen Aussichten, die ihm der Tourist macht. Und je hartnäckiger diese Gleichgültigkeit ist, desto mehr kommt der Tourist ins Schwärmen. Eine ganze Fangflotte phantasiert er schon als Ergebnis eines beharrlichen Fischerfleißes, einen Hubschrauber zur Beobachtung der Fischschwärme, ein Kühlhaus, eine Räucherei und ein verzweigtes Transportunternehmen zur Erschließung neuer Absatzmärkte. Da bequemt sich der Fischer zu der Frage: «Und dann?» «Dann könnten Sie beruhigt hier im Hafen sitzen, in der Sonne dösen – und auf das herrliche Meer blicken.» Was Wunder, daß der Fischer für die Verlockung, die in dieser Aussicht lag, nicht viel Begeisterung aufbrachte und es sich wahrscheinlich erneut nach dieser Störung in der Sonne behaglich machte. Zur Ehrenrettung des Touristen wird gesagt, daß er nachdenklich und ein wenig neidisch von dannen ging. (H. Böll, 1987, S. 198 ff)

Nicht die frei verfügbare, selbstgewählte, dreist beanspruchte Bequemlichkeit darf es sein, wenn den Interessen der Macht Genüge getan werden soll, sondern die verwaltete, kaufbare, für die man sich abrackern und sich der kontrollierenden Disziplinierung organisierter Arbeit unterwerfen muß, deren Lohn dann die *gewährte* Muße ist. Das Fatale an diesem Zerrbild der Muße ist, daß ich systematisch unfähig gehalten werde, den Preis an Mühe, Lebenskraft und Zeit, der dafür entrichtet werden muß, zu durchschauen: Mit wieviel Mühe muß ich die Mühelosigkeit bezahlen? Lassen sich die Kosten an harter Arbeit, Freiheitsberaubung, zeitlicher Beanspruchung und Feindseligkeit von

Konkurrenten, die in Kauf genommen werden müssen, um in den Genuß längst selbstverständlichen Komforts zu kommen, noch rekonstruieren? Sind wir imstande, eine redliche Kosten-Nutzen-Rechnung für das mühsalsparende Gerät, das unsere Existenz möbliert, zu erstellen? Könnten wir seine Daseinsberechtigung mit der gleichen Unbefangenheit und Souveränität ad absurdum führen wie der müßige Fischer? Wohl kaum. Denn das hieße die Macht der Knappheit unterschätzen. Knappheit erfordert die aktive, vorbehaltlose Partizipation potentiell aller an ihrem System. Unter Knappheitsbedingungen ist Partizipation ein Systemerfordernis, dem sich niemand generell entziehen darf. Partizipation ist unter ihrem Diktat nicht in erster Linie ein demokratisches Recht, auch wenn sie sich als solches maskiert. Sie ist vielmehr eine herbe Untertanenpflicht.

Als bequem gilt es – wiederum –, sich in möglichst vielen Verrichtungen vertreten zu lassen, d. h. möglichst viele eigene Verrichtungen durch die Inanspruchnahme von Fertigprodukten – Gütern, Dienstleistungen, Lebensmustern – überflüssig zu machen. Um so besser, wenn die Vertretung von Maschinen und nicht von Sklaven besorgt wird. Dann ist dem Scheine nach die Bequemlichkeit der einen nicht mit der Freiheit der anderen erkauft.

Unersättlich ist das Bequemlichkeitsbedürfnis, weil die möglichen vertretbaren Verrichtungen unzählig sind. Was als unzumutbare Mühsal gilt, ist eine Frage der Definition. Heutzutage muß man, um ein öffentliches Gebäude zu betreten oder in ein Verkehrsmittel einzusteigen, nicht einmal mehr eine Tür öffnen. Türen tun sich auf wie von Geisterhand. Das Gerät gibt vor, unsere Absichten zu durchschauen. (Das wirft ein Licht auch auf die Konformität unserer Absichten.) Entfernungen werden ohne eigene Bewegung zurückgelegt. Die allgemein gewordene ‹Handhabung› des Geräts ist der Knopfdruck. Die Ruhigstellung von Händen und Füßen entspricht heute gültigen Bequemlichkeitsstandards. Als bequem gilt der Zustand, in dem alle Widerständigkeit in uns selbst, im anderen und in den Dingen gebrochen ist.

Als Folge seiner Unersättlichkeit und seines Anspruchs auf Fertigprodukte erzwingt auch das Bequemlichkeitsbedürfnis Produktivität.

Groteskerweise aber schafft nicht nur die Abschaffung der Mühsal einen unstillbaren Gerätebedarf, sondern auch ihre wohldosierte Neuinstallierung. Die Mühe, die ‹von selbst› ist, wird bekämpft. Da aber der Körper mit seinen Kräften, seinem Bewegungsdrang den Anspruch geltend macht, in Gebrauch genommen zu werden, tritt an die Stelle der erledigten, abgeschafften Mühsal die *ver-anstaltete*, organisierte, verwaltete Mühsal. Um ihretwillen werden wahre Ausstattungsorgien gefeiert. Jede Bewegungssparte hat Anspruch auf eine spezifische, modischen Standards genügende Ausstaffierung, vom Jogging-Outfit übers Trimm-dich-Gerät bis hin zum Überlebenstrainings-Besteck. Auch die Mühsal, nicht nur ihre Abschaffung, eröffnet einen Absatzmarkt für Waren, ja sie wird selbst zur kaufbaren Ware. Ein ganzer Dienstleistungssektor dient der Verabreichung von Mühsal.

4. Das Anerkennungsbedürfnis

Das Bedürfnis nach Anerkennung gilt vielfach als ursprünglicher, naturhafter Antrieb des menschlichen Handelns und nur das Wie seiner Befriedigung als gesellschaftlich bedingt. (Z.B. K. Polanyi, 1978, S. 115, und A. Etzioni, 1968, S. 624) In Wahrheit aber ist auch das Akzeptationsbedürfnis sehr wohl ein Indiz dafür, daß Anerkennung zu einer knappen Ressource geworden ist. Mit dem Verlust der Daseinsmächtigkeit versiegen die Quellen, aus denen Anerkennung subsistent, also zur Genüge, geschöpft werden kann:

- Die Selbstanerkennung, die aus dem eigenen nützlichen (nämlich die eigene Existenz sichernden) Tun gezogen wird;
- und die Anerkennung durch die Gemeinschaft, die sie dem je eigenen Beitrag zu ihrer Selbsterhaltung zollt. Von dieser Anerkennung ist niemand ausgeschlossen, weil in subsistenzorientierten Gemeinschaften jeder zu ihrer Erhaltung Gebrauchswerte schafft.

Unverwaltete Anerkennung ist dann in Fülle vorhanden. Anerkennung ist kein soziales Problem, weder als Bedürfnis auf seiten des Individuums, noch als Problem der Gewährung von Befriedigungsmitteln auf seiten des Kollektivs.

Sofern aber die Tätigkeiten und Fähigkeiten zur Selbsterhaltung enteignet sind und an ihre Stelle die arbeitsteilige Fertigung von kompletten Versatzstücken für den Lebensunterhalt und die Lebensgestalt tritt, wird Anerkennung zu einem dringenden Bedürfnis. In seiner elementaren Form erscheint es als Bedürfnis nach Zugehörigkeit, als Bedürfnis, der Aussperrung aus der geltenden Normalität zu entgehen und Randständigkeit zu vermeiden. Wer Anerkennung und Zugehörigkeit einfordert, muß – im Gegenzug – der gesetzten Normalität Anerkennung zollen. Das Mehr oder Weniger an Anerkennung und Ansehen bildet dann oberhalb der Schwelle, an der es um die Existenzfrage von Zugehörigkeit oder Ausstoßung geht, eine Hierarchie gesellschaftlicher Stellungen heraus.

Das Anerkennungsbedürfnis und seine Befriedigung erfüllen die wichtigste Funktion für die Herrschaft der Knappheit: die Zuweisung von sozialem Rang. Es infiziert alle anderen Bedürfnisse. Es macht die Beziehungen zwischen den Bedürfnissen und ihren Gegenständen zu triangulären Beziehungen: Begehrt wird etwas nicht mehr um seiner selbst willen, sondern um der sozialen Anerkennung willen, die sein Besitz oder seine Inanspruchnahme einträgt. Der Wert eines Gegenstandes – oder auch einer Leistung – bemißt sich daran, wie beneidenswert man anderen durch seinen Besitz erscheint. Begehrenswert ist etwas nicht, weil es nützlich oder schön oder brauchbar ist, sondern weil andere es auch begehren. Damit wird das Anerkennungsbedürfnis zum eigentlichen Promotor der Knappheitsdynamik, weil es die Unersättlichkeit zum Prinzip aller Bedürfnisbefriedigung macht. Der zwingende Vergleich mit anderen macht jede Bedürfnisbefriedigung (im Sinne des Genügens) zur Illusion. Schon in den bisher aufgezeigten Grundbedürfnissen der Knappheit war ja die Überlegenheit über vergleichbare andere immer eine der Komponenten der Unersättlichkeit. Das Anerkennungsmotiv macht auch alle prinzipiell ein für allemal befriedigbaren Bedürfnisse zu unersättlichen: «Wohl dem, der ohne sich mit Anderen zu vergleichen, den Genuß hinnehmen kann, den die Natur mit der Selbstgemäßheit unzertrennlich verbunden hat!» (G. Forster, 1970, S. 714; ursprüngl. 1792/93)

Einmal losgelöst von nützlichen Tätigkeiten und Brauchbarkeit nimmt Anerkennung eine vagabundierende Beliebigkeit an. Ebenso wie Bedürfnisse und Bedürftigkeit qua Diagnose von der Macht etabliert werden können, ebenso kann auch – und das ist die Kehrseite derselben Sache – der Wert der Befriedigungsmittel, das heißt, ihr Vermögen, Anerkennung und sozialen Rang zu verbürgen, diagnostisch festgelegt werden. Anerkennung kann auf zweierlei Weise errungen werden:

– durch das, was man hat,
– und durch das, was man kann.

Wenn Anerkennung nicht mehr nach dem Maßstab der Lebensdienlichkeit und des Nutzens für die Gemeinschaft gewährt wird, kann Anerkennungswert dem Besitz wie den Leistungen willkürlich zugeschrieben werden. Das einzige Gesetz dieser Wertzuschreibung ist ein quantitatives: Den höchsten Wert hat das, was sich die wenigsten leisten können oder was die wenigsten leisten können. Noch die ausgefallenste modische Absurdität läßt sich mit Anerkennungswert belegen. Der überstürzte Wechsel der Moden von der Kleidung bis zur Theoriebildung läßt sich auf diese Entwurzelung der Anerkennung zurückführen. Anerkennung, ursprünglich zutiefst sozial, den Erhalt der Gemeinschaft fördernd, wird unter der Herrschaft der Knappheit asozial: Das größte Ansehen gebührt dem, der die anderen am empfindlichsten und nachhaltigsten schädigt, das heißt, der die Macht hat, den meisten das meiste vorzuenthalten.

Auch die Unersättlichkeit des Anerkennungsbedürfnisses heizt Produktivität an. Stellt doch die Produktion die unerschöpfliche Fülle der Attribute, mit denen Anerkennung eingefordert werden kann, zur Verfügung.

Das Befreiungsmittel ‹Anerkennung› hat seine Kontraproduktivität darin, daß auf jeder Stufe der Rangleiter ein immer höherer Einlaßpreis entrichtet werden muß. (F. Hirsch, 1978, S. 29) Und immer weiter entfernt sich die der Erringung von Anerkennung gewidmete Anstrengung von lebensdienlichen nützlichen Anstrengungen. (F. Hirsch, 1978, S. 45) Kontraproduktivität heißt, daß bei Produktion von Immer-mehr-des-Gleichen, von immer mehr Befriedigungsmitteln also, die reelle Bedürfnisbefriedigung eine U-Kurve beschreibt. Die Befriedigungsmittel richten sich gegen ihre erklärten Absichten und Zwecke. *Kontraproduktivität* ist unvermeidlich bei der Befriedigung der Grundbedürfnisse der Knappheit. Sie ist ihr inneres Gesetz.

Zusammenfassung

Produktion und Produktivität sind die Generalantworten auf die Grundbedürfnisse der Knappheit. Wenn man diese «Grundbedürfnisse» als ursprüngliche, als Ausgangsdaten nimmt, dann ist in der Tat Produktion und Produktivitätssteigerung – nicht gerade die hemmungslose, sondern eine, die ihre schädlichen Nebenfolgen gründlicher prognostiziert und vermeidet – die angemessene, erfolgversprechende Antwort. Wenn aber dies die Grundbedürfnisse der Knappheit sind, jene generalisierten Antriebe also, die den Fortbestand der Knappheit garantieren, dann ergibt sich eine andere Optik auf die Produktion. Nicht in erster Linie Antwort auf Bedürfnisse ist sie dann, das auch, aber vor allem ist Produktion die *Voraussetzung* der Bedürfnisse, ihre Entstehungsbedingung. Alle diese Bedürfnisse sind gerade eine Folge davon, daß die Selbsterhaltungsfähigkeiten und -tätigkeiten durch Produktion enteignet wurden. Im Blick auf einzelne Bedürfnisse ist unter dem Stichwort der Manipulation vielfältig die Tatsache, daß die Bedürfnisse durch eben jene Mittel geweckt werden, die dann ihrer Befriedigung dienen, beschrieben worden. Hier geht es um mehr, nicht um das einzelne konkrete Bedürfnis, dem man sich ohne Not versagen könnte. Hier geht es um ein «System der Produktion», das eine generelle Bedürftigkeit («système des besoins», J. Baudrillard, 1970, S. 103) hervorbringt, das die Produktion nun tatsächlich und ohne Alternative notwendig macht. Dieses System ist eine geschlossene Anstalt, aus der es, so wie die Dinge heute liegen, kein Entkommen gibt, es sei denn um den Preis der äußersten Leidensbereitschaft. Nur um diesen Preis könnte man sich dem Partizipationszwang der Knappheitsdiktatur entziehen. Die Unersättlichkeit der vier ‹Grundbedürfnisse› bestimmt den totalitären Charakter der Knappheit.

- Die Unersättlichkeit der Sicherheitsbedürfnisse hat eine Totalisierung der *Ver-Mittel-ung* zur Folge. Die ganze Welt wird zum Arsenal von Befriedigungsmitteln in Entsprechung zur Allgegenwart der Gefahr.

Die Unersättlichkeit des Zeitbedürfnisses hat eine Totalisierung der *Beschleunigung* zur Folge.

- Die Unersättlichkeit des Bequemlichkeitsbedürfnisses hat die Totalisierung des *Vertretungsprinzips* d. h. der Entmündigung, zur Folge.
- Die Unersättlichkeit des Anerkennungsbedürfnisses hat die Totalisierung der *Konkurrenz* zur Folge.

Einige weitere gängige Grundannahmen über Knappheit können an diesem Punkt als widerlegt gelten:

«Knappheit allgemein (...) ist (...) nicht nur ubiquitär, sondern auch wertambivalent.» (B. Balla, 1978, S. 17) Denn: «letztlich ist jedes soziale Handeln ein Akt der Bekämpfung irgendwelcher Knappheit. Maßgebliche Impulse für menschliches Handeln stehen stets mit knappen Gütern in Zusammenhang.» (B. Balla, 1975, S. 693)

«Einerseits sind mit den Begriffen ‹Knappheit› und ‹Knappheitsbekämpfung› Mangel und Not, Sorge und Existenzdruck assoziiert, andererseits bedeuten Fortschritt und Hinausschieben der Existenzgrenzen, Neuerungen, Erfindungen und schöpferische Leistungen erfolgreiche Handlungen im Prozeß der Knappheitsbekämpfung, Siege über Mißverhältnisse und Unzulänglichkeiten, über Engpässe und Beschränkungen.» (B. Balla, 1978, S. 5)

Dagegen: Es gibt keine Knappheitsbekämpfung, keine Siege über Mißverhältnisse. Es kann vielmehr nur Knappheits*vermeidung* oder

-verweigerung geben. Unter dem Vorzeichen herrschender Knappheit dient jede Handlung oder jedes System von Aktivitäten, die knappheitsbekämpfend zu sein vorgeben, in Wahrheit der Aufrechterhaltung und Vervollkommnung der Knappheit und ihrer beständigen Selbsterneuerung.

Ferner: es ist nicht richtig, daß jedes «soziale Handeln» knappheitsbedingt ist. Diese Annahme ist doppelt korrekturbedürftig.

- Nicht jedes Handeln, das Abhilfe schaffen will, also einen ungenügenden Zustand in einen besseren überführen will, ist der (aussichtslose!) Versuch, Knappheit zu bekämpfen, weil ganz einfach nicht jede Form des Ungenügens oder des bescheidenen Genüge-Habens Knappheit ist. So kann etwa temporärer Mangel herrschen an bestimmten Lebensgütern, ohne daß deswegen die Daseinsmächtigkeit derer, die den Mangel erleiden, Schaden nimmt. (I. Illich, 1982b, S. 125) Oder aber: es ist ein Zustand von Armut denkbar, der keine Knappheit kennt, weil die Fähigkeiten zur Fristung eines einfachen Daseins unzerstört und unzensiert sind. (P.P. Pasolini, 1979, S. 106f) Auch unter der Bedingung solcher Armut ist Unterhaltstätigkeit also nicht knappheitsbekämpfend, sondern lebenserhaltend. Wenn Knappheit mit jeder Form bescheidener Lebensführung oder teilweisen, befristeten Mangels gleichgesetzt wird, wird ihr Sonderstatus verkannt, der gerade darin besteht, daß sie einerseits mitten im sogenannten Überfluß und unberührt von verschwenderischer Übererfüllung des ‹necessarium› fortexistiert; und daß andererseits unter ihrer Herrschaft gerade das Knappe, nur wenigen Zugängliche sich höchster Wertschätzung erfreut, während das reichlich Vorhandene verächtlich ist.
- Nicht jedes Handeln dient der Beseitigung von Defizienzen. Es gibt ein im Überschuß begründetes Handlungsmotiv. Handlungsantrieb ist dann nicht das Gefühl eines Mangels, aus dem sich das Streben zu seiner Beseitigung entwickelt, sondern das Gefühl eines Vermögens, verbunden mit dem Streben, es zu realisieren. Gerade dieses Überschußmotiv ist der Ursprungsort schöpferischer Leistungen.

Schließlich ist auch die These von der Wertambivalenz der Knappheit hinfällig, die ja damit begründet wurde, daß Knappheit umfassende Antriebsenergien freisetzt, daß sie gleichsam an ihrer Selbstaufhebung zum Vorteil des Menschen arbeitet, wobei – widersprüchlich genug – ihre Selbstaufhebung auch von ihren Befürwortern für unmöglich erklärt wird.

Widerstand gegen Knappheit

Dem Vorgang, der in den Knappheitstheorien «Knappheitsbekämpfung» genannt wird, liegt die Annahme oder die Behauptung oder Täuschung zugrunde, daß Knappheit ein Zuwenig an Gütern und Dienstleistungen sei und durch ein Mehr an eben diesen Gütern besiegt werden könne, so daß Lebenssektor um Lebenssektor der Knappheit abgerungen werde, wenn auch eingestandenermaßen ein Ende dieses Kampfes nicht absehbar erscheint. Hier wurde dagegen Knappheitsbekämpfung entlarvt als die elegante Weise ihrer unerschöpflichen Selbsterneuerung. Widerstand gegen Knappheit ist nun etwas ganz anderes als ihre Bekämpfung. Er läßt sich auf ihre Prämissen nicht ein und widersetzt sich den beiden Grundoperationen, die ihrer Inthronisation den Boden bereitet haben: der Vernichtung von Daseinsmächtigkeit und der Aussperrung des Todes. Den drei Formen der Machtergreifung und -ausübung entsprechen drei Formen des Widerstandes. Die Entsprechungen sind nicht bruchlos und lupenrein, aber doch hinreichend deutlich. Zu reden ist von

- der *Gegenmacht* als Widerstand gegen die *Besitzmacht*;
- der *Ohnmacht* als Widerstand gegen die *diagnostische Macht*;
- der *Partizipationsforderung* als Widerstand gegen die *schädlichen Nebenfolgen der Macht.*

1. Widerstand als Gegenmacht

Wo Daseinsmächtigkeit dadurch ruiniert wird, daß ihr reell, materialiter der ‹Boden entzogen› ist; wo der Zugriff zu lebenswichtigen Grundstoffen und Geräten dadurch gehindert wird, daß eine Minderheit sie in Privateigentum überführt hat und sich exklusive Verfügungsgewalt anmaßt; wo lebenssichernde Fähigkeiten und Tätigkeiten zu stumpfsinniger, mechanischer, arbeitsteiliger Routine heruntergewirtschaftet worden sind, da ist Bildung von Gegenmacht die einzig aussichtsreiche Form des Widerstandes gegen diese Verknappung. Gegenmacht – um im Bilde des Zaunes zu bleiben – rennt die Zäune nieder und gewinnt Terrain zurück. Will sie nicht unterlegen sein, so muß sie der Macht etwas *wirklich Gleichgewichtiges* gegenüberstellen. Ihr Metier ist die Machtgewinnung auf Kosten der etablierten Macht. Sie entzieht der Macht Machtanteile und überführt sie in eigene Verfügung. Sie richtet sich an die Macht, um ihr Zugeständnisse abzuzwingen, sei es gewaltsam, umstürzlerisch, sei es durch das quantitative Argument der großen Zahl. Die Spielregeln der Auseinandersetzung sind die Spielregeln der Macht. Gegenmacht bleibt im Banne der Macht, sie kann nicht das Andere der Macht werden, nur dasselbe unter anderem Vorzeichen. Von ihr gilt, was E. Canetti sagt: «Ich habe noch nie von einem Menschen gehört, der die Macht attackiert hat, ohne sie für sich zu wollen, und die religiösen Moralisten sind darin die ärgsten.» (E. Canetti, 1981 a, S. 24) Noch in der Niederlage bleibt es der Macht vorbehalten, das, was zur Disposition steht, zu definieren. Wie immer sie unter Zwang handelt, darin überlebt und erhält sie sich selbst, daß ihr durch die Gegenmacht das *Existenzrecht der Macht* nicht bestritten werden kann, denn auch diese ist Macht, wenn auch potentiell nur als Durchgangsstadium. Auch die *Umverteilung* ist Verwaltung knapper Güter. Gegenmacht rührt im Vollzug der Enteignung der Macht nicht an den machtbegründeten Tatbestand der Knappheit. Der Macht kann durch Gegenmacht das umkämpfte Gut nur in der Form entwunden werden, die sie ihm gegeben hat, d. h. als *knappes* Gut.

2. Widerstand als Ohnmacht

Die Ohnmacht zum Widerstand hochzuloben, das klingt arg. «Ohnmacht» ist nach dem Sensus communis der Resignation verwandt. Sie ist der Sprach- und Handlungstod; ein erbarmungswürdiger, erlösungsbedürftiger Zustand vollständiger Einflußlosigkeit; die endgültige Aufgabe des Anspruchs, sein Leben nach eigenen Vorstellungen einzurichten; das Ende jedes moralischen, sozialen oder politischen Einspruchs; und was das schlimmste ist: die Einwilligung in diesen Zustand, seine Billigung und nachträgliche Beschönigung. Wer jemanden ohnmächtig nennt, hat ihn halb und halb schon der Apathie geziehen. Nach der Definition des ‹Brockhaus› ist Ohnmacht «1) ein meist harmloser, kurzdauernder Zustand von Bewußtlosigkeit, der auf mangelhafter Durchblutung des Gehirns beruht und durch plötzliches Kreislaufversagen hervorgerufen wird. (...) 2) übertragen: Machtlosigkeit.» (Der Neue Brockhaus, 1968, Bd. 4, S. 56) Das ist aber nur die halbe Wahrheit über die Ohnmacht. In ihr wird Ohnmacht als Krankheits*bild*, als Störung im normalen Funktionieren des Organismus beschrieben. In Wahrheit ist sie aber keine Krankheit, sondern im Gegenteil: lebensrettend. Wenn man nicht nur auf ihre Erscheinungsform sieht, sondern auf ihre *Funktion* für den Organismus, dann ist das letzte, was man über sie sagen könnte, sie sei harmlos. Sie ist immer eine Selbstschutzmaßnahme des Organismus gegen eine ernsthafte Bedrohung. Komme diese von außen (z. B. eine unerträgliche Gefahr) oder von innen (z. B. ein unerträglicher Schmerz). Lebensrettend ist sie in dreierlei Hinsicht:

- Sie legt eine zeitliche Distanz zwischen die Erfahrung der Bedrohung und die Reaktion auf die Bedrohung.
- Sie blendet die bedrohliche Realität vorübergehend aus und ermöglicht so dem Organismus die ‹Rückbesinnung auf die eigenen Kräfte›, das heißt ihre Sammlung und Reorganisation.
- Sie signalisiert die Grenzen der Belastbarkeit des Organismus.

Als harmlos kann sie also nur gelten, wenn ich sie selbst für die Störung halte, nicht für das *Signal* einer Störung. (Vgl. M. Gronemeyer, 1981, S. 94 ff) Wenn aber dies das Wesen der Ohnmacht ist, daß sie eine Art Streik des Körpers ist, dem man zu viel zugemutet hat und der beansprucht, nach *eigenem* Rhythmus und *eigenen* Gesetzen zu leben; daß sie ihm erlaubt, seine Kräfte zu sammeln und zu reorganisieren, dann will die übertragene Bedeutung «Machtlosigkeit» nicht mehr schlüssig erscheinen, jedenfalls nicht als einzig mögliche. Vielmehr taugt der Begriff der Ohnmacht zur Benennung einer radikalen Widerstandshaltung. In ihr werden Grenzen der Zumutbarkeit markiert. In ihr artikuliert sich ein entschiedenes «Nein» zu Unzumutbarem. In ihr findet eine Konzentration der eigenen Kräfte statt. Und in ihr setzt sich der eigene Rhythmus und die eigene Bestimmung durch.

Wenn Gegenmacht der Macht etwas wirklich *Gleichgewichtiges* gegenüberstellen muß, so hat Ohnmacht ihr Gewicht darin, daß sie der Macht etwas wirklich *Anderes* gegenüberstellt. Schon das Wort «gegenüberstellen» enthält allerdings einen falschen Zungenschlag. Die Haltung der Ohnmacht stellt der Macht nichts entgegen oder gegenüber, sie entzieht der Macht das Gegenüber. Sie handelt aus der Erkenntnis, daß die Macht ein fragiles Gebilde ist, äußerst abhängig, nicht aus sich selbst existenzfähig. Ohne ihr Gegenüber, die Machtunterworfenen, gibt es die Macht nicht. Ohnmächtige stellen sich der Macht als Untertanen nicht zur Verfügung, indem sie nichts von dem begehren, was die Macht verwaltet und zuteilt, am allerwenigsten die Macht selbst. Sie behaupten ihren Ohne-Macht-Status selbstbewußt und entschieden. Sie sind nicht verführbar durch die Lockungen der Macht, weil sie keine Anteilseigner werden wollen, und sie sind unempfindlich für die Tröstungen der Macht, weil diese immer nur Erfolgsmeldungen aus dem Innern des Systems dekretierter Normalität sind.

In der Ohnmacht ist der Effizienzgedanke nicht leitend und nicht das Erfolgskalkül. Sie bezieht ihre Kraft aus der *Glaubwürdigkeit*: Tun, was man nicht lassen kann.

Ohnmächtiger Widerstand spricht der Macht das Recht ab, Normalität und Bedürftigkeit zu dekretieren. Dies nicht etwa in der Auseinandersetzung mit der Macht, weil ja eine Auseinandersetzung immer die Anerkenntnis ihres Gegenübers einschließt. Allenfalls *verweigern* sich Ohnmächtige der verordneten Normalität. Am radikalsten und zersetzendsten ist aber ohnmächtiger Widerstand, der die Zugehörigkeitsbeschränkungen und Bedürftigkeitsdiagnosen, kurz: die Macht *ignoriert*.

Es ist offensichtlich, daß diese Widerstandsform der Besitzmacht kaum angemessen ist, wohl aber der diagnostischen Macht. Die realen, handfesten Zäune, mit denen die Besitzmacht ihren Raum schützend umstellt, lassen sich schwerlich ignorieren, sie lassen sich nur niederreißen oder überklettern. Die symbolischen Zäune aber, mit denen die diagnostische Macht die von ihr verwaltete Normalität einfriedet, können ignoriert werden. Die in ihrem Gehege herausposaunten Geltungs-, Richtigkeits- und Wichtigkeitsansprüche lassen sich überhören. Die dort geltenden Standards sich zu eigen zu machen, kann man unterlassen. Ohnmächtiger Widerstand läßt die Knappheitsdynamik leerlaufen: Was nicht begehrt wird, kann nicht knapp sein. Wo nichts begehrt wird von dem, was die Macht verwaltet, ist die Macht machtlos, ja mehr noch, sie existiert nicht.

Noch einmal: ohnmächtiger Widerstand sprengt die machtgenerierenden Normalitätsgrenzen. Diese Feststellung könnte die Konsequenz nahelegen, die Normalität müsse bekämpft werden. Ein solcher Kampf würde aber der Macht nur ihre Ziele und ihre Mittel bestreiten, er würde bestenfalls Grenzverschiebungen zur Folge haben oder die geltenden Standards ermäßigen. Er würde nicht an die Grundoperation der Grenzziehung rühren, nicht den Dualismus von normal und unnormal tangieren, nicht die machtvolle Aussperrung des Abweichenden aus dem Tolerierten bezweifeln. Oder, um mich auf die allen anderen Aussperrungen vorausgehende Aussperrung zu beziehen: er würde den Tod nicht ins Leben zurückholen.

«Es gibt immer Orte zu finden, die leer von Macht sind. Die institutionelle Umklammerung des Lebens ist zu Anteilen Schein.» (P. Brückner, 1982, S. 16) So wichtig es ist, sich an diese Orte zu erinnern und sich im Gedächtnis zu halten, daß das ‹falsche Leben› nicht hermetisch ist, so sind dies doch nicht die Orte, an denen die widerständige Ohnmacht agiert. Ohnmacht handelt wirklich im Abseits der Macht, nicht nur in ihren vergessenen Nischen.

Nun heißt das freilich nicht, daß Ohnmacht die Macht – und sei es auch nur die diagnostische – einfach abschaffen kann. Gerade weil sie so unerhört gefährlich für die Macht ist, wird diese ihrer Auflösung nicht einfach tatenlos zusehen. Ohnmacht kann der Macht die Eleganz nehmen, sie sichtbar machen, sie zwingen, terroristisch zu werden. Sie entwindet ihr das sanfte Instrumentarium. Sie setzt – zumindest der Möglichkeit nach –, indem sie die Macht demaskiert, Widerstand frei, der bis dahin fürsorgerisch niedergehalten wurde. Aber die Macht wäre nicht Macht, wenn sie nicht auch die Vernichtung ihres sich entziehenden Gegenübers verfügen könnte. Ohnmacht ist die radikalste und auch die riskanteste Widerstandsform. Sie setzt die Fähigkeit und Bereitschaft zu leiden voraus, die Haltung des «Du kannst mich vernichten, aber nicht beherrschen». «Woher diese Magie der Ohnmacht? Aber handelt es sich denn überhaupt um Ohnmacht? (...) Und ist es nicht vielleicht wesentlich, daß die ganze Kraft auf der einen Seite bleibt, damit die ganze Herausforderung, das heißt, das ganze symbolische Vermögen, auf der anderen bleiben kann.» (J. Baudrillard, 1978, S. 8)

3. Partizipation: Widerstand in verborgener Übereinstimmung mit der Macht

Sofern nun die Entstehung von Knappheit der Steuerung entläuft,
- sei es, daß sie als unerwünschtes Nebenprodukt der Produktion die materiellen Lebensbedingungen nicht nur knapp, sondern unbekömmlich macht;
- sei es, daß aus der definierten sozialen Normalität so nennenswert viele Gesellschaftsmitglieder herausfallen, daß die soziale Integration des Ganzen gefährdet ist,

kann es zu einer heimlichen, verborgenen Interessenidentität der Protestanten gegen die Auswüchse der Macht und der Machtinhaber selber kommen. Der äußeren Form nach wird dieser Interessenausgleich in politischen Konflikten herbeigeführt, die der Organisation von Gegenmacht zum Verwechseln ähnlich sehen. Ein Großteil des Engangements der neuen sozialen Bewegungen ist in diesem Feld der Auseinandesetzung zu Hause. Hier geht es nicht um Zersetzung, Auflösung oder Entmachtung der Macht, sondern darum, sie zu ihrer eigenen Vernunft zu bringen. Ein Beispiel mag dies verdeutlichen: Lovins und Lovins machen nach einer gründlichen Analyse verschiedenster Prognosen über den Primärenergie-Bedarf in den USA im Jahr 2000 eine Matrix auf. Sie teilen die Prognosen in vier Kategorien ein; jene, die von der herrschenden Meinung als «verrückt» bezeichnet werden; jene, die mindestens als «ketzerisch» gelten; solche, die in ihrer Bedarfseinschätzung «konventionell» sind, und schließlich diejenigen, die «wachstumsgläubig» sind. Die Prognosen dieser vier Positionen werden – im Zweijahresabstand – verfolgt zwischen 1972 und 1978. Es zeigt sich, daß am Ende des Sechsjahreszeitraums die wachstumsgläubigen Prognosen auf dem Stand angelangt sind, der noch sechs Jahre zuvor als absolut verrückt galt:

Jahr, in dem die *Untersuchung* veröffentlicht wurde	*Grundhaltung des jeweiligen Analytikers*			
	‹verrückt›	ketzerisch	konventionelle Einschätzung	wachstums-gläubig
1972	125	140	160	190
1974	100	124	140	160
1976	75	89–95	124	140
1978	33	63–77	95–96–101	123–124

Mit einer geradezu staunenswerten Präzision wandern die Werte im Zweijahresrhythmus von «verrückt» nach «ketzerisch», von «ketzerisch» nach «konventionell» und von «konventionell» nach «wachstumsgläubig». (A. B. Lovins, L. H. Lovins, 1981, S. 174) Was würde also aus einer borniert und selbstvergessen gegen ihre eigenen mittel- und langfristigen Interessen agierenden Macht ohne die korrigierende Hilfe der Vordenker aus den Reihen der protestierenden sozialen Bewegungen? Der Macht wird von ihren Gegnern buchstäblich aus der Patsche geholfen: soziale Bewegungen als «Frühwarnsysteme» (C. Offe, 1972, S. 163). Bedeutet das, diese Form des Widerstandes sei reine Illusion, vollständig vereinnahmt, arbeite in Wahrheit der Macht in die Tasche, sei ungewollt ihr Erfüllungsgehilfe? Diese Form des Widerstandes, die die Partizipation an den politischen Entscheidungen einfordert, von denen das Leben aller Entscheidungsbetroffenen sehr handgreiflich, spürbar, nachdrücklich beeinträchtigt wird, ist allerdings nicht radikal. Gleichwohl ist sie nicht nur scheinhaft und illusionär. Wenn der Widerstand Erfolg hat, werden der Macht Zugeständnisse abgerungen. Dies geschieht zum Vorteil beider, der Protestanten, von denen akuter Schaden abgewendet wird dadurch, daß die Macht weniger großzügig verfahren kann mit dem, was sie in Kauf nimmt; und zum Vorteil der Macht, die in einer bedrohlichen Legitimationskrise den drohenden Machtverlust nicht nur abwenden, sondern die Krise in Gewinn ummünzen kann, indem ihr ein notwendiges Zurückweichen aus Fehlentwicklungen nicht zum Eingeständnis eigenen Versagens gerät, sondern zum Erweis funktionierender Demokratie – ein besonderer Zuwachs an Eleganz. Nun ist die Erbittertheit dieser Konflikte, wie sie beispielsweise die Kernenergie-Auseinandersetzung kennzeichnen, durchaus nicht nur eine Inszenierung der Macht zur Täuschung ihrer Kontrahenten über ihre tatsächliche Gleichgesinntheit. Sie ist real. Es setzen sich darin zum Beispiel kurzfristige Profitinteressen gegen langfristige Machterhaltungsinteressen zur Wehr. So ist auch dieser Protest nicht mißzuverstehen als gutgläubiger Sklavendienst an der Macht. Er hat seinen Sinn für die Verhinderung tödlicher Entwicklungen zu einem Zeitpunkt, an dem die Macht noch blind ist gegenüber ihrem wirklichen Vorteil und traumtänzerisch an der Zerstörung des Ganzen und damit ihrer selbst weiterwirkt. Er hat auch seinen Sinn in der Erfahrung der Protestanten. Aber er hat seinen Sinn nicht darin, daß er die Macht geschwächt hat, auch nicht, wenn er siegreich ist. Die geht vielmehr, indem sie im Reparaturbereich der angerichteten Schäden neue Wachstumsbranchen entdeckt, gesundet aus ihm hervor. Dies gilt auch, sofern sie gezwungen wird, ihre Normalitätsdefinition zu revidieren und die Zugehörigkeitskriterien zu ermäßigen, um zu zahlreich gewordene Randständige wieder einzubinden. Ihre Hoheitsrechte über die gültige Normalität werden durch diesen Widerstand kaum geschmälert: das macht all die verschiedenen Integrationsprogramme für Ausländer, Alte und Behinderte so fragwürdig.

Die Macht wird zu ihren eigenen Interessen bekehrt, nicht zu politischer Moral. Hinzu kommt, daß sie ihre Bekehrung kaum je bekennt. Sie beugt sich nicht dem Druck der Straße. Das Dilemma fast jeder sozialen Bewegung besteht darin, daß sich die Macht erst mit erheblicher Fristverzögerung nachgiebig zeigt, in aller Regel erst dann, wenn die Bewegung ihren Höhepunkt überschritten hat und sich im Zerfallsstadium befindet. So gelingt es den Bewegungen nur selten, sich stattgehabten sozialen Wandel als Erfolg zuzurechnen. Sie fallen dem organisierten Vergessen anheim. Trotz alledem: auch dieser Widerstand ist wirklich notwendig, um die von der Macht blind in Kauf genommenen Nebenfolgen der Knappheitspolitik zu mindern.

So wie das System von Knappheit und Bedürftigkeit aus den drei ‹Verfahren› der Knappheitserzeugung zusammenwächst, so gehört zur Wirksamkeit des Widerstandes seine Dreifaltigkeit. Ohne die Position der Ohnmacht aber kann die Macht als knappheitserzeugende Instanz nicht wirklich aus den Angeln gehoben werden. Ohnmacht ist die einzige Position, die aus dem Circulus vitiosus der Knappheitserzeugung herausführt. (S. Schema auf Seite 68.)

Bedürfnisse und Wünsche

Das Symbol der Knappheit ist der Zaun. Der Zaun kann der Aussperrung ebensowohl dienen wie der Einsperrung. Besitzmacht sperrt aus, diagnostische Macht sperrt ein. Besitzmacht beruht darauf, daß anderen der Zugang und Zugriff zu lebenswichtigen Grundstoffen und Geräten und zu lebensdienlichen Tätigkeiten verwehrt wird und daß sie nach dem Maß der Erfüllung ihrer Bedingungen Versorgung zuteilt. Diagnostische Macht definiert das Normale verbindlich, überwacht seine Einhaltung und bedient die entsprechenden Bedürfnisse.

Die Macht ist selbst betroffen von ihrer Machtausübung.

Mit der *Selbstbetroffenheit* der Macht soll nicht verwechselt werden jene zynisch-weinerliche Attitüde, mit der Fabrikant Dreißiger aus Hauptmanns «Weber» vor seine Arbeiter hintritt: «Daß so'n Mann auch Sorgen hat und schlaflose Nächte, daß er sein großes Risiko läuft, wovon der Arbeiter sich nichts träumen läßt, daß er manchmal vor lauter Dividieren, Addieren und Multiplizieren, Berechnen und wieder Berechnen nicht weiß, wo ihm der Kopf steht, daß er hunderterlei bedenken und überlegen muß und immerfort sozusagen auf Tod und Leben kämpft und konkurriert, daß kein Tag vergeht ohne Ärger und Verlust: darüber schweigt des Sängers Höflichkeit. (...) Ihr solltet nur manchmal in meiner Haut stecken, ihr würdet's bald genug satt kriegen.» (G. Hauptmann, 1959, S. 15 f) «Das hat die bürgerliche Ökonomik (...) festgehalten im Begriff des Risikos: die Möglichkeit des Untergangs soll den Profit moralisch begründen.» (M. Horkheimer, Th. W. Adorno, 1969, S. 69; ursprüngl. 1944)

Aber auf eine heimliche und unentrinnbare Weise wird die Macht selbst zum Ausgestoßenen ihrer eigenen Aussperrung und zum Gefangenen ihrer Einsperrung. «Der Gedanke des Odysseus, gleich feind

		Gegenstände der Knappheit		Macht- gestalt	Widerstands- gestalt
		materielle	nicht-materielle		
Formen der Verknappung	Entzug	I Entzug von Grund- stoffen und Gerät = Besitz/exklusives Verfügungsrecht	II Entzug von gebrauchs- wertorientierter Tätig- keit/Fähigkeit = Produktion	Besitzmacht Verfügungs- gewalt	Gegenmacht
	Diagnose	III Lebensstandard als verpflichtende Normalität = Konsumzwang	IV dekretierte Normalität Bedürftigkeit bei Abweichung von der Normalität = Behandlungszwang	Expertenmacht	Ohnmacht
	unerwünschte Nebenfolge (‹Unfall›)	V Beschädigung materieller Lebensgrundlagen → Eindämmung der Schäden = Reparaturzwang	VI Beschädigung sozialer Integration → Eindämmung der sprengenden Tendenzen = Zwang zur Neudefi- nition der Normalität	vorübergehende Machteinbuße	Partizipations- forderung

Grundbedürfnisse – der – Knappheit

dem eigenen Tod und eigenen Glück, weiß darum.» Gegenüber der Verlockung durch den Gesang der Sirenen kennt er nur «zwei Möglichkeiten des Entrinnens. Die eine schreibt er den Gefährten vor. Er verstopft ihnen die Ohren mit Wachs, und sie müssen nach Leibeskräften rudern. (...) Frisch und konzentriert müssen die Arbeitenden nach vorwärts blicken und liegenlassen, was zur Seite liegt. (...) So werden sie praktisch. – Die andere Möglichkeit wählt Odysseus selber, der Grundherr, der die anderen für sich arbeiten läßt. Er hört, aber ohnmächtig an den Mast gebunden, und je größer die Lockung wird, um so stärker läßt er sich fesseln, so wie nachmals die Bürger auch sich selber das Glück um so hartnäckiger verweigerten, je näher es ihnen mit dem Anwachsen der eigenen Macht rückte. (...) Wie Vertretbarkeit das Maß von Herrschaft ist und jener der Mächtigste, der sich in den meisten Verrichtungen vertreten lassen kann, so ist Vertretbarkeit das Vehikel des Fortschritts und zugleich der Regression. Unter den gegebenen Verhältnissen bedeutet das Ausgenommensein von Arbeit, nicht bloß bei Arbeitslosen, sondern selbst am sozialen Gegenpol, auch Verstümmelung. Die Oberen erfahren das Dasein, mit dem sie nicht mehr umzugehen brauchen, nur noch als Substrat und erstarren ganz zum kommandierenden Selbst. (...) ‹der Herr (...), der den Knecht zwischen (...) (das Naturding) und sich eingeschoben, schließt sich dadurch nur mit der Unselbständigkeit des Dinges zusammen und genießt es rein; die Seite der Selbständigkeit aber überläßt er dem Knechte, der es bearbeitet.› (...) Der Knecht bleibt unterjocht an Leib und Seele, der Herr regrediert. Keine Herrschaft noch hat es vermocht, diesen Preis abzudingen (...).» (M. Horkheimer, Th. W. Adorno, 1969, S. 40ff)

Die Macht ist der Knappheit nicht mächtig. Sie hat mit der Vernichtung von Daseinsmächtigkeit ihre eigene Daseinsmächtigkeit eingebüßt, und sie hat mit der Verordnung der Bedürfnisse sich des Wünschens begeben. Das deutsche Wort «Bedürfnis» enthält etwas vom Charakter dessen, was es bezeichnet. Be*dürf*nisse sind das, was man wollen *darf*. Unter der Herrschaft der Knappheit, unter der sie entstehen, darf nur das Knappe, das Verwaltete, zur Verteilung Anstehende begehrt werden. Bedürfnisse sind nicht nur einfach zu klein oder zu zahm geratene Wünsche, sie haben mit diesen gar nichts gemein. Sie sind vielmehr ein erbärmlicher Abklatsch, der mißlungene oder abgefeimte Versuch, etwas den Wünschen Ähnliches unter den Bedingungen der Knappheit nachzustellen. Bedürfnisse sind «Formen des Wunschersatzes», Bedürfnisse sind «Wünsche, die erlaubt, opportun und realisierbar sind». Sie ziehen «in ihrer beschränkten Gestalt (...) massive Zwangsverhältnisse nach sich (...).» (D. Kamper [Hg.], 1977, S. 7) Wünsche gehen ins Blaue, sie entfalten sich an der *Fülle*, weshalb sie auch *erfüllt* werden. Während die Bedürfnisse, die sich immer auf umkämpfte Güter richten, *befriedigt* werden müssen. Wünsche können ungebändigt und überschwenglich sein oder – in ihrer strengen Form – «Vorgefühle der Fähigkeiten, die in uns liegen» [31]. Keinesfalls aber sind die Wünsche zensiert durch die Normalität und in deren Schranken verwiesen.[32] Keinesfalls richten sie sich auf etwas, das seinen Wert wesentlich dadurch hat, daß andere es nicht haben. Noch einmal: Die Macht ist der von ihr gesetzten Normalität untertan, außerhalb dieser gilt sie nicht. Um machtvoll zu bleiben, muß sie sich dem Gesetz der Knappheit und der Bedürfnisse, das das ganze Leben zum Nullsummenspiel macht, unterwerfen. Knappheit und Bedürfnisse sind die Fesseln des Odysseus. Wäre er den Lockungen der Sirenen gefolgt, hätte er ungezähmte Wünsche und Fülle gewählt, so hätte er ohnmächtig werden müssen. Nun liegt das unter den Bedingungen der Knappheit schwerlich in der Verfügung des einzelnen. Vielleicht ist tatsächlich die Zeit, als das Wünschen noch geholfen hat, unwiederbringlich vorbei, vielleicht sind sogar die Wünsche selbst unauffindbar oder nur noch in Spuren erinnerlich. Vielleicht ist das Gesetz der Knappheit, nach dem Wert nur hat, was man zum Schaden eines anderen gewinnt, als zweite Natur in die Menschen eingewandert. Erst recht aber ist es sinnlos, sich um Erlösung an die Macht zu wenden.

Bedürfnisse: Wegbereiter der Macht

In ihrem Zusammenhang mit der Knappheit haben nun die Bedürfnisse ihren guten Ruf eingebüßt. Statt vermögend zu machen, machen sie bedürftig. Statt einzigartig zu machen, sind sie gleichmacherisch. Statt gemeinschaftsfähig zu machen, machen sie wölfisch. Statt Heimat zu schaffen, machen sie die Erde unbewohnbar wie den Mond.

1. Bedürfnisse machen bedürftig

Bedürfnisse als Folge der Knappheit signalisieren gerade, daß die Fähigkeit, aus eigenen Kräften zu leben, verlorengegangen ist, sowohl den Fähigkeiten als auch den Mitteln nach. Bedürfnisbefriedigung verschlingt Ressourcen, materielle und nicht-materielle, ohne daß, wer von Bedürfnisbefriedigung lebt, Lebensgrundlagen zu schaffen vermöchte, materielle oder nicht-materielle. Das macht angewiesen auf gekaufte Versorgung aus dem Fundus des verwalteten und besessenen ‹gesellschaftlichen Reichtums›. Bedürfnisbefriedigung ist ein zweipoliger Vorgang. Es besteht keine Personalunion zwischen dem Subjekt der Bedürfnisse und dem Subjekt der Befriedigungsmittel. Vielmehr wird zwischen dem Benötigen und dem Gewähren eine Abhängigkeitsbeziehung gestiftet, die sich dadurch potenziert, daß am Pol des Gewährens noch die Macht liegt, das Benötigte seiner Art nach zu bestimmen und den Modus des Erlangens festzulegen.

Zur Klärung sei noch einmal darauf hingewiesen: Ein Verlangen, dessen Erfüllung in der eigenen individuellen oder gemeinschaftlichen Kompetenz liegt, oder eine überschießende Sehnsucht, deren Erfüllung ohne Schaden unterbleiben kann, die aber gleichwohl als Lebenshorizont ihre Bedeutung hat, oder eine ‹Vornahme›[33], die durch eigene Tätigkeit realisiert werden kann, nenne ich nicht Bedürfnis. Dies ist nicht einfach ein willkürlicher Eingriff in den geläufigen Gebrauch des Bedürfnisbegriffes, sondern eine notwendige Begriffsentwirrung. Der Bedürfnisbegriff wird zur Verständigung über das Wesen und die historische Gestalt menschlichen Strebens völlig untauglich, wenn unter ihn die einander ausschließenden daseinsmächtigen und knappheitsbedingten Strebungen subsumiert werden.

2. Bedürfnisse sind gleichmacherisch

Bedürfnisse und Konsumismus sind die zwei Seiten derselben Medaille. So wie die Bedürfnisse die Produktion von immer mehr fertigen Lebensumständen herausfordern, so fordert der Konsumismus immer mehr Bedürfnisse heraus. Schließlich wird der Konsum des einen industriezeitlichen Lebensmusters zur Welteinheitskultur werden. Diese neue Epoche ist nach P. P. Pasolinis bedeutungsvoller Diagnose mit dem «Verschwinden der Glühwürmchen» erreicht: «Doch vor etwa zehn Jahren ist ‹etwas› geschehen. ‹Etwas›, was vorher nicht war und was sich auch nicht voraussehen ließ, (...) Anfang der sechziger Jahre begannen aufgrund der Luftverschmutzung und, vor allem auf dem Land, aufgrund der Verschmutzung des Wassers (der blauen Flüsse und der klaren Bäche) die Glühwürmchen zu verschwinden. Eine Sache, die mit blitzartiger Geschwindigkeit vor sich ging. Ein paar Jahre später gab es die Glühwürmchen nicht mehr.» (P. P. Pasolini, 1979, S. 67) Das Verschwinden der Glühwürmchen ist nichts anderes als sichtbarer, wenn auch unbegriffener Ausdruck des Untergangs der Menschen, der «verschwindet, wie am Meeresufer ein Gesicht im Sand» (M. Foucault). Nicht der dramatische Untergang der Selbstzerstörung durch die bereitstehende Vernichtungsmaschine wird hier beschworen, sondern der leise Untergang, das Verschwinden des Menschen, das seiner Ununterscheidbarkeit geschuldet ist. Denn die Norm und die Normalität heben das Subjekt auf: wenn alle gleich sind, ist keiner mehr.

Das Zentrum hat «innerhalb weniger Jahre sämtliche peripherischen Kulturen zerstört (...) die dort – selbst in den ärmsten Vierteln und Elendsquartieren – bis vor kurzem noch ein eigenständiges und im allgemeinen auch unabhängiges Leben garantiert hatten. Kein faschistischer Zentralismus hat das geschafft, was der Zentralismus der Konsumgesellschaft geschafft hat. (...) Man kann von daher behaupten, daß die ‹Toleranz› der für das neue System von Herrschaft so unentbehrlichen hedonistischen Ideologie die schlimmste aller Repressionen der Menschheitsgeschichte ist.» (P. P. Pasolini, 1979, S. 29) Eben die hedonistische Ideologie verdankt ihre Plausibilität dem Umstand, daß sich der Konsumismus im Wechselspiel mit den Bedürfnissen durchsetzt und nicht als offene Zwangsherrschaft auftritt.

«Ein Prozeß der Nivellierung wurde eingeleitet, der alles Authentische und Besondere vernichtet. Das Zentrum erhob seine Modelle zur Norm; und diese Norm ist nichts anderes als die der modernen Industrialisierung, die sich nicht mehr damit zufrieden gibt, daß der Konsument konsumiert, sondern mit dem Anspruch auftritt, es dürfe keine andere Ideologie als die des Konsums geben.» (P. P. Pasolini, 1979, S. 29 f, auch: S. 106 f)

3. Bedürfnisse machen wölfisch

Homo homini lupus. Dieser in die Natur des Menschen hineingelesene Grundzug seines Wesens ist unausweichlich nur unter den Bedingungen der Knappheit. Wenn Bedürfnisse in triangulären Beziehungen befriedigt werden, immer nur mit Blick auf den vorteilhaften oder nachteiligen Abstand zu vergleichbaren Dritten, wenn sich gerade daraus die Dynamik der Bedürfnisse speist, dann setzt sich – so wie im Verhältnis zu Gütern und Leistungen industrielle Produktion und Konsumismus zum einzig gültigen tatsächlichen Lebensmuster werden – in den menschlichen Beziehungen die Konkurrenz als einzig mögliches tödliches Beziehungsmuster durch.[34]

4. Bedürfnisse machen die Erde unbewohnbar wie den Mond

Das von Pasolini betrauerte Verschwinden der Glühwürmchen hat den Zusammenhang zwischen der Verwüstung der Erde und der Totalisierung der Bedürfnisse des Menschen erkennbar gemacht. Bedürfnisse sind auf Befriedigungsmittel aus. Ihre unendliche Vermehrung entspricht der Umwandlung der Natur in ein Arsenal von Befriedigungsmitteln. Die Degradierung aller Welt zum Befriedigungsmittel heißt, allem und jedem den Respekt vor seiner Eigenwertigkeit und Fremdheit verweigern; heißt, es um seine Widerständigkeit bringen, es nur in den Zügen gelten zu lassen, die meinen Bedürfnissen entgegenkommen; heißt, ihm schamlos die Vielfalt austreiben und es zum armseligen Pendant der eigenen Einfalt zu begradigen. Es ist diese Borniertheit, die der Erde als Stempel aufgedrückt wird, die die Erde unbewohnbar macht wie den Mond. «(...) wenn wir keine Menschen mehr ins Konzentrationslager schicken wollen, müssen wir damit beginnen, die Wale nicht dorthin zu schicken.» (C. Lévi-Strauss, 1980, S. 262)

Gibt es eine Überflußgesellschaft?

Die eingangs gestellte Frage, was dem ‹Menschen, der in der Kargheit lebte›, zu wünschen sei, Überfluß oder Bedürfnisse, ist in ihrem zweiten Teil entschieden. Ihm Bedürfnisse zu wünschen, wäre nicht eben ein philanthropischer Wunsch. Und nun der Überfluß?

Die Zahl derjenigen Autoren, die der Überflußgesellschaft die Rechtmäßigkeit ihres selbstgewählten Titels bestreiten, nimmt zu. Ich meine nicht in erster Linie jene Kritiker, die im Angesicht von Welthunger und bevorstehender ökologischer Katastrophe die Produktion von Überfluß nicht nur für unmoralisch und politisch verantwortungslos, sondern für überlebensbedrohlich halten, die also den Überflußgesellschaften ihre Legitimation entziehen. Ich meine vielmehr die kritischen Stimmen, die die Frage, ob die modernen, marktwirtschaftlich organisierten Industriegesellschaften mit dem Terminus der Überflußgesellschaft angemessen bezeichnet sind, ob sie also tatsächlich Überfluß bereitstellen, teils zögernd, teils rundheraus verneinen. Für die radikalste Ausprägung dieses Zweifels steht exemplarisch die Position Marshall Sahlins', der bei einem Vergleich zwischen den Jäger- und Sammler-Gesellschaften des Paläolithikums und den sogenannten modernen Überflußgesellschaften zu dem Ergebnis kommt, daß die Jäger- und Sammler-Gesellschaften die ersten und wohl einzigen wirklichen Wohlstandsgesellschaften waren, wohingegen das «von der Marktwirtschaft und der Industrie geprägte System (...) die Knappheit in einem sonst nirgendwo erreichten Maß und einer nie dagewesenen Weise (institutionalisiert)» (M. Sahlins, 1978, S. 157).

Die aus der Institutionalisierung der Knappheit folgende «Verurteilung zu lebenslanger Zwangsarbeit ist einzig und allein über uns verhängt worden. Knappheit, dieses Urteil wurde von unserer Wirtschaftsform gesprochen (...)» (M. Sahlins, 1978, S. 158).[35]

Die *Knappheit* ist in dieser Optik das Wesen des Systems, ja, sie *ist* das System.

John K. Galbraith führt die chronische Knappheit in den Überflußgesellschaften auf die notwendig der Güterproduktion vorausgehende Bedürfnis‹produktion› zurück und stellt fest, daß es, da der Produktionsprozeß sich für jedes seiner Produkte den entsprechenden Bedarf schafft, immer eine Kluft zwischen Bedürfnis und Befriedigungsmitteln gibt, die es dem Produktionsprozeß erlaubt, sich bei der Steigerung der Produktivität auf den vorhandenen Bedarf zu berufen; wobei die Befriedigungsmittel in Wahrheit nur Übergänge in neue Bedarfslagen sind, die weitere Befriedigungsmittel erheischen. Er vergleicht die vergebliche Bemühung, durch Produktivitätssteigerung Bedürfnisse befriedigen zu wollen unter der Bedingung systematischer Bedürfnisweckung, der Situation des Eichhörnchens im Laufrad, das sich plagt, mit dem Laufrad Schritt zu halten, dessen Drehgeschwindigkeit es selbst erzeugt. (J. K. Galbraith, 1963, S. 139)

Das Ergebnis dieser Perspektive auf die Überflußgesellschaft ist ebenfalls: Zu ihrer Existenzbedingung gehört es vielmehr, Knappheit zu verewigen, als Bedürfnisse zu befriedigen.

Die Knappheit ist ein Ergebnis der Bedürfnisweckung.

Für einen dritten, wiederum anders gearteten Einwand steht beispielhaft die Position Henri Lefebvres. Sein Zweifel daran, daß der ‹Überfluß› wirklich Überfluß genannt zu werden verdient, rührt von der Beobachtung eines Symptomes her: der Verkümmerung des Festlichen in diesen Gesellschaften. «(...) wenn der Überfluß nicht das Fest bedeutet, wenn er nicht eine triumphale Erneuerung des Festes hervorbringt, wozu dient er und was bedeutet er dann?» (H. Lefebvre, 1972, S. 78)

Das entscheidende Argument gegen die Bezeichnung «Überflußgesellschaft» liefert ihm jedoch der unabsehbar hohe Preis, den der materielle Überfluß gefordert hat. Die produktivistischen Gesellschaften haben eine neue Armut entstehen lassen (abgesehen einmal davon, daß Inseln der alten, materiellen Armut in ihnen durchaus bestehen): «die verfeinerten Bedürfnisse, die man als ‹kulturell› bezeichnet, und andere elementare Bedürfnisse, die man ‹sozial› nennen könnte, (...) (bleiben in ihnen) zutiefst ‹unbefriedigt›» (H. Lefebvre, 1972, S. 78). Schließlich: Die sogenannten Überflußgesellschaften bringen neue Knappheiten hervor: «der Raum wird knapp. (...) Auch die Zeit wird knapp, und der Wunsch.» (H. Lefebvre, 1972, S. 78)

Anders als M. Sahlins und J. Baudrillard, die das Verdikt der Knappheit gerade und besonders über den Bereich der materiellen Produktion und des Güterverbrauchs in den sogenannten Überflußgesellschaften verhängen, gesteht Lefebvre zu, daß in diesen gesellschaftlichen Sektoren durchaus Überfluß herrscht, der dagegen ein Raub an anderen Lebensbereichen ist. Hier treten zwei grundsätzlich verschiedene Weisen des Umgangs mit den Begriffen «Knappheit» und «Überfluß» heraus. M. Sahlins leugnet die Existenz eines irgend verbindlichen Maßstabes für Knappheit und Überfluß überhaupt (mit Ausnahme wohl jenes nicht näher bezeichneten Schwellenwertes, der durch das Existenzminimum gegeben ist) und hält daran fest, daß Knappheit «keine Wesenseigenheit technischer Mittel» sei, sondern Ausdruck eines Verhältnisses zwischen Mittel und Zweck. «Es gibt nämlich zwei mögliche Wege zum Wohlstand. Bedürfnisse können bei hohem *Produktivitätsniveau* – aber auch bei einem niedrigen *Bedürfnisniveau* – ‹leicht befriedigt› werden.» (M. Sahlins, 1978, S. 155)[36] Maßstab zur Beurteilung der Frage, ob Mittel zureichend sind oder nicht, ist also das Anspruchsniveau des Zwecke setzenden Menschen.

Die im Angesicht verfügbarer Mittel getroffene Bestimmung eben dieser Mittel als knapp ist auch Ergebnis einer Einschätzung des Befriedigungsgrades, den jemand sich von ihnen erwartet. Demgegenüber scheint Lefebvres Betrachtungsweise einen vagen allgemeinen Konsens über ‹lebensnotwendige Dinge› vorauszusetzen, einen quasiobjektiven Maßstab, dessen drastische Überschreitung Überfluß und dessen Unterschreitung Armut oder Knappheit genannt wird. Auch bei Lefebvre ist dieser Maßstab keine in sich evidente Größe, sondern Ergebnis eines Vergleichs, wie mir scheint eines doppelten Vergleichs. Die Vergleichsgröße ergibt sich einerseits aus der unausgesprochen zugrundegelegten Norm der globalen Verteilungsgerechtigkeit: das Produktions- und Konsumniveau der reichen Gesellschaften muß im Angesicht fortschreitenden Hungers in andern Teilen der Erde Überfluß, ja Vergeudung genannt werden; sie ergibt sich andererseits aus einer nicht präzisierten und ihrer Herkunft nach nicht weiter bestimmten Vorstellung von der Potentialität der menschlichen Existenz, die es Lefebvre erlaubt, die Ausplünderung von Lebenssektoren zugunsten der Übersättigung anderer Lebensbereiche zu konstatieren: die soziale und kulturelle Verarmung, die Knappheit an Zeit, Raum und Wunsch. Die Konzepte von Überfluß und Knappheit ergeben sich also hier aus der Verletzung der doppelten Norm von Verteilungsgerechtigkeit und der Chance zur allseitigen Entfaltung der Persönlichkeit.

Der Überfluß in einigen Regionen der Welt und in bestimmten Lebensbereichen wird bezahlt mit der Pauperisierung der übrigen Welt und der nicht-materiellen Bereiche.

Überfluß also, das ist die Quintessenz aus allen drei Positionen, ist, sofern nicht der Keim des Überflusses in den Zielen steckt, sofern die Bereitstellung des Überflusses allein den Mitteln aufgegeben wird, entweder eine Illusion oder ein Tatbestand, der sich nur dem zynisch verengten Blick darbietet.

Um begrifflicher Verwirrung fürderhin zu entgehen, will ich unterscheiden zwischen den vier Tatbeständen der *Knappheit*, des *Mangels*, der *Armut* und des *Elends*.

– Knappheit ist jene Form des Ungenügens, die mitten in der Überfülle von Gütern und Versorgungsleistungen fortbesteht, eben weil sie nicht ein Quantitätsmerkmal der Lebensumstände ist, sondern eine Verhältnis-, besser: Mißverhältnisbestimmung zwischen Zielen und Mitteln, deren Vorbedingung der Entzug von Daseinsmächtigkeit ist. Knappheit ist gesetzt, ihr wohnt eine Dynamik

fortdauernder Selbsterzeugung inne sowie eine Tendenz zu immer weiterer Ausbreitung.
- Mangel ist die teils temporäre, teils andauernde Entbehrung konkreter, genau bezeichenbarer Lebensgüter bei gleichzeitiger Genüge an anderen und ohne daß die Daseinsmächtigkeit dadurch eingebüßt würde.
- Armut ist ein Zustand des Genüge-Habens und der Daseinsmächtigkeit bei niedrigem Lebensstandard.
- Elend soll jener Zustand genannt werden, in dem Daseinsmächtigkeit zerstört wurde, ohne daß zugleich kompensatorische Versorgung mit kaufbaren Gütern und Dienstleistungen gewährleistet würde.

Ausblick

Die beiden globalen, mit gebotenem endzeitlichem Pathos aus den unterschiedlichsten politischen und wissenschaftlichen Lagern vorgebrachten Themen der Gegenwart, die um die schon vorhandene oder unmittelbar bevorstehende weltweite Knappheit zentriert sind, sind
- das der «planetarischen Wende», der *Erschöpfung der materiellen Ressourcen* und
- das der daraus folgenden gnadenlosen *Verteilungskämpfe*.

Die beiden Varianten herrschaftsbedingter Verknappung (als Entzug materieller lebensnotwendiger Güter durch Herrschaft über Menschen und durch Herrschaft über die Natur) haben die alte und die neue Kapitalismuskritik auf den Plan gerufen: die alte marxistische Kritik, die in erster Linie gegen die ungleiche *Verteilung*[37] gerichtet ist mit dem Ziel einer Gesellschaftsordnung gerechter Verteilung; die neue Kritik, die vornehmlich gegen den unersättlichen *Konsum*[38] zu Felde zieht mit dem Ziel, Ökonomien mit Null-Wachstum oder negativem Wachstum zu etablieren oder aber als *Industrie-* und/oder *Technologiekritik*[39] auftritt mit dem Ziel, durch sanfte technologische Entwicklung die fortschreitende Zerstörung der Biosphäre aufzuhalten.[40]

In der Tat ist das apokalyptische Ausmaß des Verteilungsproblems erst offenbar geworden, nachdem die Strategie des Aufholens, d. h. der weltweite Export des Industrialisierungsmodells östlicher oder westlicher Prägung in die Peripherieländer (auch für die Peripherien innerhalb der reichen Länder) nicht einmal mehr als Ideologie aufrechterhalten werden kann, eine Ideologie, die bisher als eleganter Weg, vorbei an der globalen und nationalen Umverteilung, propagiert werden konnte.

In welchem Verhältnis jedoch die eine Kritik zur anderen, die Umverteilungs- zur Verzichtforderung steht, ist noch weithin undiskutiert. Solange diese beiden Positionen jedoch bestenfalls friedlich koexistieren (wenn sie schon nicht konkurrieren), anstatt sich wechselseitig zu korrigieren und zu durchdringen, enthält das Konzept der gerechten Verteilung zuallererst die gerechte Teilhabe an den zerstörerischen Nebenfolgen des materiellen Reichtums, wie umgekehrt das isolierte Konzept des Verzichts die Kluft zwischen Armen und Reichen weiter aufreißt. Es ist ärger: Wenn der Lebensnerv der Überflußgesellschaft die fortdauernde Erzeugung von Knappheit ist, wenn dies die Bedingung ihrer ‹Produktivität› ist, dann heißt Umverteilung weltweite Verbreitung von Knappheit, und Verzicht bedeutet Verknappung des Knappen. Der Knappheit als grundlegendem Strukturmerkmal der ‹Überflußgesellschaft› ist Verteilungskritik allein sowenig angemessen wie Konsumkritik oder ein Geflecht aus beidem. Das Knappheitsphänomen fordert eine Kritik der *Produktion* heraus, nicht nur des Umfangs oder der Art der produzierten Güter (dies wird in der Wachstumskritik durchaus geleistet), nicht nur des Modus der Verteilung dieser Güter (Dienstleistungen inbegriffen), sondern der Produktion selbst.

Ich will in den folgenden Kapiteln nicht so sehr erneut die Verteilungs- und Eigentumsfrage aufwerfen – jenes klassische Terrain der Diskussion um Herrschaft von Menschen über Menschen.

Ich will nicht primär der Ressourcenverknappung und der Technologiediskussion Raum geben – jener neuen unheilvollen Variante der Beherrschung des Menschen durch seine technischen Ausgeburten und durch die Diktatur der inthronisierten technischen Eliten.

Ich will vielmehr den Zusammenhang von Knappheit und Bedürfnissen aufzuhellen versuchen, die Mechanismen ihres Zusammenwirkens, ihren Systemcharakter aufdecken, der sie mit dem System der Produktion zusammenschließt.

Und ich will einen Standort suchen, gleichsam außerhalb des Zeitgefängnisses der Knappheit und Bedürftigkeit, von dem aus ein unbefangener Blick auf Bedingungen von Nicht-Knappheit und Nicht-Bedürftigkeit gewonnen werden kann. Dieser Standort ist nicht fest gegründet. Er ist schwankend. Man kann von ihm aus auf zweierlei Weise eine trügerische Gewißheit gewinnen, die in Wahrheit nur neue Befangenheit ist: Entweder man läßt sich verführen zu einer Idealisierung vorindustrieller Lebensformen, denen dann auch ein besserer, friedlicher, schöpferischer, selbstgenügsamer, gemeinschaftsfähiger

Menschentypus zugeordnet wird. Oder man erliegt der Versuchung, nun seinerseits einen Programmentwurf für die überlegene Alternative vorzulegen, den Keim zu einer erstickenden, anderen Normalität – und ist, kaum daß man andere Luft geatmet hat, zurückversetzt ins Zeitgefängnis.

Freude aus Verunsicherung ziehen, wenn das gelänge, hier und da...

2

Exkurs über Grundbedürfnisse

Alle Versuche, Kataloge von menschlichen Grundbedürfnissen zu erstellen, haben auf die eine oder andere Weise zu Aporien geführt. Man kann sagen, daß die Zahl der unternommenen Versuche durchaus der Zahl der voneinander gründlich verschiedenen Resultate entspricht. Ja, die Resultate weichen teilweise so sehr voneinander ab, daß ihnen kaum noch anzusehen ist, daß sie ihren Ursprung in einer allen gemeinsamen Absicht haben. Es lohnt der Mühe, die allen Grundbedürfniskatalogen gemeinsamen Interessen und Grundzüge aufzuspüren; womöglich liegt in ihren inneren Widersprüchen die Unmöglichkeit beschlossen, zu verbindlichen Antworten auf die Ausgangsfrage zu kommen.

Grundbedürfniskataloge sind der Versuch, bündig zu sagen, was der Mensch zum *Leben* braucht.

Dies ist nun das *erste*, was ihnen allen gemeinsam ist: es geht um die Ermittlung *biophiler Strebungen*. Mir ist kein Katalog von Lebensvoraussetzungen (= necessaria) bekannt,[1] in dem Bedürfnisse aufträten, die einem Lasterkatalog entstammen könnten, etwa das Bedürfnis nach Macht, Unterwerfung, Zerstörung, Rache, Geld, Besitz usw. Alle als Grundbedürfnisse definierten Strebungen stehen im Zeichen des Schutzes von menschlichem Leben.[2] Damit stoßen wir auf eine *zweite* Gemeinsamkeit, die logisch aus der ersten folgt: die uneingestandene Grundannahme, daß der Mensch nichts zum Leben braucht, was einem anderen Menschen die Möglichkeit zu leben raubt.

Die *dritte* Gemeinsamkeit ist die, daß die Grundbedürfniskataloge alle eine zweifache Funktion haben, wie sehr auch immer sie das Schwergewicht auf eine von beiden legen mögen. Sie benennen einerseits Existenzminima – bei sehr unterschiedlicher Einschätzung der Grenzen der Lebensfähigkeit des Menschen; gemeinsam ist ihnen nicht der Inhalt dessen, was zum Existenzminimum gehört, sondern das Interesse, Eckwerte für das Überleben-Können zu ermitteln.[3] Und sie benennen andererseits ein Mindestmaß an Gleichheit, das die Menschen aller Zeiten und allerorten bei aller Verschiedenheit eint.[4] In der einen Funktion ist das erkenntnisleitende Interesse an den Grundbedürfnissen ein soziales und machtpolitisches, in der anderen eher ein philosophisches und anthropologisches.

Aus diesen beiden Funktionen ergibt sich *viertens* der mehr oder weniger explizit postulatorische Grundtenor aller Bedürfniskataloge. Kataloge von Grundbedürfnissen werden immer in der Absicht formuliert, ihre Befriedigung für *alle* Menschen als *Rechts*anspruch einzuklagen. Grundbedürfniskonzepte sind immer parteilich.[5] Insofern steht der Grundbedürfnisansatz in der Tradition der *Gleichheitsrechte* in den Menschenrechtskatalogen. Indem Grundbedürfnisse Existenz*minima*[6] und allen Menschen *gemeinsame necessaria*[7] beschreiben, wird ihre Erfüllung zu einer undiskutierbaren ethischen und praktischen Notwendigkeit; ihre Nichterfüllung heißt Vernichtung von Leben, selbst wenn sie nicht das Ende der physischen Existenz unmittelbar bedingt.

Dies ist nicht nur ein zwingender moralischer Anspruch, sondern auch eine zwingende soziale Notwendigkeit. Denn: jede Nichtbefriedigung von Grundbedürfnissen führt zu irgendeiner Form individueller oder sozialer Desintegration. (Vgl. J. Galtung, 1980, S. 60)

Die Diskussion um *Grundbedürfnisse* wird auf drei Ebenen geführt:

- Welches sind die menschlichen Grundbedürfnisse, in ihrem doppelten Aspekt, daß ohne sie *menschliches* Leben unmöglich wird und daß sie das ‹kleinste gemeinsame Vielfache› *aller* Menschen sind?
- In wessen Verantwortung liegt die Unterschreitung der Existenzminima für überwältigende Teile der Menschheit?
- Wie können Grundbedürfnisse aller Menschen befriedigt werden?

Die Frage, *ob* Grundbedürfnisse befriedigt werden sollen, kann dagegen – das liegt im Selbstverständnis des Konzepts – nicht zur Disposition stehen. Genau darin unterscheiden sich Grundbedürfnisse von anderen Bedürfnissen, darin liegt ihre besondere Dignität: Grundbedürfnisse erheben den Anspruch, den Kernbestand der ‹wahren› Bedürfnisse zu bilden, da ihre Rechtmäßigkeit zweifelsfrei ist.[8]

Die *fünfte* Gemeinsamkeit in den Grundbedürfniskonzepten: Grundbedürfnisse unterscheiden sich von anderen Bedürfnissen dadurch, daß sie nicht dem Sättigungsgesetz unterliegen. Grundbedürfnisse können nicht ein für allemal befriedigt werden, sie erledigen sich nicht von selbst durch häufige Befriedigung, sondern erneuern sich immer wieder.[9] Das Problem der Sättigung gerät in den Grundbedürfniskonzepten schon deshalb nicht in den Blick, weil sie auf die Unterbefriedigung von Bedürfnissen, nicht auf Überbefriedigung fokussiert sind.

Wiewohl aber der Grundbedürfnisansatz mit dem Gleichheitspostulat unauflöslich verbunden ist, ist er doch, und das macht nach J. Galtung eine seiner Schwächen aus, durchaus nicht unvereinbar mit krassester Verteilungsungerechtigkeit. Der Preis für die unbezweifelbare Legitimität der Forderung nach Befriedigung der Grundbedürfnisse ist der, daß das Grundbedürfniskonzept nur der Sicherstellung der lebens*notwendigen* Dinge gilt, die Verteilung der darüber hinausgehenden Reichtümer der Gattung jedoch dem unkontrollierten Kräftespiel der Mächte überläßt, wie es auch umgekehrt über die Ursachen der Verelendung keinerlei Aussagen zu machen imstande ist.[10] Dies ist aber nur eine der Sackgassen, in die der Grundbedürfnisansatz führt. Ich will die Kritik des Ansatzes, die sich zum Teil berührt mit den Bedenken der Autoren selbst,[11] an einigen exemplarischen Bedürfniskatalogen konkret werden lassen.

Um eine gewisse Übersicht in die Verschiedenartigkeit der Bedürfniskataloge zu bringen, will ich drei Klassen von Grundbedürfniskatalogen unterscheiden:

- Solche, die ausschließlich materielle Bedürfnisse nebst den Befriedigungsmitteln, die der Aufrechterhaltung der physischen Existenz dienen, umfassen (physisches Existenzminimum).
- Solche, die ausschließlich nicht-materielle Bedürfnisse umfassen mit dem ausdrücklichen Hinweis, daß sich der Mensch vom Tier nur in diesen unterscheidet und deshalb auch nur diese den *menschlichen* Grundbedürfnissen zugerechnet werden können (psychosoziales Existenzminimum).[12]
- Solche, die materielle und nicht-materielle Bedürfnisse vereinen und also von einem holistischen Menschenbild ausgehen; das heißt, daß nur die Befriedigung beider menschliches Leben möglich mache. Dabei unterscheiden sich die dieser Kategorie zugehörigen Listen noch einmal, je nachdem, ob sie eine Hierarchisierung der Bedürfnisse – aufsteigend von den niederen physiologischen bis zu den höheren psychosozialen – vornehmen oder ob sie die unbedingte Gleichgewichtigkeit und Gleichrangigkeit der beiden Bedürfnisklassen behaupten.

Auf Seite 84/85 und Seite 86/87 also zunächst eine tabellarische Übersicht über die ausgewählten Bedürfniskataloge.

Im einzelnen:

Dudley Seers: Es mag verwundern, daß das Grundbedürfnis nach Arbeit hier den physischen Überlebensbedürfnissen zugeschlagen wird. Arbeit wird jedoch in diesem Katalog nicht als Bedürfnis nach sinnvoller Betätigung aufgefaßt, sondern ausschließlich instrumentalisiert für den Erwerb von Einkommen. «Absolute Priorität» kommt nach Seers der Nahrung zu. «Da man ein Einkommen braucht, um sich Lebensmittel kaufen zu können, läßt sich das (Entwicklungs- [M. G.]) Kriterium (ausreichende Nahrung; M. G.) auch in Form des Einkommensniveaus ausdrücken.» (D. Seers, 1974, S. 42) Das «Grundbedürfnis» nach Einkommen einer bestimmten Höhe wird dann zur zusammenfassenden Kategorie, unter der neben der Nahrung auch andere «Minimalvoraussetzungen» des Lebens (nämlich Kleidung, Schuhe, Wohnung) einbegriffen sind. Für alle diese Voraussetzungen des Lebenserhalts müssen Menschen Geld ausgeben. Es ist nicht nur einen ironischen Hinweis wert, daß auf diese Weise Schuhe einen Grundrechtsstatus erhalten. Es drängt sich sogleich die Frage auf, wie barfuß lebende Gemeinschaften sich gegen die Verordnung von Schuhen zur Wehr setzen können. Das «Grundbedürfnis nach Schuhen» ist symptomatisch für die Ignoranz dieses Ansatzes gegenüber seinen inneren Widersprüchen. Der Autor propagiert Unabhängigkeit nicht nur als Ziel, sondern auch als ein Mittel von Entwicklung (D. Seers, 1974, S. 67) und erklärt zugleich die Abhängigkeit von kaufbarer Versorgung, jenes Grundmuster industriegesellschaftlicher Knappheitserzeugung, zum Grundbedürfnis. Das vorliegende Grundbedürfniskonzept stellt einen krassen Fall von «Westernization» dar (vgl. J. Galtung, 1980, S. 71 ff). Entsprechend skeptisch wird man sein müssen gegenüber dem anderen von Seers genannten Kriterium für Entwicklung, dem Gleichheitskriterium, das, wie das Grundbedürfnis nach Schuhen zeigt, in keiner Weise dagegen abgesichert ist, daß die Gleichheitsrechte sich in Gleichheitspflichten verkehren. Wie denn überhaupt das Interesse an der Ermittlung von Grundbedürfnissen sich herleitet aus der Absicht der Entwicklungs*planung*: «Ein ‹Plan›, der keinerlei Vorkehrungen zur Verminderung von Armut, Arbeitslosigkeit und Ungleichheit enthält, kann schwerlich als ‹Entwicklungsplan› bezeichnet werden. (D. Seers, 1974, S. 44)[25] Die Sprache ist verräterisch. Der Rückbezug auf Grundbedürfnisse wird zur Legitimation für die endgültige Ausbreitung des industriellen Lebensmusters. So sind denn auch deutlich die prognostizierten erweiterten Bedürfnisse, die auftreten, wenn einmal die ‹Grundbedürfnisse› befriedigt sind, solche nach Reparaturleistungen an den Verwüstungen und Folgeschäden der Modernisierung. «In einem (...) späteren Stadium der Entwicklung wird die Freiheit von repressiven Sexualkodizes, von Lärmbelästigung und Umweltverschmutzung zum obersten Ziel.» (D. Seers, 1974, S. 44)

Grundbedürfnisse: Anforderungen des Körpers zum physischen Überleben	**Grundbedürfnisse:** spezifisch menschliche Bedürfnisse; nicht physiologische, die Mensch und Tier gemeinsam haben	**Grundbedürfnisse:** bei holistischem Konzept vom Menschen = Gleichrangigkeit der physiologischen und psychosozialen Bedürfnisse
Dudley Seers – genügend Nahrung – Kleidung, Schuhe – Wohnung – Arbeit[13] *Bariloche-Gruppe* – Ernährung – Wohnung – Bildung – Gesundheit[14] *Dieter Senghaas* – Arbeit – Nahrung – Wohnung – Gesundheit – Alphabetisierung[15] *Ernest Mandel* (mit Einschränkungen) – Nahrung – Kleidung – Wohnung – Schutz gegen wilde Tiere, das Wetter – Wunsch, sich zu schmücken – Wunsch, die Muskeln zu trainieren – Erhaltung der Art – Hygiene – Gesundheit – Ausgestaltung der Freizeit[16]	*Amitai Etzioni* – B. nach Zuwendung – B. nach Anerkennung – B. nach Kontext – B. nach wiederholter Gratifikation – B. nach Stabilität im Verteilungsmuster der Belohnungen – B. nach Vielfalt innerhalb der gesellschaftlichen Struktur[17] *Erich Fromm* – B. nach Orientierung und Devotion – B. nach Verwurzelung – B. nach Einheit – Bestreben, etwas zu bewirken – B. nach Erregung und Stimulation[18] *Bernhard Winterer* (in Anlehnung an Wilhelm Reich) – Arbeit (Arbeit) – Gemeinschaft (Liebe) – Erkenntnis (Wissen)[19]	A. hierarchisch *Abraham H. Maslow* – physiologische B. – Sicherheitsbedürfnisse – B. nach Liebe und Zugehörigkeit – B. nach Achtung – B. nach Selbstverwirklichung[20] B. nicht-hierarchisch *Johan Galtung* – Sicherheit – Identität – Wohlfahrt – Freiheit[21] *Carlos A. Mallmann* s. S. 86 f[22] *Agnes Heller* – Nahrungsbedürfnis – sexuelles Bedürfnis – B. nach sozialem Kontakt – B. nach Zusammenarbeit – B. nach Betätigung – B. nach Erholung – B. nach kultureller Betätigung – B. nach Spielen – B. nach Vermittlung – B. nach Freundschaft, Liebe – B. nach Selbstverwirklichung – B. nach moralischer Aktivität[23]

Grundbedürfnisse: Anforderungen des Körpers zum physischen Überleben	**Grundbedürfnisse:** spezifisch menschliche Bedürfnisse; nicht physiologische, die Mensch und Tier gemeinsam haben	**Grundbedürfnisse:** bei holistischem Konzept vom Menschen = Gleichrangigkeit der physiologischen und psychosozialen Bedürfnisse
		Helmut Fleischer 1. vitale Bedürfnisse – Arbeit zur Selbsterhaltung – Gesundheit – Abwehr von Lebensgefahr – freie Bewegung und Betätigung – Sexualität 2. soziale Bedürfnisse – Anerkennung 3. Bedürfnisse des freien Kräftespiels und der freien Selbstdarstellung – künstlerisches Produzieren – ästhetische Qualität der Umwelt – zweckfreie Kontemplation – spielerische Betätigung – Neugier [24]

Das Bariloche-Modell: Das Bariloche-Modell tritt solchen versteckten oder offenen Anpassungsideologien entschieden entgegen. Es bekennt sich zu seinem normativen Charakter. Es beansprucht also die Grundbedürfnisse nicht als unverrückbare anthropologische Tatbestände, sondern sieht in ihrer – realiter möglichen – Befriedigung für alle Menschen einen Weg, «der zum Endziel führen kann, das heißt zu einer Welt ohne Rückständigkeit und Elend.» (A. O. Herrera, H. D. Scolnik u. a., 1977, S. 19) Über die Befriedigung der Grundbedürfnisse hinaus, die die Minimalvoraussetzung des Überlebens sind, gibt es in diesem Modell keine Gleichheitspostulate, sondern ein Eintreten für kulturelle Vielfalt, die das «Recht auf Armut», d. h. Beschränkung der materiellen Lebensansprüche, einschließt.

Wichtig ist «eine Tatsache, die das Modell in seinen fundamentalen Prämissen betont, nämlich daß die unterentwickelten Länder nicht den

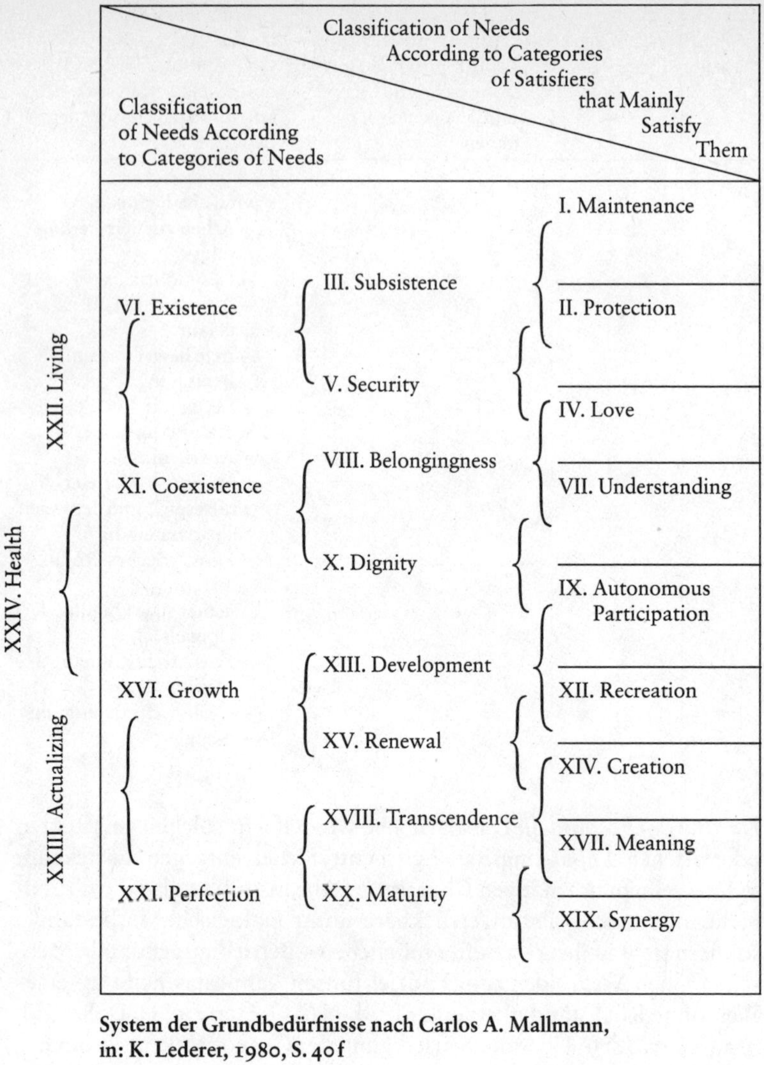

System der Grundbedürfnisse nach Carlos A. Mallmann, in: K. Lederer, 1980, S. 40f

Personal	Extrapersonal	
A) Psychosomatic or Intrahuman	B) Psychosocial or Interhuman	C) Psychoecological or Extrahuman
a) Nutrition, Rest, Exercise	b) Earning Work, Reproduction, Social habitability	c) Shelter, Clothing, Physical habitability
a) Prevention, Cure, Defense	b) Prevention, Restitution, Defense	c) Prevention, Restitution, Defense
a) Belief in oneself, Self-love, Identity	b) Friendship, Sexual and family love	c) Rooting, Attachment
a) Psycholization, Introspection, Study	b) Socialization, Education, Information, Observation	c) Habitatization, Observation
a) Liberty, Independence, Autonomy	b) Autonomous participation in decision	c) Autonomous participation in management
a) Self-recreation	b) Social recreation	c) Recreation in the habitat
a) Creation by oneself	b) Creation of social environments	c) Creation of habitational environments
a) Self-realization	b) Historic, prospective, and religious meaning	c) Weltanschauung
a) Authenticity, Equanimity, Security, Humility	b) Solidarity, Justice, Altruism, Generosity, Responsibility	c) Beauty, Ecological equilibrium

gleichen Weg beschreiten können, den die heute industrialisierten Länder in der Vergangenheit gegangen sind. Dies bedingt die Notwendigkeit, eine neue Kultur zu schaffen, (...) um somit im Endeffekt die kulturelle Vielfalt der Menschheit zu bewahren und zu erweitern, (...) Sind (...) die sozialen Ansprüche verschieden (allerdings unter der Voraussetzung, daß die materiellen und kulturellen Grundbedürfnisse auf etwa gleichem Niveau befriedigt sind), so bedeutet ein Unterschied im wirtschaftlichen Niveau nicht notwendigerweise auch einen entsprechenden Unterschied im Lebensstandard. Denn letzterer kann sich in Wertbegriffen äußern, die sich von den verschiedenen Möglichkeiten der materiellen Befriedigung stark unterscheiden.» (A. O. Herrera, H. D. Scolnik u. a., 1977, S. 238)

Die Grundbedürfnisliste des Modells paßt wegen des Nachdrucks, mit dem die Bildung den Grundbedürfnissen zugerechnet wird, nur eingeschränkt in die erste Kategorie der Grundbedürfniskataloge. Ich habe sie dennoch dort eingeordnet, weil die Tendenz des Modells nicht eine möglichst ganzheitliche Betrachtung des Menschen ist, wie dies in den holistischen Konzepten angetroffen wird, sondern die äußerste Beschränkung auf die Minimalbedingungen des Lebens, jenseits deren sich die Autoren aller Äußerungen darüber, was je konkrete Menschen in je konkreten Kulturen zum Leben brauchen, enthalten wollen.

Tatsächlich wird dieses Grundprinzip mit der Ausformulierung des Bildungsbedürfnisses sehr deutlich verletzt. Und es drängt sich die Frage auf, wieviel kulturelle Vielfalt denn überleben kann, wenn das Grundbedürfnis auf Bildung proklamiert wird, mit einem beschreibbaren, festgesetzten Bildungsminimum (A. O. Herrera, H. D. Scolnik u. a., 1977, S. 186) und mit dem Anspruch auf lebenslange Bildungszuwendung. Lernen wird so nicht nur zu einem verwalteten knappen Gut, sondern trotz aller emanzipatorischen Absicht zu einer Überlebensvoraussetzung und Zurichtung für die Knappheitsgesellschaft.

Verschulung ist eine so elementare Bedingung der normierenden Knappheitserzeugung, daß die Chance für kulturelle Vielfalt schwindet im Maße ihrer Durchsetzung.

Unter Knappheitsbedingungen wird Bildung in der Tat den physischen Überlebensnotwendigkeiten artverwandt, weil von ihr, wie von der Arbeit, der Zugang zu kaufbarer Versorgung abhängt. Sie ist also dann *kein* kulturelles Bedürfnis, sondern einerseits ein Rangbedürfnis, andererseits ein materielles Bedürfnis (= Voraussetzung der materiellen Lebenssicherung).

Dieter Senghaas: Für Senghaas kann man – wie für die Bariloche-Gruppe – voraussetzen, daß es ihm um die Benennung von Existenzminima geht, bei gleichzeitiger Vermeidung irgendeiner Normierungstendenz. Dieser Schluß ergibt sich notwendig aus dem Kontext, innerhalb dessen Senghaas die Befriedigung von Grundbedürfnissen zur Entwicklungslinie erklärt. Der Kontext ist die Analyse von und das Plädoyer für autozentrierte Entwicklung (D. Senghaas, 1974, S. 31 ff). Unverkennbar ist aber auch dieser Rekurs auf Grundbedürfnisse und deren Befriedigung von der Frage mitbestimmt, wie denn eine hinreichende Menge von Befriedigungs*mitteln* bereitgestellt werden könne: «Voraussetzung für eine sich schwerpunktmäßig vom Weltmarkt in die lokalen Gesellschaften verlagernde, autonome Reproduktionsdynamik ist die Kombination einer lokalen Ausrüstungsindustrie (als ‹industrie industrialisante›) mit einer forcierten Produktion von einfachen Gütern für den Massenkonsum.» (D. Senghaas, 1974, S. 32)

«Arbeit» und «Alphabetisierung» sind als Grundbedürfnisse hier ausschließlich Instrumente der materiellen Reproduktion. Das Bedürfnis nach Arbeit ist nicht etwa eines nach lebenserhaltender Betätigung, ebensowenig wie das nach Alphabetisierung ein Bedürfnis nach kultureller Betätigung ist. Wie das Bedürfnis nach «Gesundheit» sind auch das Arbeits- und Alphabetisierungsbedürfnis Überlebens-, nicht Lebensbedürfnisse. Gegen seine eigene Absicht womöglich verkehrt sich Dieter Senghaas' Grundbedürfniskonzept in ein hierarchisches, in dem der materiellen Daseinssicherung die unbedingte Priorität zukommt, wohingegen alle nicht dem unmittelbaren physischen Überleben geltenden Bedürfnisse eher disponibel erscheinen. Nicht also die Beschränkung auf ein Minimum an Festlegung zugunsten kultureller Vielfalt ist das Grundmotiv dieses Bedürfniskataloges, sondern eine schiedliche Trennung der unabdingbaren Lebensvoraussetzungen von den weniger dringlichen.

Unterderhand vollzieht sich zugleich mit dieser Hierarchisierung eine Festlegung auf den industriellen Lebensmodus, auf Produktivitätssteigerung als ausschließlichem Verfahren zur Daseinssicherung mit allen Konsequenzen, auch der der Bedürfnisstimulation oder – was dasselbe ist – der Expansion der Knappheit. Die Option für Autozentrierung bleibt auf halbem Wege stehen. Die partielle Dissoziation der Peripherieländer aus dem Weltmarkt wird befürwortet, um die strukturelle Abhängigkeit der Peripherien von den Industrieländern zu verringern. Autozentrierung wird jedoch nicht zu einer Option für Subsistenzwirtschaft und Daseinsmächtigkeit von einzelnen in Gemeinschaften fortgeschrieben. Autozentrierung und das *System* von Produktion und Bedürftigkeit schließen sich wechselseitig *nicht* aus.

Ernest Mandel: «Eine auch nur einigermaßen ernsthafte anthropologische und historische Untersuchung wird (...) zeigen, daß diese Bedürfnisse eine erstaunliche Stabilität bewahrt haben: die Nahrung, die Kleidung, die Wohnung (und unter bestimmten klimatischen Bedingungen auch die Heizung), der Schutz gegen wilde Tiere und gegen das Wetter, der Wunsch, sich zu schmücken und die Muskeln des Körpers zu trainieren, die Erhaltung der Art – das ist ein halbes Dutzend Grundbedürfnisse, die sich, solange der homo sapiens existiert, anscheinend nicht verändert haben und die noch heute den größten Teil der Konsumausgaben ausmachen. Fügen wir dem noch die Bedürfnisse nach Hygiene und Gesundheit hinzu (die sich auf einem bestimmten Bewußtseinsniveau als bloßer Selbsterhaltungstrieb äußern) und die Bedürfnisse nach Ausgestaltung der Freizeit (eine bloße Erweiterung des Bedürfnisses, sich zu schmücken, des Bedürfnisses, die Körpermuskeln zu üben, und des Bedürfnisses nach Wissen, die so alt sind wie die Menschheit selbst), so finden wir fast die gesamten Konsumausgaben – selbst die der reichsten Länder der Welt – auf eine geringe Zahl von Grundbedürfnissen vereint, die eher allgemeine anthropologische Charakteristika darstellen als die Ergebnisse besonderer historischer Bedingungen.» (E. Mandel, zit. n. Chr. Lewerenz, 1978, S. 18)

E. Mandel konstruiert unter dem Stichwort «Grundbedürfnisse» eine Kontinuität von den frühesten Tagen der Menschheitsgeschichte bis hin zum modernen industriegesellschaftlichen Konsumenten. Zwei Einwände können gegen die Unterstellung dieser Kontinuität erhoben werden.

Der *erste* Einwand richtet sich gegen die ‹Naturalisierung› der Grundbedürfnisse und die Relativierung ihres *gesellschaftlichen* (= historischen) Charakters. A. Heller lehnt die Unterscheidung von natürlichen und gesellschaftlichen Bedürfnissen rundheraus ab: «Die ‹natürlichen Bedürfnisse› beziehen sich auf die einfache Erhaltung des menschlichen Lebens (Selbsterhaltung). Sie sind ‹naturnotwendig› einfach, weil der Mensch, ohne sie zu befriedigen, sich als bloßes Naturwesen nicht erhalten kann. Sie sind nicht identisch mit den tierischen Bedürfnissen, da der Mensch als Naturwesen zur Selbsterhaltung auch solche Bedingungen benötigt (Heizung, Kleidung), für die das Tier kein ‹Bedürfnis› hat. Somit sind auch die zur Erhaltung des Menschen als Naturwesen notwendigen Bedürfnisse gesellschaftlich (die Passage aus den *Grundrissen* ist bekannt, wonach der Hunger, den man mit Messer und Gabel befriedigt, ein anderer ist als der mit rohem Fleisch befriedigte): die Art und Weise der Befriedigung vergesellschaftet das Bedürfnis selber. (...) so gibt es nur gesellschaftlich produzierte Bedürfnisse und auch die ‹natürlichen Bedürfnisse› (deren Befriedigungsweise das Bedürfnis selber verändert) sind solchen Charakters.» (A. Heller, 1976, S. 32)

Wenn also das Nahrungs*bedürfnis* sich mit der Art seiner *Befriedigung* wandelt; wenn schon im Blick auf die Existenz dieses Bedürfnisses nicht von Kontinuität und Identität gesprochen werden kann, wofern einmal die Nahrung aus rohem Fleisch, das mit den Zähnen gerissen wird, besteht, ein andermal aus zubereitetem, mit kunstvollem Gerät zerkleinertem, wieviel weniger läßt sich dann unter der Kategorie «Nahrungsbedürfnis» der moderne Konsum warenförmiger Nahrung und der Nahrungserwerb z. B. wildbeutender Gesellschaften versammeln. Dem Einkauf von Fertiggerichten im Supermarkt und der Erzeugung von Nahrungsmitteln für den eigenen Gebrauch liegt kein einheitliches Bedürfnis zugrunde, das man «Nahrungsbedürfnis» nennen könnte.

Es gibt also Grundbedürfnisse im Sinne reiner abstrakter Strebungen nicht, sondern immer nur konkrete Bedürfnisse, d. h. solche, die die gesellschaftlich herausgebildeten Formen der Befriedigung anstreben. Deshalb auch sind Übereinkünfte über Grundbedürfnisse (z. B. Nahrung, Kleidung, Wohnung, Gesundheit) beileibe kein hinreichendes oder geeignetes Instrument, um sagen zu können, was der Mensch zum Leben braucht. Obwohl demnach die Weisen der Befriedigung den Bedürfnissen ihr Gesicht geben, ja ihren Gehalt ausmachen, ist es dennoch irrig zu meinen, das Bedürfnis sei zu definieren durch das Befriedigungs*mittel*. Und die Bildung von hinreichend allgemeinen Klassen von Befriedigungsmitteln führe mit einer Art Automatik zu den allgemeinen, allen gemeinsamen Grundbedürfnissen, aus denen man wiederum Erkenntnisse darüber ableiten könne, was der Mensch zum Leben braucht.

Die Bedürfnisse, so der Einwand von den Vertretern holistischer Konzepte, seien immer in Kontexte eingebunden. Sie zu reduzieren auf eine einfache Bedürfnis-Befriedigungsmittel-Relation heißt demnach, ihnen Gewalt antun. Bedürfnisse seien der Schnittpunkt, an dem der Austausch zwischen dem Individuum und seiner Lebenswelt sich vollzieht. Sie drückten Befindlichkeiten aus, die in ständigem Wandel sind. Bedürfnisse seien *Befindlichkeiten* des Subjekts, die aus der Befindlichkeit der Umwelt ihre Impulse haben, ebenso wie sie Impulse auf die

Umwelt aussenden und deren Befindlichkeit verändern. Diese Dialektik ist in Kategorien von Befriedigungsmitteln überhaupt nicht ausdrückbar. Es gibt keine *Befindlichkeits*kontinuität zwischen dem Jäger, der seine Beute an seine Stammesbrüder abtritt, weil das Ritual ihn hindert, selbst davon zu essen, und der deshalb abhängig ist von der Gebebereitschaft der Mit-Jäger, die ihrerseits ihre Beute nicht essen dürfen, und dem modernen Kunden, der in Konkurrenz mit andern ‹sein Brot verdient›, um es dann um einen zu entrichtenden Preis zu erwerben. Die Beziehung beider zur Lebenswelt, ihre Befindlichkeit, ist nicht vergleichbar. So sind also auch die ‹Bedürfnisse› nicht vergleichbar.

Weder also sind Grundbedürfnisse als anthropologische Charakteristika, also als *Personeigenschaften* existent, noch als *in* den Menschen aufbewahrte Abbilder von *Befriedigungsmitteln*. Die von Mandel behauptete zeitübergreifende Identität der Bedürfnisse gibt es nicht, oder nur als Ergebnis eines gewaltsamen Reduktionismus.[26]

Soweit der Einwand, der sich *innerhalb* der Bedürfnisdiskussion gegen die Grundbedürfniskataloge der ersten Kategorie vorbringen läßt. Bemühen, nur ein Minimum an Lebensbedingung festzusetzen, um darüber hinaus kulturelle Vielfalt nicht zu beschränken und die Hoheitsrechte des einzelnen über seine Bedürfnisse nicht zu verletzen, schlägt fehl. Die starre Beziehung zwischen isolierten Bedürfnissen und generalisierten *Mitteln* zur Befriedigung setzt ein Grundmuster, das sich epidemisch auch über alle anderen Lebensvollzüge ausbreitet, das Grundmuster der *Ver-mittelung*.

Der *zweite* Einwand reicht noch weiter. Er führt aus der Immanenz der Bedürfnisdiskussion heraus. Der entscheidende Kontinuitätsbruch, der die Mandelsche Theorie von der überdauernden Stabilität jener Handvoll von Bedürfnissen aus den Angeln hebt, ist der Bruch zwischen *Nicht-Bedürftigkeit* und Bedürfnissen. In Wahrheit sind alle Kataloge der ersten Kategorie nicht Auflistungen dessen, was der Mensch zum einfachen Überleben braucht, sondern Listen von Lebensgütern, die heute grassierender Knappheit unterliegen. Der Mensch braucht für das nackte Überleben unendlich viel mehr, als jene «geringe Zahl von Grundbedürfnissen» ahnen läßt. Mir ist kein einschlägiger Grundbedürfniskatalog bekannt, in dem Atemluft aufgeführt wäre, auch bis heute keiner, in dem der regelmäßige Wechsel von Phasen der Helligkeit und des Dunkels enthalten wäre, keiner, der der Notwendigkeit der Stille gedächte. Es ist aber nur noch eine Frage der Zeit, wann diese Bedürfnisse formuliert werden. Dann nämlich, wenn die Luft so verseucht ist, daß sie nicht mehr als frei zugängliches Lebensgut gelten kann, sondern man sich um ihrer Genießbarkeit willen besonderer, verwalteter Verfahren bedienen muß. Das Grundbedürfnis nach Hell-Dunkel-Abwechslung wird in dem Augenblick in Erscheinung treten, in dem die Pläne, durch gigantische, am Himmel installierte Reflexionsschirme eine Dauerbesonnung der gesamten Erde zu ermöglichen, realisiert werden. Des Grundbedürfnisses nach Stille werden wir eingedenk sein, wenn es vor dem Lärm der Welt endgültig kein Entrinnen mehr gibt; des Grundbedürfnisses nach Kühle, wenn die Erdatmosphäre so aufgeheizt ist, daß das Klima aus dem Gleichgewicht gerät. Im Prinzip gibt es so viele physiologische Grundbedürfnisse, wie es Körperfunktionen und Funktionsbedingungen gibt, die den Organismus am Leben erhalten – unendlich viele.[27] Grundbedürfniskataloge sind Registraturen von knappen Lebensgütern, von solchen also, die der unmittelbaren Zugänglichkeit entzogen sind. Die Forderung nach allgemeiner Befriedigung der Grundbedürfnisse ändert an der Verknappung der Lebensgüter nichts. Diese werden dadurch *nicht* in ungehinderte Zugänglichkeit überführt. Befriedigung von Grundbedürfnissen setzt die Daseinsmächtigkeit der Verelendeten nicht instand und die Knappheit der Güter nicht außer Kraft. Die sträfliche Gleichsetzung des Nahrungserwerbs (der Behausung und Körpererwärmung) durch Unterhaltstätigkeit für den eigenen Gebrauch, der nicht-bedürftigen Lebenserhaltung also mit dem bedürftigen Lebenserhalt durch den Kauf verwalteter Lebensmittel (dessen Voraussetzung der Verkauf der Arbeitskraft ist), suggeriert, die Befriedigung von Bedürfnissen sei die einzige Alternative zu Hunger und absoluter Verelendung. Die Optionen der Bedürfnislosigkeit und der Nicht-Bedürftigkeit werden durch die Grundbedürfniskonzepte der ersten Kategorie systematisch ausgeschlossen. Unter der Bedingung der allgemeinen Zugänglichkeit zu den Lebensvoraussetzungen gibt es ein Nahrungsbedürfnis genausowenig, wie es seit eh und heute noch gerade ein Luftbedürfnis gibt. Die Kataloge der Überlebensbedürfnisse sind demnach einerseits zu weit gehende Übergriffe, nennen Ungleiches gleich und definieren damit die zwingende Normalität des Lebens aus verwalteten Mitteln. Andererseits gehen sie nicht weit genug, erfassen ihren Gegenstand nur unter der dominanten Perspektive dessen, was schon knapp ist. Grundbedürfniskataloge haben demnach teil an der Entwertung des Nicht-Knappen, also an der Ökonomisierung aller Lebensbereiche, und bilden keinerlei Widerlager gegen die Penetranz der fortschreitenden Unterwerfung aller Lebensmuster, aller noch behaupteten Autonomie unter die Diktatur der Knappheit.

Amitai Etzioni: Nur scheinbar sind die Einwände entkräftet, wenn menschliche Grundbedürfnisse ausdrücklich jenseits der «physiologischen Bedürfnisse, die Mensch und Tier gemeinsam haben», aufgesucht werden. Nicht die Frage, ob menschliche Grundbedürfnisse sich auf materielle oder auf soziale Befriedigungsmittel richten, markiert den entscheidenden Unterschied in den Konzepten der «basic human needs», sondern die Frage, ob der Modus der Befriedigung aktivisch oder passivisch ist. Ob also Bedürfnisbefriedigung als Befriedigungshandeln oder als Versorgung mit Befriedigungsmitteln beschrieben wird. Unter diesem Kriterium verläuft die Trennlinie genau zwischen den Entwürfen von Amitai Etzioni und Erich Fromm. In Etzionis Katalog ist nichts enthalten, was dem Ruf nach perfekter Versorgung mit sozialintegrativen Befriedigungsmitteln entgegenstünde. Sein Katalog ist ebenso wie die Kataloge der ersten Spalte eine Buchhaltung knapper, das heißt verwalteter Lebensgüter. Nur wird eben hier Reparatur der sozialen Schäden eingefordert. Wiederum gilt: das erkenntnisleitende Interesse ist nicht die Wiederherstellung oder – sofern in Spuren vorhanden – Aufrechterhaltung sozialer Nicht-Bedürftigkeit (= Fähigkeit, das gemeinschaftliche Leben nach eigenen Absichten zu gestalten), sondern die durchgreifende, gerechtere Versorgung mit sozialen Gratifikationen. Bedürfnisbefriedigung ist einzig ein ressourcenverschlingender Prozeß, keiner, der Ressourcen freisetzt. Keine Tätigkeit also, die schöpferisch genannt werden könnte, die die befriedigenden Dinge und Bedingungen selbst hervorbringt (vgl. hierzu ausführlich: M. Gronemeyer, 1979, S. 187–191). Etzioni, der sich ausdrücklich in die Tradition der Entfremdungstheoretiker einreiht, mißt die Entfremdung nicht an der Entfaltung bzw. Nichtentfaltung menschlicher Fähigkeiten, sondern an der Befriedigung von Bedürfnissen, d. h. am Vorhandensein und der gerechten Verteilung von Befriedigungsmitteln. Authentizität und Belieferungsbedürftigkeit sind ihm kein Gegensatz.

Erich Fromm: Daß Fromm mit seiner Auflistung der existentiellen Bedürfnisse schon dadurch, daß er als Entstehungsort der Bedürfnisse das Spannungsfeld zwischen des Menschen Bewußtsein seiner selbst und der Fähigkeit zur Freiheit angibt, nicht verdächtig ist, Bedürfnisbefriedigung als Fütterungsakt zu begreifen, ist offenkundig. Sein ganzes Werk ist ein Plädoyer für aktive Lebensgestaltung, Leben statt Gelebt-Werden. Die von Erich Fromm konstruierte Kontinuität von der Geburtsstunde des Menschen bis zum Menschen des 20. Jahrhunderts ist nicht eine gewaltsame Zusammenspannung von Ungleichem. Seine Liste von Existenzbedürfnissen steht im *Widerspruch* zur, nicht im *Dienst* der Bedürftigkeit.

«Existentiell» nennt Fromm die in seinem Katalog aufgelisteten Bedürfniskomplexe, «weil sie auf die Bedingungen der menschlichen Existenz selbst zurückzuführen sind. Sie werden von allen Menschen geteilt, und ihre Erfüllung ist für die Erhaltung der seelischen Gesundheit ebenso notwendig, wie die Befriedigung seiner organischen Triebe notwendig ist, um den Menschen am Leben zu erhalten.» (E. Fromm, 1974, S. 204)

Ausdrücklich also beruft sich Fromm bei der Benennung der existentiellen Bedürfnisse auf das Mängelwesen, das der Mensch – «biologisch gesehen» – ist, auf das Wesen, «das sich aus dem Paradies vertrieben fühlen kann», «das sich in der Natur nicht zu Hause fühlt», das Lebewesen, «für das die eigene Existenz ein Problem ist» (E. Fromm, 1974, S. 203). Keinesfalls aber würde man seiner Bedürfnistheorie gerecht, wenn man vergäße, daß gerade diese Situation des «Ur-Mangels» die Bedingung der menschlichen Freiheit ist. Entlassen aus der Instinktbindung, ist der Mensch zugleich unsicher *und* frei. So haben die fünf existentiellen Bedürfnisse ihren Entstehungsort auch nicht in der nackten Not, in der Heimatlosigkeit und Vertriebenheit, sondern in dem *Bewußtsein* der Vertriebenheit, das das Mittel der Befreiung ist und an die Stelle der programmierten Festgelegtheit tritt. Bedürfnisse entstehen an einem Schnittpunkt: dort, wo der Mensch seiner beängstigenden Bindungslosigkeit gewahr wird und zugleich die verlockende Fähigkeit spürt, *frei* gewählt neue Bindungen zur Welt einzugehen, selbst solche ihrer planmäßigen Umgestaltung. Das Bewußtsein seiner selbst ist Urschrecken und Selbstbewußtsein zugleich. Bedürfnis ist ein dialektischer Begriff.

An dieser Nahtstelle zwischen existentieller Unsicherheit und Fähigkeit zur Freiheit entstehen fünf existentielle Bedürfnisse:[28]

- das Bedürfnis nach Orientierung und Devotion; das Streben, ein strukturiertes Bild von der Welt zu gewinnen, sich seines eigenen Platzes in ihr zu vergewissern und seinem Leben Richtung und Bedeutung zu geben (E. Fromm, 1974, S. 207 u. S. 209);
- das Bedürfnis nach Verwurzelung, die Angewiesenheit darauf, die Isolation zu überwinden, sich durch neue Bindungen zu beheimaten (E. Fromm, 1974, S. 210);
- das Bedürfnis nach Einheit, das das Bemühen anleitet, sich als Person zu konstituieren und ein neues Verhältnis zur Natur und zum anderen Menschen zu begründen (E. Fromm, 1974, S. 211 f);

– das Bedürfnis, etwas zu bewirken, das den Menschen dazu treibt, seiner Ohnmacht und Passivität zu begegnen (E. Fromm, 1974, S. 212ff);
– das Bedürfnis nach Erregung und Stimulation, das ihn zu zielgerichteter Aktivität und zur Schärfung seines Wahrnehmungsvermögens antreibt (E. Fromm, 1974, S. 216ff).

Bleiben die existentiellen Bedürfnisse unbefriedigt, so ist das Existenzminimum unterschritten, d. h., der Mensch ist in seiner Lebensfähigkeit bedroht. Wenn das physische Existenzminimum unterschritten wird, stirbt der Mensch, wenn das psychosoziale Existenzminimum unterschritten wird, erkrankt der Mensch, insbesondere wird er geisteskrank («insane»). (E. Fromm, 1955, S. 53f) Trotz des differenzierten Begriffs der *Normalität*, der hinter dieser Grundannahme steht,[29] bleibt verwirrend, was Fromm über die Entstehungsbedingungen von Un-Heil, Heillosigkeit, «Insanity» schreibt. Der Mensch kann die Entfaltung seiner Möglichkeit auf zweierlei Weise verfehlen: Seinen existentiellen Bedürfnissen kann von einer «kranken» Gesellschaft die Befriedigung versagt werden. Er kann aber auch Weisen der Bedürfnisbefriedigung anstreben, die zerstörerisch sind, ihn von seiner Menschlichkeit entfernen, lebensfeindlich sind. Erregung kann er in der Liebe oder im Haß erfahren, seine Wirksamkeit im Krieg oder als Friedensstifter, Heimat kann er suchen in einer befreundeten oder einer unterworfenen Natur.[30] Wählt er den destruktiven Weg, wenn ihm der konstruktive verwehrt ist? Dies würde bedeuten, daß der Mensch im Grunde seines Wesens gut ist, vernünftig, liebevoll und nur als Opfer der gesellschaftlichen Verhältnisse böse, kriegerisch, machtbesessen oder passiv-resignierend wird. Dieser Deutung tritt Fromm ausdrücklich entgegen: «Zu sagen, der Mensch sei fähig, seine ursprüngliche Möglichkeit der Liebe und Vernunft zu entfalten, schließt nicht den naiven Glauben an seine wesensmäßige Güte ein.» (E. Fromm, 1955, S. 42) Ein solcher Glaube würde ja auch eine wesentliche Einschränkung der Fähigkeit zur Freiheit und des Risikos der Freiheit bedeuten, die den Menschen aus der animalischen Existenz herausführt. Unterschwellig erscheinen aber die menschlichen Grundbedürfnisse noch als so etwas wie eine «a priori gute(n) Grundsubstanz der Menschengattung»[31].

Dann sind es *doch* die verhindernden Bedingungen, die den Menschen auf den ‹falschen› Weg führen, ihn in Regression, Gewalttätigkeit, Passivität und Irrationalität verstricken. Obwohl Fromm auf der Ambivalenz der menschlichen Freiheit besteht und also nicht prinzipiell ausgeschlossen ist, daß der Mensch etwas zum Leben braucht, was er anderen am Leben raubt, scheint dennoch seine positive Potentialität ursprünglicher zu sein, tiefer in seinem Wesen verankert: «(...) man kann ihn (...) definieren als ein *Wesen, das aktiv nach seiner optimalen Entwicklung sucht.*» (E. Fromm, 1974, S. 230) Seine negative Potentialität blickt demgegenüber immer schon auf eine Verfallsgeschichte zurück. «Schöpfung und Zerstörung, Liebe und Haß (...) sind beides Antworten auf dasselbe Bedürfnis nach Grenzüberschreitung (‹transcendence›), und der Wille zu zerstören, muß auf den Plan treten, wenn der Wille, etwas zu erschaffen, nicht realisiert werden kann.» (E. Fromm, 1955, S. 42) Danach scheint es, daß doch nicht der *existentielle Konflikt*, nämlich das Dasein zwischen Grundunsicherheit und Freiheitsfähigkeit, den Menschen ausmacht, sondern die *‹produktive› Lösung* des Konflikts, auch wenn Fromm sich diese Konsequenz nicht eingesteht.

Die existentiellen Bedürfnisse treten in der Geburtsstunde des Menschen in Erscheinung. Sie sind das Kompensat für die verlorengegangenen Instinkte. Sie können den Menschen mehr als reichlich für den Verlust entschädigen, aber ebensogut können sie ihn ins Verderben stürzen. Gleichwohl sind sie die eigentliche *Be-Gabung* des Menschen: Sie schenken ihm seine riskante Freiheit. Fromm insistiert darauf, daß er sein Konzept der existentiellen Bedürfnisse abgeleitet habe aus dem Vergleich von menschlicher und animalischer Existenz. Existenzielle Bedürfnisse erheben den Menschen als Schöpfer über seine reine animalische Geschöpflichkeit, sie ermöglichen ihm eine Doppelexistenz, als Kreatur und Kreator in einem.

Ich glaube, daß Fromm seine existentiellen Bedürfnisse an einem anderen Gegenüber abgelesen hat als an dem ‹Animal minus Instinkte plus Bewußtsein seiner selbst›. Mir scheint, auch diese Bedürfnisse sind ein Signal dafür, daß die Ziele ihres Strebens *knapp* geworden sind. Sie sind nicht die allen Menschen gemeinsamen Bedürfnisse, sondern die Bedürfnisse *des* Menschen, der systematisch gehindert wird, seine schöpferischen Fähigkeiten in Gebrauch zu nehmen. Es ist falsch, die Entstehung der existentiellen Bedürfnisse auf die Geburtsstunde des Menschen zurückzudatieren: Sie entstehen in der Knappheitsgesellschaft zugleich mit dem Verlust von Daseinsmächtigkeit.[32]

- Das Bedürfnis nach Orientierung entsteht in der dramatischen Desorientierung, die in modernen Industriegesellschaften um sich greift; und das Bedürfnis nach Zielsetzung und Hingabe signalisiert den Verlust der Zielautonomie.
- Das Bedürfnis nach Verwurzelung ist ein Indiz dafür, daß moderne

Menschen nach Zweckmäßigkeitsgesichtspunkten zwischen Orten, die unwirtlich sind, hin- und herbewegt werden; auch dafür, daß sie in der Kälte der alles durchherrschenden Konkurrenz ihr Dasein fristen.

– Das Bedürfnis nach Einheit bestätigt die Zerstückelung der Tätigkeiten, Erfahrungen, Beziehungen.
– Das Bedürfnis nach Wirksamkeit zeigt an, daß Wirkungslosigkeit, Unzuständigkeit, Ohnmacht[33] den Alltag bestimmen.
– Das Bedürfnis nach Erregung und Stimulation offenbart die Leidenschaftslosigkeit, Fadheit, Langeweile einer nicht-schöpferischen Existenz, die auf Sensationen, Moden und Nervenkitzel angewiesen bleibt.

Wenn ich von der Knappheit der schöpferischen Gestaltungsmöglichkeiten spreche, so meine ich ein unüberbrückbares Mißverhältnis zwischen der Reichweite der eigenen Wirksamkeit und dem Radius des Einzugsbereiches, aus dem die Wirkfaktoren kommen, die Einfluß auf die Alltagsexistenzen nehmen. Das Wirken und das Bewirkt-Werden vollzieht sich über unendlich verschiedene Distanz. Das heißt nicht einmal, daß das Wirken nur in einem winzigen Ausschnitt des gigantischen Bereichs des Bewirkt-Werdens Autonomie eröffnet. Es heißt vielmehr, daß das Wirken schlechthin zur Illusion wird und der Herrschaft durch das Bewirkt-Werden nichts entgegenzusetzen hat außer der Aufrechterhaltung der Illusion. Es heißt, daß die Orientierung in die Irre führt, daß, wer sich orientiert, noch im Vollzug seiner Deutung orientiert *wird*; daß die Ziele, noch ehe sie gesetzt sind, schon fremden Determinanten gehorchen; daß, wer handelt, noch im Handeln Behandelter ist; wer Beziehung sucht, schon im vorhinein festgelegt ist auf eine bestimmte Weise des Miteinander-Umgehens, daß, wer produktiv ist, noch beileibe nicht für sich das Lebensnotwendige hervorbringt. Es heißt, daß die Veränderungen nicht den Fähigkeiten und den Zielen folgen, sondern, davon völlig unberührt, ihre eigenen Wege nehmen. Es heißt, daß das Wirken des Individuums nichts bewegen kann und keine Gestaltungen hervorbringt, weder soziale noch gegenständliche, deren Zusammenhang mit den Fähigkeiten, dem Handeln und den Zielen des Individuums unzweifelhaft ist[34] und in deren Ansehung das Individuum seine ‹Identität›[35] herausbilden könnte. Es heißt, daß das Ziele-Setzen und das Handeln ins Leere laufen, ohne Gewinn abzuwerfen für die Gewißheit «Ich bin ich».

Fromms Konzept der existentiellen Bedürfnisse ist nicht das, wofür er es selber hält, es ist kein anthropologisches, sondern ein historisches

Konzept; es ist kein *analytisches* Instrumentarium zur Aufhellung der Anatomie menschlicher Aggression, sondern ein normatives Konzept. Die «existentiellen» Bedürfnisse sind Bausteine einer Widerstandstheorie. Von ihnen erhofft sich Fromm ein Aufbegehren gegen den «Habenmodus der Existenz».

«Der Habenmodus der Existenz leitet sich vom Charakter des Privateigentums ab. In dieser Existenzform zählt einzig und allein die Aneignung und mein uneingeschränktes Recht, das Erworbene zu behalten. Dieser Modus schließt andere aus und verlangt mir keine weiteren Anstrengungen ab, um meinen Besitz zu behalten bzw. produktiven Gebrauch davon zu machen. Es ist die Haltung, die im Buddhismus als Gier, in der jüdischen und christlichen Religion als Habsucht bezeichnet wird; sie verwandelt alle und alles in tote, meiner Macht unterworfene Objekte.» (E. Fromm, 1976, S. 80)

In Wahrheit reklamiert Fromm die existentiellen Bedürfnisse als kritisches Erinnerungsvermögen, als noch nicht vergangene Sehnsucht nach Daseinsmächtigkeit. Sie sollen der Herrschaft der Knappheit Grenzen setzen. Wenn sie aber selbst ihre Entstehung der Knappheit ‹verdanken›, scheinen sie nicht gut tauglich zu deren Widerpart.

Bernhard Winterer: Winterers Dreieinigkeit der Bedürfnisse ist von so hoher Allgemeinheit, daß sie kaum erwähnenswert wäre, wenn nicht um des ausdrücklichen Hinweises willen, daß man der Bedürfnisse nur in der äußersten Konkretion ansichtig würde. Nicht die Abstraktion von den Lebensvollzügen macht Bedürfnisse erkennbar, sondern erkennbar werden sie an ihren konkreten Entstehungsorten, in den «Tätigkeitsfeldern» und «Erlebnissphären», wo sich «Aktionen und Reaktionen» am dichtesten kreuzen (B. Winterer, 1973, S. 97). Daß Bedürfnisse und ihre Entstehung so deutlich auf Tätigkeiten, Aktivitäten bezogen sind und nicht auf Befriedigungsmittel, hebt sie über den Status einer reinen Knappheitskategorie ebenso hinaus wie die von Winterer getroffene Feststellung, daß angemessene Rede über Bedürfnisse ihren Systemcharakter berücksichtigen müsse: «(...) eine Isolierung von Bedürfnissen führt faktisch dazu, daß auch die isolierten Bedürfnisse selber nicht adäquat befriedigt werden können.» (B. Winterer, 1973, S. 102) Dies, daß Bedürfnisse in weiträumige Kontexte eingebunden sind und daß diese Kontexte durch Tätigkeiten/Lebensvollzüge konstituiert sind, sind immerhin zwei gewichtige Einwände gegen die reduktionistischen Grundbedürfnislisten der ersten Kategorie, ohne daß B. Winterer deren Dürre durch eine inhaltliche Vervollständigung der Listen zu überwinden trachtet, wozu die holistischen Konzepte tendieren. Diese Überlegungen versickern dann allerdings in allerlei Unklarheit und enden wiederum bei einer Variante der ‹wahren und falschen Bedürfnisse› – hier: die Totalität der Bedürfnisse versus isolierte Bedürfnisse.

Die holistischen Konzepte: «Was gebraucht wird, sind volle, vieldimensionale und reich-facettierte Betrachtungen des Menschen, die von den äußerst materiellen bis zu den äußerst nicht-materiellen Aspekten reichen.» (J. Galtung, 1980, S. 58) Die holistischen Konzepte – und in diesem Punkt fasse ich sie trotz ihrer ansonsten sehr differierenden Erkenntnisinteressen zusammen – wollen zugleich mehr und weniger als die eingangs dargestellten – ich nenne sie vereinfachend – ‹reduktionistischen Konzepte›.

Sie wollen *mehr*: Das Argument, aus dem die auf reine *Über*lebensbedürfnisse reduzierten Minimalforderungen ihre Rechtfertigung beziehen, daß man sich nämlich im Grenzbereich des Zynismus befindet, wenn man über jemandes Selbstverwirklichungsbedürfnisse sich in Unruhe versetzen läßt, während er Hungers stirbt; dieses Argument weisen J. Galtung ebenso wie C. A. Mallmann ihrerseits als zynisch zurück: «Zoologische Gärten und noch zutreffender Konzentrationslager sind Beispiele dafür, wie materielle Bedürfnisse vollkommen vereinbar mit Entfremdung und Unterdrückung befriedigt werden können.» (J. Galtung, 1980, S. 69) Dieser Vorwurf richtet sich gleichermaßen gegen die hierarchischen Bedürfniskonzepte, in denen grundsätzlich, nicht nur temporär, in akuten Notlagen, den psychologischen Bedürfnissen Priorität eingeräumt wird: «Die Hierarchie-These kann dazu dienen, den Aufbau von Gesellschaften zu legitimieren, die erkennbar de facto zoologische Gärten sind. Und das Problem dabei ist nicht nur, daß die nicht-materiellen Bedürfnisse in der Prioritätenliste weiter unten auftauchen. Es ist vielmehr das, daß die Strukturen, die benötigt wurden, um die materiellen Bedürfnisse zu befriedigen, später der Befriedigung der nicht-materiellen Bedürfnisse im Wege stehen können. Diese Strukturen mögen das soziale Handeln in leistungsfähigen bürokratischen Mustern erstarren lassen, die aus der Gesellschaft eine ständige Notstandsoperation machen, wenn nicht gar einen Zoo oder ein Konzentrationslager.» (J. Galtung, 1980, S. 69)[36]

Was die reduktionistischen Grundbedürfniskonzepte verdächtig macht, ist einerseits, daß ihre Hierarchie und Prioritätensetzung eine so genaue Entsprechung in den sozialen Hierarchien findet; andererseits, daß sie ein so verblüffendes Abbild des westlich-industriellen, expertokratischen Lebensmusters sind.[37] Demgegenüber behaupten die holistischen Konzepte die unbedingte Gleichrangigkeit und Gleichwertigkeit der materiellen und nicht-materiellen, anders: der existentiellen und eigentlich menschlichen Bedürfnisse, noch anders: der physiologischen und psychosozialen Bedürfnisse.[38] Die Schwierigkeiten liegen dabei nun allerdings auf der Hand:

– Psychosoziale Bedürfnisse lassen keine *natürlichen Grenzen* ihrer Nichtbefriedigung erkennen. Das psychosoziale Existenzminimum kann oft über lange Zeiträume, sogar unbemerkt durch das Individuum selbst, scheinbar folgenlos unterschritten werden.
– Bedürfnisse sind als theoretische Konstrukte unsichtbar; sie können erschlossen werden aus ihren Artikulationen, aus Indikatoren, die ihre Nichtbefriedigung signalisieren, aus Verhalten, das im Dienste ihrer Befriedigung steht.

Für die physischen Bedürfnisse gilt immerhin: Es gibt einfache Sätze, die ihrer Artikulation dienen: «Ich habe Hunger, ich bin müde, durstig, ich friere.» Es gibt unmißverständliche Indikatoren für ihre Nichtbefriedigung. Körperreaktionen, die mit einer gewissen Eindeutigkeit Schlüsse auf ihre Verursachung zulassen.[39] Es gibt unüberhörbare Körpersignale, die bis zu einem gewissen Grade verhindern, daß Menschen sich über ihre physiologischen Bedürfnisse täuschen.[40]

Der – trotz aller Einschränkungen – weitgehenden Offenkundigkeit der physischen Verelendung haben die holistischen Konzepte nichts vergleichbar Plausibles zur Begründung ihrer Gültigkeit entgegenzusetzen. Weder sind die Folgen psychosozialer Verelendung unmittelbar tödlich noch unmittelbar grell sichtbar, noch auch ist der Zusammenhang zwischen Ursache und Wirkung eindeutig oder beweisbar. Wenn wir also einerseits feststellen, sie wollen mehr, weil sie nicht nur den Hunger, sondern auch die Entfremdung in Kategorien von intolerabler absoluter Verelendung beschreiben, so können wir zugleich sagen:

Sie wollen *weniger*, denn sie sind sich insgesamt der Gefahr, die jedes Grundbedürfniskonzept birgt, viel hellsichtiger bewußt. Sie sind viel skrupulöser in der Feststellung von unverrückbaren, eindeutigen Richtigkeiten. Sie sind der historischen Bedingtheit der Bedürfnisse eingedenk, viel weniger geneigt, Bedürfnisse als isolierte Gegebenheiten zu betrachten, ohne ihrer Veränderlichkeit und Wechselwirkung Rechnung zu tragen. Ihre Definitionsversuche sind viel tastender, von viel mehr «Wenn» und «Aber» relativiert.

Die Skrupel, die vorsichtigen Selbstbegrenzungen der Autoren leiten in die inneren Widersprüche der Konzepte. Denen will ich im einzelnen nachgehen.

Vorab: ich schließe mich dem Galtungschen Verdikt über die Bedürfnishierarchien, daß sie nicht den holistischen Konzepten zugehören, sondern eine Fortsetzung der reduktionistischen sind, an. Ich klammere also hier die vielzitierte und ebenso häufig kritisierte Bedürfnishierarchie von A. H. Maslow aus (vgl. dazu: M. Gronemeyer, 1976, S. 97f, S. 139f u. S. 213).

Johan Galtung: Daß alle Grundbedürfniskonzepte eine Gefahr in sich bergen, wurde festgestellt. Was heißt in diesem Zusammenhang Gefahr? Nun, in dem Maße, wie die Theorien über «basic human needs» sich als Theorie und Praxis der Aufhebung von Entfremdung verstehen, geraten sie in den Zwiespalt, womöglich durch ihre Zieldefinitionen zu einer Theorie zur Praxis der Überfremdung zu werden: «Zweifellos wirft all dies das wichtige Problem auf, wer dazu berufen ist, zu beurteilen, was zum Bestand der Grundbedürfnisse gehört, wenn das Individuum selbst nicht für hinreichend urteilsfähig erachtet wird (...)» (J. Galtung, 1980, S. 61)

Diese Frage wird noch einmal dramatisch zugespitzt, wenn der Grundbedürfnisansatz zur Grundlage einer Theorie der Entwicklung gemacht wird, wie das bei Galtung und Mallmann der Fall ist, weil zu den Verletzungen der Hoheitsrechte des Individuums über seine Bedürfnisse durch Definition von außen noch das ganze Spektrum der interkulturellen Überfremdung hinzutritt, wenn denn verbindlich *Menschheits*bedürfnisse definiert werden. Galtung wird darum nicht müde, vor allzu konkreten, positiven, programmatischen Definitionen zu warnen und statt dessen vielfältigen, unpräzisen, allgemeinen Vorstellungen den Vorzug zu geben, vor allem aber auch Kriterien für ein Urteil darüber zu entwickeln, wann Grundbedürfnisse nicht befriedigt sind: «In der Tat sollten Entwicklungskriterien so vielfältig sein, daß sie niemals erfüllt werden können, so daß durch nichts und von niemand die Forderung nach Perfektion aufrechterhalten werden kann. (...) man sollte zu klar definierte positive Bilder und Vorstellungen vermeiden (...)» (J. Galtung, 1980, S. 58 u. S. 60)[41]

In dreierlei Hinsicht enthält das holistische Konzept der Grundbedürfnisse Galtung zufolge ein Widerlager gegen kolonisierende Überfremdung.

Erstens: Wenn Grundbedürfnisse nicht auf materielle Bedürfnisse beschränkt werden, dann gibt es absolute Verelendung nicht nur in den Ländern der sogenannten Dritten und Vierten Welt und innerhalb der Länder nicht nur bei den materiell Benachteiligten, sondern die Verteilung von Unter- und Überbefriedigung ist vielschichtiger. C. A. Mallmann erklärt als Argentinier, daß die Überentwicklung der hochindustrialisierten Länder nur innerhalb der ersten drei Dimensionen seines Systems von Lebensqualität – bei Nahrung, Kleidung und Wohnung – eindeutig sei. In den übrigen Dimensionen seien diese Länder zum Teil sogar extrem unterentwickelt. Eine Berücksichtigung aller Lebensqualitätsdimensionen nötigt also zu einem Bruch mit eingeschliffenen Überlegenheits- und Unterlegenheitsdiagnosen. «So würden in der heutigen Weltgesellschaft defizitäre Lebenslagen überall zu finden sein; das wäre ein ‹demokratischeres› Konzept.» (J. Galtung, 1980, S. 92f; vgl. auch S. 90f)

Zweitens: Die Gleichrangigkeit von materiellen und nicht-materiellen Bedürfnissen setzt der «Diktatur über Bedürfnisse» (A. Heller) auch insofern Grenzen, als die nicht-materiellen Befriedigungsmittel weniger strikt der Knappheit unterliegen als die materiellen: «Alle diese Gegenstände (materielle Befriedigungsmittel; M. G.) sind knapp, nicht zuletzt wegen der Endlichkeit der Natur, so daß sie dem Prinzip gehorchen: Wenn du mehr hast, habe ich weniger und umgekehrt.» (J. Galtung, 1980, S. 62)

Wenn auch eine gewisse Knappheit die nicht-materielle Sphäre ergriffen hat, so sind doch die nicht-materiellen Bedürfnisse solche, die dem hemmungslosen Konkurrenzkampf um materielle Güter Schranken setzen. Auch daß sie expertokratischem Management weniger zugänglich sind, prädestiniert sie dazu, Gegenkräfte gegen Machtausübung, Unterwerfung, Entmündigung herauszubilden. Im Vollsinn verwaltbar, knapp, Rivalitätszwang ausübend ist alles das, was Galtung unter dem Begriff «hardware» zusammenfaßt: «Militär- und Polizeihardware, Nahrung, Kleidung, Wohnung, Medizin-hardware, Schulhardware, Kommunikations- und Transport-hardware.» (J. Galtung, 1980, S. 62) Alle Bedürfnisse, deren Befriedigung unabhängig von hardware ist, sind daher, wo nicht vollständig, so doch in hohem Maße in der Verfügung der Subjekte und – so muß man Galtung wohl interpretieren – halten damit zugleich die kritische Erinnerung an das Bedürfnis, Subjekt zu sein, wach.

Dies schließlich ist *drittens* die wichtigste Eigenheit der holistischen Konzepte, daß sie mit ihrem fundamentalen Interesse am ‹ganzen Menschen› dem Bedürfnis, Subjekt zu sein, die hervorragende Bedeutung einräumen. (J. Galtung, 1980, S. 101)

Auch in der Wahl der Verfahren zur Ermittlung der Grundbedürfnisse gibt sich die gleiche Vorsicht zu erkennen. Die Befangenheit im Zeitgefängnis, im industriegesellschaftlichen, westlichen Lebenszuschnitt, die Neigung, die eigene Normalitätsdefinition mit *der* Normalität gleichzusetzen, kann nur unterbrochen werden durch zwei Weisen des Umgehens mit Fremdem: *Dialog und Praxis* (J. Galtung, 1980, S. 74–78 u. S. 102).

So scheint denn den möglichen Einwänden gegen Grundbedürfnisauflistungen durch ihren undogmatischen Gebrauch hinreichend begegnet zu sein. Ich halte dagegen: Grundbedürfniskonzepte sind nicht nur anfällig gegen Mißbrauch, weshalb sie gegen möglichen Mißbrauch Vorsorge treffen müssen. Das Interesse an ihnen ist vielmehr immer schon Ergebnis einer verwalteten Welt, und die Theorien über Grundbedürfnisse arbeiten der Verwaltetheit nicht entgegen, sondern zu. Der innere Widerspruch, an dem der Grundbedürfnisansatz krankt und den alle vorsichtigen Selbstbeschränkungen, die Alleingültigkeit des Ansatzes betreffend, nicht auflösen können, besteht darin, daß der Mensch Subjekt seiner Bedürfnisse werden soll, ohne jedoch zugleich auch Subjekt der Befriedigung zu sein. Das erkenntnisleitende Interesse an den Grundbedürfnissen ist, so habe ich eingangs festgestellt, der Anspruch auf ihre Befriedigung. Ansprüche auf Befriedigung können nur dort entstehen, wo Mittel zur Befriedigung unter Kontrolle sind und zur Verteilung anstehen.

Noch einmal: ‹Grundbedürfnisse› registrieren immer nur bereits in Verwaltung und Zuteilungszuständigkeit überführte Existenzbedingungen. Die Existenzbedingungen, die jedermann ungehindert zugänglich und verfügbar sind, haben nicht den Status von Grundbedürfnissen. Je umsichtiger, umfassender und vorausschauender also ein Grundbedürfniskonzept ist, je mehr es den *ganzen* Menschen zu erfassen trachtet, je vollständiger es die Elemente von Lebensqualität zusammenträgt, desto mehr gibt es die Autonomie des Subjekts preis. Das klingt paradox. Während es doch die Absicht der holistischen Konzepte ist, das Lebensterrain zu weiten, Ausblick auf die Vielgestaltigkeit der Lebensmöglichkeit zu eröffnen, auch vor allem dadurch, daß sie ein *Recht* auf diese Vielgestaltigkeit einklagen, nehmen sie in Wahrheit die Vervollkommnung und den grassierenden Fortschritt der Entmündigung vorweg. Ein Grundbedürfnis nach selbstbestimmter Tätigkeit zu deklarieren, bedeutet immer, daß man nicht mehr einfach selbstbestimmt tätig sein kann. Das Grundbedürfnis nach Authentizität, Kreativität, Autonomie, Identität oder Lernen erkennt an, daß die

Möglichkeit, ohne Verstellung zu leben (Authentizität), seine Lebenswelt zu gestalten (Kreativität), Subjekt seiner Entschlüsse zu sein (Autonomie), im gemeinschaftlichen Handeln seine Erfahrung und Fähigkeit herauszubilden (Identität) und zu lernen *gewährte* Befriedigungsmittel sind, der Verfügung des Individuums entzogen. Grundbedürfniskonzepte können ihrem Wesen nach dem *einen* ‹Recht›, dem Recht, nicht bedürftig zu sein, nicht Rechnung tragen, wie sehr sie immer Autonomie, Authentizität und Freiheit in ihren Listen präsentieren. Jede Definition von Grundbedürfnissen ist entweder der Versuch einer nachträglichen Korrektur oder Reparatur an unerträglichen Mißständen der Knappheitsgesellschaft oder eine Antizipation künftiger Überführung von Lebensbedingungen in Befriedigungsmittel. Die Tragweite des Satzes, daß in einer Gesellschaft, in der alles verboten ist, alles möglich sei, wogegen in einer Gesellschaft, in der nur weniges erlaubt ist, nur dieses wenige möglich sei (P. P. Pasolini, 1979, S. 63), wird in diesem Kontext deutlich. Autonomie, die sich über Verbotenes respektlos hinwegsetzt (ohne noch gegen das Verbot zu opponieren), ist eine andere als die, die als Befriedigungsmittel für das Autonomiebedürfnis in Anspruch genommen wird. Erstere ist autonom, letztere ist das Wenige, das möglich ist; erstere wild, letztere gezähmt durch die gültig gesetzte Normalität.

Galtungs Knappheitsbegriff greift viel zu kurz, wenn er Knappheit zu einer *Eigenart materieller Güter* erklärt, die letztlich in der Endlichkeit materieller Ressourcen begründet sei. Er erfaßt damit allenfalls die durch Besitz und exklusive Verfügungsgewalt abgesicherte Knappheit. Der ganze expandierende Bereich der diagnostisch erzeugten Knappheit, mit deren Hilfe jeder beliebige nicht-materielle Lebenssektor reglementiert, organisiert und zum Gegenstand von Rivalität (Nullsummenspiele) werden kann, ist dabei vernachlässigt. Knappheit ist nicht eine Frage der Endlichkeit der Ressourcen, sondern sie entsteht da, wo unverwaltete Fülle oder Kargheit in ein Arsenal von Befriedigungsmitteln überführt wird. «Wie die Dinge liegen, tendieren die Befriedigungsmittel dazu, die Bedürfnisse zu definieren, statt umgekehrt.» (J. Galtung, 1986, S. 90) Wie wahr. Aber dies gilt in einem viel umfassenderen Sinn als in dem hier anvisierten der klassischen Bedürfnismanipulation. Ohne Befriedigungs*mittel* gibt es keine Bedürftigkeit und keine Knappheit. Erst die strukturell befestigte Trennung des Strebens vom Realisieren-Können macht das Streben zum Bedürfnis und die Realisation zum Akt abhängiger Befriedigung. Solange Streben und Realisation in Personalunion existieren (Personalunion ist hier bezogen auf kooperierende Gemeinschaften, nicht nur auf Individuen), solange werden ‹Bedürfnisse› nicht von Mitteln dominiert, weder materiellen noch nicht-materiellen.

Galtung plädiert zu guter Letzt für «hundert Varianten von Grundbedürfnistheorien» (J. Galtung, 1980, S. 100), um die Dominanz bestimmter Existenzentwürfe zu brechen. Wenn er Dialog und Praxis als Wege beschreibt, um die Penetrierung und Überfremdung durch einen fruchtbaren Prozeß wechselseitigen Lernens am jeweils Fremden abzulösen, wozu bedarf es dann der Grundbedürfniskonzepte?

Respekt vor der Fremdheit wird sich vielmehr in der Kunst des Unterlassens üben müssen, dazu ist der Dialog geeignet. Grundbedürfnisbeschreibungen korrespondieren mit der Pflicht zur Optimierung und Organisierung des für notwendig Erklärten.

Zu welchen Interventionen fordert die in den Stand eines Grundbedürfnisses erhobene Sicherheit, wenn ein ehrlich geführter Dialog die Sicherheit einer Gemeinschaft in einer Lebensauffassung begründet erweist, nach der Tod und Leben zwei Seiten der Person sind?

«(...) es sollte weniger Anstrengung darauf verwendet werden, andere zu verwalten, und mehr darauf, Gründe für Fehlentwicklungen im eigenen Land zu suchen und ihnen im unmittelbaren sozialen Umfeld entgegenzuwirken.» (J. Galtung, 1980, S. 89) Wozu aber dann menschheitlich orientierte Grundbedürfniskataloge? Galtung ist in seinen Warnungen, in seinen Einwänden, Zweifeln, seiner Skepsis gegenüber dem «Basic Needs Approach» so überzeugend, daß man sich fragen muß, warum er seinen Warnungen weniger traut als seinem «Approach».

C. A. Mallmann: C. A. Mallmann beschreitet einen anderen Weg, um Grundbedürfnisse zu ermitteln. Sein genereller Maßstab ist der von Krankheit und Gesundheit. Er definiert «Bedürfnis» als «generelle, für alle Menschen geltende Bedingung, die erfüllt sein muß, damit sie nicht krank werden»; diese Bedingung ist in der einfachen Tatsache begründet, «daß sie Mitglieder der menschlichen Spezies sind.» «Krankheit» ist definiert als «eine hinter der potentiell erreichbaren zurückbleibende psychosomatische, psychosoziale und psychoökologische Lebensgestaltung. Dabei dient als Maßstab die durchschnittlich beste Lebensführung, die an andern Mitgliedern der menschlichen Gemeinschaft beobachtet werden kann.» (C. A. Mallmann, 1980, S. 37)

Seine Folgerung: «Es ist also unerläßlich, die notwendigen und, wenn möglich, die hinreichenden Bedingungen zu bestimmen, unter denen Menschen psychosomatisch, psychosozial und psychohabitational gesund sein können. Dies schließt ein, daß wir alle die Krankheiten kennen und klassifizieren müssen und daß wir die Voraussetzungen bestimmen, die erfüllt sein müssen, um Krankheit zu vermeiden. Diese Grundvoraussetzungen werden wir menschliche Bedürfnisse nennen.» (C. A. Mallmann, 1977, S. 32.)

Auch gegenüber C. A. Mallmann gilt ersichtlich der Einwand, daß, wie immer die Lebensqualitätskriterien im Modus des Tätigseins von Individuen vorgestellt werden (d. h. autonome Partizipation an Entscheidungen, Selbstgestaltung, Gestaltung einer sozialen und einer Lebenswelt, Selbstverwirklichung usf.), dies doch keine daseinsmächtigen Tätigkeiten sind, sondern daß sie Bedingungen unterliegen, die ihrerseits machtvoll knappgehalten werden.

Darüber hinaus aber ist das von Mallmann gewählte generelle Kriterium, vor dem sich gesellschaftliche Praxis zu bewähren hat oder das die Zielorientierung für gesellschaftliche Veränderung (= *Entwicklung*) bestimmt, nämlich das Kriterium umfassender Gesundheit oder der Vermeidung von Krankheit, beileibe nicht so evident oder so eindeutig, daß es als Maßstab tauglich wäre. Die Festlegung der Grenze zwischen Gesundheit und Krankheit ist Ergebnis von diagnostischen Urteilen. Wenn Krankheit als Verfehlung der *Potentialität* bestimmt wird und Gesundheit als deren Aktualisierung, so bleibt ungeklärt, wer die «durchschnittlich beste Lebensgestaltung» ermittelt? Aber mehr noch: «Gesundheit» wird zu einer Optimierungskategorie. Die bestmögliche Aktualisierung der Potentialität wird zu einer Pflicht um des Wesens des Menschen willen. Darin sind zwei Konsequenzen unvermeidlich einbeschlossen, die sicher nicht auf der Linie von Mallmanns Absichten liegen: eine Gleichheitspflicht und die Verknappung unverwalteter Lebensfülle. Die Ermittlung der «average best performance» kann ja nur Resultat eines Vergleichs sein mit anschließender Prämierung derjenigen Lebensformen, die im Gesamtfundus des Menschenmöglichen die fortgeschrittensten Realisationen, die wesensgemäßesten Varianten sind. Was anderes kann – unter der Leitidee der Gesundheit, d. h. der Realisation der Potentialität – daraus gefolgert werden als dies, daß die kranken und kränkelnden, die rückständigen «performances» überboten werden, d. h. *ausgesperrt* werden müssen.

‹Gesundheit› als *Programm* tötet Vielfalt. Ich sehe nicht, wie Mallmann dieser Konsequenz entgehen kann. ‹Gesundheit› als *Standard* überführt unverwaltete Lebensfülle, die wesentlich ein Ergebnis der Übereinstimmung von Zielen und vorgefundenen Mitteln ist, in Knappheit als Grundtatbestand menschlicher Existenz. Die zu realisierende Potentialität liegt über dem Erreichten und muß durch ‹*Selbstverwirklichungs-Arbeit*›, die *gesetzte* Standards erfüllt, immer notwendig eingeholt werden. Potentialität wird zum Bedürfnis.

Schließlich liegt Mallmann auch im Widerstreit mit dem holistischen Konzept vom Menschen, wenn er ihn auf die reine Substanz des Positiven reduziert.

Wenn Gesundheit die Fähigkeit ist, sich selbst, den anderen und die Umwelt *leiden* zu können (I. Illich), dann ist sie weder zwangsläufig ein knappes Gut, noch ist sie gleichmacherisch, noch auch zwingt sie das Leben auf die Stufe einer einzigen Vermeidungsanstrengung zur Verbannung des ‹Kranken› im Dienste der reinen ‹Gesundheit› zurück.

Die Ausmerzung der Krankheit (statt ihrer Rückführung in die Kompetenz von einzelnen in Gemeinschaften), wie sie Mallmanns Ziel ist, kann nur um den Preis der Ausmerzung der vollen Lebendigkeit und der Daseinsmächtigkeit betrieben werden und trotz des hohen Einsatzes nicht gelingen. Dies ist gewiß nicht im Sinne des Mallmannschen Entwurfs, dem es um Vielgestaltigkeit, Mündigkeit, Selbsttätigkeit und Rechte des Subjekts auf freie Entfaltung geht, aber es ist die schwerlich vermeidbare Begleitfolge des Konzeptes menschlicher Grundbedürfnisse, die, wo immer sie Gegenstand eines theoretischen und praktischen Interesses sind, einerseits die Verwaltetheit der Lebensgrundlagen signalisieren, andererseits noch nicht oder unvollständig Verwaltetes der Bemächtigung durch Kontrollinstanzen unwillentlich und gegen alle eigene Absicht ausliefern. Im Rahmen von Grundbedürfniskonzepten kann Vielfalt bestenfalls eine Vielfalt der Bedürfnisse sein, die aber gegängelt sein werden durch das, was man wollen darf, und die immer den Verlust der Vielfalt unverwalteter, frei wählbarer, zugänglicher Existenzweisen zur Voraussetzung haben.

Agnes Heller: Die Vielfalt der Bedürfnisse ist nun allerdings genau die Zielvision Agnes Hellers. Und mit Blick auf dieses Ziel kann sie wie Karl Marx, der von der Arbeiterklasse seiner Zeit als von einer Klasse, der es «an Bedürfnissen fehlt», spricht, das Fehlen von Bedürfnissen inmitten der modernen Wohlstandsgesellschaften beklagen. Die Vervielfältigung der Bedürfnisse ist zugleich das *Ziel* und der *Weg* zur Erlangung dieses Ziels. Heller unterscheidet die «existenziellen Bedürfnisse», die eine «ontologische Vorrangstellung (haben), da sie auf den Trieben der Selbsterhaltung beruhen» (A. Heller, 1975, S. 20), von den «eigentlichen menschlichen Bedürfnissen». Sie sind «dadurch charakterisiert, daß in den auf ihre Objekte gerichteten Wünschen, Intentionen usw. natürliche Antriebe keine unmittelbare Rolle spielen». (A. Heller, 1975, S. 21) Nicht ganz deutlich ist, ob sie die dritte Kategorie der menschlichen Bedürfnisse, nämlich die «entfremdeten Bedürfnisse» nach Geld, Macht und Besitz, den eigentlichen menschlichen Bedürfnissen zurechnet oder separat behandelt. Die eigentlichen, nicht-entfremdeten menschlichen Bedürfnisse und die entfremdeten menschlichen Bedürfnisse stehen in einem Komplementaritätsverhältnis zueinander: In dem Maße, wie letztere sich ausbreiten, werden erstere erstickt.

Die beiden Bedürfnistypen unterscheiden sich – das macht ihr Wesen aus – in dem Modus ihrer Expansion. Die entfremdeten Bedürfnisse sind auf die unbegrenzte Akkumulation ihrer Gegenstände gerichtet. Ihre Expansion ist rein quantitativ. Die nicht-entfremdeten Bedürfnisse eskalieren nicht, sondern entfalten Mannigfaltigkeit. Ihre Expansion ist qualitativ. Andersherum: die entfremdeten Bedürfnisse sind unstillbar, ihnen sind keine Schranken gesetzt; die nicht-entfremdeten begrenzen sich wechselseitig. Das ist allein schon eine Folge der Lebenszeit der die Bedürfnisse realisierenden Subjekte: «Die Bedürfnisse hinsichtlich des Besitzes von Gütern können sich *ins Unendliche steigern*: keine anderen Bedürfnisse stellen diesem Wachstum Schranken. Da sich der Besitz vom Gebrauch und vom unmittelbaren Genuß loslöst – die Rolle des Genusses wird vom Besitz selbst übernommen –, ist der Anstieg der Bedürfnisse *quantitativen* Charakters. Ich kann nicht soviel besitzen, um nicht *noch mehr* besitzen zu wollen (...) Was ich besitze, ‹entwickelt› in mir keine neue(n), heterogene(n) Bedürfnistypen, es wird diese sogar verstümmeln. (...) Echter Reichtum ist demgegenüber, wenn sich Bedürfnistypen heterogener Qualität entwickeln.» (A. Heller, 1976, S. 57)

«Ist der Mensch reich an Bedürfnissen und stellen der Befriedigung seiner Bedürfnisse nur andere Bedürfnisse Grenzen, werden die Wünsche in ein ‹normales› Bett geschleust (...)» (A. Heller, 1976, S. 47)

Qualitativer Reichtum, Vielfalt der Bedürfnisse also ist eine der möglichen Konkretisierungen, mit denen eine künftige kommunistische Gesellschaft beschrieben werden kann, und die Annäherung an dieses Ziel kann nur durch die Vervielfältigung der Bedürfnisse geschehen: «Die unbegrenzte Akkumulation der quantitativen – der entfremdeten – Bedürfnisse läßt sich nur durch einen einzigen Prozeß verhindern und unterbrechen: durch die Entwicklung qualitativer Bedürfnisse, die sich nach und nach durchsetzen.» (A. Heller, 1975, S. 22)

Hier scheint mir in der Tat ein Bedürfnisbegriff herausgebildet zu sein, in dem Bedürfnisse nicht der Knappheit und der Bedürftigkeit korrespondieren, nicht reduziert sind auf das, was man angesichts penetranter Verwaltetheit und enteigneter Verfügung wollen darf. Sie werden vielmehr als ein Überschuß vorgestellt, der zur Realisierung drängt. Die Bedürfnisse sind offenbar dem drangsalierenden, knebelnden Zugriff von Geld, Macht und Besitz entronnen und in die freie Verfügung der Subjekte zurückgekehrt (wenigstens der Option nach, wenn auch nicht in der Realität) in dreifacher Hinsicht:

– Die Subjekte können zwischen ihren möglichen ‹Bedürfnissen› nach Maßgabe autonomer Entscheidungen frei wählen. Grenzen setzen sie sich ausschließlich selbst durch die Konkurrenz ihrer Leidenschaften.
– Die Subjekte sind fähig, ihre ‹Bedürfnisse› durch eigenes Tun zu erfüllen in einem Austausch mit der Umwelt und dem anderen Menschen. (Alle von Heller aufgeführten eigentlichen ‹Bedürfnisse› schaffen ihre ‹Befriedigung› aktivisch. Sie bringen auch selbst hervor, wes sie bedürfen. Die Erfüllung beruht auf der wechselseitigen Nutzung des Hervorgebrachten.[42])
– Die Subjekte sind frei, *mögliche* ‹Bedürfnisse› nicht zu *verwirklichen*. Ihre freie Wahl schließt Nicht-Realisation ein.

So scheint es. Nun wird allerdings Agnes Heller nicht müde zu betonen, daß Bedürfnisse sich immer nur an ihrem Gegenüber entfalten: «Die Bedürfnisse der Mitglieder einer konkreten Gesellschaft werden von den konkret existierenden Objektivierungen ‹geliefert›.» (A. Heller, 1975, S. 22) Und: «Bedürfnis bedeutet bewußtes Verlangen, Streben, Absicht, ist stets auf ein bestimmtes Objekt gerichtet und motiviert insofern das Handeln. Das fragliche Objekt ist ein *gesellschaftliches* Produkt, gleichgültig, ob wir von Gütern, von einer Lebensweise oder von ‹dem anderen Menschen› sprechen.» (A. Heller, 1975, S. 19)

Demnach entstehen Bedürfnisse doch wiederum an *Gegebenheiten*, demnach sind sie nicht Vorschein unserer Fähigkeiten, eines realisierbaren Überschusses. Demnach erfüllen sie sich nicht im Tun und im Prozeß, sondern im Produkt. Trotz des aktivischen Charakters, den die ‹Gegenstände› der eigentlichen nicht-entfremdeten Bedürfnisse haben, und im Widerspruch dazu bleibt es bei der verräterischen Lösung für die kommende Gesellschaft: «Jede*r* nach seinen Fähigkeiten, jede*m* nach seinen Bedürfnissen!» (K. Marx, MEW, Bd. 19, S. 21; auch: W. Harich, 1975, S. 136) Das Verräterische dieses Satzes ist der Dativ in seinem zweiten Teil, der den «Jedermann» gerade nicht als Subjekt der Erfüllung, sondern als Empfänger von Befriedigungsmitteln, kurz: als belieferungsbedürftig auszeichnet.

Aber damit nicht genug: Der gesellschaftliche Zustand, in dem jedem nach seinen Bedürfnissen zuteil wird, in dem eine ungehinderte Nutzung des gesellschaftlichen Reichtums jedermann möglich sein soll, ist Resultat einer stattgehabten *Optimierungsgeschichte*. Einer Geschichte der Entfremdung, in der der gesamtgesellschaftliche Reichtum, die Hervorbringung des Menschenmöglichen auf Kosten der Individuen entfaltet wird, die, relativ zur Entfaltung der «Gattungskräfte», immer mehr verarmen (vgl. A. Heller, 1977, S. 22). Dies ist nichts anderes als die Geschichte fortschreitenden Entzugs von Daseinsmächtigkeit und fortschreitender Knappheit. Der wichtigste Einwand gegen Hellers Vision einer zukünftigen Gesellschaft, in der jeder gleichermaßen und nach eigener Wahl am gesellschaftlichen Reichtum teilhaben kann, ist die Frage, ob nicht die gesellschaftlichen Objektivationen, die menschheitlichen Errungenschaften, die aus der Diktatur der Knappheit hervorgegangen sind, so sehr den Stempel dieser Entstehungsgeschichte tragen, so sehr geprägt sind durch die in ihnen geronnenen Kontexte ihrer Hervorbringung, daß sie zu keinem ‹unschuldigen› Gebrauch geeignet sind, weil sie gleichsam mit Knappheit infiziert sind, so daß sie zwangsläufig gerade nicht herrschaftsfrei Nutzung ermöglichen, sondern Bedürftigkeit ihnen strukturell entspricht. Dieses Argument wird an anderer Stelle entfaltet.

Helmut Fleischer: Das Interesse an den Bedürfnissen des Menschen entspricht bei Fleischer einem anderen Impuls als dem, Existenzminima zu bestimmen und ihre Garantierung einzuklagen. Bedürfnisse werden primär als geschichtsbewegende Kräfte, als Triebkräfte der Veränderung wahrgenommen. «Will man aber Geschichte begreifen, so muß sich das Interesse darauf richten, wie das Subjekt seine Präformation überschreitet. Die Frage nach den ‹Triebkräften› stellt sich jetzt so: wie vereinigen sich a) das Weiterwirken natürlich ererbter und geschichtlich tradierter Bewegungsimpulse, b) die Stimulationen aus dem natürlichen und gesellschaftlichen Umfeld und c) schöpferisch-spontane Neueinsätze zu einem geschichtlichen Veränderungseffekt? Zuerst jedoch ist vom Fundus der menschlichen Antriebsnatur zu sprechen, der alle geschichtlichen Initiativen trägt.» (H. Fleischer, 1969, S. 53)

Es macht einen gravierenden Unterschied, ob Bedürfnisse durch die Mittel zu ihrer Befriedigung (wobei auch Tätigkeiten Mittel sein können, wenn ihre Durchführung von gewährten Bedingungen abhängt) beschrieben werden oder durch die Tätigkeiten, die von ihnen angetrieben werden. So verwendet H. Fleischer «menschliche Lebenstätigkeit», «Grundfunktionen der Lebenserhaltung», «menschliche Kraftentwicklung» (K. Marx) synonym zu «Bedürfnis» (H. Fleischer, 1969, S. 55 ff). Mit der Konsequenz ja doch wohl, daß die den Antrieben entsprechenden Tätigkeiten ebenso wie die aus ihnen hervorgehenden angestrebten Resultate den komplexen Vorgang der «Bedürfnisbefriedigung» ausmachen, daß also die Subjekte der Bedürfnisse auch Subjekte der Erfüllung sind. (Diesen Vorgang habe ich als Nicht-Bedürftigkeit, als «Leben mit Fähigkeiten» beschrieben.)

Auch Fleischer aber beharrt nicht auf dieser entscheidenden Differenz zwischen ‹Bedürfnis› als Triebkraft des Handelns und Bedürfnis als Anspruch auf Befriedigungsmittel, sondern reduziert unversehens die Bedürfnisse zu einem «Potential des Forderns» und die Handlungen zum «Potential des Durchsetzens» der Forderungen (H. Fleischer, 1969, S. 64).

Zusammenfassung

Zusammenfassend soll also die Kritik an den Grundbedürfnisansätzen auf fünf Punkte konzentriert werden.

1. Es gibt trotz aller Selbstbeschränkung keinen Standpunkt, von dem aus eine verallgemeinernde, menschheitliche Eingrenzung dessen, was *der* Mensch zum Leben braucht, nicht überfremdend und kolonialistisch wäre. Selbst die am wenigsten ambitiösen, scheinbar auf die rein physiologische Existenzgrundlage beschränkten Grundbedürfnsizusammenstellungen unterliegen diesem Verdikt.
2. Grundbedürfnisbestimmungen als Beschreibung physischer und psychosozialer Existenzminima orientieren sich immer an dem, was schon knapp ist oder dessen künftige Verknappung prognostizierbar ist. Sie rechtfertigen damit unwillentlich den Prozeß der Verknappung. Grundbedürfniszusammenstellungen sind mehr oder weniger detaillierte Anklageschriften gegen Verteilungsungerechtigkeit. Nicht aber klagen sie die Ausgliederung von immer mehr Lebenssektoren aus der allgemeinen, zugänglichen Nutzung und ihre Überführung in und Zurichtung für Agenturen der Verwaltung und Verteilung an.
3. Damit hängt zusammen: Grundbedürfnistheorien zerlegen den

Prozeß der ‹Bedürfnisbefriedigung› grundsätzlich und programmatisch und verteilen ihn auf zwei einander verstärkende Instanzen: eine Instanz der Bedürfnisartikulation und eine Instanz der Befriedigungsgewährung. Darin werden die ihre Bedürfnisse vorbringenden einzelnen nicht nur zu halbierten Subjekten, sondern auch im Blick auf die Bedürfnisentwicklung entmündigt. Dies wiederum nicht nur, weil je einzelne Bedürfnisse durch Befriedigungsmittel gelenkt werden, sondern weil den Befriedigungsmitteln als generalisierter Antwort auf menschliche Strebungen Bedürftigkeit strukturell entspricht.

4. Materielle und nicht-materielle Befriedigungsmittel können als Knappheitsprodukte durch Umverteilung nicht einfach in den Stand der Unschuld zurückgenommen werden. Sie sind ihrem Charakter und den in sie eingelagerten Gebrauchsgesetzen nach der Knappheit verhaftet.
5. Sofern sich Grundbedürfnisansätze auf die Potentialität des Menschen berufen, sind sie auf die immerwährende Überbietung von Lebensformen und Existenzweisen gemäß der am Menschenmöglichen orientierten Standards angelegt. Sie geben einerseits keinen Raum für die Option des Unterlassens dessen, was möglich ist. Sie sind andererseits blind für die *negative* Potentialität des Menschen.

Das Grundmotiv der Aggressionstheorien, nämlich die Frage nach jenen menschlichen Grundbedürfnissen, die befriedigt werden durch die *Schädigung, Verletzung, Vernichtung, Unterwerfung* anderer, wird in den Grundbedürfniskatalogen hartnäckig umgangen. Bei Max Horkheimer findet sich der Hinweis auf das «Bedürfnis nach Betätigung der aggressiven Kräfte» (M. Horkheimer, 1932, Reprint 1980, S. 139). Bei Agnes Heller treten die Bedürfnisse nach Macht, Geld und Besitz immerhin noch als «entfremdete» in Erscheinung. Insgesamt aber sind die Grundbedürfnistheorien Theorien über die reine positive menschliche Möglichkeit. Eine Ausnahme macht Charles Fourier: «Fourier kennt zwölf Bedürfnisse. Diese wiederum lassen sich auf drei Grundbedürfnisse reduzieren. Jeder, ohne Unterschied des Geschlechts, des Alters oder der Rasse wird vom Luxustrieb, dem Gruppentrieb und dem Trieb nach gleichzeitiger Befriedigung der Sinne und der Seele geleitet. Das Luxusbedürfnis des Menschen gründet in den fünf Sinnen. Jeder Mensch hat das Bedürfnis, zu sehen, zu hören, zu riechen, zu schmecken und zu fühlen. (...) Derselbe ubiquitäre Charakter eignet auch dem Grundbedürfnis. Dieses gliedert sich in folgenden Untergruppen auf: 1. Groupe d'Honneur ou Corporation; 2. Groupe d'Amitié, 3. Groupe d'Amour; 4. Groupe de Famille ou de Parenté. Alle Menschen fühlen in sich das Bedürfnis, geehrt zu werden und zu verehren, sich anderen in Freundschaft anzuschließen, zu lieben sowie eine Familie zu gründen. (...) drei andere Bedürfnisse (zielen) (...) auf die gleichzeitige Befriedigung der Sinne und der Seele ab (...) Es sind dies die Cabaliste, die Composite und die Papillonne. Die Cabaliste ist das Bedürfnis der Intrige und des Wetteifers; sie spornt den gesellschaftlichen Wettbewerb an und erhöht auf diese Weise die Leistungen des einzelnen. ‹La Cabaliste est la manie de l'intrigue très ardente chez les ambitieux, les courtisans, les corporations affiliées, les commerçants, le monde galant.› (...) Für ein gedeihliches und harmonisches Gesellschaftsleben ist auch die Befriedigung der Composite, des Bedürfnisses nach augenblicklicher Begeisterung notwendig. Sie tritt in Erscheinung bei vaterländischen Kundgebungen und im Berufsleben. (...)

Die Papillonne dagegen ist das allen Menschen gemeinsame Bedürfnis nach neuen Eindrücken, nach neuer Arbeit. ‹La Papillonne: C'est le besoin de variété périodique, situations contrastées, changements de scène, incidents piquants, nouveautés propres à créer l'illusion à stimuler sens et âme à la fois.›» (J. B. Müller, 1971, S. 67f)

Fouriers Bedürfniskatalog zeichnet sich nicht nur dadurch aus, daß er weniger ausgezehrt ist und auch weniger auf der Höhe menschlicher Idealität sich befindet, statt dessen sich recht lebensprall gibt und geradezu ‹liederlichen› Lebenswandel rechtfertigt. Er läßt vor allem keinen Zweifel daran, daß Bedürfnisbefriedigung die Schädigung anderer zum Preis hat. Er heiligt dieses Prinzip, indem er es selbst zum Bedürfnis erklärt, trotz Sozialismus und egalitärer Gesellschaftsordnung. Darin liegt eine gewisse realistische Konsequenz.

3
Bedürfnisse – Gegen-Bedürfnisse – Bedürfnislosigkeit

«Das Bedürfnis gilt als die Ursache der Entstehung:
in Wahrheit ist es oft nur eine Wirkung des Entstandenen.»
(F. Nietzsche: Fröhliche Wissenschaft)

Typologie der Bedürfnisse

«Der Sklav seiner Bedürfnisse ist die Beute aller, die ihn umgeben; er schleppt eine Kette, an der man ihn leiten kann, wohin man will. Schlaue, dreiste, behende Gefährten wissen diese Leitung in Dienstbarkeit zu verkleiden, den Augenblick der stärksten Anwandlung abzuwarten und zu benutzen, endlich, wenn Gewohnheit ihre Handreichung unentbehrlich gemacht hat, sich ein Verdienst daraus anzueignen und alsdann sogar das Gewicht der Kette zu vermehren oder sie fester anzuziehen.» (G. Forster, 1970, S. 719; ursprüngl. 1792/93)

Bis hierher habe ich Bedürfnisse einheitlich als ein Komplementärphänomen zur Knappheit beschrieben, dergestalt, daß Knappheit die Voraussetzung für das Entstehen von Bedürfnissen ist und umgekehrt erst durch Bedürfnisse die Knappheit wirklich existiert und Gültigkeit hat. An dieser Stelle nun wird es notwendig, im Rahmen und unter dem Geltungsanspruch dieser Annahme die Bedürfnisse zu differenzieren, um jedenfalls einem Teil von ihnen eine Ehrenrettung widerfahren zu lassen. Anhand einer Reihe von Unterscheidungskriterien läßt sich zeigen: Bedürfnis ist nicht gleich Bedürfnis – trotz alledem.

1. Eine erste Unterscheidung ist zu treffen, je nachdem ob der Gegenstand ihres Strebens der *Erwerb von Produkten* und die Inanspruchnahme von Dienstleistungen ist oder sie sich auf die *Ausübung von Tätigkeiten* richten.

Anders: Bedürfnisse sind danach zu unterscheiden, ob sie sich im Verbrauch oder Besitz von etwas realisieren oder in der Hervorbringung von etwas, ob also ihre Befriedigung ein ressourcenverschlingender oder ein ressourcenschaffender Vorgang ist (vgl. M. Gronemeyer, 1979, S. 188 ff). Sofern Bedürfnisse den Tätigkeiten gelten, sind sie noch einmal danach zu differenzieren, ob die Befriedigung vornehmlich aus den Tätigkeiten selbst, dem *Vollzug*, dem Verlauf des Tuns bezogen wird oder aus dem *Produkt*, dem Ergebnis des Getanen, das aber im Unterschied zum ersten Bedürfnistyp *selbstgeschaffenes* Produkt ist, in dem die Erfahrung des Herstellers aufbewahrt ist: Es gibt, so J. Israel, «verschiedene Typen des Handelns. Der eine Handlungstyp führt zur Hervorbringung oder Fertigstellung von etwas, z. B. zur Herstellung eines Gegenstandes. Der andere Handlungstyp ist von der Art, daß das Handeln selbst sein Ziel ist.» (J. Israel, 1980, S. 283)

Joachim Israel spitzt dieses Argument so zu, daß er überhaupt die Existenz von Bedürfnissen bestreitet. Er erklärt die Idee menschlicher Bedürfnisse für eine Konstruktion zur Erklärung oder Rechtfertigung menschlichen *Handelns* mit dem Ziel, sich dafür der Verantwortung zu entledigen (durch den Hinweis auf starke, den Willen unterjochende innere Kräfte). Ein anderes Motiv für Argumentationen in motivationaler Begrifflichkeit bestehe in der Verdunkelung von Machtausübung und Kontrolle: Indem man sich auf die Bedürfnisse anderer bezieht, kann man sie in eine sanfte Knechtschaft zwingen. Israel schlägt deshalb vor, auf das theoretische Konzept der Bedürfnisse ganz zu verzichten und statt dessen eine «Theorie menschlichen Handelns und eine Theorie der Zwänge» zu entwickeln (J. Israel, 1980, S. 280). Der Mensch ist ein handelndes Wesen. Nur handelnd nimmt er Kontakt auf «zu anderen Menschen, zur Umwelt und zu sich selbst» (J. Israel, 1980, S. 275). Folglich: «Wir betrachten den Menschen als handelndes Wesen. Das bedeutet, daß wir nicht erklären müssen, warum er handelt, sondern allenfalls, warum er nicht handelt, was ihn also daran hindert.» (J. Israel, 1980, S. 274)

Ich stimme mit Israel darin überein: um zu erklären, daß Menschen handeln und lernen, muß man ihnen nicht Bedürfnisse unterstellen. Vielmehr *sind* Tätigsein und Lernen selbst die Weisen ihrer Welt- und Selbstbegegnung. Aber *diese* Demaskierung der Bedürfnisse, die sie rundheraus zu einer *Fiktion* erklärt, halte ich für eine Verharmlosung ihrer gesellschaftlichen Funktion. ‹Bedürfnisse› sind nicht einfach ein redundantes Erklärungsmuster, sondern wirklich und wirksam in ihrer Dienstbarkeit für Knappheit und Macht. «(...) eine auf Wachstum eingeschworene Gesellschaft (ist) allemal durch ihren ‹Bedarf an Bedürfnissen› charakterisiert.» (J. McKnight, 1979, S. 45)

Nicht als anthropologische Konstante, wohl aber als Folge der Enteignung von Lebenskompetenz sind Bedürfnisse höchst real. Sie sind *an die Stelle* des Tätigseins getreten, mit dem sich der Mensch Israel zufolge zu sich selbst, zu anderen und zur Umwelt in Beziehung setzt. Israel kann mit seiner Entlarvung des Scheincharakters der Bedürfnisse genau diesem Vorgang, daß der tätige Umgang mit der Lebenswelt zunehmend instrumentalisiert ist, für den käuflichen Erwerb von *Mitteln* zur Befriedigung nicht Rechnung tragen. Eine Theorie der Handlungszwänge kann den Systemcharakter der Bedürftigkeit nicht aufdecken. Es ist ja nicht nur zu unterscheiden zwischen dem Handeln, das sein Ziel in sich selbst hat, und solchem, dessen Ziel das durch absichtsvolle Tätigkeit Hervorgebrachte ist. Der Typus von Aktivität, der im Kontext reeller Bedürftigkeit auftritt, ist vielmehr überhaupt nicht zielführend. Es gibt keinen sinnhaften Zusammenhang zwischen dem Tun und dem Zweck. Wenn ich Fließband- oder Büro- oder Erziehungsarbeit leiste, um mir von deren Lohn im Supermarkt Nahrung zu kaufen, beim Elektrokonzern Licht und Wärme und beim Arzt Gesundheit, so hat meine Arbeit mit dem, was ich brauche, rein gar nichts zu tun. Die einzige, allerdings vollständig sinn-lose Verbindung zwischen beiden wird durch Geld gestiftet. Die Sinnlücke hingegen füllen die Bedürfnisse aus.

2. Die Unterscheidung der Bedürfnisse in – ich bediene mich abgekürzter Redeweise – *ressourcenverschlingende* und *ressourcenschaffende* Bedürfnisse ist nicht gleichzusetzen mit jener anderen, die *quantitative* und *qualitative* Bedürfnisse kennt. Sowohl solche Bedürfnisse, die durch den Verbrauch, als auch solche, die durch die Herstellung von Gütern befriedigt werden, können qualitative *und* quantitative Bedürfnisse sein.

Ob ein Bedürfnis qualitativ oder quantitativ genannt wird, entscheidet sich an der *Brauchbarkeit* dessen, was angestrebt wird. Ist der Gegenstand des Bedürfnisses lebens- oder machtdienlich? Begehre ich ihn um seiner selbst willen oder um des Vorteils willen, den er mir vor anderen verschafft? Agnes Heller verwendet die Kennzeichnung «qualitativ» gleichbedeutend mit «nicht-entfremdet»: «Nichtentfremdete menschliche Bedürfnisse sind qualitativer Natur. Ihre Entwicklung ist nicht gekennzeichnet durch die praktisch unbegrenzte Akkumulation der Gegenstände des Bedürfnisses, sondern durch die Entfaltung der Mannigfaltigkeit (...) des ‹Reichtums der Bedürfnisse› selbst. (...) Die entfremdeten menschlichen Bedürfnisse sind dagegen quantitativer Natur; sie lassen sich praktisch unbegrenzt akkumulieren.» (A. Heller,

1975, S. 21) Ich selber würde als «qualitativ» diejenigen Bedürfnisse betrachten, die sich der fortschreitenden Verknappung in allen Lebensbereichen widersetzen, die für die Rückgewinnung von enteigneten Kompetenzen streiten und für die Erhaltung von noch nicht enteigneten. Quantitativ nenne ich die Bedürfnisse, die sich mit der Diktatur der Knappheit arrangieren, deren Inhalte immer beliebiger werden und deren Begehrlichkeit sich auf die immer perfektere Erfüllung willkürlich gesetzter Standards richtet. Quantitative Bedürfnisse sind ‹Bedürfnisse› im strengen Sinn des Wortes. Qualitative Bedürfnisse sind *Gegenbedürfnisse*, als solche aber dennoch *Bedürfnisse*; ebenso wie *Gegenmacht* auch *Macht* ist.

Wenn wir die quantitativen/qualitativen und die ressourcenverschlingenden/ressourcenschaffenden Bedürfnisse ins Verhältnis setzen, ergibt sich folgendes Schema:

	quantitative Bedürfnisse	qualitative Bedürfnisse
Bedürfnis nach Fertigprodukten	1 Z. B. unbegrenzte Akkumulation von Besitz/Attributen des sozialen Ranges; unbegrenzte Angewiesenheit auf Versorgung	2 Z. B. Bedürfnis nach arbeitserleichterndem, anregendem Gerät (konviviales Werkzeug); Bedürfnis nach einer bekömmlichen, erlebbaren Umwelt
Bedürfnis nach Tätigkeiten	3 Z. B. Bedürfnis zu funktionieren, leere Betriebsamkeit; Muße als «horror vacui»	4 Z. B. Bedürfnis, auf der Basis eigener Fähigkeiten Lebenswelt zu gestalten (Daseinsmächtigkeit)

Zu Quadrant 1:
Quantitativ und notorisch *unersättlich* sind diese Bedürfnisse, weil sie ‹mimetische Begierden› sind, also die ihnen entsprechenden Befriedigungsmittel ihren Befriedigungswert erst im Vergleich zu anderen, die dasselbe begehren, offenbaren. Dergestalt rivalisierende Bedürfnisbefriedigung ist ihrem inneren Gesetz nach uferlos.

Quantitativ und notorisch *seriell* sind diese Bedürfnisse, insofern sie Reaktionen auf «radikale Monopole» sind. Im Falle eines radikalen Monopols «übt ein industrieller Produktionsprozeß eine ausschließliche Kontrolle über die Befriedigung eines dringenden Bedürfnisses aus, wobei er zu diesem Zweck jeden Rekurs auf nicht-industrielle Aktivitäten ausschließt. (...) Ein radikales Monopol ist immer dann gegeben, wenn das programmierte Werkzeug das Können des Individuums verdrängt. Diese Beherrschung durch das Werkzeug begründet den Zwangskonsum und engt infolgedessen die Autonomie der Person ein. Dies ist eine besondere Form der sozialen Kontrolle, sie wird durchgesetzt durch den Zwangskonsum einer Massenproduktion, die nur die Großindustrie durchführen kann.» (I. Illich, 1975, S. 96f)

Radikale Monopole und entsprechend quantitativ-serielle Bedürfnisse gibt es auch im Dienstleistungsbereich: «Heute können Erzieher, Ärzte und Sozialarbeiter etwas, was früher nur Priester und Richter vermochten – nämlich aus eigener Rechtsvollkommenheit ein Bedürfnis erzeugen, das zu befriedigen sie allein berechtigt sind. So verwandeln sie den modernen Staat in ein wirtschaftliches Kartell, das sie bei der Ausübung ihrer selbst lizensierten Kompetenzen monopolistisch begünstigt.» (I. Illich, 1979, S. 14)

Zu Quadrant 2:
Bedürfnisse sind nicht schon dadurch dequalifiziert, daß sie sich auf Vorgefertigtes, Vorfindbares richten: «(...) keiner kann alles von sich aus tun, und jeder ist von dem abhängig, was ihm seine natürliche und kulturelle Umwelt bietet. (...)» (I. Illich, 1975, S. 31)

«Der Mensch braucht ein Werkzeug, *um damit zu arbeiten*, nicht aber einen Apparat, der *an seiner Statt ‹arbeitet›*. Er braucht eine Technologie, die den besten Nutzen aus der persönlichen Energie und Phantasie zu ziehen erlaubt, nicht aber eine Technologie, die diese versklavt und programmiert.» (I. Illich, 1979, S. 31)

Qualitativ sind diese Bedürfnisse, wenn sie sich auf den *Gebrauchswert* der Gegenstände, nicht auf ihren Statuswert richten und wenn die begehrten Güter in den Dienst autonomer Tätigkeit gestellt werden können, statt diese systematisch zu unterbinden und die dafür erforderlichen Fähigkeiten zu vernichten. Qualitativ sind diese Bedürfnisse schließlich, wenn ihre Befriedigung es anderen nicht unmöglich macht, gleiche Bedürfnisse ebenfalls zu befriedigen, wenn also Bedürfnisbefriedigung nicht an die soziale Grundgestalt der *Konkurrenz* gebunden ist.

Zu Quadrant 3:
Nicht jedes auf eigene Aktivität gerichtete Bedürfnis ist ein qualitatives Bedürfnis: «Im modernen Sprachgebrauch wird Aktivität gewöhnlich als Verhaltensweise definiert, bei der durch Aufwendung von Energie eine sichtbare Wirkung erzielt wird. So werden beispielsweise der Bauer, der sein Land bestellt, der Arbeiter am Fließband, der Vertreter, der den Kunden zum Kauf überredet, der Anleger, der Geld investiert, der Arzt, der seinen Patienten behandelt, der Postbeamte, der Briefmarken verkauft und der Bürokrat, der Akten ablegt, als aktiv bezeichnet. (...) Aktivität ist allgemein gesprochen *gesellschaftlich anerkanntes, zielgerichtetes Verhalten, das entsprechende gesellschaftlich nützliche Veränderungen bewirkt.*» (E. Fromm, 1976, S. 91 f)

Die Vermutungen darüber, welche dieser Aktivitäten tatsächlich Gegenstand von Bedürfnissen der Akteure sind, mögen differieren. Was sich als solch ein Bedürfnis deklariert – etwa im geltend gemachten «Recht auf Arbeit» –, ist in Wahrheit oft nur ein Bedürfnis nach *verdientem* Lohn. In der Gestalt des Arbeitsbedürfnisses taucht es auf, weil eben *Arbeit* für die meisten sozialen Schichten die einzige gesellschaftlich anerkannte Weise des Gelderwerbs ist. Es ist eine historische Leistung des Industrialismus, die bittere Notwendigkeit der Lohnarbeit in ein Arbeitsbedürfnis, auf das die Lohnabhängigen pochen, umgebogen zu haben. Das Stigma der Arbeitslosigkeit ist ein geschichtlich junges Phänomen. Im Mittelalter war Lohnarbeit zu verrichten eine Schande, Betteln hingegen nicht. Wer seinen Lebensunterhalt bettelnd erwarb, gab zu erkennen, daß es Menschen gab, denen er sein Leben anvertrauen konnte, daß er also *in* der Gemeinschaft war. Mit wieviel Zwang und Drangsalierung hat am Beginn der Industrialisierung das Bettelwesen ausgemerzt werden müssen, damit es – als verlockende Alternative zur Fabrikdisziplin – die ‹Züchtung› des Arbeitsbedürfnisses nicht behinderte. Dies ‹Arbeits›-Bedürfnis meint also nicht eigentlich die Tätigkeit, sondern diese als Mittel zum Zweck der Befriedigung gegenstandsbezogener Bedürfnisse.

Hier soll aber tatsächlich von tätigkeitsbezogenen Bedürfnissen die Rede sein. Quantitativ wollen wir sie dann nennen, wenn sie

a) Befriedigung eher beziehen aus dem sozialen Rang, der mit bestimmten Tätigkeiten/Leistungen verbunden ist, als aus dem Nutzen, dem Genuß am Tun oder an dessen Ergebnis. Auch Tätigkeiten haben einen Gebrauchs- und Statuswert.
b) Befriedigung beziehen aus der Perfektion, die, zum Selbstzweck erhoben, die Frage nach der Lebensdienlichkeit suspendiert. «‹Etwas

muß getan werden, weil es technisch *möglich* ist.› Wenn die Möglichkeit besteht, Kernwaffen herzustellen, dann müssen sie gebaut werden, selbst wenn sie uns alle vernichten könnten. Wenn es möglich ist, zum Mond oder zu den Planeten zu reisen, dann muß dies geschehen, selbst auf Kosten der vielen auf unserer Erde unerfüllten Bedürfnisse.» (E. Fromm, 1974, S. 35) Hier ist besonders die technokratische Besessenheit angesprochen.

c) Befriedigung aus Tätigkeiten gewinnen, die die Autonomie anderer Personen einschränken oder zerstören. Solche Tätigkeiten fügen der Lebenswelt nichts Neues, keinen neuen Reichtum hinzu, obwohl es oft so scheinen mag, sondern sie sind befaßt mit der Reparatur zuvor angerichteter Schäden, darin sind sie quantitativ. Hier ist die expertokratische Verstiegenheit angesprochen.

Zu Quadrant 4:
Hier finden sich schließlich die Autonomiebedürfnisse, Bedürfnisse danach, unter Rückgriff auf eigene Fähigkeiten (kommende und vorhandene) gemeinsam mit anderen tätig zu werden zum Nutzen des Lebenserhalts und des guten Lebens ohne Schädigung der Autonomie anderer.

3. Ein drittes Unterscheidungskriterium für eine Typologie der Bedürfnisse teilt die Bedürfnisse in *materielle* und *nicht-materielle* ein, je nachdem sie auf ein materielles oder nicht-materielles Befriedigungsmittel orientiert sind oder auf eine Tätigkeit, die im Dienste einer materiellen oder nicht-materiellen Objektivation steht. Unter diesem Kriterium kann jeder der vier Quadranten abermals zweigeteilt werden.

So können sich im ersten Quadranten Bedürfnisse nach Fertigwaren zur Deckung des täglichen Bedarfs neben solchen nach institutionell vorgefertigten und verwalteten Lebensmustern, Orientierungen, Deutungen, Regelungen, Behandlungen und auch solche nach privat oder öffentlich gewährten sozialen Gratifikationen, z. B. Anerkennung, Zuwendung, Liebe, finden.

Im zweiten Quadranten können Bedürfnisse nach sauberer Luft, reinem Wasser, einer durchschaubaren und handhabbaren Technologie neben solchen nach der Übermittlung der Erfahrung anderer, nach tradiertem Wissen oder Kunstwerken stehen. Gemeinsam ist ihnen, daß sie das Ausgangs‹material› sind, das eigene Tätigkeiten ermöglicht oder durch autonome Tätigkeiten transformiert wird in materielle oder kulturelle Gebrauchswerte.

Im dritten Quadranten können wir die Bedürfnisse differenzieren, je nachdem sie auf Tätigkeiten aus sind, die materielle Güter hervorbringen, oder auf solche, deren Ergebnis fertige Dienstleistungen sind. Der für die Halde produzierende Landwirt mit seiner Funktionslust[1] an der Ertragssteigerung um jeden Preis, der erkenntnisbesessene Atomphysiker mit seiner Funktionslust am Erkenntnisfortschritt um jeden Preis wie auch der unablässig Helfer-, Heiler-, Erzieherdienste produzierende Experte mit seiner Funktionslust an der Steigerung der ‹Problemlösungskapazitäten› um jeden Preis könnten gleichermaßen Prototypen für diese Art von Tätigkeitsbedürfnissen vorstellen.

Im vierten Quadranten kann sich das Bedürfnis nach Daseinsmächtigkeit ebensowohl auf die materielle wie auf die kulturelle und soziale Subsistenz beziehen.

Wenn wir also Bedürfnisse von Gegenbedürfnissen abgrenzen wollen, so verläuft die Trennlinie nicht zwischen gegenstands- und tätigkeitsbezogenen Bedürfnissen («gegenstandsbezogen» hier in dem weiten Sinne materieller und nicht-materieller Befriedigungsmittel), auch nicht zwischen materiellen und nicht-materiellen Bedürfnissen, sondern vielmehr zwischen qualitativen und quantitativen, wie ich abgekürzt die beiden Grundtypen von Bedürfnissen genannt habe, deren einer nur in *Übereinstimmung* mit der Knappheit existiert und deren anderer der Impuls zur *Rebellion* gegen Knappheit ist, d. h. gegen Autonomieverlust, gegen Zugangsbeschränkungen, gegen verbindlich gesetzte Standards, gegen institutionelle Monopolisierung von Verfahren zur Lebenserhaltung, gegen Konkurrenz.

Es ist auch die Linie zwischen *Besitz* und *Nutzung*. Knappheitskonforme Bedürfnisse sind auf den Besitz oder die exklusive Verfügungsgewalt über die Befriedigungsmittel angewiesen (so ist zum Beispiel Arbeit-Haben grundverschieden von Tätigkeit-Ausüben; oder Land-Besitzen grundverschieden von seiner gemeinschaftlichen Nutzung).

Sie ist schließlich auch die Grenze zwischen *positiven* und *negativen* Bedürfnissen, solchen also, deren Inhalt ist, daß etwas so oder so sein soll, und solchen, die darauf bestehen, daß etwas nicht sein soll, die also – ohne allzu klare positive Vorstellungen vom besseren Leben zu formulieren – die Bedingungen attackieren, die die Wahl anderer Entwürfe verhindern.

Haltungen gegenüber der Knappheit

An einem allgemein in hohem Ansehen stehenden Bedürfnis, dem *Bildungsbedürfnis*, will ich die verschiedenen Spielarten von Haltungen veranschaulichen, die man der Knappheit gegenüber einnehmen kann.

Obwohl der Mensch ein lernendes Wesen ist, ein Wesen, das gar nicht anders kann, als sich lernend zurechtzufinden – denn wie anders als durch Lernen hätte er den Verlust seiner Instinkte verschmerzen können, und wie anders, als lernend, hätte er nach diesem Verlust überhaupt überleben können? –, obwohl also Lernen des Menschen ureigenste Domäne ist, ist es gelungen, mit staunenswerter Gründlichkeit das Lernen zu einem knappen Gut zu machen. Dazu waren aufwendige Vorkehrungen vonnöten: Das Lernen mußte kaserniert werden in eigens dafür geschaffenen Institutionen; eingezäunt erst wurde es verwaltbar. Es mußte eine Profession installiert werden, die glaubhaft den Standpunkt vertreten konnte, daß man gebildet nur in ihrem Wirkungskreis werden kann. Ein Bildungskanon hatte Auskunft darüber zu geben, welche Könnerschaft erwünscht, welche bedeutungslos und welche eine Schande ist. Einlaßbedingungen zu den Bildungsanstalten mußten ausgeklügelt und die Maßstäbe für Erfolg und Mißerfolg in zentrale Verwaltung überführt werden, mit der Absicht, jeden Versuch des Lernenden, sich selbst Erfolg zu bestätigen, gründlich zu entmutigen, ja lächerlich zu machen. Es mußte die Ansicht verbreitet werden, daß alle anstaltsfremde Bildung nichts taugt, ja nicht einmal Bildung genannt zu werden verdient. Es mußte das Zutrauen, man könne das Lernen auf eigene Faust versuchen, als besonders hartnäckige und krasse Form der Unbildung gebrandmarkt werden, hartnäckig deshalb, weil solche Zuversicht noch nicht einmal die leiseste Voraussetzung künftiger Bildung, das Bildungsbedürfnis, erkennen ließe.

Auf den so inszenierten Bildungsnotstand kann nun sehr verschieden geantwortet werden:

1. In der Rationierung der Bildung kann jemand seine persönliche Chance wittern. Er kann sich Aussicht auf einen siegreichen Ausgang der Leistungskonkurrenz machen. Dann ist ihm – streng knappheitsgläubig – gerade die rationierte Bildung begehrenswert. Sie kann ihm gar nicht knapp genug sein, weil sein Bildungssieg um so triumphaler wird, je weniger Gleichgestellte sich um ihn in den luftigen Bildungshöhen scharen. Auf seinem Weg nach oben wird er sich die gesetzten Bedingungen bis zum I-Tüpfelchen zu eigen machen und sich mit lästi-

gen Fragen nach der Nützlichkeit der kapitalisierten Bildung nicht aufhalten. Sie ist sein Kapital, also ist ihr Nutzen evident. Dies ist ein quantitatives, ein ‹makelloses› Bedürfnis.

2. Nun kann die erbitterte, hemmungslose Konkurrenz um Bildungsrang unerwünschte Nebenfolgen haben. Zum Beispiel die, daß der soziale Frieden ernsthaft bedroht wird. Vor allem aber die, daß allzu viele vor der offenkundigen Aussichtslosigkeit ihres Bemühens resignieren und darauf verzichten, gebildet zu sein, kurz ihr Bildungsbedürfnis zum Schweigen bringen. Da entstünde eine unzulässige Lücke in der Verbindlichkeit des Standards: Partizipation ist Pflicht. Zur Abwendung dieser Gefahr wird – unbeschadet der Tatsache, daß dies subjektiv aus einem moralisch begründeten Gerechtigkeitspathos heraus geschehen mag – ein anderes Bildungsbedürfnis fällig, das dem ersten nur scheinbar widerspricht: Es artikuliert sich in dem gesellschaftspolitischen Programm «Bildung für alle». Die Pointe dieses Konzepts nährt einen fundamentalen Irrtum über die inneren Funktionsgesetze der Knappheit. Hier wird Knappheit gleichsam für bare Münze genommen, als ein objektives Zuwenig an einem wichtigen Lebensgut, das für die vielen, denen es zusteht oder die seiner bedürfen, nicht reicht und das deshalb *vermehrt* werden muß.[2]

Der Irrtum, dem diese Variante des Bildungsbedürfnisses aufsitzt (sofern es denn ein Irrtum und nicht vorsätzliche Täuschung ist), liegt in der Annahme, daß Knappheits*bekämpfung* durch Bereitstellung eines Mehr-vom-Gleichen aussichtsreich ist. Vielmehr unterliegt aber das knappe Gut im Maße seiner Vermehrung und breiten Streuung einer grassierenden Entwertung: «Individuen, ob sie sich nun um Bildungsvorteile auf dem freien Markt bewerben oder ob sie den Bildungsfortschritt durch politische Forderungen vorantreiben wollen, übersehen die Kluft, die sich zwischen individuellen und gesellschaftlichen Chancen auftut. Das heißt sie sehen nicht, daß eine Chance, die für jede einzelne Person offensteht, sich nicht für alle auftut.» (F. Hirsch, 1978, S. 6)

Und: «Wenn alle auf den Zehenspitzen stehen, sieht niemand besser.» (F. Hirsch, 1978, S. 5) Das Bedürfnis, das sich im programmatischen Satz «Bildung für jedermann» artikuliert, macht nur Sinn, wenn es sich auf den Gebrauchswert von Bildung richtet, nicht aber wenn Bildung der Einweisung in die soziale Hierarchie dient. Dann tritt sofort das Problem der «Überfüllung» auf. Da man aber – ganz im Sinn der Eleganz – einen sozialen Status nicht einfach wegen Überfüllung für geschlossen erklären kann, da aber andererseits das allgemeine Gerangel um die besseren Plätze nicht unterbleiben darf, steigen die Preise für die Einlaßbilletts. Sofern aber brauchbare Bildung gemeint ist, ist «Bildung für alle» als Programm überflüssig, denn sie bedarf nicht der Verwaltung, weil sie nicht knapp ist, und sie ist nicht knapp, insofern sie nicht verwaltet ist.

Das Bildungsbedürfnis als Bedürfnis nach mehr Bildung ist der Illusion nach im Widerspruch zur Knappheit, der Realität nach leistet es ihrer Ausbreitung Vorschub. Es ist der Illusion nach konkurrenzmindernd, der Realität nach konkurrenzverschärfend, weil es die eigentlichen Selektionen, die Rangentscheidungen, auf immer spätere Zeitpunkte der Bildungsgeschichte vertagt, während gleichzeitig die Bildung immer weniger Gebrauchswert hat. So wird immer mehr Lebenszeit und -energie im Kampf um rationierte Bildung und einen Platz in der Bildungshierarchie verschlissen. Es bedarf immer größerer Anstrengungen, um Nullsummen-Profiteur zu sein. Aber auch, um Verlierer zu sein, muß man sich immer mehr abstrampeln.[3]

3. Die dritte Variante des Bildungsbedürfnisses ist von der zweiten nicht präzise abzugrenzen. Sie ist das Bedürfnis nach Besserem-vom-Gleichen, der Versuch also, mit dem Knappheitssystem, in das die Bildung eingespannt ist, das Ziel «*brauchbare* Bildung» zu *vermitteln* und zu versöhnen. Dieser Versuch birgt einen doppelten Widerspruch und entgeht der Bildungsknappheit nicht, denn:

- Erstens muß im System der Knappheit um seines Funktionierens willen jedem Versuch, der Gebrauchswertorientierung eine besondere Bedeutung oder gar den Vorrang einzuräumen, mit Unversöhnlichkeit begegnet werden, weil die Knappheit darauf angewiesen ist, daß ihr *beliebige* und *unersättliche* Bedürfnisse entsprechen. Gebrauchswertorientierte Bedürfnisse sind weder beliebig noch unersättlich, dies letztere schon deshalb nicht, weil die Ingebrauchnahme von materiellen oder ideellen Gegenständen Zeit kostet (der bloße Besitz hingegen nicht).
- Zweitens macht die institutionelle *Vermittlung* der Bildung durch pädagogische Experten einen guten Teil der Misere aus. Das angestrebte Ziel «Besseres vom Gleichen» ist paradox auch insofern, als der zum Scheitern verurteilte Versuch unternommen wird, Lern*subsistenz* anzu*erziehen*. Auf der Ebene der Inhalte wird etwas angestrebt, das durch die institutionellen Rahmenbedingungen, in die dieses Bestreben eingespannt ist, gerade außer Kraft gesetzt wurde.

Bestenfalls kann man sagen: Diese Variante des Bildungsbedürfnisses beschreibt die Mühe, die darauf verwendet werden soll, einen Teil des Schadens mit den Mitteln zu reparieren, mit denen der Schaden angerichtet wurde. Ein Stückchen Reparatur, die Wiederherstellung eines schwachen Abglanzes dessen, was zerstört wurde, nämlich, daß der Mensch ein lernendes Wesen ist, mag dabei von Fall zu Fall sogar gelingen.

4. Eine vierte Variante des Bildungsbedürfnisses richtet sich gegen die Tatsache, daß Bildung zu einem knappen, institutionell eingesperrten Gut deklariert ist. Der Slogan «Schafft die Schule ab» (E. Reimer, 1972) ist eine Kampfansage an die Rationierung von Bildung. Hier geht es nicht um Nachfrage nach einem besseren, vielgestaltigeren Angebot und um gerechtere Verteilung, hier geht es um Bestreitung des angemaßten Anspruchs, Bildungskompetenz zu enteignen, um sie dann in einer Inhalts- und Verfahrensgestalt, die Machtinteressen dienlich ist, zu verabreichen. Dies ist ein reelles *Gegen*bedürfnis gegen Knappheit, weil es an die Wurzel der Knappheit rührt, diese nicht nur erträglich macht, verschiebt oder verbirgt. Die eigentliche Gefährlichkeit der Gegenbedürfnisse beruht womöglich nicht auf der *Kraft* ihrer Negation, sondern darauf, daß sie es bei der Negation bewenden lassen. Wo Gegenbedürfnisse negatorischen Inhalts sich äußern, werden sie regelmäßig mit der Frage nach dem positiven Gegenbild zum attackierten Bestehenden konfrontiert: «Gesetzt den Fall, es würde die Abschaffung der Schule durchgesetzt, was aber dann?» Darüber die Auskunft zu verweigern, weil es darüber keine stellvertretende Auskunft geben kann, wenn denn eine nicht künstlich knapp gehaltene Bildung in der Kompetenz der Lernsubjekte liegt[4], ist logisch, aber gefährlich. Darin ist ein Stück Daseinsmächtigkeit bereits realisiert, daß nicht einfach eine Kompetenzenteignung gegen eine andere, ‹bessere› ausgetauscht wird. Darin gehen auch die Gegenbedürfnisse der knappheitsverwaltenden Macht wirklich nicht ans Leder, daß sie ihr nicht die Inhalte und Formen der Machtausübung bestreiten, sondern die Machtausübung überhaupt.

Be-dürf-nisse und in einem subtilen Sinn der Knappheit verhaftet, sind die Gegenbedürfnisse insofern, als sie der Knappheit widerstreiten und noch im Widerspruch die Verbindlichkeit ihrer Realität erkennen. Nur was existiert, kann bekämpft werden. Das ist das eine.

Zum anderen: Gegenbedürfnisse in Sachen Bildung wenden sich an *die* Instanz – nämlich die Staatsmacht, wo immer sie ihren Sitz hat, in amtlichen Machtorganen oder viel wirksamer in ihren Ablegern, in den Köpfen der Staatsbürger –, die die Bildung rationiert, mit der Forderung, Bildung freizugeben. Daß Bildungsknappheit in Wahrheit eine Fiktion ist; daß Bildung, will sagen *brauchbare Bildung*, auf der Straße liegt und nur aufgelesen zu werden braucht; daß knapp nur *die* Bildung ist, die als Befriedigungsmittel für Rangbedürfnisse fungiert, dies alles ist in dem Programm der Abschaffung der Schule entlarvt. Aber es bleibt eine Position letzten Gehorsams gegenüber dem Machtanspruch, man kann auch sagen, eine Position der *Bedürftigkeit*, weil und solange sie noch das Lernen als Jedermanns-Sache auf eine *gewährte* Rechts- oder Legitimationsgrundlage gestellt sehen will.

Es bleibt die Macht – jene amtliche und jene in der nicht nur vorherrschenden, sondern wirklich *herrschenden* Meinung eingenistete – im Sattel, im Blick auf die Entscheidung über Rechtmäßigkeit und anerkannte Normalität, solange um ihre Zustimmung dazu gerungen wird, daß Lernen jedermanns Sache ist. Zugesetzt wird lediglich ihrem Anspruch auf das Bildungsmonopol.

5. Schließlich kann der Rationierung der Bildung mit Bedürfnislosigkeit begegnet werden: «Wer die Macht nicht sucht, wird auch ihr Wissen, ihre Wissensrüstungen nicht wollen, und wer beides abweist, ist insgeheim schon kein Bürger dieser Zivilisation mehr.» (P. Sloterdijk, 1983, S. 12) Aus der Haltung der Bedürfnislosigkeit wird die Knappheit nicht bekämpft, sondern *ignoriert*. Bedürfnislosigkeit ist keiner herrschenden Normalität und keinem Rechtmäßigkeitsmonopol verpflichtet, weil sie nichts von dem, was dort verwaltet wird, beansprucht, sondern sich bedient aus dem unverwaltet Verfügbaren, oder anders: die Tatsache der Verwaltetheit außer acht läßt.

Bedürfnislosigkeit hat auch dem *Programm* «Bildung für alle» oder der Kampfansage «Schafft die Schule ab» nichts Vergleichbares entgegenzusetzen. Sie ist unprogrammatisch. Ihr Metier ist das an Brauchbarkeit orientierte simple Handeln. Ihr Satz ist äußerstenfalls die *Feststellung* «Ich lerne». Im Regelfall ist nicht einmal eine solche Feststellung der Beiläufigkeit und Selbstverständlichkeit dieses Lernens angemessen, weil das Lernen nicht als besondere Veranstaltung im Leben in Erscheinung tritt, sondern identisch ist mit dem Alltagsleben selbst: Nicht Lernen, sondern Nicht-Lernen ist das erklärungsbedürftige Phänomen.

Ich habe die fünf Grundhaltungen gegenüber Knappheit am Bildungsbedürfnis exemplifiziert, meine aber, daß man sie, von diesem konkreten Fall abstrahierend, verallgemeinern kann: Ich liste sie in ihrer allgemeinen Form noch einmal auf:

1. Die Herausforderung der Knappheit wird akzeptiert: Konkurrenzkampf um *knappe* Güter, zur Erreichung von Rangvorteilen.
2. Es wird der Versuch unternommen, Knappheit zu mildern und Konkurrenz zu entschärfen durch quantitative Ausweitung des Angebotes: Mehr vom Gleichen.
3. Es wird der Versuch unternommen, Knappheit zu entschärfen durch Erhöhung der Gebrauchswerte der knappen Güter: Besseres vom Gleichen.
4. Es wird die Prozedur der Verknappung selbst angegriffen: Gegenbedürfnisse.
5. Die Knappheit wird ignoriert: Bedürfnislosigkeit.

Um schließlich diese theoretischen Überlegungen abzurunden, ist es notwendig, die Haltung der Bedürfnislosigkeit einer differenzierenden Betrachtung zu unterziehen:

Typologie der Bedürfnislosigkeit

1. Bedürfnislosigkeit

«Die Legende erzählt, daß der junge Alexander von Mazedonien eines Tages den Diogenes aufsuchte, dessen Ruhm ihn neugierig gemacht hatte. Er fand ihn beim Sonnenbad, faul auf dem Rücken liegend, vielleicht in der Nähe eines athenischen Sportplatzes, andere sagen auch beim Bücherleimen. Der junge Souverän, bemüht, seine Großzügigkeit zu beweisen, gab dem Philosophen einen Wunsch frei. Darauf soll dessen Antwort gelautet haben: Geh mir aus der Sonne!» (P. Sloterdijk, 1983, S. 303)

«Die europäische Neurose faßt Glück als ein Ziel ins Auge und Vernunftanstrengung als Weg dahin. Ihren Zwang gilt es zu brechen. Man muß die kritische Sucht des Besserns auflösen, dem Guten zuliebe, von dem man sich auf langen Märschen so leicht entfernt. Ironischerweise ist das Ziel der kritischsten Anstrengung das unbefangenste Sichgehenlassen.» (P. Sloterdijk, 1983, S. 27)

Bedürfnislosigkeit und Programm vertragen sich nicht. Bedürfnislosigkeit umschließt immer die *beiden* Möglichkeiten des Tuns *und* des Unterlassens. Das heißt: Ich lerne dies oder lerne dies nicht, ich bewirke etwas oder wirke nicht, ich orientiere mich oder lasse es bleiben.

Bedürfnislosigkeit ist also nicht einmal dem Imperativ des Tuns und Fortschreitens unterworfen; sie erkennt die zwingende Moral der «Selbstverwirklichung» und «Ausschöpfung des menschlichen Reichtums» nicht an; sie ist auch hehren Zielen gegenüber unehrgeizig und gelassen.[5] Bedürfnislosigkeit ist jeder Programmatik abhold. Aus alledem folgt: Es gehört nicht zum Wesen der Bedürfnislosigkeit, asketisch zu sein.[6] Sie kann in gewissem Sinn geradezu als das Gegenteil der Askese gelten. Wie karg immer ein in Bedürfnislosigkeit gelebtes Leben sein mag, so bleibt es doch ein Leben aus der *Fülle*, weil ihm das überreichlich Vorhandene als Wert gilt, nicht das Knappe, um das man rivalisieren muß. Bedürfnislosigkeit meint keinerlei Kärglichkeitsideal, sie ist vereinbar mit Wohlstand, ja sogar Verschwendung, sofern nur der Überfluß nicht nach dem Knappheitsgesetz zugeteilt wird. Sie kann alles begehren, nur nichts von dem, was die Macht verwaltet, oder sogar dies, sofern sie ignoriert, daß die Macht es verwaltet.

Diogenes «einen Asketen zu nennen wäre unkorrekt, der falschen Untertöne wegen, die das Wort Askese durch tausendjähriges masochistisches Mißverständnis angenommen hat.» Er ist «Asket in dem Sinn, daß er ein Selbsthelfer war durch Distanzierung und Ironisierung von Bedürfnissen, für deren Befriedigung die meisten mit ihrer Freiheit bezahlen. (...) Seine spektakuläre Armut ist der Preis der Freiheit, man verstehe das richtig. Könnte er wohlhabend sein, ohne an Unabhängigkeit einzubüßen, so fände er dagegen nichts einzuwenden. Doch es darf kein Weiser von sogenannten Bedürfnissen sich zum Narren halten lassen. Diogenes lehrte, daß auch der Weise Kuchen ißt, wenn er ihn nur genausogut entbehren kann.

Eine Armutsdogmatik kommt nicht in Betracht, wohl aber das Abwerfen von falschen Gewichten, die einem die Beweglichkeit rauben.» (P. Sloterdijk, 1983, S. 299 ff)

Die politische Pointe dieser Bedürfnislosigkeit ist ihre Freiwilligkeit, ihre souveräne Wahl. Sie unterscheidet sich qualitativ unendlich von der von A. Gehlen zur Besserung der menschlichen Tüchtigkeit ersonnenen «gelegentlichen Entbehrung»: «Am meisten Schwierigkeiten macht dabei die Disziplinierung des menschlichen Trieblebens, vor allem in der Richtung einer gewissen Regelmäßigkeit, die gelegentliche Entbehrungen einschließt – weder absolute Regellosigkeit noch dauernd geordnete Bedürfniserfüllung, die es nie zu Entbehrungen kommen läßt, welche die Reserven unserer Physis gelegentlich mobilisieren, ist in unserer Natur vorgesehen. Der Anpassungsvorgang an allzu bequeme Lebensbedingungen heißt Entartung.» (A. Gehlen, 1980, S. 38f) Denn «der Mensch (ist) schon rein physisch angewiesen auf Disziplinierung, Zucht, Training, auf eine geordnete Beanspruchung von oben her, die nicht etwa schon indirekt durch die bloße lebensnotwendige Arbeit gewährleistet zu sein scheint» (A. Gehlen, 1980, S. 38).

Dies hat nun mit Bedürfnislosigkeit, wie Diogenes sie sich herausnimmt, rein gar nichts zu tun. Hier geht es um eine zur Disziplinierung angeordnete Entziehungskur, ein physio-moralisches Fitness-Programm zum Wohle der Allgemeinheit.

Die Grundhaltung der Bedürfnislosigkeit, die heitere oder die unverschämte Respektlosigkeit, hat allerdings ihre Grenzen dort, wo die Kontrolle über Lebensgüter durch die knappheitssetzende Macht hermetisch ist. Lebensgüter differieren aber nach dem Grad, in dem sie unter kontrollierende Verwaltung gebracht werden können: Zwar ist aufstiegsrelevante, bescheinigte Bildung völlig kontrollierbar, nicht aber das Lernen; dieses kann wohl durch die «Pauperisierung des Alltagslebens» in seiner Vielfalt und Relevanz für die Lebenserhaltung eingeschränkt werden, aber nicht völlig aufgesogen werden vom System der Knappheit.

Am durchsetzungsfähigsten ist die Knappheit, wenn die Kontrolle über die Lebensgüter durch *Besitz* oder *exklusive Verfügungsgewalt* abgesichert ist: Am Privatbesitz von Grund und Boden beispielsweise gerät die Haltung der Bedürfnislosigkeit an ihre äußerste Grenze, ebenso wie an der exklusiven Verfügungsgewalt über militärisch abgesicherte Sicherheit; im ersten Fall, weil es zur Nahrungsbeschaffung und -aufnahme keine Alternative gibt, im zweiten Fall, weil man keine Wahl hat, die gewährte militärische ‹Sicherheit› nicht zu beanspruchen; man wird in jedem Fall von ihren Folgen ereilt, wie sehr man sich ihrer für nicht bedürftig erklären mag. Auch dadurch, daß die Teilnahme am Knappheitssystem bei Strafandrohung zur *Pflicht* gemacht wird (z. B. Versicherungspflicht, Schulpflicht), wird der Spielraum für Bedürfnislosigkeit sehr wirksam eingeschränkt.

Bedürfnislosigkeit inmitten von Knappheitsgesellschaften kann in ihrer radikalsten Form unter Einrechnung des Todes aufrechterhalten werden: die Vernichtung in Kauf nehmen, um der Beherrschung zu entgehen. Die äußerste Bedürfnislosigkeit ist jene, die auch die Knappheit an Lebensspanne nicht anerkennt, auch im Blick auf Lebenszeit nichts von dem begehrt, was die Macht verwaltet und gewährt. Unübersehbar ist, wie sehr sich ‹Bedürfnislosigkeit› und ‹Ohnmacht› ähneln.

Bedürfnislosigkeit, kaum weniger radikal, kann aufrechterhalten werden in der Illegalität: Die Tatsache der Verwaltetheit und Unzugänglichkeit von Lebensgütern wird ignoriert, ebenso wie die Knappheit an Rechtmäßigkeit; man bedient sich ihrer, als seien sie zugänglich, stünden unter allgemeinem Nutzungs- und nicht unter Besitz- oder exklusivem Verfügungsrecht. Oder: die Teilnahmepflicht wird unbeachtet gelassen. In der Konsequenz dieser Praxis liegt es, die jeweilige gesellschaftliche Strafpraxis in Kauf zu nehmen, z. B. auch im Blick auf die Freiheit und die Würde nichts von dem zu begehren, was die Macht verwaltet und gewährt.

Bedürfnislosigkeit kann koexistieren mit der Durchsetzung qualitativer Bedüfnisse. Die beiden Haltungen, nichts von dem zu begehren, was die Macht verwaltet *und* der Macht ihren Anspruch zu bestreiten und ihr Verfügungsrecht zu entwinden; die Macht ins Leere laufen zu lassen oder sie durch Widerstand einzudämmen, wirken dann ineinander. Bedürfnislosigkeit kann schließlich eine Nischenexistenz führen. Sie kann sich einrichten in dem von der Knappheit noch nicht besetzten Terrain. Oder sie kann sich einnisten in den Funktionslücken, dort, wo die Knappheit noch nicht perfekt durchorganisiert ist. Sie mag dies teils subversiv, teils programmatisch tun. Wer Bedürfnislosigkeit in den unverwalteten oder schlampig verwalteten Nischen des Knappheitssystems übt, wird sich außerhalb der Nischen mit ihm arrangieren müssen.

Es macht einen gewichtigen Unterschied, ob wir von Bedürfnislosigkeit als dem *Noch-nicht-Bedürfen* oder dem *Nicht-mehr-Bedürfen* sprechen, ob wir Bedürfnislosigkeit als Kernstück einer ‹Ökonomie der Fülle›, als ‹Leben in Daseinsbedingungen› betrachten oder als Grundhaltung gegenüber der Diktatur der Bedürftigkeit. Praktiziert inmitten von expansiver Knappheit, kann sich Bedürfnislosigkeit nicht heiter respektlos erhalten. Ihr Gestus wird, obwohl dies ihrem Wesen fremd ist, demonstrativ. Sie ist sich ihrer selbst bewußt als unversöhnlicher Gegenentwurf zur Knappheit. Sie ist als Haltung insofern infiziert von der Knappheit, als sie nicht ‹Leben in Daseinsbedingungen› ermöglicht, sondern nur ‹Leben trotz Daseinsbedingungen›. Bedürfnislosigkeit inmitten von Knappheit ist *identifizierbar* als Widerstandshaltung gegen Knappheit, auch wenn aus ihr nicht Auseinandersetzung mit den Agenturen der Knappheitserzeugung resultiert, sondern Verweigerung ihnen gegenüber. In dieser Widerstandsfunktion ist Bedürfnislosigkeit nicht trennscharf zu unterscheiden von der anderen Widerstandshaltung, der Herausbildung von Gegenbedürfnissen. Das hervorstechende Unterscheidungskriterium ist, daß die Stärke dieser auf der *Wirksamkeit* der herausgebildeten Gegenmacht beruht (dies ist nicht notwendigerweise eine Stärke der großen Zahl), während die Stärke jener auf der Fähigkeit aktiven *Erleidens* beruht: «Auf die Frage, welchen Gewinn ihm die Philosophie gebracht hätte, sagte er (Diogenes), wenn sonst auch nichts, so doch jedenfalls dies, auf jede Schicksalswendung gefaßt zu sein.» (P. Sloterdijk, 1983, S. 312)

Wiewohl nun also die Haltung der Bedürfnislosigkeit damit steht und fällt, daß sie nicht Grundlage neuer Programmentwürfe und nur anderer verbindlicher Normalitäten wird, entgeht sie doch unter Knappheitsbedingungen nicht ihrem Schicksal, selbst gewisse Konturen einer Programmatik aufgezwungen zu bekommen durch ihren Widerpart. Bedürfnislosigkeit kann im System der Knappheit nicht eine geduldete, in Ruhe gelassene Alternative bleiben, weil sie dessen Anspruch vollständig negiert. Sie ist die *verfolgte* Alternative, und dies beraubt sie jener Selbstverständlichkeit, die das bedürfnislose ‹Leben in Daseinsbedingungen› kennzeichnet. Bedürfnislosigkeit wird notwendig eine *entschiedene, entschlossene* Haltung, eine ‹Gegen›-Haltung. Die Verfolgung ihrer kann die Gestalt offener gewaltsamer oder gesetzlich legitimierter Machtausübung annehmen oder sich in dem Versuch erschöpfen, der Bedürfnislosigkeit Programmatik aufzunötigen. Je mehr dies gelingt, desto ähnlicher wird Bedürfnislosigkeit ihrem Widerpart und desto harmloser.

2. Nichtbedürftigkeit

Nichtbedürftigkeit und Begehrlichkeit schließen sich nicht aus. Noch das brennendste Verlangen braucht die Haltung der Nichtbedürftigkeit nicht zu erschüttern, wenn nur das Begehrte in der Reichweite der eigenen Fähigkeiten und Tätigkeiten liegt und man sich um seinetwillen nicht unterwerfen muß.

Bedürfnislosigkeit und Nichtbedürftigkeit sind nicht strikt unterschieden. Die Grenzen zwischen ihnen sind fließend. Wer bedürfnislos ist, ist ja nicht einfach tatenlos und um die Verbesserung der eigenen Fähigkeiten unbesorgt. Insgesamt aber liest er seine Ziele am Verfügbaren ab, nach Möglichkeit am mühelos Verfügbaren.

Nichtbedürftigkeit ist dagegen durchaus vereinbar mit geradezu prometheischen Weltveränderungsabsichten, wenn diese denn aus eigenen Kräften ins Werk gesetzt werden können. Unvereinbar ist Nichtbedürftigkeit nicht mit Anstrengung, und sei es die äußerste, nicht einmal mit einer gewissen Maßlosigkeit und weit vorauseilenden Zielsetzungen, sondern mit Versorgungsabhängigkeit jeder Art.

3. Sättigung

Eine dritte Gestalt der Bedürfnislosigkeit ist eine aus der Knappheitsdynamik erwachsende und ihr zugehörige Pseudobedürfnislosigkeit. Sie ähnelt dem äußeren Habitus nach dem der Bedürfnislosigkeit: die scheinbar selbstverständliche ungehinderte Entnahme von in Fülle vorhandenen Lebensgütern. Der Fundus, aus dem diese Lebensgüter entnommen werden, repräsentiert jedoch nicht die unverwaltete, sondern die verwaltete Fülle, die für die Knappheitsdynamik erledigt ist, wertlose oder besser: entwertete Fülle: «Der Dringlichkeitsgrad des Bedarfs ist eine Funktion der Gütermenge, die dem Konsumenten zur Befriedigung seiner Nachfrage zur Verfügung steht. Je größer der Vorrat, desto geringer die Befriedigung, die ein Zuwachs gewährt.» (J. K. Galbraith, 1963, S. 132) Überreichlich vorhandenes Angebot, das deshalb seinen Befriedigungswert eingebüßt hat, läßt Bedürfnisse erst gar nicht aufkommen. Es wird entweder völlig mißachtet und unbeansprucht gelassen oder auf eine Weise in Gebrauch genommen, daß dies als Vorgang der Bedürfnis*befriedigung* nicht zu Bewußtsein kommt. Überreichliches Angebot und überperfekte Befriedigung,

- solche ohne zeitliche Verzögerung (darin wird die Entstehung von Erwartung verhindert)
- und solche ohne Mühe und Anstrengung des Empfängers-Verbrauchers (darin wird die Entstehung von Wertschätzung des Gegenstandes verhindert),

entwerten Befriedigungsmittel. Sie machen sie auch untauglich als Ausweis sozialen Ranges: Was alle haben, nützt in dieser Hinsicht keinem mehr.

Darüber hinaus erfüllt der Vorgang der Bedürfnisbefriedigung, oft genug beschrieben als homöostatischer Prozeß des beständigen Wechsels von Spannungsaufbau (= Bedürfnis) und Spannungsreduktion (= Befriedigung), eine wichtige Funktion: Er ist unter Knappheitsbedingungen eine der wichtigsten Quellen für die – nach Fromm lebensnotwendige – Spannung, Erregung, Stimulation. Überperfekte Befriedigung, die die Mittel der Bedürfnisbefriedigung gleichsam vor Entstehung des Bedürfnisses verabreicht und so dessen Entstehen erübrigt, eliminiert jede Spannung, weil durch sie jede Differenz zwischen Spannungsaufbau und Spannungsreduktion und erneutem Spannungsaufbau eingeebnet ist.

Solche Über-Sättigung, die sich teils als Überdruß, teils als Achtlosigkeit bemerkbar macht, begünstigt nicht etwa die Bedürfnislosigkeit, sondern lediglich die Verlagerung von Befriedigungswert auf andere Gegenstände, an die sich dann Bedürfnisspannungen heften. Dieser Verschleiß von Spannung schafft die psychische Disposition dafür, daß Bedürfnisse energisch nach immer neuen, noch nicht durch quantitatives Überangebot ruinierten Arsenalen von Befriedigungsmitteln greifen, mit der Folge, daß immer neu und immer mehr produziert werden muß. ‹Bedürfnislosigkeit› in Form von Sättigung ist die Bedingung für die Unersättlichkeit der Bedürfnisse.

«Die Rastlosigkeit und Unzufriedenheit oder – um genauer zu sein – ein Teil der Rastlosigkeit ist womöglich nicht dadurch bedingt, daß Bedürfnisse unbefriedigt bleiben oder überbefriedigt werden, sondern durch allzu perfekte Befriedigung, so perfekt, daß eine hinreichende Entbehrung nicht aufkommen kann. Die aber ist notwendig, um das Begehren zu stimulieren, und um *die* Befriedigung aus der Bedürfnisbefriedigung zu ziehen, die die Menschen dazu veranlaßt, nicht nur ihr soziales Umfeld zu würdigen, das die Befriedigungsmittel zur Verfügung stellt, sondern auch sich selbst.» (J. Galtung, 1980, S. 80) Zum Beispiel: «Wo ist der Lustgewinn, den man aus arbeitssparendem Gerät beziehen könnte, wenn man kaum von etwas anderem als arbeitssparendem Gerät umgeben ist, so daß Erschöpfung (als Folge von Mühsal) sich niemals mehr einstellen kann?» (J. Galtung, 1980, S. 80)

Überperfekte Befriedigung schafft eine andere Weise des ‹Lebens in etwas›. Im Gegensatz aber zu dem oben charakterisierten Zustand des Noch-nicht-Bedürfens, dem das Genügehaben und auch die Beharrung entsprechen, beschert diese selbstverständliche Verfügung über Daseinsmittel den Menschen ein grundsätzliches und tiefes Ungenügen. Sie treibt ihn in immer neue Bewegung des Aneignens: ziel- und richtungslos, ohne absehbares Ende. So werden sie zu Sklaven einer gigantischen Entwertungsmaschinerie.

4. Resignation

Es gibt ‹Bedürfnislosigkeit› mit Nähe zur Apathie. Das bereits zitierte Verdikt über die «verdammte Bedürfnislosigkeit», in dessen Gefolge möglichst viel Bedürfnisse zu haben als neue Tugend erscheint (F. Lassalle), bezieht sich auf die Bedürfnislosigkeit der Apathischen. Ja, Apathie und Bedürfnislosigkeit erscheinen in dieser Deutung bis heute geradezu als Synonyme. «Der Begriff der Apathie würde die vollkommen ausgebeuteten, ausgehungerten und analphabetischen Massen vieler heutiger Gesellschaften charakterisieren. (...) Selbstverständlich werden (...) auf der Ebene der Apathie die Bedingungen (= Grundbedingungen der Gesellschaft; M. G.) nicht in Frage gestellt (...) weil das außerordentlich niedrige Ressourcen-Niveau mit einem ebenso niedrigen Bedürfnis-Niveau verbunden ist. (...) Zufriedenheit kann durch Vermehrung der Ressourcen (Absorbierung) entstehen oder durch ein geringeres Bedürfnis-Niveau (Apathie).» (J. Galtung, 1973, S. 139f)

Auch die ‹Bedürfnislosigkeit› aus Resignation ist in Wahrheit äußerste Bedürftigkeit. Sie ist nicht Ausdruck der Unabhängigkeit von Versorgung, sondern der Aussichtslosigkeit, ihrer teilhaftig zu werden, bei gleichzeitiger Angewiesenheit auf sie. Dies ist die Grundhaltung, die durch das *Elend* hervorgebracht wird, das Elend in jeder Gestalt, sei es materielles oder psychosoziales Elend. In der Tat mag es gegenüber der Apathie als eine Tugend erscheinen, wenn überhaupt Ansprüche geltend gemacht werden, weil durch sie die Stillegung und Erstarrung allen Lebens aufgehoben zu werden scheint. Jedoch scheint mir von «verdammter Bedürfnislosigkeit» zu reden nur statthaft, wenn zugleich, ja eher noch vorweg, von der «verdammten Bedürftigkeit» die Rede war, denn beide sind gleichen Ursprungs: Sie sind Ergebnis systematischen Entzugs von Daseinsmächtigkeit.

5. Verzicht

Schließlich sei noch der *Verzicht* als jene Form der Bedürfnislosigkeit erwähnt, in der bestimmte Bedürfnisse einer Selbstzensur unterworfen werden. Auch Verzicht ist nicht eigentlich Bedürfnislosigkeit, sondern Bezwingung von Bedürfnissen. Die Bedürfnisse werden einer höheren – meist ökonomischen – Vernunft oder einer höheren Moral *geopfert*. Im Verzicht wird die Knappheit nicht widerlegt wie in der Bedürfnislosigkeit. Sie wird vielmehr ‹wörtlich› genommen als ein reelles Zuwenig an Lebensgütern. Knappheit wird in den Rang konkreten Mangels erhoben. Je entschiedener vom Verzichtbereiten eigene übertriebene Ansprüche zur letzten Ursache dieser ‹objektiven› Defizite erklärt werden, um so eher wird in der Erniedrigung der Ansprüche der Ausweg aus der krisenhaften Mangelsituation gesucht, und die Knappheit bleibt unbehelligt. Verzicht ist, so gesehen, das Krisenmanagement in Knappheitssystemen: Einzelne Bedürfnisse werden niedergekämpft, nicht aber die Bedürftigkeit. Darin liegt der Unterschied zwischen Verzicht und Selbstbegrenzung. Verzicht ist immer nur dargebrachtes Opfer, ein teils schmerzlicher, teils verschmerzbarer Verlust, nicht aber Gewinn; Selbstbegrenzung ist dagegen auch ein Befreiungsakt.

Nun ist zweifellos in jenem Sektor, in dem Knappheit als unerwünschtes Nebenprodukt entsteht, ein Grenzbereich zwischen Knappheit und Mangel entstanden. In diesem Grenzbereich kann der Verzicht tatsächlich eine angemessene Reaktion auf die Krise sein, wenn auch nicht als heroische oder asketische Einzelleistung. Da er als individuelle Haltung wohl zwar das moralische Selbstbewußtsein des Verzichtenden stärken mag – dies ist ja die Entschädigung für die durch Verzicht erlittenen Einbußen –, zur Beseitigung krisenhafter Erscheinungen aber nichts austrägt, muß er, um wirksam zu werden, sich ausbreiten. Die Wirksamkeit des Verzichts ist nicht Schmälerung der Macht, denn Verzicht ist keine Widerstandshaltung (wiederum im Unterschied zur Selbstbegrenzung). Wirksam würde Verzicht durch eine einschneidende Entlastung der überstrapazierten Biosphäre oder durch drastische Anspruchsminderung zugunsten der Opfer des Verteilungskampfes. Bloß symbolischer Verzicht ist ein selbstbetrügerischer Witz, weder widerständig noch wirksam, aber sehr beruhigend.

Für einc nennenswerte Ausbreitung des Verzichtgedankens besteht jedoch wenig Erfolgsaussicht, wenn die einzige Entschädigung für allerlei spürbare Komforteinbußen das bißchen Seelenfrieden und moralischer Vorsprung ist. Von oben erzwungener Verzicht ohne jede Gegenleistung, wie er dem Konservativen Herbert Gruhl oder dem Marxisten Wolfgang Harich als einziger Ausweg erscheint, ist kein Verzicht. Freiwilligkeit ist der Wesenskern des Verzichtes. Gruhl stellt fest: Die neue, die unangenehmste Wahrheit, die es je gegeben hat, «kommt als Forderung auf uns zu, ohne etwas zu versprechen» (H. Gruhl, 1975, S. 232). Harich wird deutlicher: Er will «Verzicht» erwirken, «soweit möglich, mittels Umerziehung und aufklärender Überzeugung, doch falls nötig, auch durch rigorose Unterdrückungsmaßnahmen (...) (und) gesetzlich verfügte Massen-Entziehungskuren.» (W. Harich, 1975, S. 179)

Weniger rigorose Überlegungen richten ihre Hoffnung darauf, daß es möglich ist, den Verzichtgedanken mit der Perspektive der Freiheit zu verbinden, sie propagieren also die Idee, daß der Verzicht seinen Lohn in sich selbst hat. Benötigt werde ein «nicht-triviale(r), nicht-ressentimentgeladene(r), durchdachte(r) Begriff der Selbstbegrenzung, in dem Reduktion Emanzipation bedeutet (...).» Denn: «Nur so lassen sich notwendige Verzichte, die künftige Freiheit eröffnen, von letztlich sinnlosen Opfern scheiden, die Totalitarismen verschiedenster Art ihren Gefolgsleuten abverlangen» (F. W. Menne, 1973, S. 149). Und: «Alles hängt davon ab, ob wir solche Grenzen als eine bittere Enttäuschung oder als eine willkommene Gelegenheit betrachten, uns von der quantitativen Vermehrung abzuwenden und uns statt dessen einzulassen auf qualitative Verbesserungen durch Schaffung einer ‹Bewahrungs-Gesellschaft›.» (W. Leiss, 1978 b, S. 112)

Wenn sich jedoch der Gedanke ‹Verzicht als Befreiung› nicht mit einer Theorie des Widerstandes verbindet, kann er nicht anders als treuherzig genannt werden. Andererseits hat widerständiger Verzicht Nähe zur Bedürfnislosigkeit im hier diskutierten Sinn.

4
Jenseits der Bedürfnisse: Das Leben-in-Daseinsbedingungen

> «Ein recht verstandener Humanismus müßte die gegenwärtige Menschheit paradoxerweise auffordern, ihren Humanismus zu mäßigen (...) und zu lernen, daß der Mensch letzten Endes nur ein Lebewesen unter anderen ist, das nur unter der Voraussetzung weiterleben kann, daß es diese anderen respektiert.»
>
> (Claude Lévi-Strauss: Mythos und Bedeutung)

Noch einmal: der Mensch, das Mängelwesen:

«Ins Elend gestürzt.

Die nackte Haut zwingt uns durchaus, zu erfinden. Der Mensch an sich ist wunderlich hilflos, bereits gegen Wetter. Er kommt nur in gleichmäßig warmen Gegenden fort, könnte nicht einen einzigen Winter überstehen. Erlaubt der Süden zwar, nackt zu gehen, so doch nicht, unbewaffnet zu gehen. Das Gebiß der Affen trat beim Urmenschen zurück, noch die männlichste Faust taugt kaum gegen einen einzigen Wolf. Zum Schutz und Angriff muß sie weiterwachsen, zu etwas, das nicht an ihr wuchs, zur Keule, zum Steinmesser. Wunderlich, solange diese noch nicht erfunden waren, daß überhaupt Menschen am Leben geblieben sind. Seitdem jedenfalls erhalten sie sich nur, indem ein Ding bearbeitet, ein besseres geplant wird.» (E. Bloch, 1967, S. 730)

Das Mängelwesen, das Bloch in der Geburtsstunde der Menschheit antrifft, ist ein anderes als jenes, mit dessen Auftreten Fromm die Geschichte des Menschen beginnen sah. Es ist durch nackte *materielle* Not gekennzeichnet, die es *zwingt*, erfinderisch zu sein. Vom Doppelcharakter des Mangels als Verlust der Instinktsicherheit (nicht der zulänglichen materiellen Ausstattung), die zugleich die *Befreiung* aus der Determiniertheit und die «*Fähigkeit* zur Freiheit» bedeutet, ist pointiert nicht die Rede. Die Gegebenheit äußersten materiellen Elends und die schutzloseste Preisgabe an die Gefahren, die seine physische Existenz bedrohen, zwingen den Menschen in eine Geschichte der Produktivität. Sein historischer Auftrag, dem er sich bei Gefahr des Aussterbens seiner Spezies nicht entziehen kann, ist die Überwindung des

Ur-Mangels. Die Entfesselung der Produktivität trägt bei Bloch immer das Attribut «progressiv» (E. Bloch, 1967, S. 808). «Daß die jeweils letzte Maschine, welche die spätbürgerliche Technik erzeugt, die beste sei, wird marxistisch nicht bestritten.» (E. Bloch, 1979, S. 17; ursprüngl. 1935) Dies gilt, obwohl – eine Folge der Produktionsverhältnisse – «unsere bisherige Technik (...) in der Natur (steht) wie eine Besetzungsarmee in Feindesland, und vom Landesinnern weiß sie nichts» (E. Bloch, 1967, S. 814). So ist denn der Mensch «das werkzeugmachende Tier» (E. Bloch, 1967, S. 731); oder umgekehrt: erst Werkzeuge machend und sie bewußt gebrauchend wird der Mensch zum Menschen.

Es «mehrte sich die Kunst, etwas, das nie vorhanden war, aus ihnen (den Rohstoffen; M. G.) zu machen. (...) Das ganze Leben ist derart von einem Gürtel künstlicher, vorher nicht dagewesener Geschöpfe umgeben. Mit ihnen wird das menschliche Haus ungeheuer erweitert, es wird immer bequemer und abenteuerlicher.» (E. Bloch, 1967, S. 731)

Demgegenüber warnt Fromm davor, den Aspekt der Herstellung von Werkzeugen als Kriterium für die Menschwerdung überzubewerten, da dieser «so deutlich den Stempel der heutigen Besessenheit von der Produktion» trägt (E. Fromm, 1974, S. 201).

Sowenig man Bloch mit seiner Bestandsaufnahme der technischen Utopien einer solchen Besessenheit zeihen kann, so deutlich ist doch, daß «entfesselte Produktivität» ihm nicht als Motor der Knappheit und als Instrument der Machtausübung durch Entzug von Daseinsmächtigkeit gilt, sondern als Quelle des Reichtums, der allein den Menschen des unerträglichen Mangels entheben kann.

Die technisch ermöglichte Produktion hat danach wohl teil an der Unmenschlichkeit der gesellschaftlichen Entwicklung. Sie ist gleichsam von dieser mit Unmenschlichkeit infiziert. Als ein Krankheits*herd*[1] aber wird sie nicht wahrgenommen. Die Kritik richtet sich gegen den Umstand, daß Produktion dem abstrakten Profittrieb dienstbar ist und nicht dem Wohl des Menschen und – zu seinen Gunsten – dem Wohlergehen der Natur. Die Kritik gilt der *fehlgeleiteten* Produktion, der «*Verhäßlichung*, welche Maschine und Maschinenarbeit über die Welt gebracht haben» (E. Bloch, 1967, S. 808), und der Unbekömmlichkeit der von ihr ausgestoßenen Produkte: «(...) die ‹industrielle Revolution› ist weder aufs menschliche noch aufs Naturmaterial konkret bezogen. Zu ihr gehört das *Elend* (...) auch die sauberst gewordene Zweckform oder sogenannte Ingenieurkunst von heutzutage kann die Öde darunter, die Entfremdetheit nicht zudecken. (...) Die bürgerliche Maschinenwelt steht in der Mitte zwischen dem Verlorenen und dem noch nicht Gewonnenen; sie wird zwar *in Hinsicht ihres progressiven Charakters, ihrer bisher weitestgehenden Entfesselung der Produktivkräfte* (Hervorhebung M. G.), in einer nicht mehr kapitalistischen Gesellschaft noch lange am Werk zu bleiben haben, doch sie bleibt bei alldem mit einer eigentümlichen Bleichheit und Sekretionslosigkeit gezeichnet, worin die ganze kapitalistische Welt liegt. Diese Leichenhaftigkeit teilt sich nicht zuletzt auch der bisherigen Maschinenware mit, zum sichtbarsten Unterschied von den alten Handwerksprodukten (...).» (E. Bloch, 1967, S. 808 f)

Die Kritik galt *nicht* der Produktion «institutionalisierter Produkte» selbst, deren Wesenszug es ist, alle Formen «persönlichen Handelns» (I. Illich) zur Hervorbringung von Lebensgütern *systematisch* auszuschließen und damit Knappheit im Zuge der vorgeblichen Bekämpfung des Mangels hervorzubringen.

Jene Reaktion auf den existentiellen Konflikt, die ich «Leben-in-Daseinsbedingungen» genannt habe, deren ‹Wohlstand› Ergebnis einer solchen Ziel-Mittel-Relation ist, daß die Ziele den *vorhandenen* Mitteln entsprechen, und deren Grundhaltung die Bedürfnislosigkeit ist, muß von diesem Standpunkt extrem rückständig und überholungsbedürftig erscheinen. Keinesfalls jedoch könnte von dieser Betrachtung des Mängelwesens aus der «Übergang von den mutterrechtlichen Sammlerinnen- und Jägerkulturen (deren gesellschaftliche Organisation bestimmt ist von Leben-in-naturgegebenen-Daseinsbedingungen und nicht von der Umgestaltung der Natur zur Behebung des Mangels; M. G.) zur patriarchalischen Acker- und Städtebaugesellschaft (...) der ‹Sündenfall›» genannt werden. (R. Bahro, 1981, S. 10)[2]

Trotz leidenschaftlichen Plädoyers für «Natur als Subjekt», die ebensowenig Gegenstand der Ausplünderung durch Menschen sein dürfe wie die Menschen selbst, bleibt Produktion bei Bloch auf dem Programm der Zukunftsgesellschaft; nur eben Produktion *mit* dem Mitproduzenten Natur, nicht gegen ihn: «(...) es ist die technisch intendierte ‹Übernaturierung› der Natur selber, welche Einwohnerschaft in der Natur verlangt.» (E. Bloch, 1967, S. 784)

«An Stelle des Technikers als bloßen Überlisters oder Ausbeuters steht konkret das gesellschaftlich mit sich selbst vermittelte Subjekt, das sich mit dem Problem des Natursubjekts wachsend vermittelt.» (E. Bloch, 1967, S. 787)

Dagegen der Standpunkt: industrielle Produktion sei nicht nur ein für unterdrückerische Ziele mißbrauchtes, verunstaltetes *Instrument*, das ebensowohl bei verändertem Vorzeichen und in dann veränderter Gestalt zum Nutzen und Wohl der Menschen tüchtig und tauglich sein könnte. Sie sei vielmehr so sehr *Bedingung* der Aufrichtung der Knappheits-Herrschaft, so durch und durch mit der Knappheit verwickelt, daß sie in keiner denkbaren Zukunftsgesellschaft ihre Unschuld erweisen könnte.

«(...) wir (bleiben) mit der Orientierung am Klassenkampf als Lösungsweg in dem Zirkel befangen, aus dem wir ausbrechen müssen. Sogar das sozialistische Ziel bleibt in einem jetzt entscheidenden Punkt immanent: Wir wollten eine klassenlose *Industrie*gesellschaft, ohne uns je kritisch mit der Genesis und den Konsequenzen des Industrialismus befaßt zu haben. Unsere bisherige Analyse setzte den Schwerpunkt ‹zu hoch› an: in einer ‹Basis›, die halt noch nicht die Basis ist, nämlich in den ‹Produktionsverhältnissen› statt in den ‹Produktivkräften›». (R. Bahro, 1981, S. 10)

Danach ist es die Produktion selbst, die (in dem Maße, wie sie – sich durchsetzend – alle anderen Formen menschlicher Tätigkeit vernichtet) es unmöglich macht, daß das Subjekt gesellschaftlich mit sich selbst und mit der Natur vermittelt sei, welches ja doch die Voraussetzung für Produktion zum Wohle der Menschen sein soll. Je nachdem man Macht erstrangig durch Privateigentum (an Produktionsmitteln) oder durch Knappheit (Entzug von Daseinsmächtigkeit) definiert, wird man industrielle *Produktion* als mißbräuchlich angeeignetes, fehlentwickeltes Instrument der Machtausübung oder die «force productive» (J. Baudrillard) als Wesen der Macht selbst interpretieren.

«Je aktiver das Ziel der Naturbeherrschung verfolgt wird, desto passiver wird das Individuum gemacht; je größer die über die Natur gewonnene Macht, desto schwächer ist das Individuum angesichts der überwältigenden Allgegenwart der Gesellschaft.» (W. Leiss, 1972, S. 155)

Von diesem zweiten Standpunkt aus ist nun das nicht-produktive Leben-in-Daseinsbedingungen durchaus *nicht* entwicklungsbedürftig, sondern eine respektable, wiewohl nach durchlaufener Produktivitätsgeschichte nicht rekonstruierbare Alternative zur Knappheitsherrschaft.

In aller Regel wird der Standpunkt, daß etwa primitive Wildbeuter-Gesellschaften *nicht* entwicklungsbedürftig seien, begründet und bekräftigt mit einem Leistungsvergleich. Dabei wird den Kulturleistungen der sogenannten Primitiven eine so überragende Bedeutung nachgewiesen, daß davor jeder linearen Fortschrittskonstruktion in der

Menschheitsentwicklung der Boden entzogen wird.[3] Oder aber es wird darauf hingewiesen, daß die Dürftigkeit der materiellen Ausstattung und die Schlichtheit des Gerätes nicht etwa auf geistige Primitivität schließen lassen, sondern im Gegenteil auf eine hohe Entwicklungsstufe in anderen kulturellen Bereichen: «Daß der Jäger die Tiere auch mit einfachsten Mitteln ‹überwand und beherrschte, nötigt unsere Gedanken zu der Feststellung, wieviel höher sein Geist entfaltet und auf seine Art des Lebenskampfes konzentriert gewesen sein muß, als sein materieller Besitz vermuten läßt›. Hier liegt der Gedanke zugrunde, daß es sich bei den verschiedenen Kulturentwicklungen und -stilen jeweils um Spezialisierungen handelt. (...) ‹daß ganz bestimmte Seiten des Daseins zu einer Vorherrschaft gegenüber allen anderen gelangen, die sie durchtränken, sich assimilieren und zeitweilig auch zurückdrängen›.» (M. Münzel, 1983, S. 9f)

Auch C. Lévi-Strauss weist die Unterscheidung zwischen dynamischen modernen und statischen primitiven Gesellschaften als «ethnozentrischen Standpunkt» zurück: «Wir betrachten danach jede Kultur als kumulativ, die sich in der gleichen Richtung wie unsere eigene entwickelt, deren Entwicklung für uns also eine *Bedeutung* hat, während die anderen Kulturen uns als stationär erscheinen, nicht immer weil sie es tatsächlich sind, sondern weil ihre Entwicklungskurve für uns nichts bedeutet, nicht mit Begriffen unseres eigenen Bezugssystems meßbar ist.» (C. Lévi-Strauss, 1975, S. 381)

«Ist das Kriterium der Grad der Fähigkeit, mit den ungünstigsten geographischen Umweltbedingungen fertig zu werden, dann dürften zweifellos auf der einen Seite die Eskimos, auf der anderen Seite die Beduinen die Palme davontragen.» (C. Lévi-Strauss, 1985, S. 384)

Indien hat ein überlegenes philosophisch-religiöses System entwickelt, der Islam eine Theorie des Zusammenhanges aller Lebensformen, der Ferne Osten ist in der Ergründung des Verhältnisses von Körper und Psyche dem Westen unendlich überlegen, die Polynesier verstanden die Kunst des erdelosen Pflanzenbaus und die der Navigation lange vor der übrigen Welt, die Australier haben eine hochdifferenzierte Familienorganisation und die Weisheit der Harmonisierung aller menschlichen Beziehungen tradiert. Zum «Verständnis der bewußt und reflektiert von ihnen entwickelten Regelsysteme (muß man) die raffiniertesten Formen der modernen Mathematik heranziehen» (C. Lévi-Strauss, 1975, S. 384f).

Es geht aber nicht nur darum, die Ebenbürtigkeit des prähistorischen Vorfahren unter Beweis zu stellen, um neuzeitlich-westlichen Dünkel zu dämpfen, sie gewissermaßen für konkurrenzfähig auf der Leistungsebene zu erklären und ihnen damit eine späte Ehrenrettung widerfahren zu lassen, womöglich sogar die eigene kulturstilistische Spezialisierung kritisch zu betrachten. Dies hieße, ihnen letztlich doch den Fortschrittsgesichtspunkt aufzunötigen, dem Fortschritt an sich die Dignität eines ranghohen Wertes einzuräumen, der Optimierungspflicht zu genügen und andere Kulturen höchst subtil unter die Maßstäbe produktivistischer Gesellschaften zu beugen.[4] Wie wichtig der Respekt vor dem Fremden und Andersartigen ist, so darf doch die Frage nicht suspendiert werden, wie dieser Respekt motiviert ist.

Hier also geht es nicht um Ehrenrettung, sondern darum, die Entwicklungsbedürftigkeit dieser Lebensform zu bestreiten, weil sie eine Lebensform der *Fülle* ist: «Inzwischen führen andere Forschungen eher zu der Frage hin, ob es überhaupt notwendig ist, im geistigen Bereich sozusagen Entschuldigungen für die materielle Primitivität der Wildbeuter zu finden: Deren Leben hat sich nämlich als weniger unbequem erwiesen, als man früher dachte (...).» (M. Münzel, 1983, S. 11)

Eine mögliche Mißdeutung soll im voraus ausgeschlossen werden: Wiewohl die drei Formen, die existentielle Unsicherheit des Menschen zu überwinden und sein Herausfallen aus der Naturbestimmtheit zu kompensieren, nicht reine theoretische Konstrukte sind, sondern abgelesen an konkreten historischen Gesellschaften,

- so das «Leben-In» an den Wohlstandsökonomien der Jäger- und Sammlergesellschaften,
- das «Leben-Mit» (Konvivialität) an vorindustriellen, subsistenzorientierten Daseinsformen,
- das «Leben-Gegen» (Lebenssicherung durch Befriedigungs*mittel*) an kapitalistischen hochindustrialisierten Gesellschaften,

wiewohl also konkrete, gesellschaftliche Verhältnisse den Überlegungen das Material geliefert, die Aufmerksamkeit gerichtet und die drei Kategorien mit Erfahrungsgehalt angereichert haben, kann und soll hier keine historische Verortung der drei Optionen vorgenommen werden. Ich will vielmehr unter Heranziehung des einen oder anderen historischen Beleges einige systematische Zusammenhänge über Knappheit und Bedürfnis verdeutlichen.

Die Kategorie des Leben-In

Leben-in-Daseinsbedingungen ist eine der Formen bewußter Daseinsbewältigung, die dem Menschen existentiell zugemutet ist. Die praktische Realisierbarkeit dieses Lebensentwurfs erlischt, sobald irgendeine Form der Verknappung in die Daseinsgrundlagen eingreift.

Nur mit Knappheit, nicht mit Mangel ist diese Existenzform unvereinbar. Leben-in-Daseinsbedingungen zeichnet sich zuallererst dadurch aus, daß es an gegebene Daseinsgrundlagen so *angepaßt* ist, daß lebensbedrohlicher Mangel als Dauererscheinung nicht auftritt, während katastrophen- oder krisenbedingter Mangel wohl Opfer fordert, aber nicht unter allen Umständen an die Grundfesten dieser Lebensform rührt. Opfer und Tod sind Teil der Daseinsbedingungen, an die das Leben der Gemeinschaft angepaßt ist. Vorübergehender Mangel wird hingenommen, andauernder Mangel hingegen wird das Leben der Gemeinschaft in Bewegung bringen: auf die Suche nach neuen Anpassungsformen. Während solcher Phasen des Wandels in bestimmten Lebensbereichen, nämlich dort, wo der Mangel die erreichte Balance zwischen dem Benötigten und dem Vorhandenen existenzbedrohlich stört, wird diese Lebensform Züge des Lebens-mit-Fähigkeiten annehmen.[5] Knappheit dagegen ist mit «Leben-In» unvereinbar, denn Verknappung hintertreibt planvoll die Übereinstimmung zwischen dem, was eine Gemeinschaft vorfindet, und dem, was sie entsprechend der getroffenen Übereinkunft für notwendig erachtet. Diese Übereinstimmung kann, das sei wiederholt, auf zweierlei Weise aufgehoben werden:

- dadurch, daß realiter das Grundprinzip des Lebens-in-Daseinsbedingungen außer Kraft gesetzt wird, nämlich der allgemeine ungehinderte, voraussetzungslose Zugang aller zu den vorhandenen Lebensgrundlagen;
- dadurch, daß der gesellschaftliche Konsens über lebensnotwendige Dinge über die vorhandenen, zugänglichen, verfügbaren Lebensgüter hinausgetrieben wird.

Die reinste Form des Lebens-in-Daseinsbedingungen, die wir im Zusammenhang von Erich Fromms Beschreibung der Menschwerdung des Menschen charakterisiert haben als den paradox erscheinenden Versuch einer *bewußten* Rekonstruktion der Sicherheit durch Anpassung an die Natur, finden wir demzufolge dort, wo der Austausch zwischen dem Menschen und seiner Lebenswelt der Instinktregulierung am ähnlichsten ist, wo die Selbstversorgung mit «lebensnotwendigen Dingen» quasi-automatisiert abläuft, so z. B. der Austausch zwischen Mensch und (Atem-)Luft.

Wenn wir uns am reinsten Beispiel des Lebens-in-Daseinsbedingungen, dem Leben-in-(Atem-)Luft, einige seiner Grundmerkmale verdeutlichen, so erscheint als auffälligstes Charakteristikum die uneingeschränkte Unmittelbarkeit des Menschen zu diesem Lebensgut. In diesem speziellen Fall ist die Distanzlosigkeit zwischen dem Menschen und dem Lebensgut so unbedingt, daß dieses jenen gänzlich umfängt, daß es dem Menschen buchstäblich hautnah ist, daß die gesamte Körperoberfläche die Grenze zu diesem Grundstoff seiner physischen Existenz bildet. Insofern dieser Grundstoff dem Körper durch Körperbewegungen zugeführt wird, die durch die *automatische* Tätigkeit des Atemzentrums gesteuert werden, beschreibt der Begriff der *Zu-gänglichkeit* das Verhältnis des Menschen zur Luft nur unzureichend: Es ist zu ihrem Erwerb keine Distanzüberwindung (= Gang) notwendig. Die Nähe ist mehr auch als *Zu-hand*-ensein: Es bedarf keiner Verrichtungen mit den Händen, keines *Hand-werkes*. Das Verhältnis des Menschen zur Atemluft ist im Wortsinn *Leben-In*. Die scharfe Stimmigkeit, mit der dieser Lebensvorgang den Begriff des Lebens-In deckt, ist zugleich die Schwäche des Beispiels und berechtigt zu dem Einwand, ein so tief in der Naturbasis des Menschen verankerter Lebensvollzug und Austauschprozeß mit der äußeren Natur könne unmöglich paradigmatisch sein für die komplexe gesellschaftliche Daseinsbewältigung im Angesicht des existentiellen Konflikts. Eine so auf die Spitze getriebene Unmittelbarkeit im Verhältnis Mensch-Natur könne nicht Kennzeichen gesellschaftlicher Existenz sein, vielmehr sei dies ein Lebensvollzug, der nicht humanspezifisch sei, der nicht *bewußte Re-konstruktion* der Aufgehobenheit in der Natur sei, sondern der Instinktsicherheit quasi noch angehöre. Dieser Einwand hat Gültigkeit, auch wenn selbst ein biologisch so automatisierter Vorgang wie das Atmen humanspezifisch, d. h. bis zu einem gewissen, ja hohen Grade bewußt steuerbar ist, wie das Phänomen einer erlernbaren Atem*technik* für hochdifferenzierte Ingebrauchnahme der Atemströme zeigt, etwa beim Spielen eines Blasinstrumentes oder im Sport, auf der Bühne, beim Gesang, bei Erkrankungen der Atmungsorgane, beim Entfachen eines Feuers. Auch das Atem-Holen als Verschnaufen und das Luft-zum-Atmen-Haben als Lebensform sind bewußter Gebrauch der Luft.

Dennoch ist richtig, daß der Atmungsvorgang weitestmöglich unabhängig ist von bewußten zielgerichteten Akten zur Aneignung und

‹Einverleibung› des lebensnotwendigen Gutes. Ja, er ist durch das Homöostasemodell, das für die Beschreibung des Wechselspiels von organischem Trieb und Triebbefriedigung üblicherweise bemüht wird, kaum zutreffend erfaßt. Während es im Modell der Homöostase um den Aufbau einer Körperspannung geht, die irgendwann an einen Intensitätspunkt kommt (Grad der Abweichung vom Ruhegleichgewicht), an dem sie Aktivitäten zur Reduktion der Spannung antreibt, ist im Atmungsvorgang die Befriedigung des Körperbedarfs an sauerstoffhaltiger Luft sowie des Bedarfs nach Ausscheidung kohlendioxydhaltiger Luft im Zeitverlauf so prompt reguliert, daß zu Bewußtsein kommende Spannungen wie beim Hunger, beim Durst, bei der Müdigkeit, beim Frieren usw. gar nicht erst entstehen.

Ersichtlich läßt sich aus dem Zusammenspiel zwischen Mensch und Atemluft, dieser reinsten Form des Lebens-in-Daseinsbedingungen, keine Theorie der *Bedürfnisse* gewinnen. Es ist offensichtlich absurd, in diesem Zusammenhang von «Bedürfnis» zu sprechen. Deswegen dient mir die Atemluft als Ausgangspunkt der Beschreibung des Lebens-In.

Das Beispiel hat seine Radikalität dadurch, daß hier die Existenzform Leben-in-Daseinsbedingungen nicht zur Disposition steht. Die Beendigung dieses Verhältnisses zugunsten eines Verhältnisses zwischen Bedürfnis und Befriedigungsmittel, d. h. immer *knappem Befriedigungsmittel*, denn Knappheit und Befriedigungsmittel bedingen sich wechselseitig, ist gleichbedeutend mit dem Ende der physischen Existenz.

In vier gesellschaftlichen Bereichen will ich Konturen des Lebens-in-Daseinsbedingungen zu zeichnen versuchen und sie den Gegebenheiten der Knappheitsgesellschaft gegenüberstellen:

- Leben-in-der-äußeren Natur,
- Leben-in-Tätigkeiten,
- Leben-in-Gemeinschaft,
- Leben-in-Zeit.

Die Auswahl ist nicht willkürlich; die vier Bereiche finden eine gewisse Entsprechung in den vier Grundbedürfnissen der Knappheit.

- Leben-in-der-Natur wird unter Knappheitsbedingungen zum Bedürfnis nach Sicherheit.
- Leben-in-Tätigkeit verwandelt sich zum Bedürfnis nach Bequemlichkeit.
- Leben-in-Gemeinschaft wird zum Bedürfnis nach Anerkennung. Und
- Leben-in-Zeit kehrt wieder als Zeitbedürfnis.

Leben-In: Das Verhältnis des Menschen zur äußeren Natur

Voraussetzung für Leben-in-Naturbedingungen ist ein Vertrauensverhältnis: der Glaube an die Unerschöpflichkeit der Natur.[6] Die Unerschöpflichkeit ist jedoch ebensowenig eine *Eigenschaft* der natürlichen Ressourcen, wie Knappheit ihre Eigenschaft ist. Sie ist vielmehr Ergebnis eines gesellschaftlichen Verhältnisses. Das Vertrauen auf die Unerschöpflichkeit schafft sich die Bedingungen seiner Selbstrechtfertigung.[7] Darin besteht eine wesentliche Kulturleistung.

Sahlins bezeichnet es als «Skandal», «daß die früheste Stufe der Menschheitsentwicklung von Philosophen eher der Natur als der Kultur zugeordnet wurde» (M. Sahlins, 1978, S. 159).

Wie wenig Leben-in-Naturbedingungen verstanden ist, wenn es als bloße, durch die Not erzwungene Unterwerfung unter eine erbarmungslose Natur mißdeutet wird, offenbart sich an den magischen Bräuchen, in denen die Wechselseitigkeit des Nutzens, der symbiotische Charakter der Beziehung zwischen Mensch und Natur sich ausdrückt. Die erste Bedingung für eine erfolgreiche Einpassung der Lebensvollzüge in die Naturzyklen ist «die Beachtung der Aufeinanderfolge der Jahreszeiten. Dieser Verlauf der Naturzeiten ist nichts Selbstverständliches für das Bewußtsein des ‹primitiven› Menschen, der es als notwendig betrachtet, auf die ‹Elemente›, die Bewegung der Sterne, der Sonne und des Mondes magisch einzuwirken. Damit Neumond eintritt, mußte dem ‹Mond geholfen werden, sein Leuchten wiederherzustellen›. (...) Das Verhältnis zwischen den Menschen und den Naturkräften stellte man sich als Wechselwirkung und sogar als gegenseitige Hilfe vor.» (A. J. Gurjewitsch, 1980, S. 378)[8]

Leben-in-Natur ist also nicht Unterwerfung, sondern Antwort auf die Natur durch den *Aufbau* einer Lebensweise, in der

- der gemeinschaftliche Konsens über lebensnotwendige Güter zur Deckung gebracht ist mit den von der Natur gewährten Produkten, in der also das Zuhandene zum Hinreichenden wird;
- die gesellschaftliche Organisation jede Verknappung ausschließt, das heißt die Unmittelbarkeit eines jeden Gesellschaftsmitgliedes zu den Gütern gewährleistet ist.

Die Unmittelbarkeit zu den Naturprodukten, so wie sie hier verstanden wird als ungehinderte Zugänglichkeit, hat verschiedene Dimensionen.

Zunächst: Je weniger vermittelnde Tätigkeiten erforderlich sind, um das Naturprodukt zum Lebensgut umzuwandeln; je mehr also die Tätigkeiten reine *Entnahme*tätigkeiten sind; je höher der Grad der «Vorgewaltetheit» der Naturprodukte ist; je ähnlicher diese Produkte unmittelbar bekömmlichen «Fertigfabrikaten» (E. Bloch) sind, keiner nennenswerten, komplizierten Verarbeitung außerhalb des Körpers, sondern – wie die Atemluft – wesentlich einer Aufbereitung durch den Stoffwechsel im Körper bedürfen; je weniger leidiger Mühe und Anstrengung die Beschaffung von Lebensgütern bedarf und je weniger Planung ihre Erreichbarkeit erfordert, desto unmittelbarer ist der Mensch zu seinen Lebensgütern. Leben-In verwirklicht sich mit «einfach und beiläufig erreichbaren Rohstoffen, Fertigkeiten und Geräten» (M. Sahlins, 1975, S. 86).

Leben-in-Daseinsbedingungen ist gekennzeichnet durch ein hohes Maß an unangestrengter Beiläufigkeit, mit dem die «Dinge an sich» in «Dinge für uns» (F. Engels) transformiert werden. Es ist weniger von Tätigkeiten des *Einwirkens* und planvollen Herstellens als von Tätigkeiten der Entnahme und der Nutzung bestimmt.[9]

Leben-in-Daseinsbedingungen schafft ‹Wohlstand› bei unentfalteter Produktivität des Menschen, unter Ausnutzung und Inanspruchnahme der Ergebnisse der hochentfalteten Produktivität der Natur.

Der Natur kommt – der Tendenz nach – die Verarbeitungskompetenz zu, dem Menschen die Nutzungskompetenz.[10] Sowenig also der Mensch in diesem Verhältnis der Natur nur einfach unterworfen ist, sowenig ist dieses Verhältnis durch den Willen zur Naturbeherrschung ausgezeichnet. Beides, sowohl die Unterworfenheit als auch der Wille zur Unterwerfung, setzt eine strenge Trennung von Mensch und Natur voraus, setzt die Natur als feindliches, machtvolles, unverstandenes Gegenüber oder als feindliches, zu entmachtendes und zu verstehendes Objekt der Behandlung durch den Menschen voraus. Demgegenüber verhalten sich Menschen, die *in* Naturbedingungen leben, undistanziert zur Umwelt.

Ein Beispiel, die Jagd: «Ein reicher Komplex von Vorstellungen und Verhaltensweisen erhebt die Jagd zu einem heiligen Geschehen und ist zugleich Ausdruck der intensiven Spannung, die das Verhältnis des Jägers zum Jagdtier beherrscht. Denn er erblickt in seinem engsten Lebenspartner nicht nur die zu erbeutende Nahrung, sondern vor allem auch ein anderes Lebewesen (...) In der Vorstellungswelt der Jägervölker ist das Tier dem Menschen nicht untergeordnet, ist keine mindere Existenzform; beide sind gleichrangige Partner. (...) Die entscheidende

Substanz eines Individuums ist vielmehr rein geistiger Natur und bei Mensch und Tier offenbar im Wesen so ähnlich, daß der Austausch der körperlichen Hülle keine Schwierigkeiten bereitet. Auf dieser spirituellen Ebene ordnet sich der Mensch als gleichbegabter Teil dem animalischen Leben ein.» (M. Schuster, zit. bei M. Münzel, 1983, S. 12)

Noch für das Verhältnis des mittelalterlichen Menschen zur Natur gilt, daß er «die Natur als einen integrierenden Bestandteil seiner selbst (empfand) und (...) sich zu ihr nicht wie zu einem einfachen Objekt der Arbeitsanwendung, des Besitzes oder der Verfügung (verhielt)» (A. J. Gurjewitsch, 1980, S. 45).[11] Das heißt auch, daß er kein ästhetisches Verhältnis zur Natur ausbilden konnte: «(...) infolge des Fehlens der Distanz zwischen Mensch und Umwelt konnte noch kein ästhetisches Verhältnis zur Natur und eine ‹uninteressierte› Begeisterung an ihr entstehen. Da der Mensch ein organischer Bestandteil der Welt war und sich dem natürlichen Rhythmus unterwarf, war er nicht fähig, die Natur von außen her zu betrachten.» (A. J. Gurjewitsch, 1980, S. 58) Diese Eingebundenheit in den Rhythmus der Naturkreisläufe findet ihren Ausdruck in der mittelalterlichen Weltdeutung einer Analogie von Mikro- und Makrokosmos: «Der Mikrokosmos ist nicht nur ein kleiner Teil des Ganzen, nicht ein Element des Weltalls, sondern gleichsam seine verkleinerte und es nachbildende Replik. (...) Die Elemente des menschlichen Organismus sind mit den Elementen, die das Weltall bilden, identisch.» (A. J. Gurjewitsch, 1980, S. 58)

Wiewohl Leben-in-Naturbedingungen eine strikte Trennung von Mensch und Natur ausschließt, kann es doch ohne solide Natur*kenntnisse* nicht bestanden werden: «Die Annahme, daß der primitive Mensch über eine differenzierte Kenntnis der natürlichen Welt verfügt, ist gut belegt. Diese Kennerschaft erstreckt sich auf die ganze makroskopische belebte Welt der Säugetiere, Beuteltiere, Reptilien, Vögel, Fische, Insekten und Pflanzen. Die Kenntnisse der Gezeiten, überhaupt aller metereologischen Phänomene, der Astronomie und anderer Aspekte der Natur sind bei manchen primitiven Völkern ebenfalls hochentwickelt.» (W. S. Laughlin, 1975, S. 314)

Diese Feststellung bemühe ich nicht, um nun doch eine partielle Ebenbürtigkeit der «primitiven» Gesellschaften mit den «hochentwikkelten» zu beweisen. Sie ist hier relevant vielmehr nur im Zusammenhang mit einer anderen Beobachtung: «Kurz: diese Jäger verwenden offensichtlich mehr Zeit und Aufmerksamkeit auf den Gebrauch ihrer Kenntnisse über das Verhalten der Tiere als auf die Vervollkommnung ihres Gerätes und seines Gebrauches. (...)

Die Kinder wurden unterwiesen, die Entfernung zwischen ihnen selbst und ihrer Beute zu verringern durch kunstvolle Anschleichmethoden, deren Erfolg mehr von verständiger Beobachtung, genauen ethologischen Kenntnissen und einem gleichermaßen genauen System von Deutung und Handlung abhing als von der Verbesserung des Gerätes. (...) Die außerordentlich langsame Fortentwicklung der Technologie (...) hing zusammen mit dem Erfolg im Studium des Tierverhaltens.» (W. S. Laughlin, 1975, S. 306)

Diese Beobachtung fällt zusammen mit dem von Claude Lévi-Strauss ausgemachten tiefen Widerstand gegen das, «was man die ‹Instrumentalität› nennen könnte» (C. Lévi-Strauss, 1975, S. 360). Lévi-Strauss sieht den geringen Wert, der den hergestellten Gegenständen und den dazu erforderlichen Techniken beigemessen wird, begründet in dem unbedingten Vorrang, der der in der Natur waltenden «Übernatur» gebührt, der gegenüber alle Kultur entwertet wird. Unbeschadet dieser Deutung oder vielmehr ganz im Sinne einer «Gesellschaft, in welcher das ‹Ökonomische›, das ‹Soziale›, das ‹Politische› und das ‹Religiöse› untrennbar durch dieselben Beziehungen organisiert und in denselben Handlungen vermischt sind» (M. Sahlins, 1974, S. 168), ist die Geringschätzung des Gerätes (und der Ausstattung) ein Wesenszug der Knappheitsvermeidung unter der gesellschaftlichen Option des Lebens-in-Daseinsbedingungen. Die Existenzsicherheit wird nicht veräußerlicht in Gegenstände, sie haftet am eigenen Leib als körperliche und geistige Geschicklichkeit. Körperliche und geistige (Wahrnehmungs-, Deutungs-, Umsetzungs-)Fähigkeiten sind nicht nur die Voraussetzung zur Herstellung von Sicherheit (= Leben-mit-Fähigkeit), sondern sie *sind* die Sicherheit. Die Unmittelbarkeit zur Lebenswelt nimmt die Gestalt der Mittellosigkeit an. Und wenn Tragbarkeit («portability») unter den Lebensbedingungen des nomadisierenden Sammelns und Jagens «der übergeordnete Wert ist» (M. Sahlins, 1975, S. 86), dann ist die Tragbarkeit der Sicherheit auf die Spitze getrieben, wenn sie *in* den Menschen selber ruht und *in* ihren mittellosen, unmittelbaren, körperlichen und spirituellen Wechselbeziehungen zur Lebenswelt.

Während die veräußerlichten *Mittel* zur Existenzsicherung in sich die Tendenz zur Knappheit durch Verwaltung und Besitz und also zur Konkurrenz haben, erzeugt die an den Körpern, an den ganzen Menschen, am lebendigen Tun haftende Sicherheit Angewiesenheit aufeinander, Kooperation.[12]

Die vervollkommneten, einfühlsamen Kenntnisse, die diese Sicherheit tragen, zeichnen sich ihrerseits durch eine doppelte Unmittelbarkeit aus.

– Sie *entstammen* der unmittelbaren Erfahrung, sind ein Substrat des Direktkontaktes mit ihren Gegenständen; selbst wenn sie symbolisch tradiert werden, werden sie doch durch je eigene Erfahrung bestätigt und angeeignet. Auch im Blick auf die Herausbildung von Kenntnissen gilt das Prinzip der uneingeschränkten Zugänglichkeit, der unvermittelten Erfahrbarkeit. Eine außerhalb des eigenen Gesichtskreises gelegene Welt gibt es nicht.[13]
– Sie *dienen* unmittelbar der Lebenserhaltung. Naturkenntnisse werden erworben als Nutzungswissen. Sie verbessern die Anpassung des Menschen an die Naturrhythmen zu *seinem* eigenen Nutzen (im Unterschied zur Unterwerfung unter die Natur, dies sei noch einmal betont).

Mit einer gewissen ‹Respektlosigkeit› wird demzufolge alles Naturgeschehen in «unreflektierter Selbstzentriertheit» (N. Elias, Bd. 1, 1977, S. LVII) gedeutet entsprechend dem Lebenszuschnitt der Gemeinschaft.[14] Dies ist jedoch eine andere Art von Respektlosigkeit als jene, die die Grundlage für die technische Beherrschung der Natur legt. Jene verträgt sich mit Ehrfurcht (Lévi-Strauss), diese mündet in eine Bezwingungsobsession.

«Nun, in der Periode, die wir die ‹Neuzeit› nennen, erreichen die Menschen eine Stufe der Selbstdistanzierung, die es ihnen ermöglicht, das Naturgeschehen gedanklich als einen eigengesetzlichen Zusammenhang zu verarbeiten, der sich ohne Absicht, ohne Zweck und ohne Bestimmung, rein mechanisch oder kausal vollzieht, und der einen Sinn und einen Zweck für sie selbst nur dann hat, wenn sie in der Lage sind, ihn auf Grund ihrer Sachkenntnis zu kontrollieren (...).» (N. Elias, Bd. 1, 1977, S. LX)

Die Naturkenntnisse, die dem Leben-in-Naturbedingungen entsprechen, die dem Menschen sich sowenig von der Natur wie von sich selbst zu distanzieren erlauben (eben weil der Mensch sich als Teil der Natur und die Natur als Teil seiner selbst erfährt), erweitern die *Nutzungsmöglichkeiten*. Jene neuzeitlichen Naturkenntnisse, die Kenntnisse ihrer rein kausalen Gesetze und mechanischen Abläufe, optimieren die *Beherrschung* der Natur, ermöglichen ihre grundlegende Umgestaltung durch *Überlistung*, schaffen *Produktions-* statt *Nutzungswissen*.

«‹Die Passivität› (des Menschen, der die Natur für sich arbeiten läßt; M. G.) ‹verwandelt sich in Tätigkeit (...) daß die eigene Tätigkeit der

Natur, Elastizität der Uhrfeder, Wasser, Wind angewendet wird, um in ihrem sinnlichen Dasein etwas ganz anderes zu tun, als sie tun wollten, daß ihr blindes Tun zu einem zweckmäßigen gemacht wird, zum Gegenteil ihrer selbst (...) Der Natur selbst geschieht nichts, einzelne Zwecke des natürlichen Seins werden zu einem Allgemeinen. Hier tritt der Trieb ganz aus der Arbeit zurück, er läßt die Natur sich abreiben, sieht ruhig zu und regiert nur mit leichter Mühe das Ganze: List. Die breite Seite der Gewalt wird von der Spitze der List angegriffen. Es ist die Ehre der List gegen die Macht, die blinde Macht an einer Seite anzufassen, daß sie sich gegen sich selbst richtet, sie anzugreifen, sie als Bestimmtheit zu fassen, gegen diese tätig zu sein oder sie als Bewegung eben in sich selbst zurückgehen zu machen, sich aufzuheben. (...) Die List besteht überhaupt in der vermittelnden Tätigkeit, welche, indem sie die Objekte ihrer eigenen Natur gemäß aufeinander einwirken und aneinander abarbeiten läßt, ohne sich unmittelbar in diesen Prozeß einzumischen, gleichwohl nur *ihren* Zweck zur Ausführung bringt.›» (G. F. W. Hegel, zit. bei E. Bloch, Bd. 2, 1967, S. 782)

Hier ist nun in der Tat die Selbstdistanzierung des Menschen vollzogen: die Natur ist zugleich Objekt und feindlich geworden. Ihre Beherrschbarkeit geht paradoxerweise Hand in Hand mit ihrer wachsenden Fremdheit. «Im Lauf des Mittelalters rücken die Menschen der Natur näher auf den Leib und werden besser mit ihr fertig; aber dabei rückt ihnen der Eigenbereich des Natürlichen ferner und wird ihnen fremder.» (A. Borst, 1980, S. 210)

Das durch Leben-In bestimmte Verhältnis des Menschen zur Natur ist abgelöst durch ein als *Leben-Gegen* zu beschreibendes Verhältnis. Die Alternative dazu wäre in Ablösung des Lebens-in-Naturbedingungen eine Entfaltung der Kompetenz des Einwirkens auf der Basis des *Lebens-Mit* (Konvivialität).

Während *Leben-In* durch *Unmittelbarkeit* zu den Naturbedingungen charakterisiert ist, wäre *Leben-Mit* durch *Vermitteltheit*[15] (Abgestimmtheit) des Subjekts Mensch mit dem Subjekt Natur und *Leben-Gegen* durch hochgradige *Unvermitteltheit* («Anschlußlosigkeit») gekennzeichnet.

Noch einmal zurück zur zweifachen Respektlosigkeit gegenüber der Natur. Wird im ersten Fall ‹Natur› zum *Nutzen* des Menschen *gedeutet*, so wird sie im zweiten Fall ausschließlich zum Nutzen des Menschen *verändert*. Liegt aber demnach die Definition des *Nutzens* im ersten Fall in der Reichweite *des Vorhandenen*, so liegt sie im zweiten Fall in der Reichweite der überlistenden *Veränderungsfähigkeit*. In diesem Wechselspiel, der wechselseitigen Aufschaukelung von Nutzen-Definition und Eingreiffähigkeit, entfaltet sich die Übersteigerung des Veränderungswillens bis hin zum «Optimierungszwang»[16]. «‹Can› implies ‹Ought›» (H. Ozbekhan, zit. bei E. Fromm, 1974, S. 35). Dies konzentriert alle Aufmerksamkeit auf eine technisch anwendbare Naturwissenschaft und auf den ‹optimalen›, d. h. quantitativ effizientesten Einsatz der menschlichen Arbeitskraft.

Zusammenfassung: Dimensionen der Unmittelbarkeit

1. Die Natur gibt ‹freiwillig› ‹Fertigfabrikate› her. Es sind zu ihrer Einverleibung/Aneignung relativ wenig instrumentelle Tätigkeiten erforderlich, weder zur Gewinnung der ‹Rohstoffe› noch zu ihrer Verarbeitung. Dies ist wiederum nicht eine einseitige Leistung der Natur, sondern ebenso eine Kulturleistung des Menschen, die in der Übereinkunft darüber besteht, in welchen Zuständlichkeiten die Naturgegenstände als ‹Fertigfabrikate› und als bekömmlich behandelt werden.

2. Die Unmittelbarkeit des Zugangs zu den natürlichen Ressourcen ist gesellschaftlich gewährleistet durch die ‹Eigentums›ordnung: «Der Zugang zu den natürlichen Ressourcen ist typischerweise direkt – ‹jeder kann sich davon nehmen›.» (M. Sahlins, 1978, S. 164)[17]

3. Die Unmittelbarkeit des Nutzungswissens ist doppelt gegeben; es entstammt der direkten Anschauung, es ist also jedermann zuhanden, es dient umweglos der Lebenshaltung: «(...) das erforderliche Produktionswissen ist allgemein» (M. Sahlins, 1978, S. 164 f).[18]

4. Die Unmittelbarkeit des Verbrauchs ist ein besonders wichtiges Merkmal des Lebens-In. Es gibt keine Vorratshaltung. Gemessen an geltenden Kriterien einer Vorsorge-Ökonomie erscheint der Umgang mit den Lebensgütern unter den Bedingungen des Lebens-In geradezu als Verschwendungssucht. Dies ist jedoch der verschwenderische Umgang mit den Gaben der Natur, der sich durch das Vertrauen auf ihre Unerschöpflichkeit rechtfertigt; der also aus der Handlung der Bedürfnislosigkeit hervorgeht. Während Verschwendung in der Überflußgesellschaft gerade Bedürfnisverfallenheit, ja Bedürfnishörigkeit zu erkennen gibt.

5. Eine letzte Dimension der Unmittelbarkeit ist die direkte Umwandlung der Rückstände der menschlichen ‹Produktion› und Konsumtion in Naturprodukte durch die Natur. So unerschöpflich wie die Natur in dem erscheint, was sie hergibt, so unerschöpflich ist sie in dem, was sie aufnimmt. Der gesamte Austausch mit der Natur, die Entnahme von Ressourcen wie die Abgabe von Rückständen ist also frei von jeder Knappheit und Bedürftigkeit.[19]

Leben-In und Tätigkeit

Bewußt verwende ich für den Austausch des Menschen mit der natürlichen Lebenswelt und ihren Stoffen unter den Bedingungen des Lebens-In den Begriff der Tätigkeit, nicht den der Arbeit. Trifft doch nahezu keiner der historisch herausgebildeten Bedeutungsgehalte von «Arbeit» die existenzsichernden Tätigkeiten in dieser Lebensform.

Da ist zunächst eine allen Sprachen gemeinsame Bedeutungskomponente von «Arbeit», die das «Mühsame der Tätigkeit, die harte Anstrengung» bezeichnet.[20] Äußerste Mühsal der Tätigkeit zur Erhaltung des Lebens ist aber kontraproduktiv für die Herausbildung des Vertrauens in die Unerschöpflichkeit der Natur, das ja die Grundlage von Leben-in-Daseinsbedingungen ist.

In karolingischer Zeit kommt dann ein Bedeutungsgehalt hinzu, nach dem Arbeit «etwas Neues hervorbringen» heißt (Historisches Wörterbuch der Philosophie, Bd. 1, 1971, Art. «Arbeit», Sp. 481). Dagegen sind die Tätigkeiten, von denen hier die Rede ist, solche, die – indem sie die erreichte Anpassung an (Natur-)Gegebenheiten *bewahren*,[21] sich entsprechend den vorgegebenen Rhythmen der Natur wiederholen. Sie entstehen ja im Dienste von Zielen, die die vorhandenen Mittel nicht chronisch übersteigen. So ist denn auch ihr Grundmuster gerade nicht die *Hervorbringung* von etwas, sondern die *Entnahme* – wenn auch in bescheidenem Umfang – unter Nutzung bereits hervorgebrachter Hilfsmittel. Diese schlichten Geräte drängen aber ihrerseits nicht auf Erneuerung und Verbesserung. So daß man sagen kann, in die Gerätschaften ist die Haltung der Bedürfnislosigkeit, aus der sie hervorgegangen sind, ihren Gebrauch bestimmend eingegangen.

Schließlich ist auch jene Deutung von ‹Arbeit›, in der sie die schöpferische Quelle des Lebens ist, «die erste Grundbedingung alles menschlichen Lebens, und zwar in einem solchen Grade, daß wir in gewissem

Sinne sagen müssen: Sie hat den Menschen selbst geschaffen» (F. Engels, MEGA, Bd. 20, 1971, S. 444), eine Deutung also, nach der nur über die Arbeit der Mensch sich selbst verwirklicht, der Lebensform des Lebens-in-Daseinsbedingungen unzugänglich. Das Konzept der Selbstverwirklichung setzt immer ein Bild von einer anderen Wirklichkeit über die gegebene hinaus voraus, die durch Arbeit eingeholt werden muß. Die Konstruktion einer solchen Trans-Wirklichkeit widerspricht der Unmittelbarkeit des Lebens-in-Daseinsbedingungen.

Ebenso macht auch die Frage, ob Arbeit oder Natur wertschöpfende Produktionsfaktoren seien, angewandt auf Tätigkeiten des Lebens-in-Daseinsbedingungen keinen Sinn, weil die Unmittelbarkeit eines jeden zu den natürlichen Ressourcen weder nennenswerte Arbeitsteilung noch Tausch notwendig oder möglich machten und auch die Bildung von Eigentum ausgeschlossen ist. Nur unter Gesichtspunkten von Tausch und Eigentum hat ja die Wertzumessung zum Faktor Arbeit eine Relevanz.

Zuallererst muß über das Leben-in-Daseinsbedingungen mit Bezug auf die darin ausgeübten Tätigkeiten gesagt werden, daß sie in höchstem Maße *konkret* sind, d. h., sie sind einfache, verstehbare und verstandene, ganzheitliche Tätigkeiten, die «auf das Unmittelbare für jedermann Zugängliche gerichtet» (Philosophisches Wörterbuch, Bd. 1, 1976, Art. «Abstraktes und Konkretes», S. 40) sind. Nicht die Einfachheit der auf mechanische Handgriffe reduzierten Tätigkeitsfragmente, wie sie die Maschinen- und Fabrikarbeit auszeichnet, ist hier gemeint, nicht die Einfachheit der jedes Lernen, jede Übung entbehrlich machenden Fließbandproduktion, sondern eine Einfachheit, die mit einem hohen Maß an Geschicklichkeit und Fertigkeit verbunden sein kann. Konkrete Tätigkeit hat ihr Spezifikum in ihrer Überschaubarkeit, ihrer Handhabbarkeit und ihrer Nützlichkeit. Sie ist Tätigkeit von jedermann für jedermann, d. h., sowohl das Tätigkeitsfeld als auch ihr Ergebnis ist voraussetzungslos und ungehindert zugänglich. Sie ist schließlich *Handlung* als unterschieden von *Funktionserfüllung*, d. h. Betätigung unter Beteiligung des ‹ganzen› Menschen. «Jagen ist nicht nur eine Art des Lebensunterhaltes, sondern auch eine Grundhaltung.» (M. Münzel, 1983, S. 178)

Noch einmal: die vorherrschende Tätigkeitsform, die das Leben-In kennzeichnet, ist die Entnahme-Tätigkeit: «Unsere heutige Kultur, seit Menschengedenken auf Ernährung aus der Landwirtschaft aufbauend, hat immer wieder die radikale Umwandlung der Natur zu einem Grundprinzip gemacht. Der Bauer verändert die Landschaft grundlegend, indem er Wald rodet, um Felder anzulegen. Er verwandelt wildwachsende Pflanzen in gezüchtete Nutzpflanzen, wilde Tiere in Haustiere. Die technische Zivilisation führt diesen Ansatz fort, indem sie die Landschaft erneut, noch gründlicher, umwandelt. Werkzeuge, Maschinen entstehen aus immer weitergehender Veränderung der ursprünglichen Materialien.

Dem steht ein Grundprinzip der Wildbeuter-Kultur gegenüber: Die Natur in möglichst ursprünglichem Zustand zu belassen, um sie in ihrer vorgegebenen Form zu nutzen. Zwar vernichtet auch der Wildbeuter Natur: Tötet Tiere, fällt Bäume usw. Doch gilt seine Attacke nicht einem ganzen Wald, einer ganzen Tierart, sondern einzelnen Individuen, einem Baum, einem Tier, ohne daß das Gesamtbild allzusehr verändert wird. Wildbeutern heißt: Sich das Wilde, eben das Unveränderte anzueignen, ohne es vorher umzugestalten.» (M. Münzel, 1983, S. 174)

Steht nun aber diese Feststellung nicht in krassem Widerspruch zu jener anderen, daß wirklich ‹geniale›, umstürzende Erfindungen aus dieser Lebensform hervorgegangen sind? Erfindungen sind im Kontext des Lebens-in-Daseinsbedingungen nicht planmäßige, absichtsvolle Lösungen vorab definierter Probleme, auch nicht Ergebnis von konzentrierter Anstrengung im Sinne eines allgemeinen, gültigen Fortschrittspostulats, sondern sie sind ‹Einfälle›, *Inventionen* aus je konkretem Anlaß. Sie haben ihren Ursprung in unmittelbar handelndem Umgang mit der Umwelt und ihr Ziel im unmittelbaren Gebrauch. Auch die Erfindung ist nicht Resultat verzweifelter Suche, sondern etwas, das sich findet, etwas, das ein-fällt, etwas also, das aus der Fülle kommt. Die Erfindung ist vielmehr ein Ereignis als ein planmäßiger schöpferischer Akt. Auch sie folgt – wie die reine Entnahmetätigkeit – einem Grundmuster, bei dem die Ziele den erreichbaren Mitteln (nämlich: Einfällen) folgen, nicht umgekehrt. Während in allen anderen, nicht durch Bedürfnislosigkeit bestimmten Lebensformen die Ziele die Mittel notorisch übersteigen und Erfindungen im Dienste der Mittelverbesserung bemüht werden. Die ‹primitiven Völker› «haben keine Wissenschaft, aber dafür Erfinder. Bei uns wird jemandem in der Industrie gesagt, was er erfinden soll, und dann sucht er solange, bis er es gefunden hat – wenn er Glück hat. Was zur Folge hat, daß bei uns die fundamentale Erfindungsgabe des Menschen ausgestorben ist.» (St. Diamond, in: H.-J. Heinrichs, 1982, S. 91).

Die gebräuchlichen Werkzeuge, die aus solchen Inventionen hervorgehen, erfahren demzufolge nicht eine lange Kette von Transformationen des Ausgangsmaterials. «Werkzeuge werden durch möglichst geringe Verwandlung der natürlichen Rohstoffe hergestellt.» (M. Münzel, 1983, S. 175)

Jede Tätigkeit, sowohl Entnahmetätigkeit als auch Herstellen, ist auf kurzem Wege zielführend. «Die auf die Subsistenz verwandte Arbeit schwankte stark. Sie wurde auf der Stelle beendet, wenn die Leute genug für den unmittelbaren Bedarf gesammelt oder gejagt hatten.» (M. Sahlins, 1978, S. 172) Die Tätigkeiten sind also unmittelbar *ge-* oder *ver*brauchsorientiert.

Unmittelbare Zugänglichkeit aller zu den Lebensgütern bedeutet im Blick auf die Tätigkeit, daß – zumindest idealtypisch – jedes Mitglied der Gemeinschaft über alle Fähigkeiten verfügt, die zur Erhaltung der Existenz erforderlich sind, und daß auch der Zugang zum Erwerb der Fähigkeiten ungehindert möglich ist. Ebenso wie die lebenssichernden Tätigkeiten keine besonderen vom Alltagsleben ausgegrenzten Verrichtungen von hochspezialisierter Zwecksetzung (z. B. reiner Nahrungserwerb) sind, ist also der Erwerb der Fähigkeiten (= das Lernen) eine abgesonderte Prozedur: «Die primitiven Völker haben keine Schulen, aber alle lernen. (...) Sie müssen geistige, technische, spirituelle Dinge lernen, es ist ein langer, stufenweiser Prozeß: aufzuwachsen; sie sind in eine Welt gestellt, die ihnen nicht in einer rationalisierten Form entgegentritt, sie leben in der Natur.» (St. Diamond, in: H.-J. Heinrichs, 1982, S. 91)

Schließlich sind auch kultische oder künstlerische Verrichtungen eingebettet in das tägliche Leben und bilden nicht einen davon abgetrennten religiösen oder kulturellen Sektor. «Sie haben keine bestimmte Vorstellung von der Kunst. (...) Jeder von ihnen ist ein Künstler, ein Poet, ein Techniker. Jeder weiß über die Geschichte seines Volkes Bescheid (...) sie werden älter, und indem sie älter werden, werden sie weiser.» (St. Diamond, in: H.-J. Heinrichs, 1982, S. 89)

Einzig eine geschlechtsspezifische und altersspezifische Aufgabenverteilung durchbricht das Prinzip der Unmittelbarkeit jedes einzelnen zu allen anfallenden Tätigkeiten.[22]

Präziser ist es, diese natürliche Aufgabenverteilung als eine *Modifikation* der Unmittelbarkeit eines jeden zu den Tätigkeiten zu beschreiben, da sie ganz vom Prinzip der *Komplementarität* bestimmt ist. Das heißt, die geschlechtsspezifisch und altersspezifisch verrichteten Tätigkeiten sind höchst beziehungsreich miteinander verbunden und bilden zugleich das Grundmuster der Regelung des Gemeinschaftslebens (vgl. M. Münzel, 1983, S. 241-275).

Die geschlechtsspezifische Aufgabenverteilung, in die jedes Mitglied der Gesellschaft im Vollzug alltäglicher Lebenspraxis hineinwächst, ist gleichsam die den Naturgegebenheiten komplementäre *Daseins*bedingung, die das Leben-in-gesellschaftlichen-Grundmustern ermöglicht. Die äußere Natur als Daseinsbedingung und die gesellschaftlichen Grundmuster als Daseinsbedingung sind – das versteht sich – nicht eigentlich voneinander zu unterscheiden, weil es immer nur ein gesellschaftlich geprägtes Verhältnis des Menschen zur äußeren Natur gibt. Aber dennoch lassen sie sich als zwei Aspekte des Lebens-in-Daseinsbedingungen betrachten. Die Unerschöpflichkeit der Natur ist keine abstrakte Größe, sondern Ausdruck eines gesellschaftlichen Verhältnisses, wobei der Mensch, der sich als wesensgleich mit der Natur begreift, diese nicht entmachten muß, das heißt keine Produktivität entfalten muß. Die äußere Natur ist befreundet, und es bedarf nichts als einer Reihe besonderer, besänftigender Vorkehrungen für den Umgang mit ihr, um die Versöhnlichkeit nicht zu gefährden. Keinesfalls aber ist der Mensch das Mängelwesen, dem nichts anderes als die Bezwingung der Natur übrigbleibt.[23]

Der beherrschende Grundzug einer Lebensform, die sich angleicht an das von der Natur Gewährte, die sich nicht «die Umgestaltung der Natur zur Aufgabe» macht, sondern ihre «Ziele im Verhältnis zu ihr (...) vorwiegend zum Verbrauch bestimmt» sieht (A. J. Gurjewitsch, 1980, S. 55), ist die *Mobilität.*

Der «‹höchste Wert› (...) ‹ist die Bewegungsfreiheit›» (L. Warner, zit. bei M. Sahlins, 1978, S. 166). Die Tragbarkeit wird in der Wertskala einer solchen Gesellschaft zu einem der höchsten Werte, denn Bewegung ist die Grundbedingung erfolgreichen Nahrungserwerbs.

Mobilität einmal als höchsten Wert einer Gesellschaft, als obersten Grundsatz ihrer Bestandssicherung genommen, macht eine Unterscheidung der «vita activa», des tätigen Lebens, in jene drei Formen menschlicher Tätigkeiten, «die Arbeit unseres Körpers», «das Werk unserer Hände» und das Handeln, dem «die eigentümliche Fähigkeit, Beziehung zu stiften» (H. Arendt, 1960, S. 76 und S. 183) innewohnt, sinnlos. In der Tat gibt diese Unterscheidung erst Sinn, wenn der Mensch rebelliert gegen ein Dasein, das er wesentlich der Natur als Produzentin und ihrer ‹unerschöpflichen› freien Gabe verdankt, und dieses umzutauschen wünscht gegen Bedingungen, die er selbst schafft. Erst dann muß der Mensch sich wirklich eine *Heimat* gegen die Natur aufrichten, eine ‹*Welt*›, die aus einer Fülle, einer «endlosen Vielfalt von Gebrauchsgegenständen» zusammengefügt ist, deren Wesen die «Haltbarkeit» ist, nicht ewige Dauer, bedroht vom Abnutzungsprozeß, aber doch eine den Menschen regelmäßig überdauernde Haltbarkeit, die der Welt «Beständigkeit» verleiht:

«So gesehen, haben die Weltdinge (die aus dem Herstellungsprozeß des homo faber hervorgehen; M. G.) die Aufgabe, menschliches Leben zu stabilisieren» und dem Menschen zu einer Identität zu verhelfen, «die sich daraus herleitet, daß der gleiche Stuhl und der gleiche Tisch den jeden Tag veränderten Menschen mit gleichbleibender Vertrautheit entgegenstehen. Mit anderen Worten, das, was der Subjektivität des Menschen entgegensteht, und woran sie sich mißt, ist die Objektivität, die Gegenständlichkeit der von ihm selbst hergestellten Welt, und nicht die erhabene Gleichgültigkeit einer von Menschenhand unberührten Natur, deren überwältigende Elementargewalt ihn im Gegenteil, vermöge des biologischen Lebensprozesses und seines Kreislaufs, in die umgreifend kreisende Bewegung zwingt und einfügt, in der alles Natürliche schwingt.» (H. Arendt, 1960, S. 125)

Genau diese Einfügung in die Natur und ihre kreisende Bewegung, jedoch nicht als schiere Unterworfenheit unter die «überwältigende Elementargewalt», sondern als gesellschaftliche Konstruktion, zeichnet das Leben-in-Naturbedingungen aus und macht es für die Verlokkungen der Beständigkeit unanfechtbar. Beständigkeit wird hier nicht einmal dem Tod abgerungen, vielmehr ist die kreisende Bewegung der Natur mit ihren Hervorbringungen und ihren Auflösungen und die daran angepaßte Mobilität selbst die Heimat, die die existentielle Unsicherheit aufhebt. Es ist falsch, diese Existenzform dem *Animal* laborans, dem arbeitenden Tier, zuzuordnen, das, von seinen Körperbedürfnissen getrieben, sich «körperlich mit dem Material seiner Arbeit ‹vermischt› und ihr Resultat sich einverleibt» (H. Arendt, 1960, S. 124). Diese Daseinsweise ist nicht einfach als eine Niederlage des dem *Menschen* «innewohnenden ‹Widerwillens gegen die Vergeblichkeit› und Vergänglichkeit» (H. Arendt, 1960, S. 107) zu werten; sie ist nicht einfach zu betrachten als Arbeiten, das niemals «fertig» ist, «sondern sich in unendlicher Wiederholung in dem immer wiederkehrenden Kreise, den der biologische Lebensprozeß ihm vorschreibt und dessen ‹Mühe und Plage› erst mit dem Tod des jeweiligen Organismus ein Ende findet» (H. Arendt, 1960, S. 90). Dies alles gilt nur, wenn jeder Quadratzentimeter Lebensraum als abhängig von menschlicher Hervorbringung gedacht wird und jede Sekunde gelebter Lebenszeit als abhängig von der im Herstellungsprozeß und im Schaffen von Welt gewonnenen menschlichen Identität. Erschaffung von ‹Welt› und Leben-in-Naturbedingungen schließen einander aus. Das eine braucht einen *Ort*, das andere *Bewegung*.

Auch ist die Tätigkeit des Lebens-in-Naturbedingungen, wiewohl sie rhythmischer Wiederholung unterliegt, nicht einfach mit unendlicher Mühsal gleichzusetzen. Es gibt zahlreiche Hinweise, daß die Tätigkeiten zur Lebenssicherung in Jäger- und Sammlergesellschaften im Gegenteil nur wenige Stunden des Tages beanspruchen und zudem oft weit entfernt von äußerster Mühsal waren, vielmehr weithin beiläufig oder unter hochgestimmter Anspannung (Jagdfieber) verrichtet wurden (M. Sahlins, 1978, S. 164, S. 167, S. 170-172).

Die Dreiteilung der «vita activa» bringt ein eigentümlich zwiespältiges Verhältnis zur ‹Arbeit›, d. h. zur Tätigkeit für den Lebensunterhalt, mit sich. ‹Arbeit› ist Segen und Fluch zugleich: «Der Segen der Arbeit (...) ist die menschliche Art und Weise, der Seligkeit des schier Lebendigen teilhaftig zu werden, die wir mit allen Kreaturen teilen. Und ein in der Arbeit sich verbrauchendes Leben ist der einzige Weg, auf dem auch der Mensch in dem vorgeschriebenen Kreislauf der Natur verbleiben kann, in ihm gleichsam mitschwingen kann zwischen Mühsal und Ruhe, zwischen Arbeit und Verzehr, zwischen Lust und Unlust mit derselben ungestörten und unstörbaren, grundlosen und zweckfreien Gleichmäßigkeit, mit der Tag und Nacht, Leben und Tod aufeinander folgen. (...) Diesen Segen, den das Arbeiten über ein ganzes Leben breiten kann, kann das Herstellen niemals leisten, denn es handelt sich hier keineswegs um die immer kurzen Augenblicke der Erleichterung und Freude, die sich einstellen, wenn eine Leistung vollendet ist. Der Segen der Arbeit ist, daß Mühsal und Lohn einander in dem gleichen regelmäßigen Rhythmus folgen wie Arbeiten und Essen, die Zubereitung der Lebensmittel und ihr Verzehr, so daß ein Lustgefühl den gesamten Vorgang begleitet, nicht anders als das Funktionieren eines gesunden Körpers.» (H. Arendt, 1960, S. 97f)

Der Fluch der Arbeit – und hier ist nicht etwa entfremdete Lohnarbeit gemeint, sondern die Arbeit, die der Mensch seiner physischen Selbsterhaltung widmen muß – besteht darin, daß der Mensch durch sie über seine tierische Existenz nicht hinauskommt: «Bestimmt man den Menschen als ein Animal laborans, so kann er in der Tat nichts wesentlich anderes sein als ein Tier, bestenfalls die höchste der Tiergattungen, die die Erde bevölkern.» (H. Arendt, 1960, S. 97f) Wenn so der Mensch nur im Herstellen sich als *Mensch* zeigen kann, dann ist die Haltung der *Bedürfnislosigkeit*, das Leben-in-Daseinsbedingungen, als Möglichkeit *menschlicher* Existenz ausgeschlossen. Dieser

Die Welt des Geistes und des Geldes

DEUTSCHLAND

«Alles, was der Bedürfnis ähnlich ist…

...hat die Eigenschaft, daß man es viel weniger genießt, wenn man es hat, als es schmerzt, wenn man es entbehrt.»

Wilhelm von Humboldt
Brief an eine Freundin vom 10. Juli 1825

Gegen die Schmerzen nicht befriedigter Bedürfnisse ist das Sparen in vielen Fällen das probate Mittel.

Existenzweise wird der Status der *Kultur* abgesprochen. Das ist folgenreich.

Die Bedürfnislosigkeit erlaubt gegenüber dem Tätigsein eine andere Freiheit als die, die der schaffende Mensch gegenüber dem von ihm hergestellten Gegenstand hat. Ich meine die Freiheit des Unterlassens, die freie Wahl zwischen *Handeln* oder *Nicht-Handeln*. Völlig zu Recht stellt Hanna Arendt fest, daß das Herstellen «zu Ende ist, wenn der Gegenstand die ihm angemessene Gestalt erhalten hat und nun als fertiges Ding der vorhandenen Dingwelt eingefügt werden kann», während das Arbeiten niemals «fertig» ist (H. Arendt, 1960, S. 90).

Mit der Fertigstellung eines für den Gebrauch bestimmten Gegenstandes ist der Hersteller zwar aus der Verpflichtung gegenüber seinem Erzeugnis entlassen, aber nicht in die Freiheit der Untätigkeit. Dies in doppelter Hinsicht nicht: Die neue Verpflichtung gegenüber dem Gegenstand ist die des Gebrauchs. Nur wenn er in Gebrauch genommen wird, kann der Gegenstand (Gegenstand hier wieder sehr weit gefaßt als jede Form der Hervorbringung) seine Funktion, Teil der Heimat des Menschen zu sein, erfüllen. Und: wenn der Mensch durch die Erschaffung einer haltbaren Dingwelt, die ihm zur Heimat wird, zu seinem Wesen als *Mensch* kommt, dann bedeutet Untätigsein Verfehlung der menschlichen Möglichkeit, Versäumnis. Müßiggang ist defizitär.

Wenn aber das Tun auf die äußere Natur nicht verändernd *einwirkt*, sondern ihr etwas *entnimmt*, wenn die Natur Produzent bleibt, gibt es eine Alternative zwischen Handeln und Nicht-Handeln.

Nicht-Handeln läßt die Umwelt tatsächlich weitgehend unverändert, ohne den Menschen in einen Zustand besonderer Defizienz zu versetzen: «Thomas von Aquin (unterscheidet) in seiner Handlungstheorie die libertas specificationis, die Freiheit, so oder anders zu handeln (...) von der libertas exercitii, der Freiheit zu handeln oder nicht zu handeln.» (R. Spaemann, 1979, S. 485 f) Es gibt unter der Bedingung der Bedürfnislosigkeit ein tendenziell folgenloses Nicht-Handeln: «Es läßt sich mit gutem Gewissen sagen, daß (bei den Jägern und Sammlern; M. G.) (...) pro Kopf und Jahr mehr am Tag geschlafen wird als in jeder anderen Gesellschaftsform.» (M. Sahlins, 1978, S. 169) «Die Hauptalternative zur Arbeit, die mit dieser ständig abwechselte, war Schlaf.» (M. Sahlins, 1978, S. 173 f) Dieser Schlaf, der nicht der ‹Reproduktion der Arbeitskraft› gilt, der nicht Erschöpfungsschlaf ist und bei dem nichts verschlafen zu werden scheint, führt am sinnfälligsten die Alternative des Nicht-Handelns vor, die im krassen Gegensatz zum «Can-implies-Ought»-Prinzip steht.

Schon also das *Leben-mit-Fähigkeiten* enthält einen Imperativ zur Ausschöpfung der Potentialität, welche ja eine Verbindung von vorhandenem Naturstoff und ausbildbarer Fähigkeit ist.

Vollends aber gilt unter der Herrschaft von Knappheit und Bedürftigkeit «jedes Nichthandeln nur als eine andere Form von Handeln»; Nicht-Handeln ist nur ein Unterlassen mit ebensoviel, wenn auch anderen Folgen wie Handeln (R. Spaemann, 1979, S. 486).

Gegenüber allen Lebensbereichen, die von Verknappung erfaßt sind und denen gegenüber sich Bedürfnisse herausgebildet haben, gilt, daß Nicht-Handeln folgenschwere Unterlassung ist oder Unterwerfung unter die Knappheit. Erst unter der Bedingung von Knappheit kommt Nicht-Handeln einem Zustand der Apathie gleich mit unausweichlichen sozialen Folgen.

Die Tatsache, daß es Nicht-Handeln als Alternative zum Handeln unter dem Vorzeichen von Knappheit nicht gibt, ist nicht so sehr eine Folge der Komplexität fortgeschrittener Industriegesellschaften, nicht also Folge dessen, daß alles mit allem zusammenhängt. Als ob die Komplexität der Zusammenhänge in der Lebenswelt der Jäger und Sammler geringer wäre. Sie ist vielmehr die notwendige Folge der Verknappung, die bewirkt, daß alles, was in ihren Einflußbereich gerät – dies ist eines ihrer Geheimnisse –, zur Nullsumme wird. Danach wird der sich am Handeln zur Beseitigung der Knappheit nicht Beteiligende notwendig zum Opfer der Handlungen anderer. Es gibt nur die Wahl zwischen Opfer und Akteur, nicht die zwischen Akteur und Nicht-Akteur. Ferner gibt es nur die Wahl zwischen meiner Knappheit und deiner Knappheit, nicht zwischen Knappheit und deren Beseitigung. In diesem umfassenden Sinn wirkt jeder an der Aufrechterhaltung der Knappheit mit, ob er nun handelt oder unterläßt zu handeln.

Zusammenfassung: Dimensionen der Unmittelbarkeit der Tätigkeiten

1. Jedes Mitglied der Gemeinschaft hat ungehindert Zugang zu den anfallenden Tätigkeiten. Einzig das Prinzip der geschlechtsspezifischen und altersspezifischen Aufgabenteilung modifiziert dieses Grundmuster.

2. Jedes Mitglied wächst in die lebenssichernden Fähigkeiten hinein ohne besondere, vom praktischen Lebensvollzug abgetrennte Lernverfahren und -institutionen.

3. Jedes Mitglied einer Gemeinschaft hat ungehindert teil an den Produkten der Tätigkeiten.[24]

4. Tätigkeiten sind im wesentlichen nicht auf die Herstellung überdauernder Güter gerichtet, sondern auf den unmittelbaren Verbrauch. Die Tätigkeiten sind gegenwarts-, nicht zukunftsorientiert. Sie bringen keine dauerhaften Gebrauchsgüter hervor, also können solche auch nicht Voraussetzung von Tätigkeiten sein. Die Werkzeuge sind ‹organisch›.[25] Sie sind nicht der Natur entgegengestellt, sondern lediglich eine Steigerung der eigenen Körperkräfte, eine Verlängerung des eigenen Körpers, nicht losgelöst von diesem denkbar. Die Tätigkeiten sind wesentlich Entnahme-Tätigkeiten. Das heißt, die Rohstoffe gelten als nahezu ge-/verbrauchsfertig und müssen nur geringfügig umgewandelt werden.

5. Die Regelung der Tätigkeiten *ist* die Regelung des Gemeinschaftslebens. Es gibt keine besonderen Tätigkeiten der Regelung des sozialen und kulturellen Lebens.

Im Rahmen des Lebens-In stehen die sozialen und kulturellen Tätigkeiten direkt im Zusammenhang mit dem Unterhalt der Gemeinschaft und der Ausbildung der lebenssichernden Fähigkeiten. Tätigkeiten sind unter diesen Bedingungen weder durch Knappheit und Bedürfnisse stimuliert, noch erzeugen sie Knappheit und Bedürfnisse.

Leben-In und Regelung des Zusammenlebens

> «Wenn die Bakairi mit ihrem Häuptling unzufrieden sind, verlassen sie das Dorf und bitten ihn, doch allein zu regieren.»
> (Von den Steinen; zit. bei E. Canetti, 1981, S. 228)

1. Kooperation und Teilen

Knappheit ist keine Eigenschaft der Lebensgrundlagen, sondern ein gesellschaftliches Verhältnis. So ist auch Wohlstand nicht gebunden an eine benennbare Quantität der verfügbaren Lebensmittel, sondern an bestimmte Rahmenbedingungen des Zusammenlebens. So wie mit Leben-In die Beherrschung der Natur unvereinbar ist, so wie damit Arbeitsteilung (ausgenommen geschlechts- und altersspezifische Aufgabenverteilung, die keine eigentliche Arbeitsteilung ist) unvereinbar ist, so sind damit auch bestimmte Grundprinzipien der Organisation des Zusammenlebens unvereinbar:

– die Überschreitung einer solchen Gruppengröße, die noch ungehinderte Zugänglichkeit aller zu den Ressourcen und zu den lebenssichernden Tätigkeiten erlaubt; denn: unvereinbar sind Zentralisierung und Leben-In;
– die Regulierung des Zusammenlebens durch Besitzverhältnisse und exklusive Verfügungsgewalt, die eine hierarchische Ordnung begründen; denn: unvereinbar ist Leben-In mit einer Koppelung des sozialen Ranges gerade an solche ‹Leistungen›, die sich durch die *Schädigung* der Gemeinschaft und der in ihr versammelten einzelnen auszeichnen.

Leben-In heißt im Blick auf die Gemeinschaft, daß ein Aufwachsen, Hineinwachsen in die Regelungen des Gemeinschaftslebens möglich ist, daß die Unmittelbarkeit des einzelnen zu den Gestaltungsprinzipien des sozialen Zusammenhalts gegeben ist, daß also soziale Subsistenz besteht. Voraussetzung dafür ist, daß die Kriterien, nach denen soziale Anerkennung oder Prestige gewährt werden, sich am Nützlichkeitsprinzip orientieren. Die Bestimmung dessen, was in einer Gemeinschaft als Erfolg honoriert, und die Bestimmung dessen, was in einer Gemeinschaft – für sie als Ganzes und für ihre einzelnen Mitglieder – als nützlich, förderlich, bekömmlich erachtet wird, sind *richtungsgleich*. Wiederum am Beispiel der Aché:[26] «Bedeutende Jäger und Krieger, die Macht ausüben, hängen an ihren Namen den Zusatz puku (groß) an. Um puku zu sein, muß man kampfeslustig sein, früher mußte man wohl auch einen Menschen getötet haben. Eine weitere Steigerung ist der Namenszusatz wachu (groß, mächtig, erhaben). Dazu braucht man nicht nur Mut und Rauflust, sondern auch Freundlichkeit und Weisheit, man muß schon etwas älter sein.» Das größte Ansehen kommt demjenigen zu, «der schon mehrere Menschen getötet hat, Widerspruch in den eigenen Reihen durch sofortige Gewalt – Schläge, manchmal Totschlag – unterdrückt, der furchterregende Wutanfälle hat, ein großer Jäger ist, kurz das Extrembild eines wilden Mannes. Freilich müssen seine Wutanfälle gezielt und sinnvoll sein, darf er nicht einfach sinnlos töten, und ist auch er eingeschränkt durch den Kritiksinn der Frauen, die ihn, wenn er allzusehr übertreibt und allzulange nur wütet, durch Spottgesänge lächerlich machen. (...) Seine Wut (...) kann in mystischer Übertragung das Universum erschüttern und das Wetter verändern. Aber sie darf das nur so tun, daß die Gruppe davon

Nutzen hat – der Blitz, den er erzeugt, soll auf die Feinde fallen. Wenn die Wut des Kriegers dagegen nur Dauerregen erzeugt, der die eigene Gruppe stört, dann ist er kein *yrmachija*, sondern einer, den wir mit unseren Begriffen als Wirrkopf bezeichnen würden.» (M. Münzel, 1983, S. 274 f)

Dieses Beispiel macht deutlich: Was in einer Gemeinschaft als nützlich und förderlich gilt, unterliegt gesellschaftlicher Definition. So ist etwa in diesem Fall die erwiesene Fähigkeit eines Gruppenmitgliedes, Menschen zu töten, ein Ausweis seiner Energie, die ihn auch zum erfolgreichen Jäger prädisponiert und – im Sinne der Wesensgleichheit zwischen Mensch und Natur – ihn den mächtigen Naturkräften artverwandt und ebenbürtig erscheinen läßt, so daß er ihnen gebieten kann. Dies festzustellen ist wichtig, um nicht der Mißdeutung Vorschub zu leisten, es solle hier unter Vorgabe unserer Moralkodizes die Mär vom guten und friedfertigen Wilden neu aufgelegt werden. (Ebensowenig wie der schonsame Umgang mit der natürlichen Umwelt, den viele Jäger- und Sammler-Sozietäten praktizieren, angemessen von einer zeitgenössischen ökologischen Moral her interpretiert werden kann.)

Was immer aber inhaltlich die jeweilige gesellschaftliche Definition von Nützlichkeit, von dem, was dem Erhalt der Gemeinschaft dienlich ist, sein mag, so hängt doch das Ansehen, das ein Gruppenmitglied genießt, daran, daß es seine Kräfte, Fähigkeiten, Eigenschaften und Errungenschaften der Gemeinschaft *zuwendet*.

Der soziale Zusammenhalt beruht auf dieser Plausibilität, daß die Autorität, die jemand einvernehmlich beanspruchen kann, dem Dienst, den er seiner Gruppe erweist, entspricht. Darum würde ich, gemäß der von mir gewählten Begriffsbestimmung, in diesem Kontext auch nicht von *Machtausübung* (= Fähigkeit, Knappheit zu schaffen), sondern von sozialem Ansehen und anerkannter Autorität sprechen wollen. Wegen dieser inneren Plausibilität bedarf es – ein Merkmal des Lebens-In – keiner besonderen Institutionen zur Überwachung des sozialen Zusammenhalts: «Der Jäger darf bei den Aché ebensowenig wie bei vielen anderen Jägervölkern das Tier, das er selbst erlegt hat, verzehren. Man begründet das damit, daß ihm dieses Fleisch schaden könne – was wohl heißt, daß das Tier sich durch das Fleisch an seinem Mörder rächen kann. (...)

Der französische Völkerkundler Pierre Clastres (...) sieht darin den entscheidenden kulturellen Schritt, durch den das Individuum, das sich sonst vom eigenen Wildbret ernähren könnte, zur Abhängigkeit von und Rücksichtnahme auf die Gesellschaft gezwungen wird, die ihm seine Fleischnahrung liefert. Das Verbot, das selbst erjagte Wild zu essen (...), ‹zwingt das Individuum, sich von seinem Wild zu trennen und verpflichtet es dadurch, den anderen zu vertrauen, was erst gestattet, daß die soziale Verbindung endgültig geknüpft wird.›» (M. Münzel, 1983, S. 244 f)

Der soziale Status der Mitglieder der Gemeinschaft reguliert sich nach Angemessenheitskriterien, die «gemein», d. h., die in der Verfügung der Gemeinschaft sind. Das Spottgelächter der Frauen ist bei Gültigkeit dieser allen Mitgliedern einsichtigen Angemessenheitskriterien ein völlig hinreichendes Mittel, um angemaßte Autorität aufzulösen. «Die sozialen Beziehungen zwischen den Mitgliedern einer Jäger-Sammler-Sozietät sind gekennzeichnet durch das Fehlen der sogenannten ‹Dominanz› (...).» (E. Fromm, 1974, S. 125)

«Weder gibt es irgendeine Hackordnung, die auf körperlicher Überlegenheit beruht, noch gibt es überhaupt eine Über- oder Unterordnung, die auf anderen Quellen der Macht gründet, wie zum Beispiel Wohlstand, ererbte Zugehörigkeit zu bestimmten Klassen, militärische oder politische Ämter. Die einzig stimmige Überlegenheit ist die einer Person größeren Alters und größerer Weisheit, die in der Lage ist, eine Zeremonie zu leiten. Sogar wenn Individuen einen höheren Status oder größeres Prestige als andere besitzen, stehen die Manifestationen dieses Status und die damit verbundenen Privilegien in striktem Gegensatz zu der Dominanz, wie sie bei den Affen ausgebildet ist. Großzügigkeit und Bescheidenheit werden Personen mit hohem Status in der primitiven Gesellschaft abverlangt, und die Belohnungen, die sie dafür bekommen, bestehen lediglich in der Zuneigung und Aufmerksamkeit der anderen. Ein Mann mag beispielsweise stärker, schneller, tapferer und klüger sein als die übrigen Mitglieder der Gemeinschaft. Wird er darum einen höheren Rang einnehmen als die anderen? Nicht notwendigerweise. Ansehen wird ihm nur zugebilligt werden, wenn diese Qualitäten in den Dienst der Gruppe gestellt werden – sagen wir bei der Jagd – und wenn er also mehr Beute macht, die er wegschenken kann, und wenn er dies angemessen und bescheiden tut. (...) in der primitiven Gesellschaft muß größere Stärke im Dienst der Gemeinschaft genutzt werden, und die Person, die Ansehen gewinnen will, muß dafür buchstäblich Opfer bringen, indem sie härter arbeitet für weniger Nahrung.» (E. R. Service, 1966, S. 31 f)

Völlig anders dagegen gilt unter der Herrschaft der Knappheit gerade, daß den höchsten sozialen Status derjenige einnimmt, der der

Sozietät den größten Schaden zufügen kann, das heißt über die Macht verfügt, anderen Lebensgüter vorzuenthalten, ihnen den Zugang zu diesen zu verwehren. Es gibt keine Gleichgerichtetheit zwischen dem Status des einzelnen und dem Nutzen für die Gemeinschaft.

Solange der soziale Erfolg, das Ansehen einzelner Mitglieder der Gemeinschaft sich bemißt nach Einheiten des Nutzens für die anderen Mitglieder der Gemeinschaft, solange ist Prestige, Rangordnung, Hierarchie sozial integrativ. «Die Konkurrenz, die es unter den Individuen gibt, welche um Status und Führerschaft wetteifern, ist in primitiven Gesellschaften *sozial* und die Mittel, die dabei eingesetzt werden, sind soziales Kapital. (...) Die sozialen Ziele, die in mehr Freunden und Anhängern bestehen, sind ein Ergebnis davon, daß man seinen Wohlstand teilt.» (E. R. Service, 1966, S. 20)

Sobald aber sozialer Erfolg in der Konkurrenz um Rangpositionen gemessen wird in Einheiten von Schaden, den man anderen Mitgliedern der Sozietät zuzufügen die Macht hat, wird die Rangkonkurrenz sozial desintegrativ. In dem Maße, wie der unmittelbar plausible Zusammenhang zwischen Erfolgs- und Nützlichkeitskriterien aufgehoben ist, bedarf es besonderer Institutionen zur Aufrechterhaltung des gefährdeten, labilen sozialen Zusammenhalts: Das Spottgelächter der Frauen weicht dem Polizeiapparat. Das Fehlen unmittelbar einsichtiger und darum gültiger Angemessenheitskriterien für Ranganspruche wird durch besondere Institutionen der Verwaltung des Zusammenlebens, durch einen Staatsapparat kompensiert. Als Gegengewicht gegen die sprengenden, sozial destruktiven Tendenzen des Konkurrenzkampfes werden darüber hinaus besondere Institutionen etabliert, um moralischen Prinzipien Geltung zu verschaffen, die gleichsam ein Widerlager zu den Erfolgsbedingungen des Alltagslebens bilden. Der für Knappheitsgesellschaften kennzeichnende Widerspruch zwischen Erfolgsprinzipien und moralischen Prinzipien macht wiederum ein *Aufwachsen* in die Regelungen des Zusammenlebens unmöglich; denn ersichtlich ist das, was man tun soll, nicht das, was man besser tun sollte. Ein moralischer Lebenswandel ist nicht zugleich auch ein geachteter. Allenfalls wird ihm eine wohlfeile, folgenlose Achtung zuteil, aber kein Ansehen, das Einfluß verschafft. So bedarf es besonderer Institutionen des *sozialen Lernens*, d.h. der *Erziehung*, die die Plausibilitätslücke überbrücken müssen.

«Es scheint, daß die primitivsten menschlichen Gesellschaften zugleich die egalitärsten sind. Dies muß mit der Tatsache zusammenhängen, daß sie wegen ihrer unentfalteten Technologie umfassender und länger auf Kooperation angewiesen sind als jede andere Gesellschaft.» (E. R. Service, 1966, S. 32)

«Kooperation und Teilen» nennt auch E. Fromm als die aus dem Jagdverhalten geradezu zwingend hervorgehenden sozialen Verhaltensmuster (E. Fromm, 1974, S. 120).

Ich selbst will das soziale Grundmuster «*Kooperation* und *Teilen*» nicht nur wie E. Fromm als spezifisch durch das Jagen bedingte Notwendigkeit ansehen.[27] Vielmehr gilt umfassender, daß *Kooperation* und *Teilen* die unmittelbare Zugänglichkeit der dem Lebenserhalt dienenden *Tätigkeiten* und *Güter* sichern. Kooperation und Teilen sind diejenigen Grundmuster sozialen Verhaltens, die ein Wirtschaften ohne Knappheit möglich machen. Umgekehrt gibt es für die gesellschaftliche Option, die ich «Leben-In» genannt habe, keine Alternative zu diesen beiden Grundprinzipien der Gestaltung des Zusammenlebens, wie verschiedenartig die konkreten Ausprägungen seiner Regelung immer sein mögen. «(...) wenn auch nur einer in der primitiven Gesellschaft hungert, dann hungern alle.» (St. Diamond, in: H.-J. Heinrichs, 1982, S. 92). Dieser Vergesellschaftungsgrundsatz kann nur durch Kooperation und Teilen verwirklicht werden.

Wie sehr das Teilen, d. h. die verpflichtende Reziprozität des Schenkens, die jedem Mitglied der Gemeinschaft die «Pflicht» des Wegschenkens dessen, was er hat, ebenso auferlegt wie die Annahme des Geschenkten,[28] soziales Gestaltungsprinzip einer aus der Fülle lebenden Gemeinschaft ist, hat M. Sahlins dargelegt. Er konfrontiert das durch das Schenken und Gegenschenken aufrechterhaltene Gemeinwohl einer durch Staatsgewalt garantierten öffentlichen Ordnung und Sicherheit:

«Die Wechselseitigkeit (des Schenkens; M. G.) ist eine ‹Beziehung-Zwischen ...›. Sie hebt die getrennten Parteien nicht in einer höheren Einheit auf, sondern im Gegenteil, indem sie sie in ihrer Opposition verbindet, bewahrt sie deren Getrenntheit und Eigenständigkeit. Auch bildet sich im Schenken nicht eine dritte Partei heraus, die oberhalb der getrennten Interessen derer, die miteinander in Kontrakt treten, stünde. Es ist äußerst bedeutsam zu verstehen, daß das Geschenk keiner der beiden Parteien Macht entzieht, denn es ist eine Sache des Wollens und nicht des Rechts. So muß also die Bedingung für Frieden – und der besteht tatsächlich in primitiven Gesellschaften – sich politisch unterscheiden von jenem Frieden, der im klassischen Kontrakt anvisiert ist. Der Kontrakt hat immer eine Struktur von Unterwerfung und manchmal sogar von Gewaltherrschaft. Außer der Ehrbezeigung, die der Großzügigkeit gebührt, bedeutet das Geschenk kein Opfer an Gleichheit und niemals eines an Freiheit. Die Gruppen, die durch den Austausch von Geschenken verbunden sind, erhalten ihre Stärke, wenn auch nicht die Neigung, sie zu gebrauchen.» (M. Sahlins, 1974, S. 170)

Wenn jeder teilt, was er erwirtschaftet, wenn jeder selbstverständlich die ihm zuteil werdende ‹Gabe› annimmt, wenn darüber hinaus die einem Geschenk zuwachsenden Gewinne dem Geber zurückerstattet werden, weil niemand sich an dem Geschenk eines anderen bereichern darf,[29] dann ist Knappheit ebensowohl wie Bedürftigkeit ausgeschlossen. «Wir haben es mit einer Gesellschaft zu tun, in welcher Freiheitsgewinn auf Kosten anderer durch die Beziehungen und Formen des Tausches ausgeschlossen ist.» (M. Sahlins, 1974, S. 162)

Noch einmal: Kooperation und Teilen sind keine moralischen Prinzipien, sondern notwendige Bestandteile einer stimmigen gesellschaftlichen Option, die die existentielle Sicherheit darauf gründet, daß sie kein Mißverhältnis zwischen gesellschaftlichen Zielen und vorhandenen Mitteln zuläßt. Sowenig im Kontext des Lebens-in-Daseinsbedingungen der schonsame Umgang mit der äußeren Natur einem ökologischen *Bedürfnis* entspringt, sowenig die Vermeidung von Arbeitsteilung ein *Bedürfnis* nach Selbstverwirklichung durch Tätigkeit befriedigt, sowenig das Fehlen erzieherischer Institutionen auf antipädagogische Moral schließen läßt, sowenig entspringt schließlich Kooperation und Teilen einem *Bedürfnis* nach dem anderen Menschen als höchstem Gegenstand der Bedürfnisse (K. Marx).

Die Neigung, die uns fremden, aber von einem kritischen Standpunkt wünschenswerten, ja überlebenswichtigen gesellschaftlichen Grundmuster, die in vielen Jäger- und Sammler-Sozietäten bestimmend sind, als überlegene Moralität des edlen Wilden zu interpretieren, kennzeichnet eine in der Allgegenwart der Knappheit befangene Optik. Von dieser Optik her erscheinen in der Tat die skizzierten gesellschaftlichen Grundmuster nur als gegen die Normalität und die Geltungsansprüche des Alltagslebens durchgesetzte *Gegenbedürfnisse*.

Die Bewunderung, die dem edlen Wilden gezollt wird, beruht auf dem Mißverständnis, er habe die lebenserhaltenden Prinzipien gegen dieselben Widerstände errungen, denen wir Zeitgenossen uns gegenübersehen, nämlich daß Knappheit ein «Grundtatbestand menschlicher Existenz» ist. Anders: seine hervorragende kulturelle Leistung wird darin gesehen, daß es ihm offenbar gelungen ist, die qualitativen Bedürfnisse Oberhand gewinnen zu lassen über die quantitativen. Dagegen ist die Deutung, Kooperation und Teilen, schonender Umgang mit der Natur usw. seien nicht eine *gegen* die Knappheit durchgesetzte Option, sondern seien eine gesellschaftliche Konstruktion *ohne* Knappheit, sie seien nicht Folge des Sieges qualitativer über quantitative Bedürfnisse, sondern Ausdruck einer auf Bedürfnislosigkeit gegründeten Gesellschaftsordnung, von der allpräsenten Erfahrung der Knappheit her kaum zugänglich. Wir brauchen den *edlen* Wilden, um ihn zum Hoffnungsträger jener Zukunftswünsche zu machen, daß die lebensfreundliche Moral historisch immerhin ihre Durchsetzungsfähigkeit bewiesen hat.

Wie sehr wir ihn als *edlen* Wilden zu beanspruchen angewiesen sind, zeigt sich an der Neigung, seine mit unseren moralischen Prinzipien unvereinbaren Lebensgewohnheiten, wie etwa Kindes- und Altentötung, zu unterschlagen. Diese Gewohnheiten stehen aber genauso im Dienste des Unterhalts der Gemeinschaft wie Kooperation und Teilen und sind moralischem Urteil ebensowenig zugänglich.

Wenn wir also einfach nur mit dem *Wilden* zu tun haben, der kooperiert und teilt, eben weil dies existenznotwendig ist, und nicht weil er Kooperation und Teilen als lebensfreundliches Prinzip dem mörderischen Prinzip der Konkurrenz gegenüberstellt, dann beweist seine Existenzweise für unsere Zukunftschance rein gar nichts, denn dann hat unsere Lage nichts mit seiner gemein, weil er aus einem konkreten Lebensmuster heraus handelt, in dem Erfolg- und Nutzenkriterien einander entsprechen und nicht aus einem dualistischen, in dem die Expansion des destruktiven Erfolgsprinzips durch Gegenkräfte des Lebenserhalts aufgehalten werden muß. Seine Existenzweise beweist nicht, daß Knappheit mit allen ihren zerstörerischen Konsequenzen revidiert werden kann, sie beweist lediglich, daß sie vermeidbar ist. Jedoch: dies gilt nicht mehr «nach dem Sündenfall».

2. Teilen als Neidvermeidung

Dem Mißverständnis, das den Jägern und Sammlern Güte, Friedfertigkeit und praktischen Gerechtigkeitssinn zu unterstellen interessiert ist, diesem ‹alternativen› Mißverständnis der ‹sozial bewegten› Vereinnahmung steht ein anderes Verständnis gegenüber, dessen Interesse die Bestätigung der These vom *Grundtatbestand* der Knappheit ist.

Dem Grundtatbestand der *Knappheit* der Mittel entspricht in dieser Sichtweise der *Neid* als anthropologische Konstante. Die dem Augenschein nach mit der quasi-naturhaften *Grundbedingung* von Knappheit nicht vereinbaren Verhaltensmuster «Kooperation und Teilen» werden dann zu ausgeklügelten Strategien der Neidvermeidung umgedeutet.

Wird im ersten Mißverständnis der *edle* Wilde beschworen, so geht es im zweiten um den Nachweis, daß Kooperation und Teilen ein *funktionales Äquivalent* zur bürokratischen, staatsmächtigen Verwaltung des Zusammenlebens darstellen und daß beide Lösungsversuche für dasselbe existentielle Problem sind, nämlich den Neid zu bändigen und die Mitglieder der Gemeinschaft bzw. der Gesellschaft vor ihren selbstzerstörerischen Tendenzen zu schützen: «Ein Buschmann würde beliebig weit gehen, um zu verhindern, daß andere Buschmänner neidisch auf ihn sind, und deshalb zirkulieren die wenigen Habseligkeiten, die die Buschmänner besitzen, stetig zwischen den Mitgliedern der Gruppe.» (E. M. Thomas, 1959, S. 22)

Der Mensch gilt dann als neidisches Lebewesen, das ohne die «sozialen Hemmungen beim Beneideten nicht in der Lage gewesen wäre, die sozialen Systeme zu entwickeln, deren wir uns auch in modernen Gesellschaften zu bedienen haben». Der Neid wird als «primäres Motiv» behandelt und seine «potentielle Allgegenwart» (H. Schoeck, 1966, S. 7) wird vorausgesetzt. «Er ist der große Regulator für alle zwischenmenschlichen Beziehungen; die Angst vor ihm dämpft und moduliert unzählige Handlungen.» (H. Schoeck, 1966, S. 8)

«Neid (ist) viel universaler (...), als man bis jetzt meistens zugegeben oder auch nur gesehen hat, ja (...) er (ermöglicht) jedes soziale Zusammenleben überhaupt erst (...).» «Eine leise Neiderregbarkeit im Menschen muß es immer geben. Ohne sie können wir uns das soziale Wechselspiel nicht denken.» (H. Schoeck, 1966, S. 8 u. S. 16)

Der Neid ist auch von dieser Position aus eine durch und durch destruktive Regung: Es geht um die *Vernichtung* dessen, was der Beneidete dem Neider voraus hat, wenn nicht sogar der Vernichtungswunsch dem Beneideten selbst gilt; es geht selten um die Aneignung dessen, worauf der Neid sich richtet.

«Er (der Neider; M. G.) möchte den anderen beraubt, enteignet, entblößt, gedemütigt, geschädigt sehen, er malt sich aber fast nie im einzelnen aus, wie eine Übertragung der fremden Güter an ihn selbst möglich wäre.» (H. Schoeck, 1966, S. 11)[30]

Zugleich aber enthält der Neid in sich selbst die Mechanismen zur

Bändigung seiner explosiven Destruktivität: die doppelte Angst vor dem Neid. «Es ist demnach angezeigt, in der *Neidangst* zwei Dimensionen zu unterscheiden: die Angst vor dem eigenen Neid und die Angst vor dem Neid der anderen.» (P. Dumouchel, J. P. Dupuy, 1979, S. 29) Diese Neidangst funktioniert als Kontrolle über die zerstörerische Sprengkraft so perfekt, daß sie geradezu umgekehrt zum Bindemittel der auseinanderstrebenden Tendenzen wird, zur gesellschaftlichen Kohäsionskraft schlechthin. Aber mehr noch: der Neid selbst, nicht nur die Furcht vor seinen Konsequenzen, macht den Menschen zum *sozialen* Wesen, wenn er nur erst zu einer «anthropologischen Grundkategorie» (H. Schoeck, 1966, S. 10) ernannt würde. «Wie sehr das Beneiden ein soziales, das heißt notwendigerweise auf einen anderen gerichtetes Verhalten ist, geht daraus hervor, daß der Neider ohne den anderen niemals ein Neider sein könnte (...).» (H. Schoeck, 1966, S. 11)

Dem Neid ist in entscheidendem Maße die Vergesellschaftung geschuldet. Weil der Mensch diesen Urantrieb nur in Gesellschaft ausagieren kann,[31] ist die Gesellung des Menschen gleichermaßen die *Bedingung*, sich selbst als Neider zu verwirklichen, wie auch das *Heilmittel* gegen die zerstörerischen Folgen dieser Selbstverwirklichung. Wenn die Universalität und Allgegenwart des Neides in der menschlichen Existenz einmal unterstellt ist, dann erscheinen alle kulturellen Besonderheiten verschiedener gleichzeitiger und ungleichzeitiger Gesellschaften nur noch als Variation zum gesellschaftlichen Hauptauftrag:[32] Zähmung und Kanalisierung des Neides: «Es fehlt nicht an ethnologischen und soziologischen Beobachtungen, die diese Deutung zu bestätigen scheinen. Die wetteifernden Tauschakte, die für bestimmte primitive Gesellschaften charakteristisch sind, sind oft genug beschrieben worden: in dem Wettstreit um Geschenk und Gegen-Geschenk versucht jeder der beiden Austauschpartner, es dem gegnerischen Partner unmöglich zu machen, ihm das gleiche zurückzugeben. Derjenige, der den anderen ‹verpflichtet› oder ihn sein Gesicht verlieren läßt, zieht daraus Prestige. Foster selbst zitiert den latein-amerikanischen Brauch des ‹*mayordomo*›: sobald jemand seine materielle Position verbessert hat, ist er gehalten, den Überschuß zu ‹tilgen›, indem er ein großes Fest gibt, auf dem die Reichtümer, deren Existenz als eine Bedrohung der Stabilität der Gesellschaft wahrgenommen wird, im Überfluß verbraucht werden: Nahrung, Getränke, Kleidung, Feuerwerk und Wachskerzen werden so geopfert, um die ganze Welt wieder ins Lot zu bringen. Der Hausherr gewinnt Ansehen dadurch, aber dies ist nicht schädlich, weil es bezahlt ist mit dem unangemessenen Reichtum.» (P. Dumouchel, J.P. Dupuy, 1979, S. 34)

Das Beispiel, das Dupuy zitiert als geläufigen Beleg für die These von der Allgegenwart der Neidvermeidungsanstrengungen, findet bei anderen Autoren eine geradezu entgegengesetzte Deutung; so schreibt Service über das Schenken: «Anthropologen haben manchmal versucht, die tatsächliche Transaktion mit Begriffen wie ‹reines Geschenk› oder ‹freies Geschenk› zu charakterisieren, um die Tatsache hervorzuheben, daß dies kein Handel ist, kein Tausch und daß das Gefühl, das diese Transaktion begleitet, nicht einem Interesse an Gleichgewichtigkeit entspringt. Aber diese Begriffe sind nicht sehr treffend zur Beschreibung der wirklichen Natur dieser Handlung, sie sind sogar ein wenig irreführend.

Einmal erhielt Peter Freuchen Fleisch von einem Eskimo-Jäger. Er reagierte darauf mit ehrlichen Dankesbezeigungen. Der Jäger war niedergeschlagen. Freuchen wurde schnell von einem alten Mann korrigiert: Du darfst für das Fleisch nicht Dank sagen. Es ist dein Recht, deinen Teil zu bekommen. In diesem Land mag niemand abhängig von anderen sein. Darum gibt es niemanden, der Geschenke macht oder welche bekommt, denn dadurch wirst du abhängig. Mit Geschenken macht man Sklaven genauso wie man mit Peitschen Hunde macht.» (E. R. Service, 1966, S. 16)

In der einen Deutung erscheint das Schenken/Gegenschenken als eine *Institution* zur Aufrechterhaltung des sozialen Gleichgewichts. Seine gesellschaftliche Funktion besteht darin zu verhindern, daß irgend jemand im Schenkakt einen Zugewinn oder Verlust an Prestige erfährt und so die zerstörerischen Kräfte des Neides der anderen freisetzt. In der anderen Deutung gehört das Teilen in die soziale Selbstverständlichkeit des Lebens-In, demgegenüber das absichtsvolle Schenken ein Akt der Verknappung wäre. Absichtsvolles Schenken ist ein Mittel, um Zwecke außerhalb seiner selbst zu erreichen, nämlich besondere Anerkennung. Durch das *Instrument* des Schenkens wird das Teilen der Unmittelbarkeit für die Daseinssicherung beraubt. Das Schenken bedroht das Teilen, macht es knapp; es wird zum Machtmittel. «Das Wort ‹Geschenk› hat einen Unterton von Mildtätigkeit, nicht von Gegenseitigkeit. In keiner Jäger- und Sammlergesellschaft wird Dankbarkeit ausgedrückt, und tatsächlich würde es sogar falsch sein, jemanden als großzügig zu rühmen, wenn er seine Beute mit seinen Gefährten teilt.» Damit würde zum Ausdruck gebracht, «daß das Teilen unerwartet und der Geber nicht einfach selbstverständlich großzügig ist.» (E. R. Service, 1966, S. 16)

«‹In der Hungerzone, durch welche wir passierten, fand, hatte mein Gastgeber zwei, drei oder auch vier Biber erlegt, sei es am Tage oder in der Nacht, sogleich ein Festmahl für alle Wilden der Nachbarschaft statt. Und hatten jene einen Fang getan, so gaben auch sie zur gleichen Zeit ein Gelage, so daß, hatte man sich von der einen Tafel erhoben, man sogleich zur nächsten schritt, und manchmal gar zu einer dritten oder vierten. (...)›

Wohlmeinende Autoren haben sich bemüht, diesen scheinbaren Widerspruch zu rationalisieren. (...) Möglicherweise (...) komme ein Mann durch die Verschleuderung seiner Nahrungsmittel mittels eines allgemeinen Festessens nur bindenden, sozialen Verpflichtungen nach, dem verpflichtenden Imperativ des Teilens.» Diese Meinung kann «mit (...) Beobachtungen (...) gerechtfertigt werden», aber es legt sich auch folgende Deutung nahe: «Die Jäger sorgen sich deshalb nicht um den nächsten Tag, weil er ihnen eben das gleiche oder noch mehr bringen wird (...) Dieses Selbstvertrauen muß mit der vermeintlichen Verschwendungssucht der Jäger und Sammler in enger Beziehung stehen. Es muß darüber hinaus eine objektive Basis haben (...).» (M. Sahlins, 1978, S. 185)

Auch hier zeigt sich, daß die Deutung, der überschüssige Reichtum des einzelnen müsse vernichtet werden, damit das soziale Gefüge nicht in Unordnung gerät, beileibe nicht zwingend ist, oder nur dann zwingend ist, wenn überhaupt die Jagdbeute als *Besitz* des Jägers aufgefaßt und mit dem *Besitz* Anspruch auf Prestige verbunden wird.[33] Wenn wir aber davon ausgehen, daß das Prinzip der allgemeinen Zugänglichkeit, wenn es schon für die ursprüngliche Entnahme nicht gilt – weil nun einmal das Jagdglück und -geschick von Person zu Person, von Situation zu Situation differieren –, in zweiter Instanz verwirklicht wird, daß sich also mit der Jagdbeute kein Besitztitel des Jägers verbindet, sie vielmehr der allgemeinen Nutzung zugeführt wird, dann macht die These, das Teilen diene der Neidvermeidung, wenig Sinn.

Neid und Knappheit sind komplementäre Phänomene. So wie Bedürfnis und Knappheit komplementär sind. Bedürfnis ist die subjektive Zustimmung zur Knappheit. Welches ist das Verhältnis des Neides zur Knappheit? Ganz vordergründig einmal dies: Ich kann jemand nur um etwas beneiden, das knapp ist, d. h., zu dem mir der Zugang versperrt ist. Jedes Gut oder jeder Wert, zu dem ich im Verhältnis der Unmittelbarkeit stehe, kann per definitionem meinen Neid nicht erregen. Leben-in-Daseinsbedingungen schließt demnach den Neid als soziales Problem, dem durch besondere gesellschaftliche Schutzvorkehrungen Rechnung getragen werden müßte, aus. Nun ist Leben-In ein idealtypisches Konstrukt. Wenn jedoch Jäger- und Sammlergesellschaften mit ihren knappheitsvermeidenden Ziel-Mittel-Relationen als einzige wirkliche Wohlstandsgesellschaften gedeutet werden, dann kann der Tendenz nach zu Recht von ihnen gesagt werden: «(...) jene zwei Tyrannen, welche so vielen von uns Europäern Höllenqual und Pein bereiten, regieren nicht in ihren weitläufigen Wäldern – ich meine Ehrgeiz und Neid.» (Le Jeune, zit. bei M. Sahlins, 1978, S. 168)

3. Neid und Knappheit

Wenn wir die Frage nach dem Verhältnis von Knappheit und Neid weitertreiben, dann entscheidet sich wesentliches daran, ob die Knappheit eine Folge des Neides oder der Neid eine Folge der Knappheit ist. Der entschiedenste Anschlag, der gegen die bloße Denkmöglichkeit von *Leben-in-Daseinsbedingungen* geführt werden kann, ist die Erklärung des Neides zu einer anthropologischen Grundkategorie.

Nun läßt sich für die Frage nach dem Neid ebensowenig wie für die Frage nach der menschlichen Aggressivität eine letzte Entscheidung darüber fällen, ob er in der Naturbasis des Menschen verankert oder ob er ein Produkt gesellschaftlicher Organisation ist. In beiden Fällen wird man der «Bestimmung der Grenzen zwischen Invariabilität und Variabilität der menschlichen Natur» (vgl. W. Lepenies, H. Nolte, 1972, S. 130f) nur durch eine gesellschaftliche Praxis näherkommen, die mit der Möglichkeit hoher Variabilität rechnet.

Sobald man den Neid oder die destruktive Aggression für anthropologische Konstanten erklärt, fällt der Gesellschaftsorganisation die Aufgabe zu, die Bosheit der Individuen unter Kontrolle zu bringen, den Zerstörungstrieb zu bändigen, den Neid niederzuhalten. Man wird dann nie in Erfahrung bringen, ob es Lebensformen und gesellschaftliche Verhältnisse gibt, in denen Menschen neidfrei und freundlich miteinander leben können. Nur eine Gesellschaft, die – womöglich kontrafaktisch – davon ausgeht, daß Neid und Destruktion nur jeweils die *eine* Seite der menschlichen Möglichkeiten sind, hat die Chance, die volle Breite der menschlichen Variabilität zum Vorschein zu bringen.

Fragen wir also nach der *Funktion* des Neides für die Diktatur der Knappheit.

Der Neid hebt die Unmittelbarkeit des Menschen zu den Gegenständen seines Begehrens und den Zielen seines Tuns auf.[34]

«Die ökonomische Theorie, ob liberalistisch oder marxistisch, beruht auf einem denkbar simplen, überaus trügerischen Konzept der Beziehungen zwischen Subjekt und Objekt: das Subjekt begehrt das Objekt oder es hat ein Bedürfnis nach ihm: Geschmäcker, Vorlieben, subjektive Bedürfnisse, objektive Bedürfnisse, immer wird von der Vorstellung eines Pfeiles ausgegangen, der vom Subjekt ausgeht und im Objekt zu seinem Ziel kommt. Die geometrische Figur, die die ‹Zeichenwirkung› (l'effet de signe) beschreibt, ist nicht der Pfeil, sondern das Dreieck. Seine Eckpunkte sind: das Subjekt, das Objekt und die Anderen. Das Subjekt begehrt das Objekt, weil es unterstellt, daß es nur durch dessen Vermittlung den Blick der Anderen auf sich ziehen wird: den Blick der Bewunderung, der Beachtung, des Respekts, der Wertschätzung, des Vertrauens, des Wiedererkennens, der Liebe.» (P. Dumouchel, J. P. Dupuy, 1979, S. 23 f)

Die sogenannte Überflußgesellschaft ist zu kennzeichnen als eine «Welt, in der die Begierde nach einem Objekt gar nicht mehr möglich ist, wenn dieses Objekt nicht von anderen angestrebt wird, die um dieses Objekts willen beneidet werden können» (I. Illich, 1982b, S. 126).

«Modernes Denken und Handeln ist tiefgreifend dadurch bestimmt, daß zunehmend allem, was Wert hat, Knappheit zugeschrieben wird.» (I. Illich, 1982, S. 125) Es gilt auch umgekehrt: Nur was knapp, also nicht allgemein zugänglich ist, ist erstrebenswert.

Die Inthronisation der Knappheit zu einem Wert an sich ist nun nur möglich unter Beanspruchung der menschlichen Fähigkeit zum Neiden. Nur unter Neidgesichtspunkten ist das Knappe wie auch das Rare, das Seltene begehrenswert. Demgegenüber ist aber sehr wohl theoretisch vorstellbar eine besondere gesellschaftliche Präferenz für das, was reichhaltig vorhanden ist, was deshalb unter geringer Mühewaltung verfügbar gemacht werden kann: die Grundhaltung des Lebens-in-Daseinsbedingungen.

Dies ist die *eine* Funktion des Neides für die Knappheit: *daß er das Knappe begehrenswert macht.* Der Neid ist demnach die generalisierte Form der Zustimmung zur Knappheit, während das Bedürfnis die besondere, konkrete Ausprägung der Zustimmung ist.

Die andere Funktion, die der Neid für die Herstellung, Aufrechterhaltung und Ausbreitung von Knappheit erfüllt, ist womöglich noch bedeutsamer. Indem der Neid trianguläre Beziehungen zwischen dem Subjekt, dem Objekt und dem Anderen stiftet und so die Unmittelbarkeit des Menschen zum angestrebten Gegenstand aufhebt, macht er das Subjekt *gegenüber den konkreten Qualitäten des Bedürfnisgegenstandes gleichgültig*. Wenn der Neid die Bedürfnisse beherrscht und lenkt, kann jeder *beliebige* Gegenstand zum Zielpunkt des Strebens und zu einem knappen Gut werden.

Hingegen: ohne den rivalisierenden oder neidischen Vergleich mit anderen muß der Gegenstand erstrebenswert um seiner selbst willen sein. Das heißt, er muß sich an der Maßstäblichkeit des praktischen Gebrauchs, der Nützlichkeit, ganz allgemein der Lebensdienlichkeit und -bereicherung bewähren.

Daß das Neidhandeln so makellos den Erfordernissen der Knappheitserzeugung entspricht, indem es die Bedürfnisse zugleich *stimuliert*, auf *beliebige* Gegenstände zu fixieren imstande ist und sie *unersättlich* macht, muß mindestens hellhörig machen gegenüber der Behauptung, der Neid sei «biologisch» angelegt, potentiell allgegenwärtig, eine «anthropologische Grundkategorie». Nur dem in der Knappheitsoptik und -option gefangenen Blick muß noch der großzügigste und verschwenderischste Umgang mit den guten Dingen des Lebens ausschließlich als Versuch, den Neid Dritter niederzuhalten, erscheinen. Und – was die Zuträglichkeit einer solchen Neidtheorie für die Installierung und Aufrechterhaltung von Knappheit und Bedürftigkeit erst recht grell beleuchtet – jeder Anspruch auf allgemeine gleiche Zugänglichkeit zu unverwalteten Lebensgütern erscheint als gefährlicher Auswuchs zerstörerischen Neides, der um des Gemeinwohles willen niedergehalten werden muß: Beredtes Zeugnis legt davon H. Schoecks empörendes «Argument» ab: «Die sogenannten entwickelten Länder und Kulturgebiete haben im wesentlichen diesen Durchbruch zur stetig sich verbessernden Wohlstandsgesellschaft und technischen Umweltbeherrschung vollzogen, weil sich die Furcht aller vor dem Neid aller (...) eindämmen ließ. Wenn aber nun, wie es ganz offensichtlich ist, die meisten Politiker in den sogenannten Entwicklungsländern eine Rhetorik und eigene Überzeugungen hochspielen, die in der plumpsten Weise den Neid ihrer Bevölkerungen auf die reichen Industrieländer zu intensivieren suchen, ja, diese als Ursache der eigenen Armut brandmarken, tritt eine Verstärkung des ohnehin bei diesen Menschen dank ihrer Kultur viel zu starken Neidgefühls auf. Die entwicklungshemmenden Gefühle und Gesinnungen werden also nicht verringert, sondern von höchster Stelle nationalistisch unterbaut und bestätigt.» (H. Schoeck, 1966, S. 226f)

Mit dem Neid*trieb* im theoretischen Gepäck läßt sich offenbar trefflich demagogisieren. In doppelter Hinsicht also ist eine biologisch fundierte Neidtheorie affirmativ für die Knappheitsgesellschaft:

- Sie verbirgt systematisch, daß die Knappheitsgesellschaft zu ihrer Bestandssicherung sich der menschlichen Disposition zum Neiden bedienen, daß sie den Neid als Grundhaltung schüren muß: «die neuzeitliche Charakteristik» der «Institutionen (besteht) in der Fähigkeit, mimetisches Begehren gezielt zu entwickeln und damit das Erlebnis der Knappheit institutionell zu produzieren» (I. Illich, 1982b, S. 126; vgl. auch: 1983, S. 140).
- Sie propagiert zugleich und nur scheinbar im Widerspruch dazu die Neidvermeidung, weil der Neid durchaus als ein Laster erkannt wird, das sich im unstatthaften Begehren dessen, was ein anderer hat, nicht erschöpft, sondern die Mißgunst auch auf das ausdehnt, was andere einem voraushaben, ohne daß man es für sich selbst begehrt. Wirklich lasterhaft ist der Neid nicht durch die in ihm enthaltene *Begehrlichkeit*, sondern durch die in ihm lauernden *Vernichtungswünsche*.

Die Ausbalancierung dieser beiden Unterströmungen, d. h. die Stimulierung des Neides einerseits und die Niederhaltung der mit dem Neid einhergehenden Vernichtungswünsche andererseits, schafft das soziale Klima und das soziale Grundmuster, in dem Knappheit gedeiht.

Die Neidkonstellation umfaßt immer zugleich den Beneideten und den Neider. Vom Standpunkt des Beneideten besteht ein Interessenkonflikt. Da ist einerseits das Interesse, die soziale Distanz zwischen sich und dem Neider aufrechtzuerhalten oder gar zu vergrößern (also mit größerem Recht beneidens*wert* zu sein). Schon F. Bacon schreibt: «Personen von edler Herkunft sind bekanntlich neidisch auf solche, die im Emporsteigen sind. Denn der Abstand ändert sich, und es ist wie eine Gesichtstäuschung, daß sie herunterzukommen glauben, sobald sie andere steigen sehen.» (F. Bacon, 1970, S. 26). Da ist aber zugleich die Furcht vor den Vernichtungswünschen des Neiders, wenn dessen Neidgefühle überstrapaziert werden. Der Beneidete ist also darauf angewiesen, sich den Neid des Neiders zu erhalten, denn der ist der Garant seiner sozialen Stellung als Beneideter; will sagen: Er muß ihn als den bei der Stange halten, der begehrt, was er selbst hat. Zugleich aber muß er dessen Neid unterbinden, um seine eigene Habe und seine Geltung nicht zu gefährden. Er braucht den begehrlichen, nicht den blind zerstörungsbereiten Neider. Bei dem Versuch, die beiden Komponenten des Neides schiedlich zu trennen, ist die Neidangst des Neiders, seine Angst vor dem eigenen Neid, mit dem Beneideten im Bunde. Der eigene Neid muß verborgen werden. Niemand kann ihn ohne Einbuße an sozialem Ansehen offenbaren, wenn das Ansehen daran hängt, daß man für andere beneidenswert ist. Der elegante Weg, den moralisch obendrein diskreditierten Neid zu verbergen, ist, ihn als «friedlichen Wettbewerb» getarnt auszuagieren.

Aber auch der Beneidenswerte ist gehalten, seine Variante des Neides, nämlich den Argwohn, mit dem er die Aufrechterhaltung der sozialen Distanz gegenüber dem Emporkömmling überwacht, zu verbergen. Wenn er den Emporkömmling im Aufsteigen behindert, riskiert er einerseits dessen Vernichtungswünsche, während er doch seiner Begehrlichkeit bedarf, andererseits gibt er sich zum Schaden *seines* Ansehens als Neider, der dem Aufsteiger seinen Aufstieg mißgönnt, zu erkennen. Die Interessen von Neider und Beneideten harmonieren in gewissem Sinne zugunsten der Knappheitsdynamik. Die Konsequenz: beide steigen auf ein höheres Anspruchsniveau. Die Distanz bleibt gewahrt, dennoch wird das Begehren des Neiders nicht *nur* frustriert. Neue Standards sind etabliert und für den Erwerb oder die Behauptung sozialen Ranges verbindlich gemacht. Die Ausbeutung des Neides ist die Voraussetzung dafür, daß die fortlaufende, für die Knappheitsdynamik unerläßliche Etablierung neuer Standards überhaupt gelingen kann. Neid ist derjenige Mechanismus, mit dem neue Standards in Bedürfnisse (= Zustimmung zur Knappheit) transformiert werden.[35]

So wie der Neid quantitativen Bedürfnissen, d. h. solchen, die gegenüber der Qualität der Gegenstände gleichgültig sind, Vorschub leistet, so gilt auch umgekehrt, daß mimetische Begierde sich schüren läßt nur, wenn genuine Beziehungen der Subjekte zu Gegenständen unterbrochen sind. Solange Menschen zu den Gegenständen ihres Bedarfs in einem Verhältnis stehen, das durch Eigentätigkeit und Herstellen konstituiert ist, sind die Gegenstände in der Lebens- und Lerngeschichte und in der Konstitution der Person verwurzelt. Wenn also das Subjekt und die Gegenstände, mit denen es Umgang hat, sich wechselseitig konstituieren, ist die Neidanfälligkeit erheblich reduziert, und die Begierden sind weniger blind umherschweifend. So ist Neid ein mächtiges Stimulans für die Produktion von Fertigwaren/Befriedigungsmitteln materieller und nicht-materieller Art; ebenso wie erst ein auf die Versorgung mit Fertigwaren angewiesener Lebenszuschnitt den Neid wirklich zum vorherrschenden Grundmuster der sozialen Beziehungen macht. Hier zeigt sich erneut, daß der Umgang mit den Dingen, der Umgang mit dem Anderen und der Umgang mit sich selbst sich wechselseitig bedingen, und daß darum der Umgang auch mit Dingen entweder konvivial[36] oder neidhaft ist. Neidverhältnisse fördern Knappheit und Produktivität zugleich und sind der Daseinsmächtigkeit abträglich; ebenso wie Knappheit und Produktion Neidverhältnisse fördern. Könnte man dies alles nicht auch mit Begriffen wie «Konkurrenz», «Rivalität» oder «Nullsummenspiel» beschreiben und hätte den Vorteil, sich zeitgemäßer, geläufiger Ausdrucksweise zu bedienen, statt einen vormodernen Begriff und ein altertümliches Phänomen zu bemühen? Der Neid geht über die Konkurrenz in einem entscheidenden Punkt hinaus. Es kennzeichnet die Knappheitsgesellschaft geradezu, daß sie das bestandssichernde Wechselspiel der *Stimulation* und *Kontrolle* des Neides als Konkurrenz, gar friedlichen Wettbewerb deklariert. Unterschlagen wird im Konkurrenzbegriff jene Komponente des Neides, die im konkurrierenden Begehren eines bestimmten Objektes nicht aufgeht, nämlich die geradezu krankmachende Getriebenheit, das zu vernichten, was man selbst nicht hat, unabhängig davon, ob man es nun aussichtslos begehrt, oder ob man es überhaupt nicht begehrt.

Daß die Balancierung des gefährlichen Wechselspiels zwischen Neiderregung und Neidbannung eine Illusion ist, demonstrieren in tödlicher Deutlichkeit die grassierenden Vernichtungswünsche, die die Menschheit an den Rand der endgültigen Selbstzerstörung getrieben haben. Eine Gesellschaft, deren Funktionieren auf Neiderregung angewiesen ist, *produziert* zwangsläufig überschüssige Vernichtungs*energien*, die sich letztlich auch gegen sie selbst richten.

Leben-In und Zeit

«Es wurde alles rascher, damit mehr Zeit ist.
Es ist immer weniger Zeit.»
(E. Canetti, 1981, S. 81)

«Weil jeder Papalagi besessen ist von der Angst um seine Zeit, weiß er auch ganz genau, und nicht nur jeder Mann, sondern auch jede Frau und jedes kleine Kind, wie viele Mond- und Sonnenaufgänge verronnen sind, seit er selber zum ersten Mal das große Licht erblickte. Ja dieses spielt eine so ernste Rolle, daß es in gewissen gleichen Zeitabständen gefeiert wird mit Blumen und großen Essensgelagen. Wie oft habe ich verspürt, wie man sich für mich (...) schämen (zu) müssen glaubte, wenn man mich fragte, wie alt ich sei, und wenn ich lachte und dies nicht wußte.

‹Du muß doch wissen, wie alt du bist.› Ich schwieg und dachte: Es ist besser, ich weiß es nicht.

Wie alt sein, heißt, wieviele Monde gelebt haben.

Dieses Zählen und Nachforschen ist voller Gefahr, denn dabei ist erkannt worden, wie viele Monde der meisten Menschen Leben dauert. Ein jeder paßt nun ganz genau auf, und wenn recht viele Monde herum sind, sagt er: ‹Nun muß ich bald sterben.› Er hat keine Freude mehr und stirbt auch wirklich bald.» (Der Papalagi, o. J., S. 58f)

Eine letzte Annäherung an das Leben-in-Daseinsbedingungen führt uns zur Frage nach der Zeit. Leben-in-Daseinsbedingungen beruht auf dem Vertrauen in die Unerschöpflichkeit der Lebensgüter. Dieses rechtfertigt sich wiederum selbst durch eine entsprechende Ziel-Mittel-Relation, die das Aufkommen von Knappheit verhindert. Nun scheint Zeit ein Lebensgut besonderer Art zu sein. Sie ist als Lebensgrund und Daseinsbedingung zu unentrinnbar, so sehr jeder Zugriffsmöglichkeit entzogen, so sehr unwandelbar, so wenig vermehrbar wie verringerbar, daß sie als Gegenstand der Verknappung ausgeschlossen scheint.

Auf der anderen Seite erscheint Zeit, verstanden als Lebenszeit, immer schon so sehr und so erfahrbar als endliches Gut, begrenzt durch die Eckdaten Geburt und Tod, daß das Vertrauen in ihre Unerschöpflichkeit sich verbieten müßte. Ist also einerseits Zeit, als abstrakte Zeit, *das* Paradigma für Leben-in-Daseinsbedingungen, so scheint auf der anderen Seite konkrete Zeit dieses Lebensmuster geradezu kategorisch auszuschließen, weil die Unerschöpflichkeit und die ungehinderte Zugänglichkeit auch aller anderen Lebensgüter radikal begrenzt sind durch die Lebensspanne. Indem Lebenszeit als Grundbedingung der menschlichen Existenz jeden beliebigen Augenblick (dies hängt mit ihrer je ungewissen Dauer zusammen) von der Erschöpfung bedroht ist, werden auch alle anderen Unerschöpflichkeiten, aus denen das Leben-in-Daseinsbedingungen sich speist, hinfällig.

«Die Sattheit des Siegers, seine Überfressenheit, Zufriedenheit, sein langes Verdauungsbehagen. Manches sollte man nicht sein, aber das Einzige, was man *nie* sein darf, ist ein Sieger. Aber man ist es, über jeden Menschen, den man gut kennt und überlebt. Siegen ist Überleben. Wie soll man es machen: weiter leben und doch nicht Sieger sein? – Die moralische Quadratur des Zirkels.» (E. Canetti, 1981, S. 153)

Nun ist freilich schon diese Betrachtung des Lebens als einer endlichen, in jedem Augenblick von Auslöschung bedrohten, individuell erlebbaren Zeitspanne das Ergebnis einer allen anderen Verknappungen vorausgegangenen Knappheit. Das Leben, als biologische Lebensspanne betrachtet, ist die Grundverknappung. Sie ist das Ergebnis, so Jean Baudrillard, der Absonderung der Toten von den Lebendigen: «Der Tod ist am Ende nichts anderes als die *gesellschaftliche* Abgrenzungslinie, welche die ‹Toten› von den ‹Lebenden› trennt, sie berührt also gleichermaßen die einen und anderen. Entgegen der verrückten Illusion der Lebenden, sich durch den Ausschluß der Toten für lebendig zu halten, entgegen der Illusion, das Leben durch die Unterdrückung des Todes auf einen *absoluten Mehrwert* zu reduzieren (...), ist das Leben selbst, infolge einer wohlbekannten Rückläufigkeit, nur noch ein durch den Tod determiniertes Überleben.» (J. Baudrillard, 1979, S. 12)

«*Wir* haben den Tod desozialisiert, indem wir ihn bio-anthropologischen Gesetzen unterstellten, ihm die Immunität der Wissenschaft beilegten und ihn als individuelles Schicksal verselbständigten. Aber die physische Materialität des Todes, die uns durch das ‹objektive› Vermögen, welches wir ihm gegeben haben, paralysiert, schreckt die Wilden nicht. Sie haben den Tod niemals ‹naturalisiert›, sie wissen, daß der Tod (wie der Körper oder ein Naturereignis) ein *gesellschaftliches Verhältnis* ist, daß seine Definition gesellschaftlich ist. Darin sind sie größere ‹Materialisten› als wir, da die wahre Materialität des Todes für sie (...) in seiner *Form* liegt, die immer ein gesellschaftliches Verhältnis ist.» (J. Baudrillard, 1979, S. 21)[37]

Ein von unserem gesellschaftlichen Umgang mit dem Tod grenzenlos verschiedener ist ein Umgang, in dem es eine Trennung zwischen den Toten und den Lebenden nicht gibt: «Auf symbolischer Ebene also keine Trennung zwischen Lebenden und Toten. Die Toten haben einen anderen Status, der einige rituelle Vorsichtsmaßnahmen erfordert, das ist alles. Aber Sichtbares und Unsichtbares schließen sich nicht aus, sie sind zwei mögliche Zustände der Person. Der Tod ist ein Aspekt des Lebens. Der Kanake, der in Sydney ankommt und zunächst durch die Vielzahl der Leute verblüfft ist, erklärt sich bald alles durch die Tatsache, daß in diesem Lande die Toten unter den Lebenden wandeln, was nichts Befremdliches hat.» (J. Baudrillard, 1979, S. 161)

«Die afrikanische Kosmogonie behauptet, daß die Bewahrung, die Dauer, die Verlängerung des Lebens nichts bedeuten. Alle großen Systeme der Selbstinterpretation (...) sind in ihrem innersten Kern nichts als eine erarbeitete, starke und komplizierte Rechtfertigung der Aufeinanderfolge der Menschen auf Erden. Der Tod bedeutet in diesem Zusammenhang das Angebot der Lebensmöglichkeit für diejenigen, ‹die nachher kommen›. Für die Sterbenden ist er eine Wiedereinfügung (...) in das strukturierte Universum *mit den zwei umkehrbaren Hälften der Existenz der Wesen* (Hervorhebung M. G.). Der lebende Mensch hält sich mit Hilfe der Toten am Leben.» (J. Ziegler, 1982, S. 314f)

Ersichtlich steht, wenn man den Tod als gesellschaftliches Verhältnis beschreibt und nicht als eine biologische/naturgesetzliche Begrenzung der Lebensspanne, eben diese Lebensspanne wiederum zur Disposition von Verknappungsprozeduren; das heißt, sie wird ein «Siedlungsgebiet», eine Domäne für Machtansprüche.

Ganz allgemein können wir sagen, *Knappheit entsteht überall dort, wo Trennung, Aussonderung, Abscheidung vollzogen wird*; präziser: Knappheit ist ein Ergebnis der Setzung von Gegensätzen, zwischen dem, was dem menschlichen Wesen zugehört, und dem, was das menschliche Wesen vereitelt. Die Trennlinie zwischen den Gegensätzen bildet eine verwaltete und kontrollierte Grenze, auf der sich die Macht einrichtet und über Zugehörigkeit und Nichtzugehörigkeit entscheidet.

Die Gegensätze, aus denen sich die Macht nährt, sind unendlich vielfältig. Aber ihnen ist allen gemeinsam, daß diesseits der Trennlinie das menschliche Wesen, der reine positive «Mehrwert» des Lebens akkumuliert werden soll und daß das zu tilgende Un-Wesen, die böse bedrohliche Kehrseite, ausgesperrt wird. So wie der Tod des Lebens verwiesen wird, so wird auch die Krankheit, das Leid, die Trauer, das Böse, das Schwache, das Irrationale, die Mühsal, das Fremde, das Imaginäre aus der Normalität ausgeschieden und bekämpft, damit, so die machtdienliche Fiktion, vom Tod unbehelligtes Leben übrigbleibt, stabile Gesundheit, ungetrübtes Glück, reine Freude, verläßliches Gutes, kraftvolles Starkes, strenge Rationalität, behagliche Annehmlichkeit, sichere Vertrautheit und wirkliche Wirklichkeit – kurz: von allen

Schlacken gereinigtes menschliches Wesen, entfalteter menschlicher Reichtum, Leben ohne Schattenseiten.

Mit der Trennung der Gegensätze kommt die Apartheid in die Welt und ein verzweifeltes Bedürfnis, auf die richtige Seite der Barriere zu gelangen, auf die Seite des Lebens und der Normalität. Zugehörigkeit und Teilhabe werden knapp. Sie werden zum erstrebenswerten Befriedigungsmittel, das fremder Kontrolle und Zensur untersteht.[38] Die Installierung der Gegensätze ist die Grundoperation der Macht. Alle übrigen Standards, mit denen die Normalität kenntlich gemacht wird, sind nur Korrekturen, kleinere Grenzverschiebungen. Der ursprüngliche Machtgewinn beruht aber auf der Polarisierung als solcher, auf der dualistischen Grundstruktur, auf der Abtrennung des Todes vom Leben oder der Toten von den Lebenden.

Leben-in-Daseinsbedingungen liegt vor dieser Geschichte der Trennung. Es ist nur vorstellbar, wenn das Leben nicht durch seine befristete, objektive, biologische Zeitspanne definiert ist, sondern durch den Tod als die andere Seite des Lebens, nicht als dessen Widersacher.

2. Die Trennung der Gegensätze – Auszehrung der Fülle

«Das Hoffnungsvolle an jedem System: was von ihm ausgeschlossen bleibt.» (E. Canetti, 1981, S. 268)

Die Trennung der Gegensätze *nährt* aber nicht nur die Macht. Sie läßt zugleich Dürre entstehen. Sie hungert das Leben, das sie pur haben will, aus. Die eigentümliche Bleichheit, die «tödliche Langeweile» (E. Fromm), die Ereignislosigkeit, die alle Erscheinungen des Lebens erfaßt, ist eine Folge davon, daß den Dingen ihre *Kehrseite* ausgetrieben wird. Erst die Kehrseite gibt einer Erscheinung ihre ganze Fülle, läßt sie schillernd, uneindeutig, unberechenbar, voller Überraschungen und Brechungen sein. Wird sie abgetrennt, als wesensfremd oder gar als Unwesen verfolgt, dann werden alle Erscheinungen des Lebens eindeutig, eindimensional, um alles Sperrige, Fremde, alle Reibung gebracht. Ihre Normalität und akzeptierte Erscheinungsform ist die *Glätte*. Die akzeptierte Weise des Umgehens mit ihnen ist der *Komfort*. Die Widerständigkeit, die ihr zugehörig war, wird in die Negation verbannt. Aber die ausgesperrte Negation ist rachsüchtig. Das ist der Fluch der Trennung. Der «reine Mehrwert» des Positiven, der durch die Aussperrung gesichert werden sollte, wird von der abgespaltenen Kehrseite ereilt und durch und durch infiziert mit ihrer Negativität:

«Spaltet man das ‹Sein› in der Mitte, will man nur das *eine* ohne das *andere* grapschen, hält man sich ans Gute und nicht auch ans Schlechte und verleugnet dabei das eine zugunsten des anderen, dann geschieht, was man immer erkannt hat: der dissoziierte böse Impuls – böse jetzt im doppelten Sinn – kehrt zurück, um das Gute zu durchdringen, in Besitz zu nehmen und zu dem zu machen, was er selbst ist.» (R. D. Laing, 1969, S. 67)

Alles Lebendigsein ist erlebbar, erfahrbar und beschreibbar nur als Entronnen-Sein aus der *Negation*. Leben ist reduziert auf Nicht-Tod, Gesundheit und Nicht-Krankheit, Gemeinschaft auf Nicht-Alleinsein, Recht auf Nicht-Unrecht, Frieden und Nicht-Krieg, Glück auf Nicht-Leid usw. Die *Position* gerät unter den kräfteverzehrenden Bann der *Vermeidung* und Bekämpfung der exilierten, immer lauernden Negation ante muros: «(...) der seines Todes beraubte Mensch ist gleichzeitig seiner ‹Sicherheit› beraubt, ‹die das Wagnis möglich macht und zum Wagnis drängt› (...) Da er nichts mehr riskiert und auf seine Eigenschaft als erster und autonomer Akteur der Geschichte verzichtet, entwertet sich der Mensch und entartet zur einfachen Zelle des neugeschaffenen Reaktions- und Funktionsprozesses.» (J. Ziegler, 1982, S. 66f)

Unter den Bedingungen dieser Einschränkungen bleiben die Tätigkeiten unentfaltet. Sie sind nicht Zugriffe auf unerschöpfte, explodierende Vielfalt, sie dienen nicht der *Erkundung* der Fülle des Lebens, sondern sind fixiert, festgehalten, gebunden von der Sorge um seine *Erhaltung*: «Eine Vorbeugung gegen den Tod auf Kosten einer kontinuierlichen Abtötung: das ist die paradoxe Logik der Sicherheit. (...) Der zwanghafte Sicherheitstrieb kann (...) als eine Vorwegnahme des Todes im Leben selber interpretiert werden: von Absicherung zu Absicherung, von Verteidigung zu Verteidigung, unter dem Einfluß all der Gerichtsbarkeiten, Institutionen und modernen materiellen Dispositive ist das Leben nur noch eine trübselige defensive Buchhaltung, die in ihrem Sarge alle Risiken einschließt. Eine Buchhaltung des Überlebens anstelle einer radikalen Verbindung von Leben und Tod.» (J. Baudrillard, 1982, S. 283)[39]

Alle Anstrengung gilt der *Vermeidung*, ist also nicht im eigentlichen Sinn schöpferisch, wie produktivistisch sie immer sein mag. Im Gegenteil, man kann die gesteigerte Produktivität als sinnfälligen Ausdruck dieses totalisierten Vermeidungshandelns ansehen. Denn: «Das Leben ist in Wirklichkeit nicht bei den Aktivisten und nicht in der Vorsorgementalität. (...) Diogenes und Jesus sind sich einig in der Ironie gegen die gesellschaftliche Arbeit, die über das notwendige Maß hinausgeht und bloßer Machterweiterung dient.» (P. Sloterdijk, Bd. 1, 1983, S. 305 f)

Der von der Sorge getriebene, chaosbändigende Lebensvollzug, der weniger das Positive entfaltet als vielmehr das Negative abzuwehren entschlossen ist, bringt in der Tat *Bedürfnisse* und Angewiesenheit auf deren Befriedigung hervor. Die Befriedigung gewährt vorübergehenden *Frieden* von der Bedrohung. Die Unersättlichkeit der Bedürfnisse ist nur Reaktion auf die Allgegenwart dieser Bedrohung durch die ausgesperrten, abgetrennten Negationen. Darin, daß das Handeln unter dem Vorzeichen der Sorge und der Abwehr der andrängenden Bedrohungen unablässig auf *Befriedung* aus ist, ist die Unersättlichkeit der Bedürfnisse viel tiefer begründet als in der verführerischen überquellenden Warenflut.

Dem nicht durch die Negation paralysierten, nicht in der Erhaltung des «reinen Mehrwerts» aufgehenden Handeln dagegen gehört als Modus des Strebens das *Wünschen* zu und als Modus des Erreichens die *Er-füllung* (= Fülle haben).

Während also die Setzung von Oppositionen Knappheit durch lizensierte Zugehörigkeit, durch Aussperrung und Einsperrung, durch Dekretierung von Normalität, durch Verpflichtung auf menschliches Wesen schafft, ist sie gleichzeitig ein Raub an der Fülle und der Vielfalt und an wirklich erschaffenden Tätigkeiten, das heißt solchen des Entwerfens und Wagens im Unterschied zu solchen der Bändigung und Eindämmung.

3. Ausweg: Zeitersparnis?

> «Der Papalagi wendet seine ganze Kraft auf und gibt alle seine Gedanken daran, wie er die Zeit möglichst dick machen könne. Er nutzt das Wasser und Feuer, den Sturm, die Blitze des Himmels, um die Zeit aufzuhalten. Er tut eiserne Räder unter seine Füße und gibt seinen Worten Flügel, um mehr Zeit zu haben. – Und wozu alle diese Mühe?» (Der Papalagi, o. J., S. 60)

Die Urform aller Knappheit und Begrenztheit ist die Zeitknappheit, die unwiderrufliche Begrenzung der Lebensspanne. Diese wiederum ist nicht ein «Naturereignis», sondern ein «gesellschaftliches Verhältnis» (J. Baudrillard). Sie beruht auf jener fundamentalen Verknappungsoperation, die die Abtrennung der Toten von den Lebenden, die Unterbindung des symbolischen Austauschs zwischen ihnen darstellt. Erst mit dieser Trennung wird das Leben an die tickende Zeit ausgeliefert. Das Leben ist die einzige Chance der Existenz, wenn der Tod das absolute Ende und nicht die andere, die unsichtbare Seite der Existenz ist. Wenn der Tod vom Leben abgetrennt wird, wird das Leben zur Verlustgeschichte. Jeder Augenblick gelebten Lebens von der Geburt an vernichtet noch verbleibende Zeit. Ist einmal das Leben an die alles verschlingende, chrono-logische Zeit überantwortet, dann kann es als unerschöpfliche *Fülle* kostbarer Augenblicke, wie es dem Leben-in-Daseinsbedingungen angemessen ist, nicht mehr erlebt werden.

Lucien Sève setzt seine Analyse der Zeitknappheit erst jenseits der Trennung von Tod und Leben an, die Lebensspanne als endliche Gesamtzeit akzeptierend. Innerhalb dieser Spanne beschreibt auch er die Zeitknappheit und das Bedürfnis nach Zeit als ein Ergebnis von Trennungen und Abspaltungen.

«Das Bedürfnis nach Zeit zu leben ist nur begreiflich, wenn man den radikalen Unterschied zwischen *Lebenszeit* und *Zeit zu leben* theoretisch erklären kann, einen Unterschied, der keineswegs psychische *Gegebenheit*, sondern gesellschaftliches *Ergebnis* ist, das die Persönlichkeit tiefstinnerlich anrührt. Die Forderung nach Zeit zu leben heißt *in der Praxis* (...) Kritik der Trennung zwischen abstrakter und konkreter Persönlichkeit, die der Kapitalismus mit einem unsichtbaren Skalpell in unserer Seele vollzogen hat, Kritik einer *Lebensweise*, die das Aufopfern des konkreten persönlichen Lebens für das abstrakt gesellschaftliche Leben und des abstrakten gesellschaftlichen Lebens für die Erfordernisse der ständigen Reproduktion des ganzen Systems verlangt.» (L. Sève, 1977, S. 347)[40]

Noch eine weitere Verhältnisbestimmung führt Sève ein, um die Spannung zwischen «Lebenszeit» und «Zeit zu leben» zum Ausdruck zu bringen. Da Lebenszeit immer nur erfahrbar ist durch die in ihr ablaufende Gesamtaktivität eines Individuums, ist diese Spannung wesentlich aus der unterschiedlichen Qualität der Aktivität erklärbar. Diese bemißt sich nach Sève auch daran, ob sie nur den Einsatz vorhandener Fähigkeiten erfordert oder ob die Aktivität neue Fähigkeiten hervorbringt:

Die «Gesamtaktivität des Individuums (teilt sich) notwendig in zwei Grundabteilungen auf. (...) *Abteilung I* der individuellen Aktivität nenne ich die Gesamtheit der Handlungen, die Fähigkeiten produzieren, entwickeln oder besonders ausprägen. *Abteilung II* nenne ich die Gesamtheit der Handlungen, die unter alleinigem Einsatz bereits vorhandener Fähigkeiten dies oder jenes Resultat produzieren, das durch

Ausübung dieser Fähigkeiten erreicht werden kann.» (L. Sève, 1977, S. 318f)

Wenn der Zeitaufwand für den Erwerb von Fähigkeiten (= Aktivitäten der Abteilung I) weit hinter dem für die Ingebrauchnahme von Fähigkeiten (= Aktivitäten der Abteilung II) zurückbleibt, wenn also dem *Lernen* wenig Raum gegeben ist;[41] wenn abstrakte Aktivitäten, die der äußeren Notwendigkeit unterworfen sind, überwiegen, dann ist «Zeit zu Leben» verloren.[42]

Nach allem, was wir über Leben-in-Daseinsbedingungen gesagt haben, haben diese Zeit-Teilungen, diese Trennung in gute und verlorene Zeit, die Gegenüberstellung von Lern- und Routine-Zeit und von Zeit-für-mich und beherrschter Zeit dort keine Basis.

Nach dem Ansatz Lucien Sèves ist der Ausweg aus dem Dilemma der knappen Zeit die *Zeitersparnis*, d. h. die immer vollkommenere Verringerung des Zeitaufwandes für abstrakte und Routine-Aktivität, was gleichzeitig den Zuwachs an Zeit zum Lernen und zu konkreter Aktivität, d. h. die denkbar größte Entfaltung der Persönlichkeit ermöglicht. Der Weg, auf dem positive Zeit der negativen Zeit abgerungen werden kann, ist die Steigerung der Produktivität,[43] die ja dadurch definiert ist, daß eine größere Menge von Produkten in kürzerer Zeit erzeugt werden kann: «Je weniger Zeit die Gesellschaft bedarf, um Weizen, Vieh etc. zu produzieren, desto mehr Zeit gewinnt sie zu andrer Produktion, materieller oder geistiger. Wie bei einem einzelnen Individuum, hängt die Allseitigkeit ihrer Entwicklung, ihres Genusses und ihrer Tätigkeit von Zeitersparung ab. Ökonomie der Zeit, darein löst sich schließlich alle Ökonomie auf. Ebenso muß die Gesellschaft ihre Zeit zweckmäßig einteilen, um eine ihren Gesamtbedürfnissen gemäße Produktion zu erzielen; wie der einzelne seine Zeit richtig einteilen muß, um sich Kenntnisse in angemeßnen Proportionen zu erwerben oder um den verschiedenen Anforderungen an seine Tätigkeit Genüge zu leisten.» (K. Marx, zit. bei L. Sève, 1977, S. 348f)

Wie also der Zuwachs an Zeit für Aktivitäten der Abteilung I, für die Entwicklung von Fähigkeiten, über die Steigerung der Produktivität im Bereich der Erzeugung lebensnotwendiger, existenzsichernder Güter erreicht werden soll, so soll der Zuwachs an konkreter Aktivität durch den Übergang in den Kommunismus ermöglicht werden. Bei diesem Übergang wird auf der Grundlage enormer Produktivitätssteigerung zugleich der gesamtgesellschaftlich erwirtschaftete Zeitprofit aus der Hand weniger Profiteure in die Verfügung der Allgemeinheit überführt und die Teilhabe am Reich der Freiheit ebenso wie die am Reich der

Notwendigkeit, gemessen in Zeiteinheiten, gleich verteilt, während zugleich das Reich der Notwendigkeit immer weiter zurückgedrängt wird.

«Der Kommunismus wird aber dadurch, daß er die Möglichkeit der klassenlosen Gesellschaft voll nutzt und auf der Grundlage einer enormen Entwicklung der Produktivkräfte die wesentlichen Unterschiede zwischen körperlicher und geistiger, Stadt- und Landarbeit beseitigt, die Menschen völlig von den Bedingungen befreien, die sie an Teilaufgaben banden, und eine *koordinierte Vielseitigkeit und Beweglichkeit der Individuen* ermöglichen, *die den inneren Erfordernissen ihres Wachstums im mannigfaltigen System der gesellschaftlichen Aktivitäten entspricht.* Das ist die Lösung des Widerspruchs zwischen der Notwendigkeit der technischen Arbeitsteilung und der Notwendigkeit der vollständigen Entwicklung der Individuen.» (L. Sève, 1977, S. 380)

Mir scheint in dieser ‹Lösung› der Charakter der Produktivität ohne Ansehung des Charakters der Knappheit, deren Beseitigung sie dienen soll, fehleingeschätzt. Produktivität ist keinesfalls ein Mittel der Zeitersparnis.[44] Sie ist vielmehr die notwendige *Folge* der Verknappung der Zeit. Sie als Heilmittel gegen die Zeitknappheit zu beanspruchen heißt, den Verursachungszusammenhang eben dieser Knappheit unaufgedeckt zu lassen. Zeitknappheit als Mißverhältnis von notwendiger, lebenserhaltender und schöpferischer Tätigkeit wird als unvermeidlich vorausgesetzt. Knappheit an Zeit *innerhalb* der Lebensspanne ist ebenso wie die knappe Lebensspanne selbst Ergebnis einer Trennung: der ursprünglichen Trennung der Naturbasis des Menschen von seinem Vernunftwesen. Sie entspricht dem Versuch, «reinen Mehrwert» des Vernunftwesens zu haben. Sie ist auch Folge der ursprünglichen Trennung von Mühsal und Genuß bzw. Bequemlichkeit; wiederum als Versuch, reinen Mehrwert des Genusses zu haben, unter Vermeidung der Mühsal. Schließlich ist sie Folge der ursprünglichen Trennung von körperlicher und geistiger/schöpferischer Aktivität.[45]

Diese Trennung bleibt in marxistischer Sicht unwidersprochen, auch mit Blick auf die Gesellschaft der «assoziierten Produzenten», des Kommunismus: «Zweifellos stellt sich Marx die Gesellschaft der ‹assoziierten Produzenten› solcherart vor, daß für ihren Reichtum (...) die Proportion von ‹necessary time› und ‹disposable time› – von ‹notwendiger› und ‹zur Verfügung stehender› Zeit (als Maßstab dient; M. G.). (...) Selbstverständlich ist die Entwicklung der Produktivkräfte eine Vorbedingung der Steigerung der disposable time; der wahre Reichtum des Menschen realisiert sich jedoch in den freien Selbstbetätigungstypen der ‹disposable time›. (...) ‹Disposable time› ist die Zeit der Konsumtion, nicht der Arbeit, die Zeit teils des Genusses, der vom Verbrauch materieller Güter herrührt, teils der freien geistigen Betätigungen, die, sofern sie schon produzierte Mittel beanspruchen, ebenfalls zur Sphäre des Konsums gehören (man könnte sie auch ‹kreativen Konsum› nennen).» (A. Heller, 1976, S. 132f)

Die Gegenüberstellung von «necessary» und «disposable time» hat jedoch zur Folge, daß «disposable time» der «necessary time» immer abgerungen werden muß, also immer knapp bleibt, wie günstig sich die Proportion immer gestalten mag. So können wir Produktivität und ihre unaufhörliche Steigerung unter der Perspektive der Zeitersparnis verstehen als eine Strategie der *Vermeidung* all jener Okkupationen an Zeit und Kraft, die als dem Wesen des Menschen und seiner Entfaltung abträglich ausgesondert wurden, die als die Negation der *eigentlich menschlichen* Aktivitäten auftreten. Dies sind in erster Linie die dem unmittelbaren Lebensunterhalt geltenden Tätigkeiten, «das Arbeiten, in dessen Tun der menschliche Körper (...) auf sich selbst zurückgeworfen ist (...) Die Arbeit als der Stoffwechsel des Menschen mit der Natur hält den Arbeitenden in seinem schieren Lebendigsein gefangen, ohne daß er, wenn er keine andere Tätigkeit kennte als das Arbeiten, je den immer wiederkehrenden Kreislauf der Körperfunktionen übersteigen oder von ihnen sich befreien könnte.» (H. Arendt, 1960, S. 103f)

Das von Körperbedürfnissen getriebene Animal laborans ist nicht Herr seines Körpers wie Homo faber Herr seiner Hände ist, dieses Urwerkzeugs des Menschen.

Die gleiche Geringschätzung der Unterhaltstätigkeit und der reinen Lebenserhaltung drückt auch Marx aus, wenn er sagt, daß das wahre Reich der Freiheit erst dort beginnt, wo die menschliche Kraftentwicklung sich als Selbstzweck gilt.[46] Die einzige Anlage des Menschen, die eine Befreiung aus der knechtenden Abhängigkeit von seinen Körperbedürfnissen zu ermöglichen scheint, ist die Tatsache, daß die menschliche Arbeitskraft ergiebig genug ist, um über die je eigene Existenzsicherung hinaus genügend Lebensgüter für eine je nach dem natürlichen Reichtum und dem Stand der Produktivkräfte variierende Anzahl von Personen bereitzustellen. Einen Zugewinn an «disposable time» kann man also eintreiben

– durch Delegierung der lebenssichernden «animalischen» Tätigkeiten an abhängige, vom wahren menschlichen Reichtum ausgeschlossene Mitglieder der Gemeinschaft. Dies ist die Grundlage der antiken *Sklavenwirtschaft.* «Im Altertum war die Einrichtung der

Sklaverei nicht wie später ein Mittel, sich billige Arbeit zu verschaffen oder Menschen zwecks Profit ‹auszubeuten›, sondern der bewußte Versuch, das Arbeiten von den Bedingungen auszuschließen, unter denen Menschen das Leben gegeben ist. Was dem menschlichen Leben mit anderen Formen tierischen Lebens gemeinsam ist, galt als nichtmenschlich. Dies ist natürlich auch der Grund, warum man annehmen konnte, die Sklaven hätten eine nicht-menschliche Natur.» (H. Arendt, 1960, S. 79)

– durch Entwicklung der Produktivkräfte; auch und vor allem in dem Sinn der zunehmenden Delegation lebenserhaltender Tätigkeit an die Maschine.

Wenn dies zum höheren Zweck erklärt wird, daß der Mensch seiner Naturverhaftetheit entrinnt, wenn das, was er an sie als Tribut an Lebenszeit und -kraft entrichten muß, ein Raub an seiner Menschlichkeit ist, wenn nur die Aussperrung dieses «animalischen Teils der Seele» sein spezifisch menschliches Wesen erglänzen und sich entfalten läßt, dann ist der reine Mehrwert des Humanum nur um den Preis der Ausgliederung eines Teiles der Spezies aus der menschlichen Gemeinschaft abzuschöpfen oder um den Preis der Herrschaft der «force productive».

Wenn Zeitersparnis innerhalb der Lebensspanne definiert wird als Minimierung solcher Aktivitäten, die der Aufrechterhaltung der schieren Existenz dienen, und als Maximierung von eigentlich menschlicher Tätigkeit, als Zurückdrängung des Reichs der Notwendigkeit (was seine zeitliche Ausdehnung innerhalb der Lebensspanne angeht) und Ausweitung des Reichs der Freiheit, dann wird die Freiheit erkauft mit einem drastischen Verlust an Autonomie: dem Verschwinden der Fähigkeit nämlich, die Daseinsgrundlage aus eigenen Kräften zu besorgen. Diese Fähigkeit weicht im Zuge der Ausdehnung des «Reichs der Freiheit» einer geradezu phantastischen Abhängigkeit von Versorgung mit lebensnotwendigen Dingen. Die Abhängigkeit existiert fort in jeder beliebigen Gesellschaftsorganisation, die die Fesselung des Menschen an seine Existenzsicherung als seinem eigentlichen Wesen zutiefst zuwiderlaufend betrachtet. So wie der abgetrennte Tod jede Lebensäußerung mit Todeshauch und Vergänglichkeitsdrohung infiziert, so infiziert die abgesonderte lebenserhaltende ‹Arbeit› jede Freiheitsäußerung mit Gefangenschaft, Abhängigkeit, Unfreiheit, Knappheit und Bedürftigkeit.

Zugleich macht die Trennung der Lebenszeit in wesentliche und wesensfremde Zeit diese überhaupt erst verwaltbar. Zeit gerät unter Optimierungspflicht. Namens einer höheren Idealität wird ein verantwortungsvoller Umgang, der der Verwirklichung des menschlichen Wesens zuträglich ist, verbindlich. Zeit wird ein Problem, das gelöst werden muß. Zeitsparen, d.h. die Verbesserung des Verhältnisses von guter und schlechter Zeit, wird zu einer der vordringlichsten Lebensaufgaben.

Einen anderen Akzent setzt J. Ziegler. Nicht die Zurückdrängung des Reiches der Notwendigkeit begründet die Freiheit, sondern der Tod: «Unsere eigene Endlichkeit ist eine Chance, die uns das Leben oder, wenn man so will, der Tod bietet. (...) Der Tod, der unserem Dasein eine Grenze setzt, führt eine Diskontinuität ein, setzt die Zeit ein. (...) Der Tod begründet die Freiheit.» Innerhalb der durch den Tod gesetzten Grenze «vermag der Mensch fast alles oder, genauer, wegen dieser Grenze ‹versucht der Mensch fast alles›: um ein Maximum an überquellendem Lebensverlangen zu verwirklichen, die Angst vor dem Ende zu verdrängen, die davoneilende Zeit zu täuschen, mit anderen Worten, die ‹verbleibende Zeit› (...) aufzustauen. Unsere zeitliche Substanz ist unsere Waffe gegen die Zeit. (...) Ohne die Begrenzung durch den Tod würde (die gewaltige Macht des Menschen; M.G.) sich in Gleichgültigkeit auflösen.» (J. Ziegler, 1982, S. 313f)

Nichts von trübseliger, defensiver Buchhaltung des Lebens, die der Todvermeidungsimperativ erzwingt; aber auch nichts von dem verschwenderischen Umgang mit Zeit, der das Leben-in-Zeit charakterisiert, sondern: «Kaufet die Zeit aus» im Angesicht des Todes (der die Bedingung neuen Lebens ist); *wie* die Zeit aus-geschöpft wird, ist jedoch angesichts des Todes viel weniger festgelegt als angesichts des «Reiches der Notwendigkeit». Man könnte sagen: Der Zeitbegriff Zieglers ist der gesellschaftlichen Option des Lebens-mit-Fähigkeiten zugehörig.

Leben-in-Daseinsbedingungen kennt die Trennung innerhalb der Lebensspanne sowenig wie die Aussperrung des Todes, die die Lebensspanne erst konstituiert. Jede Tätigkeit, jede Befindlichkeit des Lebendigen, jede konkrete Erfüllung der Zeit ist wesentlich, ein Teil des Lebens. Mit Zeit wird demnach – aus der befangenen Perspektive der Zeitknappheit – nachlässig umgegangen. Es gibt weder den Imperativ, die Zeit zu nutzen, oder besonders und bewußt zu genießen, noch den Imperativ, ‹schlechte› Zeit zu vermeiden: Die Gewohnheit vieler Jäger- und Sammler-Völker, viele Stunden des Tages zu verschlafen, spricht ebenso dafür, daß Zeit überreichlich vorhanden ist, wie der berichtete verschwenderische Umgang mit der Jagdbeute, der unter der Vorstellung, ‹un-wesentlich› verbrachte Zeit zu vermeiden, undenkbar wäre. Auch das Phänomen der tödlichen, chronischen Langeweile, die E. Fromm für eine der Ursachen von Gewalttätigkeit und Destruktivität hält, eben weil sich der Gelangweilte die Quelle der Erregung selbst schaffen muß (vgl.: E. Fromm, 1974, S. 220), hat keine Substanz, wenn es keinen Optimierungsimperativ im Blick auf Zeit gibt. Der Jäger mag den Tag verschlafen, aber nichts berechtigt uns, ihn wegen seiner Gelangweiltheit zu beklagen.

Das Leben-in-Zeit, in der Zeitfülle, dessen Grundbedingung es ist, daß keine konkurrierenden, sich wechselseitig ausschließenden Ansprüche an die Zeiterfüllung gestellt werden, setzt die *Fähigkeit*, Mühsal, Mangel, Leiden und Schmerzen *zu tragen*, voraus. Dies wiederum nicht als besondere, um höherer Ziele willen erworbene Fähigkeit der Selbstbezwingung, sondern als selbstverständliche, wechselnde Befindlichkeit des Lebens. Nur unter dieser Voraussetzung zerfällt das Leben nicht in verlorene und gewonnene Zeit, sondern erhält sich als ungeschiedene Vielgestalt in Zeiteinheit.

«Kulturen mit einem Überfluß an Zeit kommen in den ärmsten Ländern vor. Die Produktivität ist so niedrig, daß eine bestimmte Proportion von aufgewandter Zeit überhaupt nichts einbringt. Solche Kulturen haben keinen großen Bedarf, Zeit genau zu berechnen und zu messen.» (St. B. Linder, 1970, S. 17) Was in diesen Ländern mit dem Zeitbegriff gemeint ist, ist kaum in unsere Sprache zu übersetzen.

Gegen ein Mißverständnis will ich diese Überlegung ausdrücklich sichern: Die Feststellung, daß Leben-in-Zeitfülle nicht vereinbar ist mit einer Trennung von guter gewonnener und schlechter verlorener Zeit, darf nicht umstandslos auf die den Menschen in der Knappheitsgesellschaft zugemutete schlechte, verlorene, sinnentleerte Zeit übertragen werden, verbunden mit der Konsequenz, diese wie jene als selbstverständlich der Lebensvielfalt zugehörig zuzuschlagen. Die Mühsal, die die Aufrechterhaltung der Existenz erheischt, unter der Bedingung der *Vermeidung* von Knappheit, die also der Naturverhaftetheit des Menschen geschuldet ist, ist strikt zu unterscheiden von der Mühsal, die die Knappheits*bekämpfung* den Menschen auferlegt. Und der verschwenderische Umgang mit Zeit, der die ‹Ökonomie› der Fülle kennzeichnet, kann nicht verwechselt werden mit der Zeitvergeudung, dem Zeitvertreib, der totgeschlagenen Zeit des modernen Menschen, auch nicht mit der leicht verwechselbaren Untätigkeit desjenigen, der vom Arbeitsmarkt ausgeschlossen ist oder mit dem luxuriösen Müßiggang. Während das eine Ausdruck wirklicher Zeitautonomie ist, ist das andere Ausdruck nahezu vollständiger Fremdbestimmung der knapp gemachten Zeit. Unter dem Vorzeichen der Knappheit ist es in der Tat vernünftig, nicht jede Zeit gleich wesentlich verbracht zu finden, und es ist sinnvoll, nicht jeder Beschäftigung und jedem Müßiggang, jedem Augenblick die gleiche volle Anwesenheit zu gewähren. Die Zwangsbewirtschaftung der Lebenszeit gebietet, konkurrierende Ansprüche an Zeit geltend zu machen.

Zeitersparnis ist allerdings eine Illusion, wenn der Mensch in einen zu überwindenden, ‹natürlichen› und einen aus der Überwindung herauswachsenden ‹eigentlichen› Homo sapiens aufgespalten wird, er sich also immer selbst zum Gegner hat.

Solange er sich als Mühsalbeladener, Schmerzempfindlicher, Vergänglicher, Leidender feindlich gegenübersteht, solange wird die Lebenszeit gänzlich okkupiert durch die Vermeidung dieser Zustände, eine Anstrengung, die um so maßloser und süchtiger wird, je mehr das Vertrauen in die Leidens- und Mühsalfähigkeit geschwunden ist, je mehr also die Vermeidung gelingt und die entsprechenden Fähigkeiten unentwickelt bleiben.

Diese Illusion über Zeitsparen erhält sich als Illusion unabhängig davon, ob der erwirtschaftete gesellschaftliche Reichtum zu Lasten der Vielen in die Hände der wenigen Profiteure fließt, die sich auch den «Zeitprofit» einstreichen, indem sie sich in vielen Verrichtungen vertreten lassen, oder ob die «eingesparte» Zeit zugleich mit den zeitsparenden Mitteln gerecht verteilt ist.

Jede Verheißung auf Zugewinn an Lebenszeit ist unfehlbar betrügerisch, wenn der Preis, um den ‹freie› Zeit erkauft wird, der *Ausverkauf von Fähigkeit* ist; seien dies *Fähigkeiten des Erleidens* oder *Fähigkeiten des Tuns*. So wie die Unfähigkeit zu leiden prinzipiell unbegrenzte Zeit-Investitionen zur Leidvermeidung erheischt, so fordert die Unfähigkeit, Notwendiges zu tun, prinzipiell unbegrenzte Zeit-Investitionen für die Befriedigung der Versorgungsansprüche, das Zeitbedürfnis ist unersättlich.

Produktivität in dem hier verwendeten Sinn ist ein Raub an Fähigkeiten, gerade darin ist sie der Knappheitsexpansion dienstbar. Darum ist sie gänzlich untauglich für die Zeiteinsparung. Sie erzwingt eine doppelte Zeitinvestition, Produktionszeit als Lohnarbeit und Konsumtionszeit als Schattenarbeit: «Produktivität kann nur durch einen Zuwachs an verbrauchten Gütern pro Zeiteinheit erkauft werden. Das bedeutet eine Zunahme der Zeitknappheit.» (St. B. Linder, 1970, S. 10)

Ivan Illich hat in seiner Analyse des Verhältnisses von Lohn- und

Schattenarbeit zur Unterhaltstätigkeit die Illusion der Zeiteinsparung durch Produktivität desillusioniert. Beide, Schatten- und Lohnarbeit, sind zwangsweise auferlegte Arbeiten, denen nicht einfach qua Entscheidung zu entgehen ist unter der Herrschaft der Knappheit. Sie sind ‹*lebensnotwendig*›. Schattenarbeit «umfaßt die meiste Hausarbeit, die Frauen in ihren Heimen und Wohnungen tun, die Tätigkeiten, die mit dem Einkaufengehen verbunden sind, das Abliefern der Kinder am Schultor und das Warten mit ihnen in der Klinik und auf dem Spielplatz, das Pauken mit den Kindern für die Prüfung, aber auch das Berufspendeln des Vaters. Dazu gehört der Stress des Zwangskonsums und die eingefleischte Selbstauslieferung an Pädagogen und Therapeuten, der Umgang mit Bürokraten nicht weniger als das Strammstehen vor der Verkehrsampel – kurzum das meiste, was so allgemein als Familien- oder Privatleben etikettiert wird.» (I. Illich, 1982b, S. 77)

All dieser erzwungene Zeitaufwand für den Konsum produzierter Waren und warenförmiger Dienstleistungen ist erst mit der Ablösung der ‹zeitraubenden› Unterhaltstätigkeit entstanden: Schattenarbeit, «die notwendig – oft lebensnotwendig – ist, um fertige Ware für den Haushalt überhaupt erst brauchbar zu machen (...) konnte es nicht geben, bevor aus dem Haushalt, dem Ort des Unterhalts, ein Heim wurde, das nun Ort des Konsums ist; bevor also das Leben vom Warenkonsum abhängig gemacht worden war.» (I. Illich, 1982 b, S. 76) Lohn- und Schattenarbeit in ihrer umfassenden zeitlichen Beanspruchung unterscheiden sich aber von Unterhaltstätigkeit darin, daß sie entfremdete, aufgezwungene Arbeiten sind, während erstere in flexiblen Grenzen notwendige, aber selbstbestimmte Arbeit ist. Konsumtionszeit ist demnach keinesfalls der «disposable time» (= «Zeit der Konsumtion des Verbrauchs materieller Güter») zuzuschlagen, sondern der «necessary time».

Zusammenfassung

1. Leben-in-Daseinsbedingungen kennt Zeit als Problem nicht. Wiewohl Zeit außerordentlich differenziert, rhythmisiert werden mag,[47] ist sie weder *als* Lebensspanne, noch *innerhalb* der Lebensspanne knapp. Auch der Zeit gegenüber gilt das Vertrauen in die unerschöpfliche Fülle.

2. Leben-mit-Fähigkeiten macht es notwendig, Entscheidungen darüber zu fällen, wie verfügbare Zeiteinheiten genutzt werden sollen. Mögliche Strebungen begrenzen sich wechselseitig durch den Zeitaufwand, den sie erfordern. Die Zeit nun, Fähigkeiten in Tätigkeiten umzusetzen und umgekehrt, ist begrenzt, so daß Wahlen getroffen, Präferenzen ermittelt, Ziel-Mittel-Relationen bedacht werden müssen. Aber weder sind bestimmte Ziele a limine von der Wahl ausgeschlossen, noch ist die Lebenssicherung durch Rückgriff auf eigene Kräfte überhaupt unterbunden. Zeit ist angesichts eines Überhanges an möglichen Realisationen begrenzt, aber nicht knapp, denn sie ist in eigener Verfügung: es gibt die Möglichkeit ungenutzter Zeit.

3. Unter Knappheitsbedingungen (*Leben-Gegen*) ist auch die Zeit grassierender Verknappung unterworfen. Im Maße der Zerrüttung lebenserhaltender Fähigkeiten und im Geltungsbereich triangulärer Beziehungen verfällt die Verfügung über Zeit. Zeit gerät entweder unter das Diktat des Konsums oder der Produktion. Sie ist selbst als Frei-Zeit den Knappheitsgesetzen unterworfen, ist gewährte Zeit, nach der Bedürfnisse entwickelt werden. Sie ist in jeder beliebigen Gestalt *besetzte Zeit.*

5
Exkurs: Leben-in-Daseinsbedingungen, Alltagsleben und Gattungsmäßigkeit
Zu Agnes Hellers Theorie des Alltagslebens

Leben-in-Daseinsbedingungen ist eine gesellschaftliche Option jenseits der Knappheit. Die reale Möglichkeit einer solchen Option begegnet dem in die «Sachzwänge» der Knappheit verstrickten, befangenen Blick des Zeitgenossen in den gesellschaftlichen Ordnungen von Wildbeuter-Gesellschaften. Gibt es nun der Möglichkeit nach ein *Leben in den Daseinsbedingungen* des – zu einem gegebenen Zeitpunkt der gesellschaftlichen Entwicklung – entfalteten *gesellschaftlichen* Reichtums im Unterschied zum für unerschöpflich erklärten *natürlichen* Reichtum?

Anders: kann es nach dem «Sündenfall» in Knappheit und Produktivität mit seiner radikalen Verwandlung aller Beziehungen zwischen Mensch, Natur und Gemeinschaft, also nach Herausbildung einer vollständig anderen Gesellschaftlichkeit, Lebensbereiche geben, in denen sich die Lebensvollzüge jenen beschriebenen Kriterien der unmittelbaren Zugänglichkeit, der konkurrenzfreien Nutzung durch Kooperation und Teilen, des Vorwiegens der Entnahme-Tätigkeit angleichen? Diese Frage kann gegenüber einer Theorie des Alltagslebens dreierlei Gestalt annehmen:

1. Gibt es vergessene Areale, in denen die Gesetzmäßigkeiten der Knappheitserzeugung, nämlich die Verwandlung der Welt der Gegenstände und Erscheinungen in eine Welt der Befriedigungsmittel, die Verwandlung aller Nutzungsformen in Nullsummenspiele, die Verwandlung aller gegenstandsbezogenen Tätigkeit in ‹gegenstandslose›, inkompetente Produktivität und die Verwandlung allgemeiner Zugänglichkeit in Bedürftigkeit noch nicht gültig sind? Unter Gesichtspunkten politischen Handelns ist das die Frage, ob es eine schützenswerte Terra incognita gibt oder geben kann. Oder muß diese Frage verneint werden mit dem Hinweis, daß Knappheit nicht jeweils ein-

zelne Bedürfnisse und ihnen zugehörige Bedürfnisgegenstände hervorbringt, sondern ein «système des besoins», eine totale Verwandlung der *Art* der Beziehung des Menschen zu seiner Lebenswelt inklusive der im Subjekt verankerten Struktur der Beziehungs*fähigkeit*, die reduziert wird auf den Typ der Knappheitsbeziehung?

2. Gibt es vom Zugriff der Verknappung wieder freigegebene Lebenssektoren, Sektoren, in denen Machtansprüche (= Schaffung von Knappheit) sich überholt haben. Läßt sich also Leben-in-Daseinsbedingungen in Lebensbereichen, die den Sättigungsgrad erreicht haben, in denen die Standards so breitenwirksam eingeholt wurden, daß sie zum selbstverständlichen Allgemeingut geworden sind, erneut einrichten?

3. Gibt es schließlich «befreite Gebiete», in denen die machtvolle Knappheitssetzung revolutionär außer Kraft gesetzt wurde?

Agnes Heller stellt naturwüchsige Gemeinschaften solchen Sozialformen gegenüber, in denen die gesellschaftliche Arbeitsteilung sich durchgesetzt hat:

«In den Gemeinschaften, die historisch vor den Klassengesellschaften liegen (in den Stämmen, Klans), war der Einzelne *auf das Ganze*, auf die Sozialform höchsten Grades bezogen, hatte sich also das Maximum der in der konkreten Form verkörperten menschlichen Entwicklung angeeignet. Seit der Entstehung der gesellschaftlichen Arbeitsteilung ist die gattungsmäßige Entwicklung des Menschen innerhalb einer gegebenen Sozialform wieder nur durch das Ganze der gesellschaftlichen Einheit verkörpert, *doch kann der Einzelne nicht mehr in Beziehung zur ganzen Sozialform stehen*; in seiner unmittelbaren Umgebung, in seinem Alltagsleben eignet er sich nicht dies – d. h. *nicht den in einer gegebenen Zeit entfalteten Reichtum des menschlichen Wesens* – an, sondern den seiner eigenen Schicht, seines Standes, seiner Klasse, die Fertigkeiten, die Normen und Fähigkeiten, die zu den Funktionen gehören, die seine Schicht, sein Stand, seine Klasse usw. in der gesellschaftlichen Arbeitsteilung erfüllen.» (A. Heller, 1978, S. 33)

Das heißt zunächst zweierlei:

Erstens können wir für Gemeinschaften, die den Klassengesellschaften voraufgehen, davon ausgehen, daß das Alltagsleben, der Ort der «Reproduktion des Einzelnen» (A. Heller, 1978, S. 26), gleichsam abbildhaft die Gattungsmäßigkeit als «die Stufe, die die Entwicklung der Menschheit» zum gegebenen Zeitpunkt erreicht hat (A. Heller, 1978,

S. 38), repräsentiert. Der von der Gemeinschaft hervorgebrachte Bestand an kulturellen Gütern (Geräte und Produkte, Gebräuche und Sprache) (A. Heller, 1978, S. 184) wird *vollständig* im Alltagsleben in Gebrauch genommen. Diese Übereinstimmung zwischen Vorhandenem und Gebrauchtem verstellt zugleich – ein Charakteristikum naturwüchsiger Gemeinschaften – die Individuierungschance des einzelnen. Individualität ist in dieser Gesellungsform als Möglichkeit nicht angelegt.

«In den vorkapitalistischen Zeiten ist die Grundsituation des Lebens jedes Einzelnen, daß er ‹Mitglied der Gemeinschaft› ist. Mit seiner Gemeinschaft sind seine Lebensbedingungen, der Gegenstand seiner Arbeit gegeben; diese Lebensbedingungen erscheinen ihm wie die Natur selbst, wie seine ‹Sinnesorgane›, seine ‹Haut›. Der Einzelne ist nur als Mitglied seiner Gemeinschaft ein Einzelner.» (A. Heller, 1978, S. 36)[1]

Zweitens: Das moderne Alltagsleben, in das man hineingeboren wird wie eh und je, hat die Qualität, das Ganze zu repräsentieren, eingebüßt. Das Alltagsleben ist gekennzeichnet durch Partikularität, eine Partikularität, die bestimmt ist durch die *Funktion*, die der jeweilige Ausschnitt des Alltagslebens für das gesellschaftliche Ganze hat.

Elemente der Vergleichbarkeit von Leben-in-Daseinsbedingungen und modernem Alltagsleben

1. Das Alltagsleben: der Ort der Reproduktion des einzelnen

Auffällig ist, wie sehr bei flüchtiger Betrachtung von Agnes Hellers theoretischer Umkreisung des Tatbestandes «Alltagsleben» dieses der idealtypisch konstruierten Gesellschaftsform des Lebens-in-Daseinsbedingungen ähnelt, so daß es scheinen mag, das Alltagsleben sei eine Variante des Lebens-in-Daseinsbedingungen auf dem Niveau der entfalteten Gesellschaftlichkeit; so als würden die Lebensgüter nur aus einem anderen Fonds *entnommen*, nicht aus dem Fonds des von der Natur «Vorgewalteten» (E. Bloch), sondern aus dem Fonds des in gesellschaftlicher Arbeit Produzierten. Die Tätigkeiten des modernen Alltagslebens entsprechen in mancherlei Hinsicht den beschriebenen *Entnahme-Tätigkeiten.*

Die allererste und allgemeinste Definition des Alltagslebens lautet:

«Das Alltagsleben ist die Gesamtheit der Tätigkeiten der Individuen zu ihrer Reproduktion, welche jeweils die Möglichkeit zur gesellschaftlichen Reproduktion schaffen.» (A. Heller, 1978, S. 24)[2]

Wiewohl nun der Begriff der «Produktion» und also auch der der «Reproduktion» unvereinbar ist mit dem Leben-in-Daseinsbedingungen, so ist doch das Gemeinte, nämlich die Beschreibung des Alltagslebens als Sphäre, in der die «Individuen» ihre eigenen Existenzgrundlagen und die der Gesellschaft sichern, sehr wohl vergleichbar. Der allen Menschen gemeinsame Bestandteil des Alltagslebens sind die Tätigkeiten, die der «Erhaltung des Menschen als *Naturwesen*» (A. Heller, 1978, S. 24) dienen. Wie verschieden im einzelnen, im je konkreten Alltagsleben (das ja immer nur ein funktional bestimmter Ausschnitt aus der «Gesamtheit der Tätigkeiten» ist) diese Tätigkeiten aussehen, so ist doch die Sicherung von Nahrung, Schlaf und Nachkommenschaft (letztere nicht notwendigerweise in jedem Einzelfall, aber im Durchschnitt) unveräußerlicher Inhalt des Alltagslebens.

Ebenso wie Leben-In hat das Alltagsleben einen spezifischen Radius: «Das Alltagsleben *verläuft* in der unmittelbaren Umgebung und *bezieht sich* auf diese.» (A. Heller, 1978, S. 30) So wie ich das Leben-in-Daseinsbedingungen beschrieben habe als eine Ziel-Mittel-Relation im Sinne einer Anpassung an eine «fertige Welt», eines Einschwingens in ihre Rhythmen, so steht auch am Beginn des Alltagslebens das Hineingeboren-Werden des einzelnen in eine von ihm unabhängige Welt, in der er sich erhalten muß, in der er lebensfähig sein muß. Lebensfähigkeit heißt, sich die Gegenstände und Verkehrsformen aneignen, sie «*gebrauchen*» können, sich ihnen also auch anpassen. «(...) es gilt allgemein, daß man – mit kleineren oder größeren Abweichungen – die Dinge und Institutionen jener Welt ‹gebrauchen› können muß, in die man hineingeboren ist. (...) Wir fügen hinzu, daß diese Aneignung auf ‹natürliche› Weise vor sich geht. Ist dies auch nicht leicht, ist dies auch für verschiedene Personen unterschiedlich leicht oder schwer, so ist doch jedermann zu dieser Aneignung fähig, und jedermann erfüllt diese Aufgabe, sofern er ‹normal› ist.» (A. Heller, 1978, S. 26)

Ist dies nicht eine genaue Beschreibung dessen, was wir als Unmittelbarkeit und ungehinderte Zugänglichkeit (= ‹natürliche› Aneignung) der lebenserhaltenden Güter und Fertigkeiten gekennzeichnet haben? Und ist dies nicht zugleich auch jene vom Nutzen und Gebrauchen (sowohl der Güter wie der Fertigkeiten) überwiegend bestimmte Tätigkeit? Wie für das Leben-In gilt dennoch auch für das Alltagsleben, daß sich der einzelne Mensch objektiviert, d. h., daß er «seine Welt, seine unmittelbare Umgebung (formt)», daß er sich diese Welt nicht nur «durch die fast *adaptierungsmäßige* Internalisierung» gebrauchsfähig macht, sondern selbst auch Repräsentant der Welt ist, die andere vorfinden (A. Heller, 1978, S. 29). Jedoch ist diese «aktive» Beteiligung an der Veränderung des Alltagslebens ein «leiser» Wandel, nicht getragen von einem expansiven Veränderungswillen, sondern bedingt durch das Auftreffen der je eigenen «partikularen Gegebenheiten» (vgl. dazu: A. Heller, 1978, S. 41f und 46f), Gesichtspunkte und Motivationen auf die vorgefundene Welt und durch ihre Verschmelzung, die wiederum die Weitergabe an die Nachkommen spezifisch prägt. Auch dies also hat das Leben-in-Daseinsbedingungen mit dem Alltagsleben gemein, daß es kein absichtsvolles Überschreiten der Gegebenheiten zuläßt. Vom Veränderungswillen bestimmtes Handeln ist kein Alltagshandeln mehr, auch wenn «*die Grundfähigkeiten, Grundaffekte und -verhaltensweisen, mit denen ich über meine Umgebung hinausgehe und die ich auf die mir erreichbare ‹ganze› Welt beziehe*», im Alltag angeeignet sind (A. Heller, 1978, S. 30).

Hier zeigt sich allerdings bereits eine entscheidende Differenz zwischen Leben-In und Alltagsleben. Das Leben-In ist nicht ausschnitthaft. Vielmehr gewährleistet dessen Alltagsleben eine umfassende Teilhabe am gesellschaftlichen Entwicklungsstand, so daß es kein Gefälle zwischen gesellschaftlichem Reichtum und reduzierter Teilhabe des einzelnen gibt (ebensowenig wie es überhaupt ein Auseinandertreten von Individuum und Gesellschaft geben kann). Das Alltagsleben schöpft die gesellschaftliche Möglichkeit aus und ist insofern für den einzelnen hermetisch. Es gibt kein Hinausgehen über die unmittelbare Umgebung, kein Ausgreifen in die ganze Welt. Die unmittelbare Umgebung *ist* die ganze Welt.[3] Auch in diesem Sinne können wir statische von dynamischen Gesellschaften, rhythmisierende von progredierenden Lebensvollzügen unterscheiden, daß es in statischen Gesellschaften diese Bewegung des individuellen Überschreitens nicht gibt.[4] Wandel ist hier immer gesellschaftlicher Wandel, bedingt durch Mangellagen, Katastrophen, kriegerische Auseinandersetzung, aber der einzelne bleibt in diesem Wandel auf die Sozialform höchsten Grades bezogen.

Noch einmal: Das Alltagsleben ist der Ort, an dem die zum Erhalt des einzelnen erforderlichen konkreten Dinge und Verkehrsformen angeeignet werden.

Die alltäglichen Tätigkeiten werden «*angeleitet*» durch die anzueignenden Gegenstände. Sie werden mit diesen *strukturverwandt*: «Die Aneignung der gattungsmäßigen Objektivationen an sich ist die

Grundvoraussetzung der Aufrechterhaltung des Lebens des einzelnen in der gesellschaftlichen Umwelt. Die Befolgung der in ihnen verankerten Normen ist – bis zu einem gewissen Grad – für jedermann *obligatorisch*. Wenn wir also die gemeinsamen Eigenschaften der gattungsmäßigen Objektivationen an sich analysieren, analysieren wir zugleich die Grundstruktur des alltäglichen Lebens und Denkens.» (A. Heller, 1978, S. 200)

Die strukturverwandte Tätigkeitsform ist nicht die einzig mögliche Umgangsform mit den Objektivationen an sich, aber eben die alltägliche. Zu den gattungsmäßigen Objektivationen an sich, die im Alltag angeeignet werden, die an sich sind, weil sie für die «Reproduktion» des einzelnen wie der Gesellschaft konstitutiv sind[5], sind zu rechnen: «erstens die *Geräte und Produkte*, zweitens die *Gebräuche*, drittens die *Sprache*» (A. Heller, 1978, S. 184; vgl. auch die folgenden Seiten).

2. Strukturmerkmale der Alltagstätigkeiten

Die diesen Objektivationen gemeinsamen Strukturmerkmale, die sich gemäß der strukturellen Entsprechung in den Alltagstätigkeiten nachbilden, sind *erstens* die *Wiederholung*. So wie die gattungsmäßigen Objektivationen ihre *Entstehung* als Bestandteile der gesamtgesellschaftlichen Praxis der wiederholten Anwendung verdanken, so *erhalten* sie ihre Funktion auch nur dadurch, daß für den Erhalt des einzelnen und der Gesellschaft die ihnen gewidmeten Tätigkeiten von «jedem einzelnen wiederholbar» sein, wie auch «effektiv *wiederholt*» werden müssen. Nur durch Wiederholung erhält ein Brauch seine Bedeutung, wird ein Wort, ein Begriff tauglich als Verständigungsmittel, wird ein Gerät oder die Fertigkeit für seine Handhabung der materiellen Selbsterhaltung dienstbar. Hier ist insbesondere die unmittelbare Zugänglichkeit der für die «Reproduktion» anzueignenden Objektivationen betont: «Das bedeutet, daß zur Aneignung der gattungsmäßigen Objektivationen an sich Fähigkeiten nötig sind, die jedem Einzelnen jederzeit zugänglich sind bzw. die jeder annähernd gleich zu entfalten vermag. (...) Zugleich verlangt die Aneignung der gattungsmäßigen Objektivationen an sich keine oder kaum eine spezielle Ausbildung. (Für die Sitten ist sie überhaupt nicht erforderlich, im Bereich der Sprache ist sie nur zum Schreiben notwendig, für die Manipulation der Dinge wiederum nicht [...]).» (A. Heller, 1978, S. 202)

Auch die aus den gattungsmäßigen Objektivationen an sich hervortretenden Anforderungen an Wiederholungstätigkeiten ähneln Wiederholungszwängen, die das Einschwingen in Naturrhythmen mit sich bringt. In dieser Feststellung, daß das Alltagshandeln, welches ja per definitionem der Selbsterhaltung dient, repetitiv ist, steckt zugleich etwas Tautologisches, wenn wir nicht die in den Gegenständen enthaltenen inneren Gesetze betrachten, sondern die in den sich erhaltenden Subjekten wirkenden Gesetze. Die Selbsterhaltung des Menschen als Naturwesen, die Aufrechterhaltung seiner physischen Existenz, der Stoffwechsel erfordert die unablässige Wiederholung zum Beispiel der Nahrungszufuhr.

Ein *zweites* Strukturmerkmal ist der Regelcharakter der Objektivationen. «Der Einzelne vermag nämlich die gattungsmäßigen Objektivationen an sich nur durch ihre Einübung als Regeln sich anzueignen (...) Die fertig vorgefundene dinglich-gegenständliche Welt der Mittel normiert unsere Handlungen ebenso wie die Sitte.» (A. Heller, 1978, S. 203)

Der Übergang von den den Dingen innewohnenden gegenständlichen Normen, das heißt, den im Gegenstand enthaltenen Anweisungen zu seiner Handhabung, zu den sozialen Normen, den durch Bräuche bestimmten Festlegungen der Handhabung, ist fließend.

Für das Leben-In habe ich betont, daß die in den Gegenständen enthaltene Normativität eine solche gestaltende Kraft hat, daß sie sogar die Sozialform vorbestimmt. (So erfordern die Jagdbeute und das Sammelgut das Umherziehen, die Geringschätzung des Besitzes, die Kooperation und das Teilen.)

Als *drittes* Strukturmerkmal der Objektivationen nennt Heller die Zeichenfunktion. Es werden an den Objektivationen diejenigen Eigenschaften wahrgenommen, die Zeichenfunktion erfüllen, d. h. die Merkmale, die für die alltägliche Praxis bedeutsam sind. «Die Zeichenfunktion der gattungsmäßigen Objektivationen an sich (...) unterscheidet sich von der der Naturgegenstände dadurch, daß in ihnen *das Zeichen als solches intendiert ist* und daß in der Praxis keine vom Menschen unabhängige objektive Eigenschaft zum Zeichen wird.» (A. Heller, 1978, S. 205)

Der Umgang mit Lebensgütern, die von der Natur als *Quasi-Fertigprodukte* gewährt werden, wurde als gleichermaßen respektvoll und respektlos gekennzeichnet. Letzteres wegen der radikal anthropozentrischen Deutung der Naturgegebenheiten, ersteres wegen der stummen Anerkennung der Fremdheit der Natur überall dort, wo sie nicht der eigenen Selbsterhaltung dient.

Das *vierte* Strukturmerkmal ist nach Heller die Ökonomie: «Die gattungsmäßigen Objektivationen an sich bzw. ihre Elemente sind so gestaltet, daß sie, um ihrer Funktion zu genügen, ein Minimum an Kraftanstrengung und an inventivem Denken verlangen und daß die Funktionen in der für die Zielverwirklichung maximal kurzen Zeit erfüllt werden können.» (A. Heller, 1978, S. 211).[6]

Hier nun also tritt ein hochbedeutsamer Unterschied zwischen den Strukturmerkmalen der Objektivationen, die das Alltagshandeln anleiten, und jenen der Selbsterhaltung dienenden Natur-«*Produkten*», auf die sich die Tätigkeiten des Lebens-in-Daseinsbedingungen richten, zutage.

Auch dem Leben-in-Daseinsbedingungen wohnt eine ‹Ökonomie› inne. Auch in dieser Lebensform wird das Ziel «Selbsterhaltung» mit einem Minimum an Aufwand erreicht. Gerade das günstige Verhältnis von aufgewendeten Mitteln in Gestalt der Kraftanstrengung, des inventiven Denkens, vor allem aber auch der Zeit einerseits und dem Grad der Zielerreichung andererseits ließ ja die Jäger- und Sammlergesellschaften, an denen die bestandssichernden Merkmale des Lebens-In abgelesen wurden, als reine Wohlstandsgesellschaften erscheinen. Die Ökonomie des modernen Alltagslebens ist eine Folge der *Vervollkommnung der Mittel*, durch welche die Einsparung an Mühe, Zeit und inventivem Denken als Ergebnis äußerster Anstrengung ein für allemal auf bestimmten Niveaus gelungen ist, so daß ihr Gebrauch zu einem gewohnheitsmäßigen, ‹natürlichen›, widerstandslosen, mühelosen wird. (Neue Investitionen bringen ein neues Niveau der Perfektion ein, sind aber nicht dem alltäglichen Gebrauch zugehörig.) Dagegen wird das Minimum an Aufwand bei einem Maximum an Zielrealisation unter den Bedingungen des Lebens-In durch die *Festlegung der Ziele* erreicht.

Dies ist nach Agnes Heller ein nicht nur faktischer, sondern durchaus wünschbarer Verlauf menschlicher Entwicklung: Der Kraft- und Zeitaufwand für die ständiger Wiederholung unterworfene Selbsterhaltung soll verringert werden durch zunehmenden Reichtum an Gütern und Mitteln und durch deren unablässige Vervollkommnung, kurz: durch Entfaltung der Produktivkräfte. Auch wenn sie als *eines* der Ziele des Kommunismus die Aufhebung des Gefälles zwischen gesellschaftlichem und individuellem Reichtum, zwischen gesellschaftlicher und individueller Ökonomie schließlich sogar bei Verlangsamung der Entwicklung der Produktion benennt (A. Heller, 1978, S. 211f), so steht doch außer Frage, daß es eine *Entwicklungstendenz der Mensch-*

heit in Richtung auf Verbesserung der Produktivität gibt. Diese Grundannahme gibt, wie wir sehen werden, ihrem Begriff der Gattungsmäßigkeit die Doppeldeutigkeit.

Der ökonomische Umgang mit den zur Selbsterhaltung erforderlichen Gütern und Geräten, Gewohnheiten, Verständigungsformen im Alltagsleben ist motiviert durch die Vermeidung von Schwierigkeiten.[7] Er dient der Routine, der Gewohnheit, der Aufrechterhaltung von Stabilität, die einhergeht mit Inventions- und Innovationsfeindlichkeit. Letzteres ist wiederum für das Leben-in-Daseinsbedingungen nur von marginaler Bedeutung, weil es die Tempodifferenz zwischen gesellschaftlicher und Entwicklung des Einzelnen nicht gibt, das Alltagsleben also keinem Innovationsdruck ‹von außen› ausgesetzt ist.

Ein fünftes Strukturmerkmal der gattungsmäßigen Objektivationen an sich ist schließlich ihre Situationsgebundenheit (A. Heller, 1978, S. 213 ff).

3. Die Modi der Aneignung der gattungsmäßigen Objektivationen

Um die Auflistung der äußerlichen Vergleichbarkeiten von modernem Alltagsleben und Leben-In abzuschließen, seien noch die Aneignungsmodi, mit denen sich der einzelne die gattungsmäßigen Objektivationen im Alltag gebrauchsfähig macht, in aller Kürze zusammengestellt.

Agnes Heller nennt zuerst den *Pragmatismus*, das regelmäßige Fehlen, aber auch Überflüssigsein einer theoretischen Einstellung zu den Gegenständen, Gewohnheiten und Verständigungsmitteln des täglichen Bedarfs. Der Einbruch solcher theoretischer Einstellung in die Alltäglichkeit ist eine Begleiterscheinung wiederholten Mißerfolgs, der das gewohnheitsmäßige Umgehen zu überprüfen nötigt (A. Heller, 1978, S. 218).

Dann: die *Wahrscheinlichkeit* als Urteilsgrundlage aller Handlungen (A. Heller, 1978, S. 219 f). Weiter: die *Nachahmung* und die *Analogie*. Letztere motiviert zur Hervorbringung des Ähnlichen, während die erstere die Herausbildung des Identischen verfolgt (A. Heller, 1978, S. 226 f).

Schließlich noch: die «*Hypergeneralisierung*» und die «*grobe Behandlung des Singulären*» (A. Heller, 1978, S. 231 ff und S. 235 ff).

Zum grundlegenden Unterschied von Alltagsleben und Leben-in-Daseinsbedingungen

Wenn wir die Strukturmerkmale des Alltagslebens mit jenen des Lebens-in-Daseinsbedingungen noch einmal überschlagsweise vergleichen, so kommen wir zu dem Ergebnis einer verblüffenden Ähnlichkeit. Die Unvergleichbarkeiten liegen ersichtlich *nicht* im Bereich der Tätigkeits*formen* oder der Aneignungsmodi.

Es hat den Anschein, als gäbe es eine Kontinuität in der *Struktur* der Tätigkeiten zur Erhaltung der einzelnen und der Gesellschaft, unabhängig von ihrer jeweiligen inhaltlichen Ausprägung, unabhängig auch von den gesellschaftlichen Rahmenbedingungen. Es hat also den Anschein, als seien im modernen Alltagsleben wesentliche Elemente eines Lebensmusters konserviert, in dem die Freiheit, die Naturgegebenheiten zu überschreiten, der Sicherheit der Anpassung an die «fertige Welt» geopfert wird; Freiheit wird nur realisiert in der «Entscheidung» für diese Sicherheit. Der Unterschied liegt darin, daß die «fertige Welt» einmal aus ausgewählten Naturgegenständen und den Gewohnheiten ihres Gebrauchs aufgebaut ist, ein andermal aus den entwickelten Produkten menschlicher Tätigkeiten und den mit ihnen verbundenen Gewohnheits- und Verständigungssystemen.

Diese Kontinuität der *Struktur* des Alltagshandelns scheint zu bestätigen, was Agnes Heller mit ihrer Theorie des Alltagslebens erhellen will, daß nämlich das Alltagsleben als solches nicht notwendigerweise entfremdet sein müsse, daß vielmehr «eine radikale Umformung des Alltagslebens neben der Kontinuität seiner Grundstruktur möglich ist» (A. Heller, 1969, S. 91).

1. Das Alltagsleben: Ort der Individuierung

Das Alltagsleben ist bei Agnes Heller eine eigentümlich schillernde Kategorie. Sie betreibt zugleich seine *Ehrenrettung* – gegenüber der Behauptung seiner *unüberwindlichen Pauperisierung* –, und sie erhebt die Forderung, über das Alltagsleben *hinauszugehen*, was *nicht* gleichbedeutend ist mit der Abschaffung seiner Strukturen. Eine Ehrenrettung verdient das Alltagsleben aber nicht nur, weil es unverzichtbar ist und weil es unter keiner gesellschaftlichen Bedingung abgeschafft werden kann,[8] sondern immer auch darum, weil es nicht durch und durch entfremdet ist und also das Alltagshandeln auch nicht ausschließlich partikularen Motiven folgt. Sie wird nicht müde zu bestreiten, daß der Entfremdungszusammenhang lückenlos sei: «Das entfremdete Alltagsleben ist das Reich des Ansich. In diesem wird der Einzelne von gattungsmäßigen Objektivationen an sich angeleitet, denen er sich, unter maximaler Bewahrung seiner partikularen Motivationen und seiner Wahrheitserkenntnis, unterordnet. Das nichtentfremdete Alltagsleben hingegen ist das Reich des Füruns. (...)

Das Ansich des Alltagslebens ist nur Tendenz – selbst in der Zeit der starken Vorherrschaft der Entfremdung. Immer wieder kommt in ihm das *Bedürfnis* auf, *das Leben als eines für uns zu gestalten*. Unter anderem werden diese unauslöschbaren Bestrebungen *zu den Grundlagen der gattungsmäßigen Objektivationen für sich*. Niemals wären die gattungsmäßigen Objektivationen für sich zustande gekommen, wäre dieses Bedürfnis im Alltag nicht latent, häufig sogar offen wirksam gewesen und hätte es nicht die Materie, die Probleme, die Denk- und Handlungsformen hervorgebracht, aus denen die gattungsmäßigen Objektivationen für sich hervorgehen, sich erheben.» (A. Heller, 1978, S. 192)

Das Alltagsleben wird beschrieben als Ausgangs- und Endpunkt aller menschlichen Tätigkeit, insofern sich aus ihm «die Fähigkeiten zu und die Anforderungen an ‹Objektivationen› ergeben, welche wiederum im Alltagsleben ihre letzte Verwendung finden» (H. Joas, zu: A. Heller, 1978, S. 12). Nehmen wir hinzu die schon zitierte Aussage, das Alltagsleben sei die Gesamtheit der Tätigkeiten der *einzelnen* Menschen zu ihrer Reproduktion, welche jeweils die Möglichkeit für die gesellschaftliche Reproduktion schaffen (A. Heller, 1978, S. 24), so ist die doppelte Opposition markiert, in der diese Konzeption des Alltagslebens steht. Sie «hebt die relative Autonomie der individuellen Reproduktion gegenüber der gattungsmäßigen hervor» (H. Joas, zu: A. Heller, 1978, S. 12), gesteht den konkreten Lebensvollzügen der Subjekte eine Bedeutung zu, die nicht nur uanbhängig von der gesamtgesellschaftlichen Entwicklung existiert, sondern vor der sich diese letztere auch zu bewähren hat: Die heterogenen Tätigkeiten, die das Individuum in den verschiedenen gesellschaftlichen Sphären durchführt, sind nicht hinreichend zusammenhängend durch den objektiven gesellschaftlichen Zusammenhang, den sie mit den Tätigkeiten aller anderen Individuen konstituieren, «sondern müssen auch vom Individuum selbst trotz aller Heterogenität zu einem einheitlichen System von Tätigkeiten synthetisiert werden» (H. Joas, zu: A. Heller, 1978, S. 12f). Ist also die eine Pointe dieser Alltagstheorie eine Absage an die Konzeption eines Kollektivsubjekts, das emphatische Eintreten für das Individuum und dessen Individualität, so ist die andere Pointe, die mit der ersten eng zusammenhängt, die «Defetischisierung» aller Institutionen, Deutungssysteme und materiellen Werte, das heißt, die Enthüllung ihres Zustandekommens aus menschlichen Tätigkeiten, das heißt auch die Bestreitung ihrer unbefragten Macht und Gültigkeit, so daß sich der einzelne zu ihnen *nicht* als zu einer «fertigen Welt», «fertigen Gegebenheit» verhalten muß. Die Güter, Deutungssysteme und Institutionen werden als Vergegenständlichungen menschlicher Tätigkeiten, als «Abdruck der Handlungen in selbständigen Strukturen» (H. Joas, zu: A. Heller, 1978, S. 11) enthüllt. Das ist die theoretische Voraussetzung, unter der Individuierung eine reale Möglichkeit ist. Individuierung und Defetischisierung sind zwei Seiten desselben Vorgangs. Denn: wie sehr auch die gattungsmäßigen Objektivationen selbständige Strukturen und Beziehungssysteme[9] bilden, wie sehr auch diese Beziehungssysteme Eigengesetzlichkeiten entwickeln, so bleibt doch die letzte Realität der Objektivationen ihr Ursprungsort in menschlichen Handlungen. Diese letzte Realität macht sie bewußter, absichtsvoller Entwicklung überhaupt zugänglich. Auch darin realisiert sich wohl die Logik, nach der die Entstehungsbedingungen einer Vergegenständlichung in sie als Struktur ihrer selbst eingehen, mit der Folge, daß sie als Norm oder Potentialität ihres Gebrauchs auch wiederum aus ihr hervorgehen. Ist also das eine Strukturelement der Objektivationen, daß in ihnen *Handlungen* geronnen, so ist das andere Strukturelement der Objektivationen, daß in ihnen Handlungen *geronnen* sind. Objektivationen als Abdruck menschlicher Handlungen tragen zugleich die Möglichkeit der Bewegung und der Bewahrung in sich. Aber auch die pervertierten, weit übertriebenen Möglichkeiten der Flüchtigkeit und der Erstarrung. Schnelle Entwertung ist die Folge der beliebigen, mühelosen Wiederholbarkeit der in ihnen abgedrückten Handlungen; Beharrung und Versteinerung ist die Folge der Mühsal, die aufgewendet werden muß, um die als fertige Gegebenheiten sich darbietenden Objektivationen gegen alle Beharrungswiderstände zu verflüssigen.

Dieser Gedanke der in die Vergegenständlichung eingelagerten Entstehungsbedingungen, die ihre Handhabung determinieren, ist für unseren Zusammenhang einer der bedeutsamsten in Hellers Theorie des Alltagslebens, der kritisch gegen diese Theorie gewendet werden muß.

Indem das Alltagsleben auf die Einmaligkeit des Individuums wie auf die Veränderbarkeit der Welt und die individuelle Zugriffschance auf sie verweist, enthält es *in* sich die unabweisbare Forderung zu seiner Überschreitung. Denn: das, was dem Alltagsleben seine Dignität verleiht, ist ihm auf eigentümliche Weise nicht zugehörig: Damit jemand die Welt, in die er hineingeboren wurde, nicht als fertige Gegebenheit betrachtet, muß er ein distanziertes Verhältnis zu dieser unmittelbaren Umgebung, die ja die Welt des Alltagslebens ist, gewinnen.

«Daß jedoch jemand zum Individuum werde, dazu mußte er stets das bloße Alltägliche überschreiten; das bewußte Verhältnis zum Ich und zur Integration (= Gattungsmäßigkeit; M. G.) konnte *allein* innerhalb der Rahmen des Alltagslebens nicht zustandekommen.» (A. Heller, 1969, S. 95)

Individualität ist weder ein Zustand noch eine Eigenschaft des einzelnen. Sie ist immer im Entstehen, sie ist also ein *Prozeß* (vgl. A. Heller, 1978, S. 51), und sie beschreibt ein *Verhältnis* des einzelnen zur Welt. «Der sich zur Welt und zu sich selbst *individuell* verhaltende Mensch wird durch die *Distanz* – zu sich selbst sowie zur Welt – charakterisiert. Ein Individuum ist derjenige, der im Gewohnheitssystem seiner Umgebung *individuell* selektiert aufgrund selbstgewählter Werte. Und gleichermaßen *individuell* selektiert er aus seinen partikularen Anlagen, aus den Konstituenten seines psychischen Charakters; einige werden von ihm präferiert, andere aufgrund seiner Wertwahl in den Hintergrund geschoben.» (A. Heller, 1980, S. 217)[10]

Diese autonome und *individuelle* Wertwahl setzt voraus, daß das Subjekt in ein bewußtes Verhältnis zum Nicht-Alltäglichen, d. h. zu den verschiedenen gattungsmäßigen Objektivationen getreten ist. Erst dieses *unmittelbare, bewußte* Verhältnis zur Gattungsmäßigkeit[11] eröffnet dem Individuum die Wahl seines Standpunktes, liefert ihm die Leitlinien für seine Selektion und für die Herausbildung seiner Werthierarchien. Sie ist auch die Voraussetzung für die sinnstiftende Einheit, die übergeordneten Gesichtspunkte, nach denen dann auch das Alltagsverhalten und das Alltagsdenken individuell geordnet werden kann.[12] Die Überschreitung der Alltagsgrenzen, die bewußte Begegnung mit der Gattungsmäßigkeit macht es erst möglich, die Würde des Alltags herzustellen.

«Ich glaube, daß das Wesen der Entfremdung des Alltagslebens prinzipiell nicht in dem alltäglichen Denken und in den Tätigkeitsformen verborgen ist, sondern darin, *in welchem Verhältnis der Einzelne zu diesen Tätigkeitsformen* sich befindet, sowie in der Tatsache, ob er fähig oder unfähig ist, die erwähnten Tätigkeitsformen selbständig zu hierarchisieren, in Einheit zu synthetisieren. Diese Fähigkeit hängt in Wirklichkeit davon ab, in welchem Verhältnis der Einzelne zu dem Nicht-Alltäglichen, d. h. den verschiedenen gattungsmäßigen Objektivationen steht.» (A. Heller, 1969, S. 92f)

Nicht also das Alltägliche zu verlassen, ist gefordert, sondern eine «Bewegung» zwischen Alltäglichem und Nicht-Alltäglichem (A. Heller, 1978, S. 56), die angesichts der bewußten Anteilhabe an der Gattungsmäßigkeit die notwendige Entlastungsfunktion der routinisierten Alltagstätigkeit zu nutzen erlaubt, nach Maßgabe einer begründeten, «weltanschaulichen» Entscheidung darüber, welche Bereiche der Alltagstätigkeiten und des Alltagsdenkens der Routine überantwortet bleiben und welche «philosophisch fundiert» werden sollen.

Das Alltagsleben ist so seltsam schemenhaft. In der Sphäre des Alltagslebens haben sich forterhalten Tätigkeitsformen und Aneignungsweisen, deren besondere Angemessenheit für eine Existenzform in der Fülle ich beschrieben habe. Gleichzeitig aber ist der gesellschaftliche Reichtum der Sphäre des Alltagslebens entzogen. Er kann in dieses nur eingeholt werden durch den Prozeß der Individualisierung; durch den Prozeß also, mit dem das Individuum sein Alltagshandeln durchdringt und inspiriert mit den aus seinem bewußten Verhältnis zur Gattungsmäßigkeit resultierenden Wertentscheidungen; durch den Prozeß, in dem das Individuum sein Leben, das Alltagsleben eingeschlossen, in «Lebensführung» [13] unter dem Vorzeichen seiner freien Wertwahl vereinheitlicht.

Allein also in der gelungenen Synthese,[14] in der «Lebensführung», ist das eigentlich Gattungsmäßige im Alltag anwesend. In dieser Gestalt auch nur kann es, so muß man wohl folgern, *Impulse* setzen zur Überschreitung der Alltagssphäre. In der Form der Lebensführung einzelner sind die abweichenden Normen, die das Gewohnheitssystem des Alltags aufstören, die eine Infragestellung der Fertige-Welt-Perspektive ermöglichen, an denen sich geltende Selbstverständlichkeiten reiben, als Herausforderung im Alltag vorhanden. Entfremdet ist der Alltag nicht darin – so Hellers marxistischer Denkansatz –, daß die Sphäre der «gattungsmäßigen Objektivationen für sich», aus dem Alltag ausgesondert, eine von ihm unabhängige Entwicklung durchlaufen hat. Entfremdet ist der Alltag dadurch, daß er so wenig Impulse und Spielräume enthält zu seiner Überschreitung. Entfremdet ist er dadurch, daß der Durchschnitt der Menschen daran gehindert ist, sich über ihn zu erheben:

«Die Tatsache, daß in der Geschichte der Menschheit für den Durchschnitt der Klassen (Schichten) und für den Durchschnitt der Einzelnen die Partikularität *ausreichend* war, um sich im Alltag zu orientieren, ja, daß es sogar als Ausnahmefall galt, wenn sich jemand *dauerhaft* über diese Partikularität erhob, ist ein Ausdruck der Entfremdung.» (A. Heller, 1978, S. 49)

Die Entfremdung besteht darin, daß der einzelne nicht teilhat oder teilhaben kann an dem gesellschaftlichen Reichtum. Pointiert weist Agnes Heller darauf hin, daß die Verselbständigung der unmittelbar gattungsmäßigen Objektivationen dem Alltagsleben gegenüber, ihre ‹Auswanderung› aus ihm, dem Entfremdungsvorgang zwar parallel läuft, aber doch ein von der Entfremdung prinzipiell unabhängiger Vorgang ist. Entfremdung ist die Spaltung zwischen der Entwicklung des gattungsmäßigen Wesens und dem Einzelmenschen: der einzelne trägt dazu bei, wachsenden gesellschaftlichen Reichtum hervorzubringen, verarmt aber dabei selbst immer mehr (A. Heller, 1978, S. 113). Während die Entfremdung also aufzuheben ist, käme es einer «retrograden Utopie» gleich, wollte man sich auf eine geschichtliche Perspektive festlegen, «in welcher das Alltagsleben die unmittelbar gattungsmäßigen Objektivationen von neuem in sich aufnimmt» (A. Heller, 1969, S. 92).

Noch deutlicher äußert sie diesen Gedanken mit Blick auf die kommunistische Zukunftsgesellschaft: «Marx spricht also bei der Analyse der Entfremdung (...) aus der Sicht des Individuums von der Entfremdung des Alltags. Insofern (...) *ist die Marxsche Entfremdungstheorie eine Kritik des Alltagslebens der Klassengesellschaften, des Privateigentums, der Arbeitsteilung*. Denn die Entfremdung (...) ist unter *gesamtgesellschaftlichem* Aspekt eine keineswegs negative Kategorie. Gesamtgesellschaftlich, auf der Ebene der Gattungsmäßigkeit, bedeutet sie die Entfaltung der Produktion, der Ökonomie, ja der Wissenschaft und der Kunst. Es handelt sich ‹nur› darum, daß die Menschen ihr gattungsmäßiges Wesen auf eine Weise entfalten, daß es sich für sie in äußeren Mächten verkörpert – vom Gesichtspunkt des Einzelnen, verschiedener Klassen, Schichten gesehen natürlich in unterschiedlichem Maße und auf verschiedene Weise –, daß die ökonomischen und sozialen Strukturen, in die sie hineingeboren werden, sie *unfähig* machen – zumindest im allgemeinen –, ihre Eigenschaften zu ‹kultivieren›, um sich so die Entwicklung der Gattungsmäßigkeit bewußt anzueignen.» (A. Heller, 1978, S. 55 f)[15]

Ich fasse also noch einmal zusammen: Das Alltagsleben stellt ein Muster von Tätigkeitsstrukturen und Aneignungsweisen dar, die dem Zugriff auf die Überfülle angemessen sind. Gleichzeitig aber ist die Überfülle ihren Entstehungsbedingungen wie auch ihrem Gebrauch nach aus dem Alltagsleben ausgesondert. Lediglich die bewußte Grenzüberschreitung und Distanzierung von der Sphäre des Alltagslebens macht es möglich, die Überfülle im Alltag zu repräsentieren. Sie wirkt gleichsam als Glanz aus der Sphäre der Gattungsmäßigkeit in den Alltag, diesen verändernd, zurück. Diese Veränderung betrifft dann nicht nur das zur Lebensführung fähige Individuum, sondern auch die in seiner unmittelbaren Umgebung lebenden einzelnen, für die der zum Individuum gewordene einzelne Alltagsumwelt bildet.

3. Gattungsmäßigkeit: Produktion von menschlichem Wesen?

Ich habe hier umstandslos die Gattungsmäßigkeit jener Überfülle parallelisiert, der gegenüber das Leben-in-Daseinsbedingungen Gestalt gewinnt. Dies gilt es zu begründen, und dazu ist es notwendig, die Hellerschen Kategorien der *Gattungsmäßigkeit* genauer zu betrachten. Ich greife noch einmal auf Erich Fromms Deutung des menschlichen Wesens zurück in seinem grundwidersprüchlichen Doppelcharakter zwischen der existentiellen Unsicherheit (Instinktverlust, Ausgestoßenheit aus der Natur) und der Fähigkeit zur Freiheit, die mit dem Bewußtsein seiner selbst gegeben ist und deren Voraussetzung gerade der Verlust der Instinkt-Sicherheit und Determiniertheit ist. Wir haben das Leben-in-Daseinsbedingungen als eine Form der Realisierung der menschlichen Freiheit vorgestellt, in der das Freiheits*risiko*, die Einbuße an Sicherheit gering gehalten ist.

Leben-in-Daseinsbedingungen erkennt die beiden «Konstituenten des Gattungswesens», nämlich Bewußtsein seiner selbst und Freiheit, nicht an als *Werte*, die nach unablässiger Verwirklichung verlangen, damit der Mensch zu seinem Wesen komme. Selbstverständlich hebt diese Lebensform diese Konstituentien des Menschen nicht auf, selbstverständlich existiert auch hier der existentielle Konflikt als angeborener, und diese Lebensform ist *nicht* Rückkehr in die Harmonie der Natur, sondern ‹gewählte› Sozialform. Aber: nicht bewußte Verwirklichung der Freiheit zur Erschaffung einer menschengemachten Welt setzt ihr die Ziele, sondern die in den Naturgegenständen enthaltenen und *wahrgenommenen* (zweifellos ein Bewußtseinsakt) Brauchbarkeitsmerkmale sowie die ihnen innewohnenden Normen und Rhythmen, die sie dem Gebrauch zugänglich machen. Leben-In ist also weder bewußtlos noch im Sinne der Instinkt-Determiniertheit unfrei, aber es setzt weder die Bewußtheit noch die Freiheit als Wert und lokalisiert folglich auch nicht die Lebensfülle, die Unerschöpflichkeit der Lebensquellen, in der Realisation menschlicher Freiheitsfähigkeit, sondern in der Vielfalt dessen, was die Natur gewährt, oder, um dies als Bewußtseinsakt zu verdeutlichen: der Vielfalt dessen, was in der Natur vorgefunden wird. Diese Unerschöpflichkeit trägt in sich ein Gesetz der Mäßigung, sie hat ihr Maß. Sie erhält sich ihre Wesensqualität der Unerschöpflichkeit nur so lange, wie ihr diese Wesensqualität zugestanden wird, so lange, wie die an sie gerichteten Ansprüche ihre Gaben nicht übersteigen. Demgegenüber ist jene Unerschöpflichkeit, deren Grundlage die bewußte Ingebrauchnahme der menschlichen Freiheitsfähigkeit ist, prinzipiell endlos. Sie hat immer unausgeschöpftes Terrain vor sich, ihre Herausforderung gilt permanent. Freiheit als Wert enthält den *Imperativ*, den «Fonds» der Gattungsmäßigkeit, jenen globalen Niederschlag des Menschenmöglichen auf der erreichten Entwicklungsstufe fortgesetzt zu bereichern.

Wenn allerdings «Freiheit als Wert» die Freiheit, von dieser Freiheit nicht Gebrauch zu machen, diskriminiert, steht sie in der Gefahr, im Namen des Freiheits-Fortschritts anmaßend zu werden und die Freiheit anderer einzuschränken. Dieser Gefahr erliegt Agnes Heller mit ihrer Verwendung des Begriffs der Gattungsmäßigkeit, der in zweifacher Hinsicht doppeldeutig ist.

Das Gattungsmäßige ist also der zu einem gegebenen Zeitpunkt erreichte Grad der gattungsmäßigen Entwicklung, Ergebnis der Ausschöpfung der menschlichen Freiheitsfähigkeit. Die innere Widersprüchlichkeit dieser Kategorie erweist sich einmal darin, daß das Gattungsmäßige zuweilen bemüht wird in seinem Charakter als Fundus, dem durch gattungsmäßige Betätigungen etwas *hinzugefügt* wird oder aus dem für die je eigene «Lebensführung» das Material der Wertwahlen *geschöpft* wird. Dann wieder scheint es eine Existenz nur in dem bewußten *Verhältnis* zu haben, das das Individuum zum Gattungsmäßigen aufbaut. Nicht so sehr als objektiver Bestand gesellschaftlichen Reichtums, als unabhängige Sphäre der Objektivationen scheint es vorhanden zu sein, sondern nur in der Durchdringung mit der tätigen *individuellen* Einmaligkeit, so daß also seine *Existenz* abhängt von der je gewählten Aktualisierung und Repräsentation durch die Individuen.

Die Begriffe des Gattungsmäßigen und des bewußten Verhältnisses zur Gattungsmäßigkeit tauchen unvermittelt und gleichbedeutend nebeneinander auf.[16]

Ebenso zweideutig scheint die Kategorie der Gattungsmäßigkeit einmal den kompletten Fundus der menschheitlichen Errungenschaften auf dem jeweils aktuellen weltgesellschaftlichen Entwicklungsstand zu bezeichnen; die ganze Vielfalt des Hervorgebrachten, die dem einzelnen und den vom einzelnen *gewählten* – um Werte gruppierten – Gemeinschaften die Möglichkeit der Wertwahl eröffnet. Ein andermal aber meint «Gattungsmäßigkeit» einen *verpflichtenden* gesamtgesellschaftlichen, höchsten Entwicklungsstand, der mit allen Insignien der Maßstäblichkeit ausgestattet ist. In diesem zweiten Sinn ist «Gattungsmäßigkeit» eine Herrschaftskategorie, die einen «Entwicklungsimperativ» enthält (analog zum Herrschaftsfrieden, dem ein Befriedungsimperativ innewohnt).

Daß es diese Unterströmung in dem Begriff der Gattungsmäßigkeit bei Agnes Heller gibt, daß «Freiheit als Wert» nicht nur eine Vielfalts-, sondern eine lineare Fortschrittsdimension hat, tritt zutage, wenn sie sich auf einen Kulturvergleich einläßt: «*Die gesellschaftlichen Entwicklungstendenzen der Gesellschaften verschiedener Zeitalter divergieren bzw. konvergieren unterschiedlich im Verhältnis zur Entwicklung der Gattungsmäßigkeit.* Das Kriterium dieser Divergenz bzw. Konvergenz ist die Stufe, die die Entwicklung der Menschheit bis zum heutigen Tag erreicht hat. Von hier aus zurückblickend können wir sagen, daß sich die asiatische Entwicklung, wie die afrikanische, als eine Sackgasse erwiesen hat und daß die große gattungsmäßige Entwicklung der Menschheit in jenem Europa abgelaufen ist, das zum Feudalismus, zum Kapitalismus, zum Sozialismus, zu den ‹reinen› Gesellschaften, der ‹Zurückdrängung der Naturschranken› und zur Perspektive des Kommunismus geführt hat.» (A. Heller, 1978, S. 38 f)[17]

Zwei Dinge sind hierzu kritisch anzumerken:

Die Perspektive, unter der hier gedacht wird, ist die Perspektive *einer* Menschheit; dies nicht als *Analyse* im Zeitalter der Massenkommunikation und der weltweiten ökonomischen, militärischen und ökologischen Penetrierung durch die Industriegesellschaften, sondern als *Option* für die *Verwirklichung des menschlichen Wesens* auf einem Niveau der Gattungsmäßigkeit, das – nach wessen Urteil auch immer – auf einem gegebenen Entwicklungsstand als das höchst Erreichbare erachtet wird.

Damit erhält auch die andere Bedeutung der Gattungsmäßigkeit, nämlich der Fundus unendlicher Vielfalt zu sein, *Bemächtigungsdimension.* Im Sinne des Menschheitsgedankens muß, wie sehr verschiedenartig die individuellen und gemeinschaftlichen Wertwahlen *danach* ausfallen mögen, einstweilen auch die Vielfalt auf menschlicher Höhe sein. Die gattungsmäßige Vielfalt setzt die totale Kulturerschließung, einen umfassenden weltweiten *Verstehens*feldzug voraus. Kulturelle Vielfalt kann nach diesem Verständnis von Gattungsmäßigkeit nicht einfach nur nebeneinander bestehen; sie muß gewissermaßen ins Arsenal des prinzipiell Zugänglichen eingeholt werden. Dies ist wohl die Aufgabe der Wissenschaft. Ich wage die Tendenzbemerkung, daß das bewußte Verhältnis zur «Gattungsmäßigkeit» ein Konzept der Überwindung und damit auch der Nivellierung des Fremden, des Unverstandenen ist.[18] Es ist ein Konzept, das der Entwicklung der Produktivkräfte nicht nur parallel läuft, sondern mit ihr ursprungsgleich ist. Man könnte sagen: so wie die Entwicklung der Produktivkräfte die Zurückdrängung der *Natur*schranken zum Ergebnis hat und haben soll, so hat die Entwicklung des bewußten Verhältnisses zur Gattungsmäßigkeit das Niederreißen der *Kultur*schranken zum Ergebnis, und zwar als eurozentrierter Prozeß.[19]

Die Vielfalt, die aus dem bewußten Verhältnis zur Gattungsmäßigkeit entspringen soll, ist nur um den Preis einer vorgängigen Zerstörung der Vielfalt zu haben. Ihr geht ein Zentralisierungsvorgang voraus, eine Art Einverleibung in den Bestand des Menschenmöglichen. Erst müssen die Menschen zur Menschheit werden, ehe diese dann wieder diversifiziert werden kann. Dies ist die Differenz zwischen in Ruhe gelassener und produzierter Vielfalt. Die programmatische Vielfalt hat die Einheitlichkeit zur Voraussetzung.

Zur Aufhebung der Entfremdung

«Die gattungsmäßigen Fähigkeiten der Menschheit, ihr gattungsmäßiges Wesen konnten sich *einzig* durch die Entfremdung dieses Wesens herausbilden; das menschliche Wesen konnte sich nur um den Preis der ‹Entwesentlichung› der Einzelnen und der Schichten entfalten. (...) Im Kapitalismus zum Beispiel, wo – im Vergleich zu allen vorkapitalistischen Gesellschaften – die Konvergenz der Entfaltung der Wesenskräfte der konkreten Gesellschaft und des Menschen am größten ist, ist zugleich die Entfremdung des Wesens am größten. Bewahrung dieser

Konvergenz durch Zurücknahme der Entfremdung – dies ist eben die Perspektive des Kommunismus.» (A. Heller, 1978, S. 39)

Die Aufhebung der Entfremdung bedeutet *nicht*, daß das Alltagsleben die unmittelbar gattungsmäßigen Objektivationen erneut in sich aufnimmt – das wäre die geschmähte rückwärtsgewandte Utopie –, noch bedeutet sie die «Erhebung der Totalität des Alltagslebens in die Sphäre der unmittelbar gattungsmäßigen Tätigkeiten bzw. Objektivationen» (A. Heller, 1969, S. 92). Weder soll der menschheitliche Reichtum alltäglich werden, noch soll der Alltag reich werden. Die Leitidee der Aufhebung der Entfremdung umfaßt vielmehr eine Reihe von Prozessen, die die allgemeine Zugänglichkeit der Sphäre der unmittelbar gattungsmäßigen Objektivationen und Tätigkeiten ermöglichen soll bei Fortbestand des routinisierten Alltagslebens einerseits und der davon getrennten Sphäre der gattungsmäßigen Objektivationen andererseits.

Aufhebung der Entfremdung ist die Verallgemeinerung der Individuierungschance, sie ist die schrittweise Abschaffung jener gesellschaftlichen Rahmenbedingungen, die diese Möglichkeit einzelnen vorbehalten, aber dem Durchschnitt der Menschen verstellen.

Im einzelnen dienen diesem Ziel folgende Prozesse:

- das weitere Wachstum des gesellschaftlichen Reichtums, der allen Individuen zugute kommen soll;
- die Verallgemeinerung des Eigentums bei Abschaffung des Privateigentums, die es jedermann erlaubt, über die selbstgeschaffenen Objektivationen zu verfügen;
- die Aufhebung der gesellschaftlichen Arbeitsteilung, der Verallgemeinerung sinnerfüllter Arbeit bei Zurückdrängung des Anteils an physischer Arbeit, die Vereinigung von zwecksetzender und zweckerfüllender Arbeit;
- die Abschaffung aller Unterordnungsverhältnisse;
- der reflektierte Umgang mit vorgefundenen Wissens- und Verhaltensmustern (vgl. A. Heller, 1979, S. 19).

1. Entfremdung und Knappheit

Die wesentlichen Gesichtspunkte für eine Kritik von Agnes Hellers Theorie des Alltagslebens leiten sich aus einem Vergleich der beiden gesellschaftsanalytischen Befunde der *Entfremdung* einerseits und der *Knappheit* andererseits her.

«*Entfremdung*» beschreibt die machtvolle Konzentration eines gesellschaftlich hervorgebrachten Reichtums.[20] Mit dem analytischen Befund der «*Knappheit*» wird die Frage aufgeworfen, ob der ‹Reichtum› überhaupt ein Reichtum sei.

a) *Aufhebung der Entfremdung*:
«Jedes Gesellschaftsmitglied muß gleichen Zugang zur Kultur und Bildung besitzen und muß die Möglichkeit zu Selbstausdruck und intellektueller Selbständigkeit erhalten: jedermann muß Zugang zu dem rationalen Diskurs haben, der über die Ziele und Initiativen der weiteren Entwicklung entscheidet.» (A. Heller, 1979, S. 20)

Entfremdung wird durch chancengleichen, unmittelbaren Zugang
- zu dem gesellschaftlichen Reichtum in Gestalt der gattungsmäßigen Objektivationen,
- zu den Entscheidungen über die Gestaltung der sozialen Ordnung und über die gesellschaftlichen Ziele aufgehoben.

Der Weg zur Aufhebung der Entfremdung und zugleich ihr Ziel ist die größtmögliche Beteiligung aller Gesellschaftsmitglieder, die gleichberechtigte Teilnahme und die gleichberechtigte Mitsprache an den gemeinsamen, d. h. menschheitlichen Errungenschaften und den gemeinsamen Angelegenheiten. Aufhebung der Entfremdung ist die *verallgemeinerte Partizipation*. Das klingt befreiend.

Nicht daß die Sphäre der menschlichen Hervorbringung eine intakte Sphäre wäre. Nicht daß sie der Verwandlung nicht bedürfte, um zu menschenwürdiger, allgemeiner Inanspruchnahme tauglich zu sein. Nicht nur die von Unterdrückung und Herrschaft bestimmten sozialen Verhältnisse, auch die Sphäre der gattungsmäßigen Objektivationen hat teil an der Entfremdung und muß «umgewälzt» werden (vgl. A. Heller, 1978, S. 186ff). Ihre Entfremdung besteht allgemein darin, daß sie der Aufrechterhaltung jener Herrschaftsverhältnisse dienstbar gemacht werden, in denen die Verallgemeinerung der Teilhabe am gesellschaftlichen Reichtum verhindert wird. Sie besteht darin, daß sie als *Instrumente* der Machtausübung und Fetischisierung in Dienst genommen werden. Sie sind nicht in sich selbst menschlich oder unmenschlich, lebensdienlich oder destruktiv, sondern werden dies, je nachdem ein bewußt *moralisches* Verhältnis zu ihnen eingegangen wird oder nicht: «Das Menschliche der Technik wird nie in der Technik selbst, sondern nur im Verhältnis zu ihr einen Ausdruck finden (...).» Gebräuche werden zu menschenwürdigen «nicht in erster Linie durch die Veränderung ihrer Struktur und ihres Funktionierens, sondern (...) indem das bewußt *moralische* Verhältnis zu ihnen ein selbstverständliches wird.» (A. Heller, 1978, S. 187f)

Sie sind von den unterdrückerischen sozialen Verhältnissen, aus denen sie hervorgegangen sind, affiziert, aber nicht infiziert. Die Entfremdung bleibt ihnen in gewisser Hinsicht äußerlich, sie bestimmt nicht ihr Wesen, sondern ihren Gebrauch.

Diese Feststellung steht nun in deutlichem Widerspruch zu jener anderen, daß die Objektivationen Abdruck von Handlungen sind, daß in ihnen die «menschliche Kultur *aufbewahrt*» ist (A. Heller, 1978, S. 193) und daß sie eine Strukturverwandtschaft haben zu den Tätigkeiten, die sie anleiten.

b) *Aufhebung der Knappheit*:
Nun ist auch Knappheit per definitionem nicht eine Eigenschaft der für knapp erklärten Güter, sondern bezeichnet ein kompliziertes Verhältnis des Menschen zu sich selbst, zu seinen Tätigkeiten, seiner Selbstachtung, seiner Zeit, seiner Sicherheit, seinen Bedürfnissen; des Menschen zum anderen Menschen; des Menschen zu den Gegenständen; der Ziele zu den Mitteln.

Die Aussage, Knappheit sei nicht die Eigenschaft der Dinge, widerspricht aber nur der interessierten Unterstellung, Knappheit sei ein Grundtatbestand menschlicher Existenz, welche immer einem *objektiven* Zu-Wenig an Lebensmitteln konfrontiert sei. Knappheit ist tatsächlich nicht – wie Seltenheit – ein *Quantitätsmerkmal*, das den Dingen anhaftet. Auf heimliche und unentrinnbare Weise jedoch prägt die Knappheit das *Gesicht* der Dinge, die unter dem Vorzeichen ihrer Herrschaft hervorgebracht werden. Sie wandert in die *Qualität* eines jeden Gegenstandes ein, der unter ihren Bedingungen entsteht: Gegenstände aller Art – seien sie materiell oder nicht-materiell – verdanken ihr Entstehen menschlichen Handlungen; sie sind ‹Abdruck› dieser Handlungen. Die konkreten Handlungen und ihre Beweggründe gewinnen Gestalt in den Gegenständen. (Dies gilt bedingt auch für die Naturgegenstände, wenn Menschen zu ihnen in ein Deutungs- oder Nutzungsverhältnis treten.)

Nun haben Gegenstände ja nicht nur eine Entstehungsgeschichte, sondern auch eine Gebrauchsgeschichte. Und die These ist, daß die Art und Weise, wie ein Gegenstand in Gebrauch genommen werden kann, wie mit ihm umgegangen werden kann, bestimmt ist durch die Art und Weise seiner Entstehung. Ein Gegenstand sei Abdruck von Handlungen und deren Beweggründen meint dann, es werden in ihn

Normen zu seinem Gebrauch eingeschmolzen. Anders: in dem, was Menschen hervorbringen, sind Handlungen und Handlungsmotivationen geronnen oder eingefroren, die sich, um im Bilde zu bleiben, in jenen Handlungen, die den Umgang mit dem Gegenstand ausmachen, wieder verflüssigen als eine Art zwingender Rückerinnerung an die Entstehungsgeschichte. Noch anders: die Tätigkeiten, die in die Vergegenständlichung eingegangen sind, wirken fort als Gebrauchs-Anweisung, die die Bedingungen der Nutzung oder Aneignung in gewissen Grundzügen festlegen. Und nur durch besondere gegenläufige Anstrengungen kann man sich beim Gebrauch diesen Bestimmungen entziehen, das heißt eine «Verfremdung» vornehmen. Die Wirkungsgeschichte der ursprünglichen Handlungen im Gegenstand hat viele Dimensionen: Geronnen ist in ihm zum Beispiel der Grad des Miteinanders, des kooperativen Zusammenwirkens der Hersteller oder der Grad der Arbeitsteiligkeit, der Konkurrenz, kurz: die Sozialform. Ebenso geht die Struktur der Tätigkeit als Gebrauchsanweisung in den Gegenstand ein wie auch der Umfang, in dem zu seiner Herstellung Fähigkeiten in Gebrauch genommen und neue Fähigkeiten entwickelt wurden. Auch die affektiven Begleitumstände, die Leidenschaftlichkeit oder kalte Berechnung und Gleichgültigkeit, das Wagnis, die Kühnheit, die ängstliche Sorge, die Zweifel, die liebevolle Sorgfalt, der Sinn fürs Schöne, die Alltäglichkeit oder Abenteuer- und Unternehmungslust, all das bestimmt, im Sinne der Wesensverwandtschaft zwischen Herstellen und Hergestelltem, das Wesen der Dinge und ihren Gebrauch.

Was bedeutet es dann aber, wenn Vergegenständlichungen Ausgeburten der Knappheit sind? Ganz allgemein dies, daß sie aufgeladen sind mit der Bestimmung, Knappheit zu verewigen. Die Grundoperation, mit der Knappheit in die Welt kommt, die Setzung von Gegensätzen, die das Wesen des Menschen vom Un-Wesen trennen, die Normalität von der Un-Normalität, gibt den Dingen, den Regeln, Lebensmustern, Deutungssystemen ihr Gesicht. Unter dem Gesetz dieser Trennung wird alles Handeln zu einer Sicherheitsanstrengung zum Schutze des reinen Mehrwerts des Wesens gegen die Überwucherung durch das verbannte Unwesen. Alles Handeln dient der Vermeidung der Negation. Die aus dem Handeln folgenden Gegenstände, ‹Abdrucke› der Handlungen, sind immer nur das Gegenteil des Ausgesonderten, nur von diesem ‹inspiriert›. Und ihr Gebrauch ist die immer neu praktizierte Aussperrung der Negation. Das ist der Fluch des ‹Reichtums›, der unter den Bedingungen der Knappheit entsteht. Die einzigen «*Visionen*», die durch diese Errungenschaften angeregt werden, sind Visionen von perfektionierter Lebensversicherung, nicht aber Visionen von der möglichen Fülle des Lebens. Die Gegenstände sind infiziert mit dem Knappheitsdiktat, unter dessen Geltung sie als Abdruck von Handlungen entstanden sind. Dies bleibt ihnen nicht äußerlich, dies steht nicht – unter der Perspektive eines geänderten Verhältnisses zu ihnen – zur Disposition. Dies macht ihr Wesen aus.

2. Die verlorene Unschuld des Hervorgebrachten: Zum Beispiel Wissenschaft

> «Von der Balance zwischen Wissen und Nichtwissen hängt es ab, wie weise einer wird. Das Nichtwissen darf am Wissen nicht verarmen. Für jede Antwort muß – in der Ferne und scheinbar gar nicht in Zusammenhang damit – eine Frage aufspringen, die früher geduckt schlief. Wer viel Antworten hat, muß noch mehr Fragen haben. Der Weise bleibt ein Kind sein Leben lang, und die Antworten allein machen Boden und Atem dürr. Das Wissen ist Waffe nur für den Mächtigen, der Weise verachtet nichts so sehr wie Waffen.»
>
> (E. Canetti, 1981, S. 10)

Für die Verunstaltung der Objektivationen durch Knappheit sei die Wissenschaft ein Beispiel. Ihre vornehmste Aufgabe ist die Protektion *des* Substrats der Humanität schlechthin, der *Rationalität*. Die Wissenschaft führt darum einen unermüdlichen Kampf gegen deren ärgsten Widersacher, gegen die Irrationalität.

Unter dem Gesetz der Gespaltenheit der Welt in Wesenhaftes und Wesensfremdes kann die Wissenschaft nicht einfach ihrer Wege gehen und neugierig *ihre* Wahrheit ergründen, sie muß ihren Alleinvertretungsanspruch auf *die* Wahrheit durchsetzen, gegen Mythen, Magie und Märchen, aber auch gegen das Rätselhafte und Geheimnisvolle. Damit verdrängt sie diese nicht nur, setzt nicht nur deren Wirksamkeit tatsächlich außer Kraft und vernichtet so die Vielfalt des Menschenmöglichen, sondern sie reduziert sich auch auf die eingeschränkteste Möglichkeit ihrer selbst: die bornierte Vermeidung ihres abgespaltenen Gegenteils.

«Die Atmosphäre einer modernen rational-industriellen Gesellschaft mit ihrem Antagonismus von Mensch und Natur vermindert psychokinetische Effekte und kann sie ganz zum Verschwinden bringen, die Atmosphäre einer Stammesgesellschaft begünstigt sie. Es ist durchaus möglich, daß die Regentanzzeremonien, die eine so große Rolle in vielen Kulturen spielen, einmal erfolgreich waren und heute nicht mehr erfolgreich sind. (...) (P. Feyerabend, 1977, S. 19).

Aufhebung der Knappheit kann nun demnach nicht einfach die verallgemeinerte Beteiligung an den vorhandenen «Errungenschaften» sein. Denn auch in ihnen – und nicht nur in den sozialen Verhältnissen – ist die Knappheit begründet, und auch mit ihrer Hilfe erhält sie sich.

Es ist der fatale Irrtum in A. Hellers «Leitidee der Aufhebung der Entfremdung», daß sie die prinzipielle Möglichkeit unterstellt, Herrschaft könne aufgelöst werden, ohne die Grundoperation der Macht, die Zweiteilung der Welt und des Menschen in eine innere und äußere Welt der Gegensätze, anzutasten.

Knappheit wird nicht durch umfassende *Partizipation* aufgelöst, sondern durch umfassende *Nicht-Partizipation.*

Für die Aufhebung der Knappheit – um zu dem gewählten Beispiel zurückzukehren – ist wenig oder sogar das Falsche gewonnen, wenn die allgemeine Zugänglichkeit zur modernen Wissenschaft gewährleistet wäre. Weder die ungehinderte Nutzung der von ihr dargereichten Wissensbestände, noch die ungehinderte Möglichkeit, diesen unter den gesetzten Rahmenbedingungen der Abwehr des «Irrationalen» etwas Eigenes hinzuzufügen, kann der Regenmacherei helfen und auch nicht dem beklagenswerten Zustand der Wissenschaft selbst.

«Wissenschaftliches Denken bedeutet zwar Fortschritt gegenüber dem mythischen, jedoch nur insoweit, als es um Naturbeherrschung geht. Die Totalität der Natur wird dabei jedoch zerstört und ein wesentlicher Teil der umfassenderen Wirklichkeit, so wie sie sich dem menschlichen Denken jenseits instrumentaler Eindimensionalität offenbart, negiert und systematisch verdrängt.» (J. Herbig, 1980, S. 44)

Was das Gesetz der Knappheit, das in der Wissenschaft wirkt, außer Kraft setzt, ist entschiedene Nicht-Wisserschaft.

Nicht-Wisserschaft ist die Weigerung, jene Grundoperation der Aussperrung anzuerkennen, durch die der Wissenschaft zugleich mit ihrer Entstehung das Monopol auf richtige Weltdeutung und der unbedingte Vorrang als Prinzip der Weltgestaltung zufiel.

«Aber eben diesen Weg ist doch (...) das abendländische Denken gegangen, den Weg der Sonderung, der Analyse, des Verzichts auf die Mannigfaltigkeit der Erscheinungen zugunsten des Dualismus, des Monismus, zugunsten der Geschlossenheit von Weltbildern und Systemen; des Verzichts auf Subjektivität zugunsten gesicherter ‹Objektivität›.» (Chr. Wolf, 1983 b, S. 139)

Nicht-Wisserschaft ist die Weigerung, das «radikale Monopol» (I. Illich) der Wissenschafts-Praxis anzuerkennen und mitzuvollziehen.

Das ist in der Tat immer weniger möglich. Je mehr sie sich als gültiges Prinzip der Weltgestaltung im wissenschaftlich-technischen Fortschritt Geltung verschafft, um so weniger praktikabel sind andere Weisen der Weltdeutung und -gestaltung *tatsächlich* (wie der Mißerfolg beim Regenmachen lehrt).

Nicht-Wisserschaft würde bedeuten, der Wissenschaft nicht *bedürftig* zu sein, aber sich aus ihrem Fundus zugleich dreist zu bedienen. Umfassende Nicht-Beteiligung steht nur scheinbar im Widerspruch zu solch unerschrockenem Zugriff. Wer immer die durch Wissenschaft hervorgebrachten Erkenntnisse nutzt und dabei die Grundoperation der Trennung mißachtet; wer immer ihre Errungenschaften nach eigenen begründeten Maßstäben gebraucht und ihren Anspruch, Repräsentantin *des* menschlichen Wesens zu sein, ignoriert, der *verfremdet* sie. Im Akt der *Verfremdung* setzt er sich über die in sie eingegangenen zwingenden Bestimmungen ihres Gebrauchs hinweg. Er beugt sich nicht dem Knappheitsdiktat, das ihr als Sachzwang innewohnt. Damit verändert er ihr *Wesen*, ihre Struktur und ihr Funktionieren. Damit existiert Wissenschaft als *die* Wissenschaft nicht mehr.

Verfremdung der unter Knappheitsbedingungen hervorgebrachten Vergegenständlichungen ist eben nicht zu verwechseln mit dem allgemeinen und deshalb lebensdienlichen Gebrauch des Reichtums, den Agnes Heller die Aufhebung der *Entfremdung* nennt. Verfremdung ist ein Akt, in dem diese «infizierten» Vergegenständlichungen selber aufgehoben, *unschädlich* gemacht, präziser noch (allen Kulturpessimismus-Verdächtigungen zum Trotz) *rückgängig* gemacht werden.

Nicht-Beteiligung am Wissenschaftsmonopol hat noch eine andere Dimension.

Wissenschaft ist ihrem innersten Funktionsgesetz nach unduldsam gegen alles Unentdeckte, Unerforschte, Unergründete. Von ihm geht die Bedrohung aus, die allem, was «rational» nicht durchdrungen ist, innewohnt: Fremdheit, Unheimlichkeit, das alles überwuchernde Unwesen. Die maßlose und unstillbare Sicherheitssucht ist eine Folge davon, daß das Leben zum keimfreien Positiven purifiziert werden soll. Sie zwingt dazu, den letzten Winkel der Welt aufzuklären und zu verwandeln in Befriedigungsmittel für das Sicherheits- und das Verstehensbedürfnis. So wird das Noch-nicht-Gewußte, das zu Bewußtsein kommt, unwiderstehlich zu einem Problem, das nach Lösung schreit. Ebenso wie die immer weitere Entdeckung von Unergründetem Pflicht ist. Dabei glaubt im Grunde «kein Mensch mehr, daß heutiges Lernen

‹Probleme› von morgen löst; fast sicher ist vielmehr, daß es sie auslöst» (P. Sloterdijk, 1983, S. 13).

«Es gibt kein Wissen mehr, dessen Freund (...) man sein könnte. Bei dem, was wir wissen, kommen wir nicht auf den Gedanken, es zu lieben, sondern fragen uns, wie wir es fertigbringen, mit ihm zu leben, ohne zu versteinern.» (P. Sloterdijk, 1983, S. 8)[21]

Nicht-Wisserschaft widersetzt sich, besser: entzieht, sich solchem Durchdringungs- und Aufklärungszwang:

- Sei es, daß der «Nichtwisser» überhaupt nicht in ein bewußtes Verhältnis zu Teilen der Lebenswelt tritt; das Unbegriffene nicht nur nicht als Unbegriffenes wahrnimmt, sondern gar nicht, das heißt sich in keiner Weise zu ihm in Beziehung setzt, ihm keine Aufmerksamkeit zuwendet. Das mag stumpfe Ignoranz sein, das kann aber auch ein Widerlager zum Anthropozentrismus sein: die Dinge bei sich lassen.
- Sei es, daß der Nichtwisser in ein bewußtes Verhältnis des Staunens und des Respekts zu dem Unerschlossenen tritt und es dabei beläßt.
- Sei es schließlich, daß er *aktiver* Nichtwisser wird, seine Nichtwisserschaft ergründet; ein immer differenzierteres Bewußtsein von ihr entwickelt; ein immer gründlicherer Zweifler wird, die Verstecke der Selbstverständlichkeit beharrlich durchstöbert bis auf den Grund ihrer Unbegründetheit.

Es ist «schlimm genug, ohne Gewißtheit zu entscheiden, aber unter der *Illusion* von Gewißtheit zu entscheiden, ist katastrophal.» (K. Boulding, zit. bei A. B. Lovins, 1978, S. 47).

Nichtwisserschaft ist nicht darum bekümmert, Entscheidungssicherheit zu gewinnen, sondern unermüdlich im Aufdecken von Sicherheits*illusionen*. Nichtwisserschaft ist sich dessen bewußt, daß es Entscheidungssicherheit für die meisten Entscheidungen nicht geben kann. Das Bewußtsein vom Nichtwissen ist darum ein Plädoyer für *Behutsamkeit*. Behutsamkeit aber ist mit der Fähigkeit des *Unterlassens* viel mehr im Bunde als mit der Fähigkeit des Bewirkens. Nicht das Menschenmögliche zu tun, sondern es zu unterlassen, ist im gegenwärtigen Zustand der Welt geboten.

Auf Nicht-Wissen zu beharren, wie gründlich und exakt nach allen Regeln der Zunft dieses selbst immer erforscht werden mag, dem Nicht-Wissen mehr trauen als dem Besser-Wissen, auch das ist ein Anschlag auf das Wesen der Wissenschaft, die durch den inneren Zwang zu fortschreitender Überbietung des erreichten Standes ausgezeichnet ist.

Den unwiderlegbaren Beweis, daß Knappheit auch zum *Bestandteil des Hervorgebrachten* wird, daß sie nicht nur die *sozialen Beziehungen* und die Verteilung der vorhandenen Gegenstände bestimmt, auch nicht sich darauf beschränkt, von der Psyche Besitz zu ergreifen (vgl. das über den Neid Gesagte), diesen Beweis erbringt die Atombombe.

Keinesfalls ist die Atombombe und alles, was ihr an Monstrosität ebenbürtig ist, eine *Fehl*entwicklung, eine mißratene Ausgeburt des Fortschritts, kranken Hirnen entsprungen; auch ist sie nicht nur ein Produkt eiskalten Machtkalküls von einer Hand voll Kriegsgewinnlern. Sie ist vielmehr die konsequente und logische *Fort*entwicklung aller jener Sicherheitsapparaturen, die die «Prothesen einer toten Gesellschaft» (J. Baudrillard, 1982, S. 282) sind. Sie ist die letzte Antwort auf jenes unersättliche Sicherheitsbedürfnis, dessen die Knappheit zu ihrer Aufrechterhaltung bedarf.

«Die Atombombe ist der wirkliche Buddha des Westens, eine perfekte, losgelöste, souveräne Apparatur. Unbeweglich ruht sie in ihren Silos, reinste Wirklichkeit und reinste Möglichkeit. (...) Mit ihr verlassen wir das Reich der praktischen Vernunft, wo man Zwecke mit angemessenen Mitteln verfolgt. Die Bombe ist längst kein Mittel zu einem Zweck mehr, denn sie ist das maßlose Mittel, das jeden möglichen Zweck übersteigt.» (P. Sloterdijk, 1983, S. 258)

Sie ist der Inbegriff und Endpunkt der wechselseitigen Aufschaukelung von Knappheit und Produktivität. An ihr enthüllt sich letztinstanzlich die Verunstaltung aller Vergegenständlichungen, die an dieser Eskalation maßgeblich Anteil haben. Aber: «Die Bombe ist keine Spur böser als die Wirklichkeit und um kein Haar destruktiver als wir.» (P. Sloterdijk, 1983, S. 259)

In ihr findet die Knappheit in jeder Hinsicht ihren reinsten Ausdruck.

- Die Atombombe ist die unverstellte Manifestation der Vernichtungswünsche, die den zum Funktionieren der Knappheit so unverzichtbaren Neid kennzeichnen. «Sie ist eine Vollendung des Menschen nach seiner ‹bösen› Seite. Böser, intelligenter und defensiver können wir nicht mehr werden.» (P. Sloterdijk, 1983, S. 258f)
- Sie verkörpert das reinste Monopol. Sie legt nicht nur so oder so zu leben fest, sondern verfügt über das Lebendige überhaupt.

- Sie ist das einzige Gerät, das je von Menschengeist ersonnen und von Menschenhand hervorgebracht wurde, das keinerlei *Verfremdung* möglich macht, weil sie auf den einzigen Zweck des Genozids reduziert ist. (Vgl. I. Illich, 1982 a, S. 154)
- Sie ermöglicht die radikalste Aussperrung des Todes, eine vollkommene Unterbindung des symbolischen Austausches zwischen Lebenden und Toten, indem sie alles Lebendige zu vernichten imstande ist.
- Sie riegelt den Zugang zu den *Lebens*gütern hermetisch ab, weil unter dem Vorzeichen ihrer Existenz als reiner Negation des Lebens nichts Lebensdienliches getan werden kann, es sei denn, sie rückgängig zu machen.

Die in sie eingelagerte Vernichtung ist durch keinerlei «bewußt moralisches Verhältnis» (A. Heller) zu neutralisieren und zu transformieren. Die «Leitidee zur Aufhebung der Entfremdung» ist seit der Existenz der Atombombe nicht einmal mehr als Idee möglich. Ein «bewußt moralisches Verhältnis» zur Atombombe eröffnet nicht einmal die Alternative ihres Nicht-Einsatzes, weil ihre schiere Existenz als Völkermordmaschine jedes Verhältnis zu ihr außer ihrer bedingungslosen Ächtung verbietet.

Die Atombombe hat in dem allen einen Sonderstatus, der sie von jeder Erscheinung in der Geschichte der Produktivität unterscheidet. An ihr als dem Endpunkt einer Entwicklung wird die zerstörerische Kraft, die die Knappheitsbedingungen in die Hervorbringungen einlagern, unübersehbar; aber sie ist eben das Ende einer *Entwicklung*. So wie alle Gegenstände ganz allgemein eine in sie eingegangene Anweisung für ihren Gebrauch enthalten, die den Beweggründen und Umständen ihrer Herstellung entspricht, so enthalten sie auch eine besondere Anweisung über die Art, wie sie geschützt werden können. Es gibt eine Strukturgleichheit oder Wesensverwandtschaft zwischen dem Gut, das geschützt werden, und den Gerätschaften, Veranstaltungen und Verrichtungen, die diesen Schutz besorgen sollen. Lebensgüter können nur auf eine Weise geschützt werden, die den Beweggründen ihrer Entstehung entspricht. Die Atombombe und all jene Sicherheitsapparaturen, mit denen das Leben umstellt ist und zu deren Schutz sie ersonnen wurde, sind ursprungsgleich. Sie sind Teil des Sicherheitskonzeptes, das Sicherheit durch die Allmacht der Mittel herzustellen sucht.

An der Atombombe erweist sich, daß dieser ‹Reichtum› ins prekärste Elend führt.

Alltagssicherheit oder Sicherheitsbedürfnisse

Die Normalität des Alltags ist Sicherheit. Wenn die Alltagssicherheit bedroht ist, setzt die Alltäglichkeit aus. Auf der Ebene des Alltagshandelns stellt sich die Sicherheitsfrage nicht. Wir haben aber zu unterscheiden zwischen solcher Sicherheit, die in die Alltäglichkeit des Alltagshandelns eingeschmolzen ist, und solchen besonderen Sicherheitsmaßnahmen, die gegen die Bedrohungen der Alltagssicherheit bereitgehalten oder eingesetzt werden. Dabei geht es immer um die Fragilität oder die Kraft der Alltagssicherheit. Je größer diese in die Alltäglichkeit eingelagerte Sicherheit, desto geringer ist der Aufwand für besondere Sicherheitsanstrengungen.

Sicherheit ist nicht absolut, sie ist nicht eine den Verhältnissen zukommende Eigenschaft. Sie ist immer auch abhängig davon, wie *hinreichende* Sicherheit gesellschaftlich und individuell bestimmt wird.

Wir haben festgestellt: Zu seiner fundamentalen, existentiellen Unsicherheit kann der Mensch auf dreierlei Weise ins Verhältnis kommen:

- Er kann sich einrichten in den *vorgefundenen Daseinsbedingungen*, seine Existenzsicherheit durch sie, an ihrem Maßstab, definieren.
- Er kann seine «*Fähigkeit zur Freiheit*» (E. Fromm) in Gebrauch nehmen und seine Sicherheit durch Rückgriff auf seine Kräfte erhöhen.
- Er kann sich Sicherheit durch *Ausstattung* mit *Sicherheit gewährenden* Dingen, Instrumentarien (im weitesten Sinne) verschaffen.

In Wirklichkeit gibt es keine gesellschaftliche Organisation, die rein auf einem dieser Verhältnisse gründet. Immer sind Mischungsverhältnisse der drei Prinzipien vorzustellen. Jedoch differieren Gesellschaften unendlich, je nachdem sie das eine oder andere Verhältnis zur Sicherheit dominieren lassen und für tragfähig erachten.

Den drei Verhältnissen zur existentiellen Unsicherheit korrespondieren drei Weisen des Umgangs mit Gefahren, drei Wege, die Verwundbarkeitsschwelle zu erhöhen:

a) dadurch, daß die Gefahren *niedrig gehalten* werden, nicht zuletzt so, daß die Sicherheitsansprüche niedrig, d. h. angemessen sind;
b) dadurch, daß man den Gefahren *gewachsen* ist;
c) dadurch, daß man gegen Gefahren *gewappnet* (d. h. gerüstet) ist.

Gefahren niedrig zu halten und ihnen *gewachsen* zu sein, sind nun Weisen des Umgehens mit Gefahr, die der Alltagssicherheit unmittelbar zugute kommen, es sind Prinzipien, die das Alltagsleben *konstruk-*

tiv gestalten, es nicht nur *defensiv* schützen gegen allerlei Bedrohung. Die Normalität der Alltagssicherheit und die besonderen Sicherheitsanstrengungen im Falle der Bedrohung speisen sich aus denselben Quellen. Die Besorgung der Sicherheit geht nicht auf das Konto des Alltagslebens, entzieht diesem keine Kräfte, sondern ist Teil von ihm. Dagegen: gegen Gefahren *gewappnet* zu sein, erfordert einen eigenen Sicherheitsapparat, eine einsatzbereite, spezialisierte Reserve an Maßnahmen und Gerät, die dem Alltagsleben äußerlich bleibt, die diesem Kräfte abzieht, und einen ganz anderen Typ von Prophylaxe verkörpert als die beiden ersten Sicherheitskonzepte. Während die beiden ersten Formen der Sicherheit (die erste noch mehr als die zweite) geeignet sind, dem Aufkommen von Unsicherheit und entsprechenden Sicherheits*bedürfnissen* zu wehren, ist die *Wappnung* immer nur in der Lage, auf tatsächliche Bedrohung zu *reagieren*. Ihr vorsorgender Charakter besteht darin, mögliche Gefahren denkbar umfassend zu antizipieren und ebenso umfassende Mittel zu ihrer Bekämpfung bereitzuhalten.

Darin liegt die Kontraproduktivität dieser Sicherheitsanstrengungen, daß sie auf Kosten des alltäglichen Wohllebens, das ja gleichsam den Normalfall der Sicherheit darstellt, gehen. Die Sicherheit wandert aus dem Alltagshandeln aus in die Apparaturen und läßt den Alltag schutzbedürftig zurück. Das Menschenmögliche an Sicherheitsapparatur hat das Leben nicht sicherer, sondern die Unsicherheit allgegenwärtig gemacht. Während die Sicherheit, die aus der Lebensfähigkeit kommt, verlorengeht, entsteht ein unstillbares Bedürfnis nach Lebensversicherung.

Auch darin ist diese Sicherheitsanstrengung kontraproduktiv, daß das von ihr hervorgebrachte Instrumentarium seine Verwendung erzwingt. Dies hängt mit jenem allgemeinen Gesetz zusammen, nach dem die in den Instrumenten geronnenen Absichten die Normen ihrer Anwendung setzen. *Instrumente* enthalten nun Absichten des *Funktionierens*. Sie sind Mittel zu etwas, sie können nicht beliebig lange Mittel im Wartestand bleiben. Die Sicherheitsinstrumente schaffen die Unsicherheiten, den Bedarf, die ihre Existenz rechtfertigen.

Schließlich ist die an Apparate und Institutionen überantwortete Sicherheit Ausdruck einer Sicherheitsvorstellung, in der sich jedermann nur sicher wähnt in dem Maße, wie er anderen Unsicherheit bereiten kann. «Es ist gelungen, die Leute mit dem Virus von Selbsterhaltung und Sicherheit zu impfen, wenn sie sich auch bis auf den Tod bekämpfen, um sie zu erlangen.» (J. Baudrillard, 1982, S. 284) In dieser Konsequenz ist die ‹Sicherheit› der Mittel tödlich, kontraproduktiv bis zur Zerstörung und Selbstzerstörung.

Während also die Überwindung der existentiellen Unsicherheit des ersten und zweiten Typs das Alltagshandeln bereichert, tragen die Sicherheitsvorkehrungen des dritten Typs die Verantwortung für seine Verarmung. Aus militärstrategischen Überlegungen kennen wir die Kosten-Nutzen-Rechnung, wonach sich die Verteidigung eines Gutes dann verbietet, wenn, was verteidigt werden soll, dabei unerträglichen Schaden nimmt (vgl. Th. Ebert, 1972; H. Afheldt, 1976; H. Afheldt/Ph. Sonntag, in: C.F. Weizsäcker, 1971); wir können dieses Kosten-Nutzen-Kalkül viel allgemeiner formulieren und sagen: Besondere Sicherheitsanstrengungen zum Schutz des Alltagslebens, die Überbietung der in der Alltäglichkeit verankerten Sicherheit, zerstören in hohem Maß, was sie zu schützen vorgeben. Dies gilt für die Sicherung des Friedens durch Rüstung sowohl wie für die Sicherung des Lernens und Erfahrens durch Bildungseinrichtungen, für die Sicherung der Gesundheit durch medizinische Versorgung, für die Sicherung der Mobilität durch das Transportwesen und für die Sicherung der psychischen Stabilität durch das Therapie- und Beratungswesen, für die Sicherung der Sprache durch die Grammatik, für die Sicherung der Zukunft durch Planung, für die Sicherung von Besitz durch Macht und für die Sicherung der Gemeinschaft durch Verwaltung. Für alle diese *Maßnahmen zur Sicherung* gilt, daß sie das Alltagsleben entkräften und die Alltagskompetenz zerstören.

«Kurz, wir haben ein für allemal die Chance – und die Erfahrung – der Gemeinsamkeit gegen Ruhe und Ordnung eingetauscht, Frieden gegen Befriedung. Und die Maschinerie der gesellschaftlichen Agenturen wird alles daransetzen, zu verhindern, daß wir jemals wirklich frei atmen. Der Traum vom Frieden ist ein für allemal ausgeträumt. Oder?» (R.D. Laing, 1980, S. 187)

Der durch Bescheidenheit gewonnenen Sicherheit und der auf Fähigkeiten bauenden Sicherheit sind Grenzen des Anspruchs auf Unversehrtheit an Leib, Seele und Leben eingezeichnet, die das Risiko nicht ausschließen als dem Wesen des Menschen feindlich. «Die Welt läßt sich nicht ändern, solange der Mensch nicht bereit ist, das Wagnis der Unsicherheit, das allein Leben möglich macht, auf sich zu nehmen.» (H. Kükelhaus, 1979, S. 15) Die diesen Sicherheitsoptionen zukommende Haltung ist das *Vertrauen*, dessen zwiespältige Eigentümlichkeit ja darin besteht, daß es sich nur dadurch, daß man es hat, als begründet erweisen kann.

Die Sicherheit, die sich auf Gewappnetheit stützt, enthält keine Mäßigung von Sicherheitsansprüchen; ihr entspricht die Haltung der *Sorge*. Vertrauen und Sorge sind die Alltagsbefindlichkeiten, gleichsam die Alltagsgestalten der gesellschaftlichen Sicherheitskonzepte. Daran zeigt sich wiederum, daß Gewappnetheit im Alltag als Unsicherheit vorkommt, denn die Sorge ist ein Zustand der Unsicherheit, sie ist – wie Bedürfnis – ein Pendant zur Knappheit. Diese Sicherheit kann nur quantitativ verbessert werden mit der Folge wachsender Unsicherheit, weil immer mehr Lebensbereiche von der Sorge überzogen werden. Ihre Dynamik ist die des *Mehr-vom-Gleichen.*

Während unter den Bedingungen des Lebens-in-Daseinsbedingungen und unter den Bedingungen des Lebens-mit-Fähigkeiten die Aggregate, aus denen sich das menschliche Leben speist – die Natur, die Tätigkeiten, die Gemeinschaft, die Zeit –, selbst die Quellen der Sicherheit sind, weil Sicherheit und Lebensvollzug ein und dasselbe sind, werden sie in einer Gesellschaft, die gewappnet sein will, unversehens selbst zu schützenswerten Gütern, die, mit besonderen Rechtstiteln belegt, staatlicher Daseinsvorsorge anvertraut werden. Das Maß, in dem sie Sicherheit gewähren, nimmt ab, das Maß, in dem sie Sicherheitsaufwand verschlingen, nimmt zu.

Ihr lebenspendendes Zusammenwirken ist unterbrochen, vielmehr bedrohen und überfremden sie sich wechselseitig. Die Tätigkeit (jetzt arbeitsteilige Arbeit) bedroht die Natur und umgekehrt, die Zeit als schützenswerte Zeit bedroht die Arbeit und umgekehrt, die Natur bedroht die Gesellschaft und umgekehrt usf.

Der um den Preis der Ausmergelung des Alltagslebens geschaffene ‹Reichtum› der gattungsmäßigen Objektivationen kann Vielfalt und unverwaltete Sinnfülle nicht begründen. Seine Hervorbringungen sind mit Macht aufgeladen und seine Ingebrauchnahme mit Knechtschaft. Ein moralisches Verhältnis dazu kann diese Eigenheit nicht neutralisieren. Die allgemeine gleiche Zugänglichkeit zu diesem Reichtum, als Rechtsstatus verbürgt, begründet in Wahrheit ein Recht auf «‹soziale› Domestizierung und Kolonialisierung» (J. Baudrillard, 1982, S. 284). Die einzige Möglichkeit, diesem Gesetz zu entgehen, ist der Widerstand gegen den ‹Reichtum›:

«Die Widerstände wurden nahezu immer gebrochen, und man kann heute ein ‹natürliches›, ‹ewiges› und ‹spontanes› Bedürfnis nach Sicherheit und allen anderen guten Dingen, die unsere Zivilisation produziert hat, feststellen. (...) Daß ganze Gruppen es vorzogen zu krepieren, anstatt sich durch den terroristischen Eingriff von Medizin, Vernunft,

Wissenschaft und Zentralgewalt zerstören zu lassen, ist vergessen und hinter dem universellen Moralgesetz des Selbsterhaltungs-‹Triebes› verborgen (...).» (J. Baudrillard, 1982, S. 284)

Wenn das Widerstehen aber die einzige Möglichkeit ist, dem ‹Reichtum› unbefangen zu begegnen, dann kann seine Hervorbringung die Opfer an Entfremdung, die ihm gebracht wurden, nicht rechtfertigen.

Nun haben freilich nicht alle «gattungsmäßigen Objektivationen» in gleichem Maße Anteil am Wachstum der Schäden. Am wenigsten vielleicht die Kunst. Man mag darüber spekulieren, ob das damit zusammenhängt, daß die Kunst am wenigsten an der Verdrängung der Toten aus der Gemeinschaft der Lebenden mitgewirkt hat, am wenigsten jener Zweiteilung des Lebens ihren Segen gegeben hat. Von der Musik zumal läßt sich sagen, daß sie Todesnähe hat. Ihre eigene Vergänglichkeit ist extrem. In jedem Augenblick ihres Erklingens verklingt sie auch (daran ändert auch ihre perfekte Speicherung nichts).

Aber unabhängig von dieser Besonderheit der Musik hat die Kunst vielfältig der Aussperrung der verachteten Gegenteile widerstanden. Sie hat dem Wahnsinn und dem Leiden, der Irrationalität und dem Bösen, dem Fremden und dem Phantastischen Raum gegeben.

«Der heutigen Nekrophilie, die sich in Stahl, Glas, Beton manifestiert (...), etwas entgegensetzen wie ‹das lebendige Wort›? Das subversiv, unbekümmert, ‹eindringlich› im Wortsinn sein müßte und nicht danach fragen dürfte, ob es sein Ziel erreicht – ja, das nicht einmal ein ‹Ziel› haben dürfte, und vielleicht so aus der einzigartigen Lage zeitgenössischer Autoren (...), daß sie mit keiner Nachwelt mehr rechnen, eben jene einzig mögliche Folgerung zieht, die wieder Nachwelt, vielleicht sogar Zukunft schaffen hülfe. Heroengeschichten würde es nicht mehr liefern, auch Anti-Heroengeschichten nicht. Es würde eher unauffällig sein und Unauffälligen zu benennen suchen, den kostbaren Alltag, konkret. Für den Zorn des Achill, für den Konflikt des Hamlet, für die falschen Alternativen des Faust würde es vielleicht ein Lächeln haben. Es hätte sich in jedem Sinn ‹von unten› an sein Material heranzuarbeiten, das, wenn man es durch ein anderes Raster ansähe als bisher, doch noch bisher unerkannte Möglichkeiten offenbaren mag.» (Chr. Wolf, 1983 b, S. 124f)

Die «Art (...), wie das Sagenswerte mitzuteilen ist: leise (...), unauffällig (...), wiederholend (...) ein wenig lückenhaft vielleicht. Denn der andere weiß es ja längst – er hat es nur gerade vergessen, überhört im lauten Lauf der Welt, ‹verlegt› in der Hast des Alltags. Nur das Längstgewußte ist wert, entdeckt zu werden, nur das Angestammte wert, erworben zu werden.» (H. Kükelhaus, 1979, S. 13)

Nicht mit einer Alimentierung von oben und außen ist hiernach der tödlichen Auszehrung des Alltagslebens beizukommen, sondern mit der verrückten Hoffnung, daß in ihm noch alle Kräfte enthalten sind, wenn wir uns nur in jedem Sinn «von unten» an das Leben heranleben.

6
Leben-mit-Fähigkeiten
Die Alternative der Nichtbedürftigkeit

Leben-in-Daseinsbedingungen ist nicht rekonstruierbar nach dem «Sündenfall» in Knappheit und Produktivität. Es ist keine gesellschaftliche Konstruktion, die sich im *produzierten* Überfluß – neuerlich als Vertrauen auf *dessen* unerschöpfliche Fülle – realisieren ließe: Einzig Bedürfnislosigkeit, jene Grundhaltung, die das Leben-in-Daseinsbedingungen kennzeichnet, ist ein Erbe, das unter den veränderten Bedingungen angetreten werden kann, wenngleich sich mit den Lebensumständen die Haltung der Bedürfnislosigkeit bis zur *Kenntlichkeit* verändert. Sie hat ihren Ursprung und ihre Rechtfertigung nicht mehr im begründeten Vertrauen in die Unerschöpflichkeit der Daseinsgrundlagen, sondern im begründeten Mißtrauen gegenüber dem dargebotenen Überfluß. Bedürfnislosigkeit büßt ihre Selbstverständlichkeit ein und wird zum Widerlager gegen die machtvolle Durchsetzung der Knappheit.

In dem Maße aber, wie Bedürfnislosigkeit zu einer *unangemessenen* Haltung wird, zu einer Haltung, die durch den historischen Zustand der Welt gerade nicht gerechtfertigt erscheint, die sich zu deren Gesetzmäßigkeiten im Extremfall in tödlichem Widerspruch befindet, in dem Maße können sich Bedürfnislose nicht mehr auf die Daseinsbedingungen, sondern nur auf ihre gemeinschaftlichen Fähigkeiten noch verlassen. Die sind nun freilich auch nicht unberührt vom «Zustand der Welt». Auch Leben-mit-Fähigkeiten ist ja eine Option, die der knappheitssetzenden Macht zum Opfer fällt. Denn: ohne die systematische Enteignung der Lebenserhaltungs-Kompetenz ist Knappheit nicht durchsetzbar. Enteignung von Kompetenzen ist nicht nur ein Vorgang, in dem diese oder jene besondere Fähigkeit stillgelegt oder an der Ausbildung gehindert wird, damit so dieses oder jenes Bedürfnis, dieses oder jenes Angewiesensein auf Versorgung entstehe. Vielmehr erfährt das Beziehungsgefüge zwischen Subjekt, Objekt und Anderem eine fundamentale Umwälzung. Als vermittelnde Instanz, die das Subjekt mit den Gegenständen seiner Umwelt verbindet, gilt allgemein das Bedürfnis: Das Subjekt begehrt die Gegenstände. Wenn Bedürfnis jedoch definiert ist als subjektive Zustimmung zur Knappheit, wenn es also die Antriebsgestalt ist, die von der Knappheit hervorgebracht wird und die ihrerseits die Knappheit überhaupt erst wirksam werden läßt, welches ist dann die Vermittlungsgestalt, die einen *Stoffwechsel* zwischen Subjekt und Umwelt ohne Knappheit ermöglicht? Die Beziehung zwischen dem Menschen und dem Gegenstand (sei er materieller oder nicht-materieller/ideeller Natur) wird dann durch *Tätigkeit* gestiftet: Das Subjekt legt Hand an die Gegenstände, oder es wendet Gedanken an sie.

Wenn Tätigkeit das Medium ist, in dem sich die Beziehung zum Gegenstand realisiert, dann ist der Gegenstand unverwechselbar, nicht austauschbar wie im triangulären Beziehungsmuster, in dem das rivalisierende Schielen auf den Neid der andern dominiert. Die Alternative zur *triangulären* Beziehung ist also nicht die *unmittelbare* Beziehung zwischen Subjekt und Objekt, in der das Objekt wirklich das gemeinte Ziel ist:

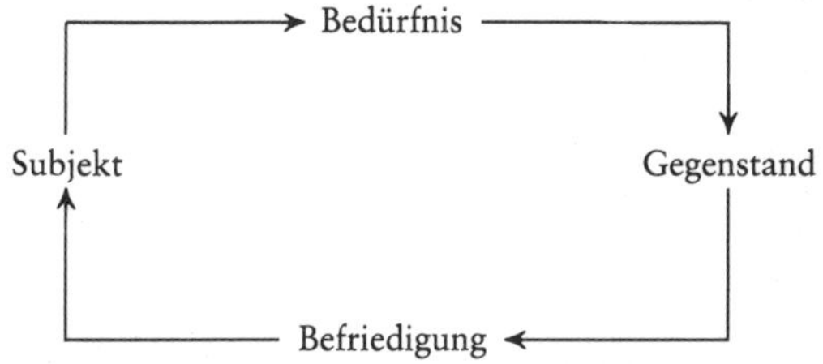

Die Alternative ist vielmehr die *durch Tätigkeit gestiftete* Beziehung zwischen Subjekt und Gegenstand. In ihr findet ein Austausch von Subjekt und Gegenstand statt, bei dem beide durch einander verwandelt werden: «(...) der Mensch (ist) mit der Möglichkeit ausgestattet, in wechselseitiger Bewirkung sich mit seiner Umwelt und umgekehrt in Wandlung und Vielfalt zu halten» (H. Kükelhaus, 1979, S. 17). Eben auf dieser wechselseitigen Veränderung beruht die Tatsache, daß dem Gegenstand des Einwirkens jede Beliebigkeit abgeht.

Während dem Gegenstand durch die an ihn gewendete Tätigkeit die *Qualität der Brauchbarkeit* zuwächst, verändert sich das Subjekt durch eine an diesem besonderen Gegenstand gewonnene *Erfahrung* und durch eine in dieser besonderen Tätigkeit erworbene *Fähigkeit*. Beide, Fähigkeit und Erfahrung, bergen in sich die Potenz künftigen

Strebens, veränderten *Wollens*, neuer *Absicht*; denn in ihnen ist eine Tendenz, in Erscheinung zu treten, *wirklich* zu werden, wirksam. Fähigkeiten und Erfahrungen sind dynamisch, sie leiten Prozesse ein:

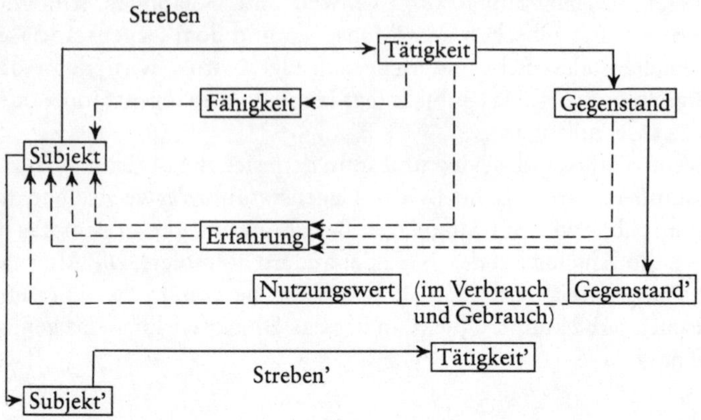

Die Veränderung des Subjekts, sein *Lernen*, wird sowohl durch den Gegenstand bewirkt als auch durch das Tun. Schon die Begegnung mit dem Gegenstand, wie er vorgefunden wird, der bloße Akt der aufmerksamen Zuwendung, ist Lernen. Erst recht wird im tätigen – manuellen oder denkerischen – Umgang mit ihm gelernt und schließlich in Ansehung und Gebrauch des neu geschaffenen Gegenstandes. Nach diesem Austausch sind Mensch und Gegenstand nicht mehr, was sie vorher waren. Dies ist ein Wirkungsmodell daseinsmächtiger Tätigkeiten, deren Charakteristik es ist, daß die Veränderungen von Subjekt und Gegenstand synchron verlaufen, ja sich gegenseitig bedingen. Für das Zusammenwirken von Subjekt und Gegenstand macht es keinen Unterschied, ob die Gegenstände materieller oder ideeller Natur sind, ob die Tätigkeiten vorwiegend Hand- oder Kopfarbeit sind oder ob der Nutzungswert im Ge- oder Verbrauch des Gegenstandes liegt, ob also die Tätigkeit «Herstellen» oder «Arbeit» (H. Arendt) ist.

«Gegenstand» in diesem weiten Sinn kann auch der andere Mensch sein. Auch dann findet ein Austausch zwischen beiden statt. Sie bilden ihre Erfahrung aneinander. Die Veränderung geschieht beiden. Ihre Erfahrungen sind nicht allgemeine, sondern besondere, durch dieses spezifische Gegenüber geprägte, unverwechselbare Erfahrungen. Die Veränderung, die sie aneinander bewirken, müssen nicht gleichgerichtet, nicht harmonisch aufeinander bezogen sein. Es kann sich in ihnen Haß, Gegnerschaft, Feindseligkeit realisieren. Aber dem jeweils anderen wächst im Dialog ‹Gebrauchswert› zu, d. h. Bedeutung für mich. Entscheidend ist, daß die «(...) – stets neue – konviviale Beziehung (...) das Werk von Personen (ist), die an der Erschaffung des sozialen Lebens beteiligt sind» (I. Illich, 1975, S. 32).

Der industriezeitliche Mensch hingegen setzt sich mit den Gegenständen und mit anderen Menschen nicht durch schöpferische *Tätigkeit* in Beziehung. Er richtet seine *Bedürfnisse* auf sie. An die Stelle des erschaffenen Gegenübers tritt das fertige Befriedigungsmittel, an die Stelle der Tätigkeit tritt die Versorgung. Das Individuum wird nicht fähiger und erfahrener, sondern allenfalls routinierter. Lernen wird durch Bedürfnisbefriedigung überflüssig gemacht. «Die industrielle Beziehung ist der konditionierte Reflex, die stereotype Reaktion des Individuums auf Botschaften, die von einem anderen Benutzer, den es nie kennenlernen wird oder von einem künstlichen Milieu, das es nie begreifen wird, ausgehen.» (I. Illich, 1975, S. 32)

Das Bedürfnis vermag nicht wirklich Beziehungen zu stiften, weil es nicht einen Prozeß wechselseitiger Durchdringung von Subjekt und Gegenstand anregt. Bedürfnisbefriedigung läßt beide unverändert. Sie werden geradezu beliebig zueinanderaddiert, ohne substantiell aufeinander einzuwirken.

Die industriellen Tätigkeiten haben keinen erkennbaren oder erlebbaren Bezug mehr zum Gegenstand. Sie agieren gleichsam ins Leere. Sie sind ‹vergeblich› und verfehlen ihr Ziel. Was der einzelne im Produktionsprozeß tut, hat rein gar nichts mit dem zu tun, was er begehrt oder braucht. Die aufgewendete Mühe wird nicht belohnt, sondern entlohnt. Auch die Tätigkeiten sind beliebig. Unendlich viele Tätigkeiten werden ausgeübt an Gegenständen oder Teilen von Gegenständen, die diejenigen, die diese Tätigkeiten verrichten, nie in ihrem Leben gebrauchen, ja, die sie nicht einmal zu Gesicht bekommen und von deren Existenz sie im Extremfall nichts ahnen. So können auch aus den Tätigkeiten keine Kräfte zu dem, der sie ausübt, zurückfließen, weder Fähigkeit noch Erfahrung, noch der Gebrauchswert des Gegenstandes. «Ein Mensch (...) kann sich auch sein Tun stehlen lassen von anderen. Wenn man uns die Erfahrung nimmt, nimmt man uns unser Tun. Wenn uns unser Tun sozusagen aus den Händen genommen wird wie Kindern das Spielzeug, beraubt man uns unserer Humanität.» (R. D. Laing, 1969,

S. 23) Was aus ihnen zurückfließt, ist nur der abstrakte Tauschwert des Geldes, das für Befriedigungsmittel verausgabt wird, die nicht nur mit den Tätigkeiten des einzelnen keinen Zusammenhang haben, sondern auch mit ihm selbst nicht. Denn befriedigend sind Befriedigungsmittel ja nicht aus sich heraus, sondern nur durch den neidischen Vergleich mit andern, die sie entweder *auch* oder *nicht* haben. Was also allenfalls aus den Tätigkeiten und den Befriedigungsmitteln zum Subjekt zurückfließt, ist Erfolg oder eben Mißerfolg. Erfolg oder Mißerfolg verwandeln aber nicht die Person, sondern beeinflussen nur den Rang, den sie einnimmt. Der Erfolg bleibt der Person in gewissem Sinne äußerlich, verändert ihr Gebaren und ihre Macht, aber nicht ihre Erfahrung und ihre Fähigkeit. Er bleibt auch in dem Sinne äußerlich, daß er der Person von andern zugebilligt werden muß.

Auch dieses für die Knappheitsgesellschaft konstitutive Beziehungsmodell sei im Schema dargestellt:

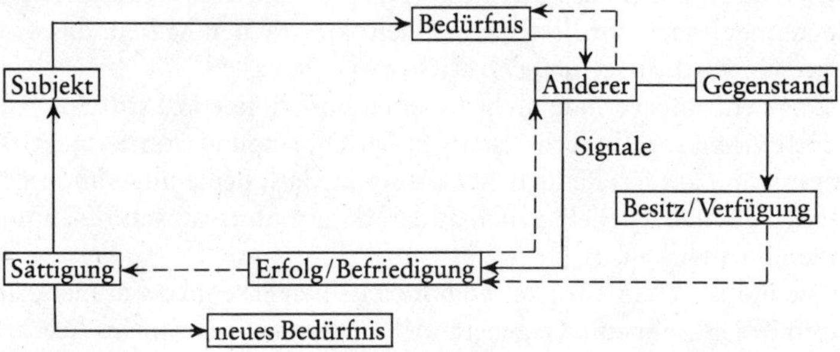

Generell läßt sich sagen, daß unter dem Vorzeichen von Knappheit und Bedürftigkeit alle Beziehungskräfte sich in Abspaltungskräfte umwandeln. So wie die Tätigkeiten unter den Bedingungen der Produktion ihre beziehungsstiftende Kraft im Verhältnis Subjekt–Gegenstand einbüßen und als *abstrakte* Tätigkeiten nur noch Mittel zur Bedürfnisbefriedigung jenseits der Tätigkeiten und ohne inneren Zusammenhang mit diesen einbringen, so sind auch die auf den Anderen gerichteten Zusammengehörigkeitsgefühle, die ihren Ausdruck in Kooperation und Teilen finden, verwandelt in Zugehörigkeitsbedürfnisse, und diese sind wiederum nur *gegen* den Anderen, in Abwehr *seiner* Zugehörigkeitsansprüche zu befriedigen. Paradoxerweise also setzt die Befriedigung des Zugehörigkeitsbedürfnisses die allerentschiedenste Isolation vom anderen Menschen voraus. Die trianguläre Beziehung zwischen Subjekt, Objekt und Anderem ist nicht eigentlich durch Verbindungs-, sondern durch Abstoßungs- und Entfremdungskräfte konstituiert. Das existentielle Beziehungsgefüge von Mensch, Gesellschaft und Umwelt ist pervertiert. Sein Zusammenhalt wird gerade durch die Zerstörung allen Zusammenhangs, durch den Entfremdungszusammenhang gewährleistet.

«Leben-mit-Fähigkeiten» ist ebenso wie das «Leben-in-Daseinsbedingungen» existentiell darauf angewiesen, Zusammenhang – immer neu – zu stiften.

Zusammenhang stiften – Zusammenhang erhalten
Fähigkeit als Kategorie des Zusammenhanges

Noch einmal: Die Ausbildung von Fähigkeiten ist angewiesen auf Zusammenhang, einen durch Tätigkeiten hergestellten Zusammenhang. Das Verhältnis von Fähigkeit und Zusammenhang ist dialektisch: In dem Maße, wie Fähigkeiten ausgebildet werden, erhöht sich die Kraft, Zusammenhang zu stiften und umgekehrt: Je zusammenhängender Tätigkeiten sind, desto mehr Fähigkeiten können in ihnen ausgebildet werden. Diese Dialektik gilt aber auch in einem umfassenderen Sinn: im Verhältnis des Menschen zu seiner «Welt». Während das «Subjekt Natur» einen objektiven Zusammenhang darstellt, auch ohne den ordnenden Zugriff des Menschen,[1] der vielmehr selbst eine Komponente dieses Zusammenhangs ist, ist die «Welt», also die vom Menschen hergestellte «zweite Natur», sinnhaft zusammenhängig nur, soweit ein Zusammenhang vom Individuum als Erfahrungszusammenhang konstituiert wird. Umgekehrt kann dieser Zusammenhang um so eher konstituiert werden, je mehr sinnhaften Beziehungen die Gegenstände der «Welt» ihre Entstehung, ihre Gestalt und ihren Ort verdanken: Dies entspricht der Gesetzmäßigkeit, nach der die in die Gegenstände eingegangenen Umstände und Absichten ihrer Entstehung in ihnen bewahrt sind und als Normen oder Möglichkeiten ihres Gebrauchs wirksam werden. So enthalten die Gegenstände der «Welt» auch Hinweise auf Zusammenhänge, oder sie lassen diese vermissen, je nachdem sie in Zusammenhängen entstanden sind oder nicht.

Steht nun diese Feststellung, daß der Zusammenhang der «Welt» aus je subjektiven, erfahrungsorientierten Konstruktionen der Wirklichkeit überhaupt erst gestiftet wird, in Widerspruch zu jener gleichzeitig getroffenen Feststellung, daß alles immer mehr mit allem zusammenhängt,

- sei es, daß darin die kalte Herrschaft der Sachzwanglogik in zivilisationskritischer Absicht beklagt wird,
- sei es, daß diese Feststellung eine Ermahnung zu systemischem Denken in Theorie und Praxis ist,
- sei es, daß darin dem Gesichtspunkt des objektiv Möglichen Geltung verschafft wird, gegenüber allzu unbekümmertem Glauben an die Entscheidungsfreiheit verantwortlicher Individuen,

in jedem Fall meint diese Feststellung einen objektiven Zusammenhang der Gegenstände der «Welt» und der gesellschaftlichen Verhältnisse, der gerade die Erfahrung und den Durchblick der Individuen hoffnungslos überfordert.

«Alles hängt immer mehr mit allem zusammen» ist ein Resümee, in dem Zusammenhang als *Problem* erscheint, weil er seinen Architekten über den Kopf gewachsen ist.

1. Zusammenhang als Problem

Was als *Zuviel* an Zusammenhang beklagt wird, ist in Wahrheit der *Verlust* von Zusammenhang. Daß er wahrgenommen wird in Form technischer Überkomplexität, ist Ergebnis der Monokultur der Natur*beherrschung*. Als soziale Überkomplexität ist er Ergebnis der Monokultur der *Verwaltung* von Menschen und Sachen. Was als technischer *Überzusammenhang* in Erscheinung tritt, ist – metaphorisch gesprochen – die Rache der Biosphäre für ihre Vergewaltigung. Es ist ein Zusammenhang der Störungen. Das, was als Zuviel an Zusammenhang im Bereich menschlicher Hervorbringungen gedeutet wird, ist in Wahrheit der sich durchsetzende Zusammenhang der Biosphäre gegen zusammenhanglose (zumindest keine adäquaten Zusammenhänge bildende) Maßnahmen der Naturbeherrschung. In den Störungen des Technosystems macht sich dieser mißachtete Zusammenhang der Biosphäre geltend. Solange technische Eingriffe in die Natur in Übereinstimmung mit dieser bleiben bzw. mengenmäßig zu vernachlässigende Größen sind (vgl. R. Spaemann, 1979, S. 492), tritt Zusammenhang als Problem nicht auf; solange ist die Tatsache, daß alles immer mehr mit allem zusammenhängt, kein Gegenstand des Nachdenkens, nicht einmal der Wahrnehmung.

Sozialer Überzusammenhang ist ebenfalls ein Indiz für verlorenen Zusammenhang, sowohl zwischen dem Menschen und den zum Leben notwendigen Gütern als auch der Menschen untereinander. Beide Zusammenhänge werden ersetzt durch Superstrukturen, in deren abstraktem Zusammenhang sich eine pervertierte Form, ein Reparatursystem, ein Pseudozusammenhang darbietet. In beiden Fällen erscheint Zusammenhang als etwas, worin man sich verfängt, als Fessel. «(...) es ist besser, die Natur gewähren zu lassen als sie – auf Kosten einer wachsenden Unterordnung der Individuen unter die Institutionen, der Menschen unter die Macht anderer Menschen – zu verbessern.» (A. Gorz, 1980, S. 17)

Gegenüber dem «Übermaß» an Zusammenhang kann sich der einzelne nur als zu einer «fertigen Welt» verhalten.

Die Fähigkeit, Zusammenhang zu stiften, scheitert an der versteinerten Zuständlichkeit der Welt, die, was ihr an Zusammenhang mangelt, durch Starre ersetzt. Die bekömmlichste Art, der fertigen Welt zu begegnen, scheint die zu sein, daß man an ihrer Starre teilhat: «(...) die Menschheit erstarrt in Sicherheit, entkeimt und geblendet durch die Totalisierung einer fehlgesteuerten Technik, die nicht nur den Menschen selbst, sondern auch seine Umwelt in zunehmendem Maße paralysiert.» (H. Kükelhaus, 1979, S. 15)

Wenn man auf die Gegenstände nur noch in ihrer endgültigen Gestalt, in ihrem höchsten Fertigungsgrad treffen kann, dann ist nahezu jede Wahlfreiheit in ihrer Handhabung, jedes Experimentieren, Probehandeln, jedes Spiel mit ihnen unterbunden. Dann können sich an ihnen weder Fähigkeiten erproben, noch kann sich die Erfahrung bereichern. Die im Verlauf des Fertigungsprozesses in sie eingeschriebenen *Funktionsbestimmungen* legen die Beziehung zwischen Mensch und Gegenstand zwingend fest. Je weiter der Weg durch die verschiedenen Fertigungsstadien ist, den ein Gegenstand von seinem Ursprung als natürlicher Rohstoff bis zu seiner endgültigen Nutzung durchlaufen hat, desto eindeutiger festgelegt ist sein Gebrauch, desto mehr ist ihm alles Funktionswidrige ausgetrieben, desto spezialisierter ist er auf einen bestimmten Zweck gerichtet, desto weniger läßt er sich in ‹eigensinnig› hergestellte Zusammenhänge einfügen, desto einfältiger ist er und sind auch die Tätigkeiten, die er seinem Benutzer aufnötigt.[2] Der Mensch wird zum Erfüllungsgehilfen seines Geräts. Verfremdet werden können die Dinge allenfalls dadurch, daß man sie nicht gebraucht oder zerstört. Nur durch Verweigerung des Kontaktes mit ihnen kann man sich ihren stumpfsinnig-autoritären Dienstanweisungen entziehen.

Die exakte Funktionsbestimmung der Gegenstände ist nichts anderes als ihre genaue und bindende Verortung im *Bestehenden.* Als Medien der Veränderung fallen sie demzufolge aus.

Zusammenhang-Stiften setzt einen Punkt des Aufeinandertreffens von Subjekt und Gegenstand voraus, an dem der Gegenstand noch in der Fülle seiner Möglichkeit ist, ein vielfältiges Spektrum von Zwecksetzung offenhält und auch die Würde seiner Geheimnisse bewahrt, die die Voraussetzung dafür sind, daß die Zwecksetzungen respektvoll bleiben.

Dasselbe gilt auch für die sozialen Zusammenhänge. Gegenüber versteinerten Bürokratien und erstarrten Regelsystemen, gegenüber der unerbittlichen Fertigkeit der Verhältnisse verkümmern die sozialen Fähigkeiten, und die Individuen werden, was ihnen zugemutet wurde: *Funktionsträger* und *Konkurrenten.*

2. Umgang mit der Fremdheit der Dinge

Es gibt dreierlei Haltungen gegenüber der Fremdheit der Dinge:

1. Sie radikal zu mißachten, nur das an den Gegenständen gelten zu lassen, was der ihnen zugesonnenen Funktion dienlich und förderlich ist. Alle Verwobenheiten der Ausgangsmaterialien mit ihrer Umwelt zu zerschneiden, sie gründlich zu bezwingen oder zu überlisten, zuletzt auch durch ihre Verstümmelung.[3]
2. Es kann der Versuch unternommen werden, ihnen ihr Geheimnis zu entreißen, sich ihrer *im Bunde* mit ihnen, in der Erkenntnis ihrer Gesetze zu bedienen.[4] Und es kann schließlich
3. das Fremde in den Dingen als Fremdes bewahrt werden mit der Konsequenz, ein Bewußtsein davon zu haben, daß der selbstgestiftete Zusammenhang am Geheimnis der Dinge eine Grenze findet; aber nicht nur an ihrer Unbegriffenheit, sondern an ihrem Recht auf Eigenart.

An dem Respekt vor dem Eigenrecht der Naturzusammenhänge kann die Kunst des Unterlassens geschult werden. Es kann der Versuchung widerstanden werden, alle Welt dadurch zu entwerten, daß sie wertvoll werden soll. «(...) die Dinge ‹bewerten› (...), heißt notwendig, sie zu entwerten, sie für die allgemeine Austauschbarkeit mit allen Waren zurechtzustutzen (...) (Man) muß (...) die Besonderheiten wenigstens gewisser Güter festhalten, ihren einmaligen und unersetzlichen Charakter, die Unvergleichlichkeit ihrer jeweiligen Werte; und dadurch auch die Existenz von möglichen Schäden, die kein Warenwert kompensieren könnte und *die durch keine Bezahlung wiedergutgemacht werden können.*» (J.-P. Dupuy, J. Robert, 1978, S. 101)

Dies ist eine Perspektive, die nicht den Daseinszweck der Naturerscheinungen in ihrer Dienlichkeit für das Wohlergehen des Menschen sich erschöpfen sieht. Es entspricht dem übergeordneten Axiom der Vielfalt, dem Prinzip der unbedingten Realisation dessen, was möglich ist, eine Absage zu erteilen.

«(...) das Delirium in der Kettenreaktion ist ja einzig ein imperialistisches. Wie die Kettenreaktionen auf der Sonne uns Wärme, Licht und Leben bringen, so schafft die Atomenergie, in anderer Maschinerie als der der Bombe, in der blauen Atmosphäre des Friedens, aus Wüste Fruchtland, aus Eis Frühling. Einige hundert Pfund Uranium und Thorium würden ausreichen, die Sahara und die Wüste Gobi verschwinden zu lassen, Sibirien und Nordkanada, Grönland und die Antarktis zur Riviera zu verwandeln. Sie würden ausreichen, um der Menschheit die Energie, die sonst in Millionen von Arbeitsstunden gewonnen werden mußte, in schmalen Büchsen, höchst konzentriert, zum Gebrauch fertig darzubieten.» (E. Bloch, 1967, S. 775)[5]

Hier ist nun entschieden der «Bund» mit dem «Subjekt» Natur aufgekündigt. Hier ist radikale Aussperrung am Werk, die Ausmerzung aller Landschaftseigenheiten, die dem Mängelwesen Mensch in seiner «wunderlichen Hilflosigkeit, bereits gegen das Wetter» (vgl. E. Bloch, 1967, S. 730) nicht zur optimalen Lebensregion, zur Heimat werden. Zu diesen Lebensräumen soll der Zutritt durch ihre radikale ‹Aufwertung› erzwungen werden, durch gewaltsame Brechung ihrer schroffen, abweisenden Eigenart.

Leben-mit-Fähigkeiten ist nun aber per definitionem eine Weise der Existenzsicherung, bei der der Mensch einwirkt auf seine natürliche und auf die menschengemachte Umwelt mit dem Ziel, den Dingen durch den Gebrauch seiner Fähigkeiten und mit Hilfe von Tätigkeiten Brauchbarkeit zu verleihen. Nun, was ist die Begrünung und Erwärmung Grönlands anderes, als der Insel Brauchbarkeit zu verleihen? Anders: welches sind die Kriterien dafür, daß Leben-mit-Fähigkeiten umschlägt in Gewalt? Noch anders: Wann werden die Fähigkeiten, Zusammenhänge zu stiften, zu Unfähigkeiten, Zusammenhang zu erhalten? Wann wird das Einwirken zum Übergriff, der immer zugleich ein Akt der Selbstentwürdigung des Menschen ist?

Erstens dann, wenn die Umgestaltung der Lebenswelt auf «geballte Fähigkeit» angewiesen ist, die *systematisch* als Fähigkeit der Gesamtheit entwickelt wird und die Fähigkeiten der einzelnen zunichte machen muß, sie opfert, ja sie als verhindernde Bedingung ihrer Entwicklung verfolgt.

Zweitens dann, wenn die Transformationen irreversibel sind. Am drastischsten wird die Endgültigkeit der Umgestaltung am Aussterben von Arten sichtbar. Der Begrünung und Erwärmung der kalten Zonen müßte ein unendlicher Artenreichtum geopfert werden;[6] neben der Eigenart und Lebensfähigkeit *der* Menschen, die trotz der «nackten Haut» nicht nur in «gleichmäßig warmen Gegenden fortkommen»; und die nicht in Grönland, wohl aber an der Riviera «wunderlich hilflos» (vgl. E. Bloch, 1967, S. 730) wären.

Drittens dann, wenn «die Nutzung nach dem Tode den einzigen Gesichtspunkt abgibt für unseren Umgang mit dem Lebendigen» (R. Spaemann, 1979, S. 489),[7] und die Nutzung nach der Zerstörung einen so beherrschenden Gesichtspunkt für den Umgang mit dem Lebensraum des Lebendigen:[8] «Jahrtausendelang bedeutete Kultur ein Verhältnis zur Symbiose von Mensch und Natur, in welcher Natur zugleich als Feind, als Spenderin und als Gegenstand pflegender Herrschaft des Menschen auftrat (...). In der Neuzeit ist an die Stelle dieser Symbiose das Verhältnis einer progressiven Herrschaft getreten, die despotisch genannt werden muß, weil der Eigenstand des beherrschten Objektes fortschreitend abgebaut wird. Konnte *Sokrates* noch sagen, die Kunst des Hirten sei durch das Wohl der Schafe, nicht durch den Gesichtspunkt des Schlachters definiert, obgleich die Schafe am Ende bei diesem abgeliefert werden, so kann dies vom modernen Tierhalter und Züchter nicht mehr gesagt werden.» (R. Spaemann, 1973, S. 967)

Je weniger Respekt wir der Eigenart unserer lebendigen und nichtlebendigen Gegenüber zollen, je weniger wir uns bekümmern um die unendlich vielfältigen Zusammenhänge, in die sie verwoben sind, je mehr wir sie – um sie uns handlich zu machen – isolieren zu Einzelwesen und Einzelerscheinungen mit Einfunktionalität und je mehr wir an ihnen nur nach ihrem Tode interessiert sind, desto mehr sind sie tatsächlich aus dem Zusammenhang der Naturkreisläufe von Entstehen und Vergehen ausgegliedert, bilden Halden toten Inventars, Areale von Niemandsland, Todeszonen, die nicht vergehen können, weil die Natur diese Artefakte nicht adoptiert.[9]

Dies ist nur die auf die Spitze getriebene Konsequenz der Produktion einer «fertigen Welt», daß sie immer mehr Güter produziert, die so endgültig fertig sind, daß sie nicht ‹sterben› können. Auch dies ist eine Konsequenz der Aussperrung des Todes. J. W. Goethe schreibt über die

Natur: «Leben ist ihre schönste Erfindung und der Tod ist ihr Kunstgriff, viel Leben zu haben.» (J. W. Goethe, o. J., Bd. 33, S. 164)

«Das Leben geht immer aus der Zersetzung des Lebens hervor. Es ist in erster Linie dem Tod verpflichtet, der ihm Platz macht; dann der Verwesung, die auf den Tod folgt und die für das ununterbrochene Auf-die-Welt-Kommen neuer Wesen die notwendigen Substanzen in Umlauf setzt.» (J. Ziegler, 1982, S. 311)

Nichtbedürftigkeit in der Knappheitsgesellschaft

Um der Knappheit und ihrer Entsprechung in den Menschen, den Bedürfnissen, auf die Spur zu kommen, habe ich einleitend die Geschichte des Mannes zitiert, der die Überflußgesellschaft heiratete. Um ihrem Gegenzug, den Fähigkeiten, nachzuspüren, berichte ich die Geschichte eines Mannes, der sich von der Überflußgesellschaft hat scheiden lassen; nein, nicht scheiden *lassen*. Er hat sich von ihr geschieden.

Ich habe den Mann nicht gekannt, erst durch seinen Tod von ihm erfahren. Er lebte in meiner Nachbarschaft im Wald. Sechsunddreißig Jahre lang. Um sein Auftauchen in dieser Gegend bildeten sich Gerüchte. Die einen wollten wissen, er sei Holländer, habe mit den Nazis kollaboriert und sei deshalb nach dem Kriege untergetaucht. Anderen Nachrichten zufolge ist er eines Morgens vom Frühstückstisch aufgestanden, hat das Haus wie zu einem kleinen Ausgang verlassen und ist zu seiner Familie nicht mehr zurückgekehrt.

Im Wald hat er ein Holzhaus bezogen, das von Flüchtlingen erbaut und dann verlassen worden war. Es gibt einen kleinen Quellbach nahe am Haus, aus dem seinen Wasserbedarf zu decken ordnungsamtlich zwar strikt untersagt ist, aber weder hat dem Mann das Wasser geschadet – er wurde 80 Jahre alt –, noch ist er beim unerlaubten Wasserschöpfen erwischt worden. Heizmaterial hat er im Wald gesammelt. Auch dazu hat er keinen Holzsammelschein gehabt. Er hätte ihn auch nicht beantragen können. Nicht nur, daß er nicht gemeldet war, er verfügte auch nicht über den kleinsten Fetzen Papier, mit dessen Hilfe er seine Existenz hätte beweisen können.

Er hat beinahe 36 Jahre dergleichen nicht vermißt. Er verdingte sich bei den Bauern in der Umgebung für alle Arbeit, die anfiel. Für seine Arbeit verlangte er keinen Lohn, sondern ein anständiges, kräftiges Essen, drei Mahlzeiten am Tag. Seine Arbeitsstellen sucht er sich, so ist zu hören, ausschließlich nach der Qualität des Essens aus. Einen Arzt hat er nie aufgesucht. Als er älter wurde, befreundete er sich mit dem neuen Besitzer eines guten Landgasthofs in seiner unmittelbaren Nachbarschaft, der auch anderweitig mit Rentnern, die in der Gegend kleine landwirtschaftliche Nebenerwerbsstellen betreiben, regen Naturalienaustausch pflegt: Küchenabfälle für die Tierhaltung und Freibier zum Gratisessen gegen Geflügel oder Gemüse oder was sonst der Kleinbetrieb abwirft.

In dem Gasthof erhielt er fürs Abwaschen und allerlei Verrichtungen sein Essen, seinen Schnaps und Bier und was er so zum Leben brauchte. Irgendwann ging es der Frau des Gastwirts wider den Gerechtigkeitssinn und wider das sozialstaatlich geschärfte Gewissen, daß er nichts von dem beanspruchte, was ihm zustand. In zähem Ringen mit den zuständigen Behörden hat sie die Sozialhilfeansprüche für den Mann durchgesetzt. Bei der Gelegenheit hat man ihn dann wohl auch erneut zum Staatsbürger gemacht und ihm seine Identität bestätigt. Als er über das erste Geld verfügte, beschloß er, sein Arbeitsleben zu beenden. Von da an bestand er darauf, seinen abendlichen Klaren als Gast zu bezahlen.

Als er 80 Jahre alt war, starb sein bester Freund, ebenfalls achtzigjährig. Da beschloß er, sich seinerseits ans Sterben zu machen, zog sich in sein Holzhaus zurück und rührte keine Nahrung mehr an. Die jungen Wirtsleute wollten und konnten ihn nicht so unter ihren Augen sterben lassen, und so erwirkten sie eine Einweisung ins Krankenhaus, in ein, wie ihnen schien, zumutbares, anthroposophisches Krankenhaus. In der Nacht, bevor er dorthin verbracht werden sollte, hat er sich dann fürs Sterben entschieden, ohne doch Hand an sich zu legen. Seinem Sarg folgte wider Erwarten ein langer Trauerzug.

Was soll die Geschichte dieses Mannes beweisen? Nichts weiter, als daß der Mann inmitten einer Knappheitsgesellschaft beinah 36 Jahre ohne Knappheit, im Abseits der durch sie ausgeübten Macht gelebt hat, einzig im Vertrauen auf seine Fähigkeiten, auf den Austausch mit einer kleinen Anzahl von Menschen und – das muß man hinzufügen – auf die Verschwiegenheit derer, mit denen er zu tun hatte. Sie ist kein Lehrstück: So muß man es anstellen. Denn sie ist nicht einfach wiederholbar. Nichts von dem zu begehren, was die Macht verwaltet, ist gesetzeswidrig. Vervielfältigt können sich solche Geschichten nicht im Verborgenen abspielen und würden ihrerseits neue Knappheit erzeugen. Auch waren die Wirren der Nachkriegszeit ihren Anfängen günstig.

Aber die Geschichte hat doch eine über sie selbst hinausweisende Pointe: Die Option des Vertrauens in den unerschöpflichen Reichtum der Natur und die ihm entsprechende *unbekümmerte* Haltung der Bedürfnislosigkeit ist nicht teilbar. Sie kann nicht in Nischen der Knappheitsgesellschaft aufrechterhalten werden, ohne dabei ihre Essenz einzubüßen.

Die Daseinsmächtigkeit, die auf Fähigkeiten beruht, kann teilweise realisiert werden. Es gibt die Möglichkeit, sich den Knappheitsverordnungen in bestimmten umgrenzten Lebensbereichen durch die Ausbildung und den Gebrauch von Fähigkeiten zu entwinden. Nichtbedürftigkeit ist als Grundhaltung inmitten der Knappheit möglich. Nicht allerdings so, daß die Knappheit ihre Gültigkeit verliert. Auf verschiedene Weise bleibt der Nichtbedürftige ihrer Herrschaft unterstellt.

- In bestimmten gesellschaftlichen Bereichen ist sie so allgegenwärtig, daß es kein Entrinnen vor ihr gibt: An der ‹Sicherheit›, die sie verfügt, ist man beteiligt, ob man sich ihrer für bedürftig oder nicht bedürftig erklärt.
  An den globalen ökologischen Katastrophen nimmt man teil, auch wenn man noch so gründlich und überdacht die Beteiligung an ihren Entstehungsursachen aufkündigte, indem man keinen der Vorteile wahrnähme, für die mit ökologischen Katastrophen bezahlt wird.
- In aller Regel sind wir in die Abhängigkeit vom Ganzen viel mehr verstrickt als jener Mann, der so gründlich ihrer Verlockung entriet.
- Weiter ist Nichtbedürftigkeit in der Knappheitsgesellschaft eine Nischenexistenz. Und je mehr Menschen sich auf die Suche nach Nischen begeben, desto knapper werden diese.
- Schließlich sieht die Macht ihrer Entmachtung durch grassierende Nichtbedürftigkeit nicht tatenlos zu, sondern wird Maßnahmen ergreifen, um die Teilnahme an ihrem System zu erzwingen.

Dennoch gilt, daß Leben-mit-Fähigkeiten, wie sektoral begrenzt auch immer, eine Weise ist, wie unter der Bedingung der Knappheit und Bedürftigkeit *Nicht-Knappheit* und Nichtbedürftigkeit erfahren werden können.

Leben-mit-Fähigkeiten in einem Ausschnitt des Lebens in Knappheit ist allerdings nicht reduzibel auf die einfache Fähigkeit, dies oder das zu tun. Der Erwerb solcher *Fertigkeiten* (vgl. Historisches Wörterbuch der Philosophie, Bd. 2, Art. «Fertigkeit», 1972, Sp. 935 ff) unterbricht die Knappheit nicht, er entspricht ihr vielmehr.

Fähigkeiten dagegen konstituieren Zusammenhänge und gehen aus Zusammenhängen hervor. Nur indem sie in diesem doppelten Sinn zusammenhängend sind, schaffen sie Nichtbedürftigkeit.

Über die Fähigkeiten

Fähigkeiten und Tätigkeiten stehen in einem so dichten Wechselverhältnis, daß es unmöglich erscheint, das eine als die Wirkung des anderen zu deuten, ohne zugleich den umgekehrten Wirkungszusammenhang festzustellen. Gleichwohl werden gewohnheitsmäßig Fähigkeiten als Voraussetzung von Handlungen angesehen und nicht so sehr als ihr Ergebnis.[10]

1. Aktualität – Potentialität

«Fähigkeit» ist eine aktivische Kategorie, ohne daß die Fähigkeit selbst Aktivität wäre. Sie bewahrt die Möglichkeit, das Vermögen zu Aktivität in sich auf. Seine Fähigkeit ist die Potentialität des Individuums. *Potentialität* bildet dabei nicht einen Gegensatz zu *Realität*. Die Fähigkeit hat auch, ohne daß sie ausagiert wird, eine eigene Realität als Merkmal der Persönlichkeit. Fähigkeiten verändern den Menschen, unabhängig davon, ob sie als konkrete Fähigkeit in Gebrauch genommen werden oder nicht. Potentialität ist also ein Gegenbegriff zu Aktualität, oder genauer noch zu *Aktualisierung*: «Die wirklich vollzogene *Tätigkeit* (agere) ist der *Akt*; das dem tätigen Subjekt eignende Können (posse), sein *Vermögen* oder seine ihm innewohnende Fähigkeit zum Tun ist die *Potenz*. Den verschiedenen und zeitweilig gesetzten Akten (...) gegenüber ist mithin die Potenz (...) der eine und bleibende Ermöglichungshintergrund im Tätigen selbst.» (Historisches Wörterbuch der Philosophie, Bd. 1, Art. «Akt/Potenz», 1971, Sp. 134)

Wenn nun Fähigkeit nicht *Aktualisierung* ist, in welchem Sinne ist sie dann aktivisch? Fähigkeit ist aufgeladen mit Aktivität in dem doppelten Sinn, daß sie durch Aktivität gespeist ist, wie auch sich in Aktivität zu entladen tendiert. Fähigkeit hat eine innere Dynamik auf Aktivität hin. Sie ist nicht nur Aktivität in Latenz, sondern Aktivität ‹auf dem Sprung›. Dabei ist Aktivität mehr als nur Tätigkeit und Handlung. Sie bedeutet auch Wachheit, Präsenz (in einem nicht nur physischen Sinn), Aufmerksamkeit, Konzentration, Anteilnahme, Lebendigkeit.

«Was ein Mensch sein *kann, muß* er sein.» (A. H. Maslow, 1977, S. 88) Es gibt beim Menschen «die Tendenz, das zu aktualisieren, was man an Möglichkeiten besitzt» (A. H. Maslow, 1977, S. 89). Fähigkeiten also, nicht nur Bedürfnisse, sind gerichtete Antriebsenergien. Sie sind eine hinreichende Bedingung dafür, daß Menschen sich aktiv der Welt zuwenden. Ebenso wie sie umgekehrt ihr Zustandekommen den

Begegnungen des Menschen mit der Welt verdanken. Der Mensch wird keinesfalls nur als *Mängelwesen*, in seiner verzweifelten Bedürftigkeit, in Aktivität zur Weltveränderung zum Zwecke der Selbsterhaltung getrieben. Nicht nur die nackte Haut nötigt ihn, erfinderisch zu sein, sondern die Tatsache, daß er erfinderisch sein kann. Den Fähigkeiten, verstanden als gerichtete Antriebsenergien, wohnt eine Tendenz zur Weiterung inne, den Bedürfnissen eine Tendenz zur Stillung, zur Erlangung eines Gleichgewichtszustandes.

2. Verlust von Fähigkeiten

Die Kehrseite: Fähigkeiten, für deren Gebrauch es keinen Raum gibt, gehen verloren: «Die Menschen büßen die Eigenschaften ein, die sich nicht mehr brauchen und die sie nur behindern; der Kern von Individuation beginnt zu zerfallen.» (Th. W. Adorno, 1979, S. 368)

Bedroht sind die Fähigkeiten auf zweierlei Weise von der *fertigen Welt*. Die untätige Begegnung mit ihr verhindert die Ausbildung von Fähigkeiten. Und entfaltete Fähigkeiten laufen an ihr ins Leere und erlöschen. Mit den Fähigkeiten geht die in ihnen steckende Antriebskraft zum tätigen, aktiven Umgang mit der Lebenswelt verloren. Darin ist der «Kern der Individuation» am tiefsten getroffen.

3. Negative Fähigkeiten

«Letzte Nacht hatte ich einen Traum. In dem Traum erinnerte ich mich an (das) Wort von der ‹negativen Fähigkeit›, der Fähigkeit (...) ‹Unsicherheiten, Geheimnisse und Zweifel ohne jedes ärgerliche Streben nach Tatsachen und Vernunft› zu ertragen.» (R. D. Laing, 1980, S. 179)

Nach Karl Marx ist die Fähigkeit die ungegenständliche Form der Arbeit: «Als zeitlich vorhandene ungegenständliche (und darum auch noch nicht vergegenständlichte) Arbeit kann diese nur vorhanden sein als *Vermögen*, Möglichkeit, Fähigkeit, als *Arbeitsvermögen* des lebendigen Subjekts.» (K. Marx, zit. bei L. Sève, 1977, S. 317)

Lucien Sève definiert Fähigkeit als «die Gesamtheit der angeborenen oder erworbenen ‹gegenwärtigen Potentialitäten› zur Ausführung einer beliebigen Handlung auf beliebiger Stufe» (L. Sève, 1977, S. 318).

In beiden Definitionen ist die Fähigkeit des Menschen ganz im Sinne eines angenommenen «Juxtastrukturverhältnisses» zur Entwicklung der Produktivkräfte verhängnisvoll reduziert. Wenn Fähigkeit nur als Vermögen zum Handeln, schlimmer noch als Vermögen zur Arbeit, in Erscheinung tritt, wenn sie sich also nur im Handeln oder in der Arbeit realisiert, ist sie als Gegenzug gegen die Herrschaft der Knappheit nur sehr bedingt tauglich. Vielmehr kommt Fähigkeit in dreierlei Gestalt vor:

- als *Fähigkeit des Bewirkens,*
- als *Fähigkeit des Erleidens,*
- als *Fähigkeit des Unterlassens.*

Daß das Wirken genuin den Fähigkeiten zugehört, ist allgemein unstrittig. Aber sowohl das Erleiden wie das Unterlassen scheint in eklatantem Widerspruch zu stehen zu der gültigen Feststellung, Fähigkeit sei unbedingt an Aktivität gebunden. Jedoch verhält sich jemand, der «sich selbst, andere und seine Umwelt *leiden* kann» (I. Illich), sehr wohl aktiv zu sich und zur Welt. Leiden-Können gleicht weder einfach dem Leiden an jemandem oder an etwas, noch dem masochistischen Leiden-Wollen.

«Fähigkeit des Erleidens» ist noch für manch anderes Mißverständnis offen: das Mißverständnis des ‹edlen› Leidens, seiner Ästhetisierung; das Mißverständnis des interessanten Leidens, das wiederum an der Überbietung von Leidensstandards sich orientiert; das Mißverständnis des Wettbewerbs im klaglosen Aushalten-Können, die Konkurrenz der Rüstigkeit; das Mißverständnis des bemächtigenden Leidens, das sich das Mitleid anderer unterwirft.[11] «Fähigkeit des Erleidens» schließt die Empörung, das Aufbegehren, den Aufschrei, das Entsetzen nicht aus. Sie ist nicht eine Überwindungs*strategie*, nicht eine höhere Stufe des Abgestorbenseins und der Fühllosigkeit, auf der man unanfechtbar *über* den Dingen stünde. Sie ist nicht der Ausverkauf der Empfindlichkeit und Verwundbarkeit.

Die Fähigkeit des Erleidens verändert das Leid ebenso wie den Leidenden. Das Leiden wird darin als dem Leben zugehörig erachtet – als die andere Seite der Person. Die Lebenskräfte werden, soweit es um die Fähigkeit des Erleidens geht, nicht für die Abwehr des Leidens verbraucht, sondern für den kundigen Umgang mit ihm. In dem Maße, wie jemand das Leid als unaufgebbare, lebenswerte Seite des Lebens ergreifen kann, in demselben Maße ist er nicht der zu Machtinstrumenten entwickelten Leidabwehrsysteme bedürftig.

Weder ist er erpreßbar durch die Androhung, er werde von der Teilnahme an ihnen ausgeschlossen, noch ist er ihrem Reglement, ihrem formierenden Eingriff, ihrem Verfahrensmonopol, ihrer Vermeidungsborniertheit unterworfen. Daß die Fähigkeit des Erleidens vielfach keine hinreichende Bedingung dafür ist, der knappheitssetzenden Macht aus dem Ruder zu laufen, tun die diversen gesetzlich festgeschriebenen Teilnahmepflichten kund (von der Pflichtversicherung für den Krankheitsfall bis zur Tatsache, daß man seine Toten nicht selbst begraben darf).

Die Fähigkeit des Erleidens ist nicht dadurch knappheitssprengend, daß sie in disziplinierender Selbstzurichtung des Individuums jedwedes zugemutete Leid aushaltbar macht. Vielmehr einerseits dadurch, daß sie Menschen instand setzt, die gesellschaftlichen Definitionen dessen, was tolerabel und was intolerabel ist, hartnäckig zu bezweifeln und eigene Grenzen der Zumutbarkeit zu bestimmen. Andererseits dadurch, daß sie Menschen instand setzt, sich aus der versklavenden Abhängigkeit von kaufbarer Leidabwehr zu befreien.

Viel allgemeiner aber noch ist die Fähigkeit des Erleidens verbunden mit Aktivität. Nur unter der Herrschaft des Produktivismus mit ihrem unbegrenzten Glauben an das Machbare ist das Erleiden ausschließlich als Leiden zu interpretieren. In Wahrheit ist das Erleiden nur die Kehrseite des Bewirkens. Um etwas zu bewirken, bedarf es beim Gegenüber des Vermögens, eine Wirkung an sich geschehen zu lassen. Veränderung hat immer diesen Doppelaspekt des Bewirkens und des Bewirkt-Werdens.[12]

Die Fähigkeit des Unterlassens setzt der Fähigkeit des Bewirkens Grenzen. Sie ist sowenig dem einfachen Nichtstun, das die Dinge ihren Lauf nehmen läßt, ähnlich, wie die Fähigkeit des Erleidens dem stumpfen Dulden ähnelt. Sie ist die Kraft des Bewahrens, die sich dem schnellen Wechsel entgegenstellt. Sie mahnt zu Vorsicht und Behutsamkeit. Wir sind ihr im Bunde mit der Nichtwisserschaft begegnet, als einer Weise des Umgehens mit der Welt, mit sich selbst und mit dem anderen, die strikt den *Illusionen* über Entscheidungssicherheit entgegenwirkt.

«Nun kann sich zeigen, daß Ratio und Praxis nicht exklusiv zusammengehören, sondern daß in einer Nicht-Praxis, einem Unterlassungshandeln, einem Geschehenlassen und Nichteingreifen höhere Einsichtsqualitäten zum Ausdruck kommen können als in jedem noch so durchdachten Tun.» (P. Sloterdijk, 1983, S. 940)

Die Kunst des Unterlassens setzt Entschiedenheit, Kundigkeit und Selbstbegrenzung (also eine durch und durch aktive Einstellung zum Leben) voraus. «Der fundamentale Akt der Freiheit ist der des Verzichts auf Unterjochung eines Unterjochbaren, der Akt des ‹Seinlassens›. In der gegenseitigen Anerkennung und Freilassung allein überschreiten natürliche Wesen die Natur.» (R. Spaemann, 1973, S. 968)

Die Fähigkeit des Unterlassens begrenzt nicht nur das Einwirken in die Natur, sie begrenzt auch das Einwirken des Individuums auf sich selbst, sie richtet sich auch gegen den Optimierungswahn und den Selbstverwirklichungsimperativ im eigenen Leben und begünstigt die Gelassenheit. Und sie begrenzt das Einwirken auf den anderen Menschen, erzieherisch oder therapeutisch oder wie immer «optimierend», und läßt die Fremdheit gelten.

4. Leben-mit-Fähigkeiten und Selbsthilfe

Leben-mit-Fähigkeiten und Selbsthilfe sind nicht das gleiche. Selbsthilfe führt nicht wirklich aus dem Gefängnis der Knappheit und Bedürftigkeit heraus. Selbsthilfe ist gegenüber der diagnostischen Macht hilflos, denn die Diagnose, daß sie der Hilfe bedürftig sind, bestreiten diejenigen, die sich in Selbsthilfegruppen zusammenschließen, ja nicht. Daß es einer Anstrengung und eines Aufwandes bedarf, um sie erneut oder erstmalig an die Normalität anzupassen, wird von ihnen akzeptiert. Nur erbringen sie die Anstrengung aus eigenen gemeinschaftlichen Kräften. Sie übernehmen die Verantwortung für die Normalität selbst, aber bezweifeln nicht die Verbindlichkeit der Normalitätsstandards und ihr eigenes Normalitätsdefizit. Sie bleiben die belieferungsbedürftigen Mängelwesen, als die die Knappheitsgesellschaft sie braucht, nur sind sie ihre eigenen Lieferanten. In Kategorien der drei Fähigkeiten heißt das: Sie eignen sich die Fähigkeit des Bewirkens, der aktiven Veränderung ihrer Lage an, ohne doch an dem Maßstab, des Lebensrechts der Stärke und der Verächtlichkeit der Schwäche zu rütteln. Selbsthilfe ist immer Selbstertüchtigung.

Anders *Selbstvertrauen.* (Noch sprechender ist der Begriff der «self-reliance», den Johan Galtung in die entwicklungspolitische Diskussion eingeführt hat, der also nicht nur für Individuen und gesellschaftliche Randgruppen, sondern auch für Länder der sogenannten Dritten Welt Bedeutung hat.) Self-reliance und Leben-mit-Fähigkeiten sind einander sehr ähnlich. Selbstvertrauen ist weltoffen. Die Aufmerksamkeit und das Interesse desjenigen, der sich etwas zutraut, ist durchaus nach außen gerichtet, nicht auf sich selbst zurückgewendet. Zur Self-reliance gehört das Zusammenwirken der drei Fähigkeiten des Bewirkens, des Unterlassens und des Erleidens. Nur wer in der Kunst des Unterlassens und des Erleidens geübt ist, ist gefeit gegen die Einflüsterungen, aber auch Verbindlichkeiten und Zwänge der diagnostischen Macht und kann sich souverän über die Normalitätsstandards hinwegsetzen.

Vom Nutzen

1. Die verlorene Bekanntheit der Dinge

Ein durch Fähigkeit und Tätigkeit bestimmtes Verhältnis zu den Gegenständen der Lebenswelt hebt deren versklavende Knappheit nicht nur dadurch auf, daß jemand über etwas, was er sonst für Geld kaufen muß, aus eigenem Vermögen verfügen kann, daß er sich also vom Versorgungsempfänger zum Selbstversorger wandelt. Bedeutsamer ist noch, und aus der Perspektive der Macht gefährlicher, daß ein durch Fähigkeit, Tätigkeit und Zwiesprache begründetes Verhältnis nicht gleichzeitig gesichtslos sein kann, nicht austauschbar oder beliebig.

Das Sicherheits-, Zeit-, Anerkennungs- und Bequemlichkeitsbedürfnis, die vier «Grundbedürfnisse der Knappheit», sind für deren Aufrechterhaltung und Ausbreitung nur darum und nur dann ergiebig, wenn den Gegenständen willkürlich, ohne bindenden Zusammenhang zu ihrem Nutzungswert, Anerkennungs-, Bequemlichkeits- und Sicherheitsattribute angeheftet werden können, um derentwillen sie begehrenswert erscheinen. Wenn nicht Bedürftigkeit, sondern Fähigkeit und Tätigkeit die Beziehung zu den Gegenständen herstellen, bedeutet dies einen so bestimmten Austausch mit ihnen, eine so eindrückliche Erfahrung ihres Nutzens und ihrer Widerständigkeit, daß jede *willkürliche* Wertzuschreibung an dieser *genauen* Absicht, Kenntnis und Erfahrung, an der Einmaligkeit der Beziehung zwischen Subjekt und Gegenstand scheitert.

Die Ausbeutbarkeit des Anerkennungs-, des Bequemlichkeits-, des Zeit- und des Sicherheitsbedürfnisses für die immer gesteigerte Produktion von Fertigwaren verfällt in dem Maße, wie Menschen sich auf die Brauchbarkeit und den Nutzen der materiellen wie nicht-materiellen Lebensgüter und Dienstleistungen beziehen können. Der Nutzwert ist nun sowenig eine objektive Eigenheit des Gegenstandes wie die Knappheit. Er ist Ausdruck meiner Beziehung zum Gegenstand unter Einrechnung des mir sinnlich anschaulichen Verhältnisses der Kosten, die für ihn zu entrichten sind – Kosten an Zeit, Kraft, Mühsal, Verzicht auf andere Lebensqualitäten – und der Annehmlichkeiten, die er einbringt. Unter der Bedingung der «fertigen Welt» wird systematisch die Anschaulichkeit der Kosten unter Verschluß gehalten. Wenn Gebrauchsgegenstände nicht mehr aus Herstellungsprozessen, sondern nur aus fremden Produktionsprozessen hervorgehen, wird das *Verhält-*

nis von aufgewandter Zeit, Mühe und Kraft und dem aus dem Gebrauchsgegenstand gezogenen Nutzen der sinnlichen Erfahrung unzugänglich.

Nicht für ein «Leben in den Wäldern» (H. D. Thoreau) soll damit plädiert werden, sondern gegen das radikale Monopol der Produktion, das die persönlichen und allgemeinen Kosten der Bedürfnisbefriedigung vollständig unkalkulierbar macht. Dadurch werden die Dinge und Dienste des täglichen Ge- und Verbrauchs unbekannt, unvertraut, un-heim-lich. Die Verödung des Alltagslebens ist auch durch die künstliche Fremdheit der Dinge gekennzeichnet, nicht nur durch den Mangel an Vielfalt.

2. Der Nutzen der Gebrauchsgegenstände

> «Oder man mußte nur auf seine Hände sehn, die beinahe immer ein Stück Holz bearbeiteten, wenigstens betasteten, wobei seine Augen plötzlich lauschen konnten, um zu erfahren, welche Eigenschaft oder Gestalt in diesem Holz verborgen war. Nie ließ er einen Baum fällen, ohne sich vorher ausführlich mit ihm zu besprechen, nie ohne ihm vorher mit einem Samen oder Reis, das er von ihm gewann und in die Erde senkte, sein Weiterleben zuzusichern. Über Holz und Bäume wußte er alles, was es zu wissen gab. Und die Figuren, die er schnitzte, wenn wir zusammenhockten, und die er dann wie eine Auszeichnung verschenkte, wurden unter uns zum Erkennungszeichen. Kamst du in ein Haus und fandest Schnitzwerk von Anchises, Tier oder Mensch, so wußtest du, du konntest offen reden, konntest in jeder Angelegenheit, und sei sie noch so heikel, um Hilfe bitten.»
>
> (Christa Wolf, 1983 a, S. 108 f)

Offenbar bilden die Vertrautheit der Dinge und das Vertrauen unter den Menschen einen Zusammenhang.

Der Nutzen der Gebrauchsgegenstände umfaßt zunächst die beiden Dimensionen der *Bequemlichkeit* und der *Gestalt*. Bequemlichkeit schaffen diejenigen Eigenschaften des Gegenstandes, die ihn tauglich machen, tägliche Verrichtungen zu erleichtern oder annehmlich zu machen, Mühsal zu verringern; die Gestalt ist die ästhetische Qualität des Gegenstandes, sein Vermögen, der Lebenswelt des Menschen ein Gesicht zu geben, das Lebensgefühl zu steigern, Genuß zu bereiten, Phantasie zu beflügeln oder Solidität zu bekunden. Gegenstände können den Menschen seines Ortes vergewissern. Beide Qualitäten des Gebrauchsgegenstandes, die seinen Nutzen ausmachen, sind nicht nach objektiven Maßstäben zu bestimmen, sind also nicht in einem reinen Sinn Eigenschaften des Gegenstandes. Sie unterliegen sowohl *kulturellen Be-*

sonderheiten als auch subjektiver Wertschätzung. Neben diesen beiden Nutzeffekten können Gebrauchsgegenstände auch *soziale Funktionen* haben, sie können das Verhältnis von Menschen zueinander verdeutlichen, ihren Umgang anleiten und regeln, Mittel des nicht-verbalen Ausdrucks dieses Verhältnisses werden, Teil einer Gestik, Teil der Gestaltung der *sozialen*, nicht nur der *gegenständlichen* Lebenswelt.

In dieser Funktion, in dieser Art sozialen Nutzwertes unterliegen sie auch *situationsspezifischen Besonderheiten.* Die sozialen Funktionen der Gegenstände sind besonders deutlich zugeschriebene Qualitäten, Ergebnis eines den Gegenständen im Laufe der Erfahrungsgeschichte zugewachsenen Symbolwertes.

Verdeutlichen wir das Gesagte am Beispiel des Tisches: Sein *praktischer Nutzen* besteht darin, daß sich bestimmte Verrichtungen mit seiner Hilfe leichter, angenehmer, bequemer ausführen lassen. Während der Boden die fußgerechte Ebene ist, überbrückt der Tisch die Höhendifferenz zwischen Boden und Händen. Er ist die Ebene für Verrichtungen mit der Hand. Er erspart die *Mühsal* des Bückens und Niederhokkens. Daß diese besondere Bequemlichkeit eine kulturelle Eigenart ist, zeigt sich daran, daß es viele Kulturen gibt und gab, in denen Verrichtungen mit der Hand und auf dem Boden ausgeführt nicht als Mühsal empfunden werden, in denen vom Boden gegessen, auf dem Boden gewerkt, geschrieben usw. wird. Daß die Beurteilung des Tisches als eines Bequemlichkeit schaffenden Möbels auch von Individuum zu Individuum variiert, zeigt sich in der Präferenz einzelner für bestimmte bodennahe Verrichtungen auch in unserer vom Tisch ‹eroberten› Kultur. Bequemlichkeit, das ist das Fazit, ist in weiten Grenzen eine Frage kultureller Tradition und individueller Definition. Der Rest ist eine Frage der physiologischen Unverträglichkeit; daran hat die Variabilität ihre Grenzen.

Der Tisch ist darüber hinaus ein Einrichtungsgegenstand. Darin hat er Teil an der *Gestaltung* eines *Lebens-Raumes.* In dieser Funktion verbürgt er eine gewisse Kontinuität, Stabilität, Verläßlichkeit. Er gliedert den Raum, schafft Orientierung, eine Ordnung; er ermöglicht das Wiedererkennen einer Umgebung. Er hat eine ihm eigene Schönheit. Er ist ein Stück der Heimat, deren Bestand dem Wechsel der Vollzüge standhält. Diese gestaltgebende Funktion hat er um so deutlicher inne, je mehr er in Gebrauch ist, je mehr er also in seiner Funktion, die Mühsal von Tätigkeiten zu verringern, beansprucht ist; denn dann ist er nicht nur ein Element der Raumgestaltung, sondern auch eine Komponente der Rhythmisierung der Zeit.

Auch in dieser zweiten, der Gestalt-Funktion, unterliegt er kultureller und individueller Deutungsvielfalt. Auch daß er raum- und rhythmusschaffend ist, ist nicht eine Eigenart seiner, sondern beschreibt Relationen zwischen dem Gegenstand und dem deutenden Menschen, wie auch zwischen ihm und anderen Gegenständen.

In seiner *sozialen Funktion* ist er in seinem *symbolischen* Wert präsent. Das eröffnet eine unübersehbare Deutungsvielfalt, ohne jedoch beliebig zu sein. Der Tisch ist der Ort der Versammlung, der Gemeinschaft. Es ist zum Beispiel nicht wohl denkbar, daß um den Tisch Versammelte sich schlügen. Wer das täte, müßte den Tisch, die Tischgemeinschaft verlassen. Am Tisch kann man Gleichsinniges miteinander *tun*, zum Beispiel gemeinsam essen; man kann dort aber auch Meinungsverschiedenheiten austragen, solange man die Gemeinschaft nicht gänzlich aufkündigt. Denn der Tisch ist nicht nur Gemeinschaftssymbol, er verpflichtet auch zu einer gewissen Distanz, die nicht unterschritten werden darf. Das Kind, das unter dem Tisch sitzt und auf seine Weise teilnimmt an den Gesprächen der Erwachsenen, ist eine Art geduldeter blinder Passagier, an den man sich nicht wendet. Man kann einmal dem Kind zu verstehen geben, daß man seine Anwesenheit bemerkt hat oder es auffordern, aus seinem Schlupfwinkel aufzutauchen, aber man kann nicht wiederholt das Wort an es richten, denn man spricht nicht unter den Tisch, sondern über dem Tisch.

Ein Tisch kann auch Symbol der Macht und Überlegenheit sein. Dann sitzt der Überlegene dahinter und läßt den Unterlegenen davor sitzen oder gar stehen. Der Tisch hat dann nichts Verbindendes, sondern er wird zum Repräsentanten der an ihm verübten Funktion, und erzwingt Respekt, gar Unterwürfigkeit. Wir können diese Reihe weiter fortsetzen.

Was unterscheidet diese Gebrauchswertzuschreibung von der willkürlichen Ausstattung der Gegenstände z. B. mit Attributen, die den Gegenstand zum Rangsymbol machen, ihm *Positionswert* verleihen? Es sind Wertzuschreibungen, die aus der Erfahrung des *Umgangs* mit dem Gegenstand kommen, während der Positionswert den *Besitz* des Gegenstandes voraussetzt. Erfahrungen des *Umgangs* sind jedoch notwendig daran gebunden, daß man sich den spezifischen Qualitäten des Gegenstandes stellt, seinen Eigenheiten gegenüber nicht gleichgültig ist. «(...) was sich (...) ändert, ist die Art, wie Objekte mit Bedeutungen belehnt werden (...). In der vorindustriellen Welt sind die Menschen mit den meisten produzierten Gegenständen in ihrer Umgebung vertraut, selbst wenn sie über die Fähigkeiten, die man zu ihrer Herstellung braucht, nicht verfügen. (...) Dieser Mangel an Vertrautheit mit den spezifischen Eigenschaften der für die Bedürfnisbefriedigung produzierten Objekte führt zu Gleichgültigkeit gegenüber den spezifischen Qualitäten des Objekts und gegenüber den Bedürfnissen, mit denen sie assoziiert werden. Da wir die Bestandteile der Dinge weder kennen noch uns darum kümmern, ist es für uns bedeutungslos, wenn sie durch andere ersetzt werden.» (W. Leiss, 1978 a, S. 141 f)

Der Gebrauchswert eines Gegenstandes für mich ist *meine spezifische Beziehung* zu seinen spezifischen *Eigenheiten*. In dem Sinne, daß er Teil meiner Erfahrung ist, ist er Teil von mir, ebenso wie er seinen *Wert* dadurch erhält, daß ich Teil von ihm bin.

Der Gebrauchswert hat eine Geschichte, eine Geschichte wechselseitiger Durchdringung und Belebung. Die «Naturwissenschaft befaßt sich nur mit des Beobachters Erfahrung von Dingen – niemals mit der Art, in der Dinge *uns erfahren*. Das bedeutet aber nicht, daß Dinge nicht auf uns und aufeinander reagieren.» (R. D. Laing, 1970, S. 13) Gebrauchswert haben Gegenstände, wenn sie mir nicht bloß äußerlich sind. Dies enthält kein Werturteil über die Art der Beziehung. Gebrauchswert ist nicht notwendig positiv: Der Tisch kann Symbol der Gemeinschaft und der Unterdrückung sein.

Die äußerste Intensität meiner Verbundenheit mit den spezifischen Eigenheiten des Gegenstandes erfahre ich im Verlauf seiner Herstellung. Dieser Vorgang setzt hohe Bewußtheit jener drei Dimensionen seines Nutzwertes voraus, denn sie gehen als *Absichten* in den Gegenstand ein, um später als Gebrauchsnormen aus ihm herauszuwirken. Hohe Bewußtheit seiner Funktion, Bequemlichkeit zu schaffen, heißt, daß eine Kosten-Nutzen-Analyse seiner Herstellung vorausgeht. Rechtfertigt das, was er dem Alltag an Annehmlichkeit hinzufügt, die Mühe seiner Herstellung? Diese Frage kann kaum noch gestellt und erst recht nicht beantwortet werden, wenn ich gegenstandsunabhängige Lohnarbeit verrichte, um einen undurchschaubaren Preis für eine Ware entrichten zu können, an deren Zustandekommen ich nicht im mindesten beteiligt bin. «Niemand konsumiert, was er produziert, und niemand produziert, was er konsumiert.» (A. Gorz, 1980, S. 40 f) Die Auflösung des Zusammenhanges zwischen dem, was ich ge- oder verbrauche und dem, was ich tue, macht es überhaupt nur erklärbar, weshalb Menschen Bedürfnisse entwickeln, die sich gegen ihre erklärten Lebensinteressen, zum Beispiel gegen das Überlebensinteresse oder gegen das Bedürfnis nach freier Zeit richten.

Ivan Illichs Rechnung über die reale Durchschnitts-Geschwindigkeit eines Autos (I. Illich, 1974, S. 39 ff)[13], die dem Fußgänger wenig und dem Radfahrer gar nichts voraus hat, und die Verblüffung darüber gibt einen Eindruck davon, daß wir regelmäßig unfähig gehalten sind, solche Kosten-Nutzen-Rechnungen an den gebräuchlichen Konsumartikeln durchzuspielen. An die Stelle des Kosten-Nutzen-Vergleichs tritt die Frage nach Prioritäten angesichts knapper Geldmittel. Zur Entscheidung steht nicht in erster Linie, «Welchen Nutzen hat ein Ding für mich», sondern: «Was kann ich mir leisten».

Hohe Bewußtheit seines Gestaltungsnutzens heißt, daß ich eine genaue Wahrnehmung des Beziehungsgeflechtes, des räumlichen, des zeitlichen, des funktionalen habe, in das der Gegenstand hineingestellt und hineinverflochten wird. Die Veränderungen, die er in diesem Geflecht bewirkt, müssen bedacht sein unter der Frage, ob sie gewollt, beabsichtigt oder nur in Kauf genommen werden. Der Herstellungsprozeß schärft nicht nur die Wahrnehmung für den Gegenstand selbst, sondern für sein Umfeld inklusive meiner Verbundenheit mit diesem. Hohe Bewußtheit des Gestaltungsnutzens bildet *Geschmack* heraus.

Hohe Bewußtheit seines sozialen Nutzwertes als Voraussetzung seiner Herstellung schärft die Wahrnehmung für Situationen und Ereignisse. Wie beeinflußt ein Gegenstand das Verhältnis zu Menschen, wie bestimmt er das soziale Umfeld, in das er eingestellt wird, und wie wirkt dies auf ihn zurück?

Schließlich resultiert die besondere Intensität meines Verhältnisses zum Gegenstand, den ich hergestellt habe, daraus, daß ich an ihm meine Fähigkeiten ausgebildet habe, daß ich, so wie ich ihm Gestalt gegeben habe, auch in ihm einen Lehrmeister gefunden habe, der mich seine Widerständigkeit und Gefügigkeit, seine ausgeschöpfte Möglichkeit hat erfahren und seine unausgeschöpfte hat ahnen lassen. Im fertigen Gegenstand erfahre ich mich selbst, er wird zum Spiegel meiner Selbsterkenntnis; das macht das Unverwechselbare an ihm aus.

Wenn an die Stelle der unverwechselbaren, durchschauten, mit den Absichten übereinstimmenden Beziehung zum Gegenstand das gleichgültige und ignorante Verhältnis tritt, in dem er in seiner Eigenart unbedeutend ist und nur wegen des Status, den er symbolisiert, begehrt wird; wenn er herabgewürdigt ist zu einem Befriedigungsmittel für das Anerkennungsbedürfnis, dann gilt diese Gleichgültigkeit insbesondere auch dem hervorstechenden Merkmal der Gebrauchsgegenstände: ihrer Dauerhaftigkeit. Im Gegenteil: unter der Dominanz des Positionswertes wird der *Gebrauchs*gegenstand zunehmend behandelt wie *Verbrauchs*gegenstände. Seine gestaltgebende Funktion, die auf seiner Dauerhaftigkeit, seiner Kontinuität, auf seiner Geschichte beruht, wird mißachtet. Er wird in den Strudel schnellen Wechsels gezogen. Das ist zugleich Bedingung und Folge der notwendigen Gleichgültigkeit. Die Gleichgültigkeit muß zwangsläufig auch dem sozialen Nutzen des Gegenstandes zuteil werden. Nur wenn seine vielfältigen – aber nicht beliebigen – sozialen Funktionen belanglos geworden sind, erfüllt er seine einfältige soziale Funktion ideal: Instrument zu sein in der Rivalität um Anerkennung. Der kundige, auf Fähigkeiten und Tätigkeiten beruhende Umgang mit Gegenständen hat nicht zur Bedingung, daß jeder Gegenstand des täglichen Umgangs aus eigener Hände und eigenen Kopfes Arbeit hervorgeht, sondern daß die verallgemeinerte Erfahrung des Herstellers den Maßstab und die Gewohnheit für den Umgang auch mit solchen Dingen bestimmt, die nicht selbst hergestellt wurden.

3. Der Nutzen der Verbrauchsgegenstände

Ebenso wie die Anschaulichkeit des Nutzens von *Gebrauchsgegenständen* im Gegenüber zur «fertigen Welt» verlorengeht, ebenso unzugänglich sind auch die *Verbrauchsgegenstände* der Ermittlung ihres reellen Nutzens.

Verbrauchsgegenstände unterscheiden sich durch ihre Flüchtigkeit von Gebrauchsgegenständen. Sie sind nicht wie diese widerständig gegen den Naturrhythmus des Werdens und Vergehens, nützlich sind sie nicht durch Beständigkeit, sondern durch ihre Auflösung. Sie sind mit den Naturprozessen der Synthese und des Zersetzens verbunden. Verbrauchsgegenstände sind für den Menschen alle Güter, die im weitesten Sinn der Aufrechterhaltung des menschlichen Organismus dienen und dabei vergehen. Sie gehen ein in natürliche Stoffwechselprozesse im Rhythmus der Natur und im Dienst des Menschen.

Paradigmatisch für Verbrauchsgegenstände ist alles, was zur menschlichen Nahrung gehört. Sie wird dem Naturprozeß entnommen, in nicht-natürlichen Prozessen zubereitet und in Naturprozesse zurücküberführt unter Zersetzung ihrer Substanz in Wärmeenergie und Reststoffe.

Verbrauchsgegenstände lassen sich nicht wiederholt verwenden, weil sie im Zuge ihrer Verwendung ihre Substanz, zumindest aber ihre

Eignungsqualität verlieren. Zu den Verbrauchsgegenständen gehören aber auch alle in den Naturprozeß des Werdens und Vergehens einwirkenden Mittel, die diesen Naturprozeß steuern, verändern, modifizieren, teilweise stillegen, teilweise stimulieren. Zum Beispiel: Medikamente, Pestizide, Düngemittel, Betriebsstoffe.

Während wir bei den Gebrauchsgegenständen eine Tendenz feststellen können, daß sie mehr und mehr wie Verbrauchsgegenstände gehandhabt werden, gilt umgekehrt für die Verbrauchsgegenstände, daß sie, obwohl sie scheinbar den Naturrhythmen eingefügt werden, eine Tendenz haben, dauerhaft, widerständig gegen diese zu werden, weil ihre künstliche Synthese keine Entsprechung in der Zersetzungskraft der Natur hat.

Die Widerstandsfähigkeit der Verbrauchsgüter (wie auch der wie Verbrauchsgüter behandelten Gebrauchsgüter) gegen ihre Wiedereingliederung in Naturkreisläufe nimmt zu. Diese Widerstandsfähigkeit gegen das Vergehen macht ihre Schädlichkeit aus, das macht sie geradezu terroristisch gegen nachfolgende Generationen. Ihre Dauerhaftigkeit macht sie zu Schadstoffen, während doch ihr eigentlicher Nutzwert aus dem Stoffwechsel, den sie fortgesetzt durchlaufen, herausspringt.

Der über die bloße Lebensnotdurft hinausweisende Nutzen der Verbrauchsgüter liegt zum einen darin, daß sie einen Zuwachs an Bequemlichkeit und *Verringerung der Mühsal* des Lebens verheißen, zum anderen darin, daß sie *Genuß* versprechen.

Auch für die Verbrauchsgegenstände gilt, daß ihr reeller Nutzen um so sicherer wahrgenommen und ausgeschöpft werden kann, je mehr Erfahrungen den Verbraucher mit ihnen verbinden. Am erfahrensten ist er beim Herstellen der Gegenstände, am unerfahrensten bleibt er ihnen gegenüber, wenn er sie nur in ihrem fertigen Endzustand antrifft, in dem sie ihren Entstehungs*zusammenhang* sowenig preisgeben wie ihre Qualität und innere Beschaffenheit. Im fertigen Endzustand können ihnen ebenso willkürliche Attribute, die nichts mit ihrem reellen Nutzen zu tun haben, angeheftet werden wie den Gebrauchsgütern.

Zum Befriedigungsmittel für das *Anerkennungsbedürfnis* werden sie indirekt durch ihren Überverbrauch. Überverbrauch demonstriert ein spezifisches Desinteresse an ihrer lebenserhaltenden Qualität. Darin ist die Mitteilung enthalten, daß die Aufrechterhaltung des Organismus kein Gegenstand der *Sorge*, vielmehr einer von gänzlich unangestrengter Routine ist.

Aber auch die in sie eingegangenen Dienstleistungen lassen Verbrauchsgüter zu Statussymbolen werden. Der Verbrauch von Gegenständen schafft Anerkennung, insofern im Akt des Verbrauchens der Umfang der Dienstleistungen demonstriert wird, die jemand sich hat unterwerfen können. Beides, sowohl der demonstrative Überverbrauch als auch die Demonstration der unterworfenen Dienstleistungen, die Zahl der Verrichtungen, in denen man sich vertreten lassen kann, signalisieren Dritten den gesellschaftlichen Rang, den man innehat. Wenn der Verbrauchsgegenstand aus eigenem Herstellen hervorgegangen ist, wird sein Demonstrationswert nebensächlich. Überverbrauch, Verschwendung, Verschleiß würden dann nachhaltig ihre Kehrseite – in der aufzuwendenden Mühe – erweisen. Die nutzwertorientierte Eigenarbeit gehorcht einem ihr innewohnenden Mäßigungsgesetz.

Schließlich springt Anerkennungsvorteil aus dem Verbrauch besonders exklusiver, rarer Verbrauchsgegenstände heraus. Luxus hatte schon immer weniger mit Genuß als mit Demonstration zu tun.

Besonders verdunkelt wird aber die Qualität der fertigen Verbrauchsgüter durch den ihnen zugeschriebenen Bequemlichkeitswert. Zur Verringerung der Mühsal des Lebens tragen sie insofern bei, als sie entweder als Energieträger die Ersetzung menschlicher Arbeit durch «entorganisierte» Maschinen ermöglichen oder dadurch, daß sie steuernd in natürliche Wachstumsprozesse eingreifen und diese unter anthropozentrischer Perspektive *effektiver* machen, oder dadurch, daß sie, indem sie bestimmte Verrichtungen erleichternd begleiten, anders als die Gebrauchsgegenstände, sich selber bei einmaliger Nutzung verschleißen. Sie scheinen so keinerlei an sie gewandte Pflege, Sorgfalt, Zeit oder Kraft zu beanspruchen.

Die von Zusammenhängen mit eigenen Tätigkeiten isolierten Verbrauchsgüter täuschen über den Zuwachs an Arbeitserleichterung und Komfort, den sie einbringen, dadurch hinweg, daß ihre Neben- und Folgekosten undurchschaubar bleiben. Die Kosten eigenen Komforts für andere mögen den zynischen Profiteur nicht beunruhigen. Die anderen, auf deren Kosten die Rechnung gemacht wird, sind mehr und mehr die kommenden Generationen. Über die vom Nutznießer selbst zu tragenden Kosten muß er allerdings systematisch im unklaren gehalten werden. Sei es, daß die Nebenfolgen mit Zeitverschiebung sich einstellen, einem anderen Typus von Fristigkeit zugehören und so als Preis für Komfort unerkannt bleiben; sei es, daß sie in einem anderen Lebenssektor aufbrechen und so – Folge der Fragmentarisierung aller Lebensbereiche – als negatives Äquivalent von Komfort ihr Inkognito wahren. Je abhängiger Konsumenten von der Belieferung mit Fertigwaren sind – und sie sind der enteigneten Kompetenz wegen sehr weitgehend abhängig –, desto mehr werden sie durch Verdrängung und Verleugnung behilflich sein, die Zusammenhänge von Kosten und Nutzen vor sich selbst zu verheimlichen.

Bequemlichkeit über das von der Natur ‹freiwillig› gewährte Maß hinaus ist immer nur der Preis für Mühsal; nur im Verhältnis zur aufgewandten Mühe offenbart sich der Bequemlichkeitsgewinn, und nur in dieser Spannung auch kann er ausgekostet werden. Der ‹reine Mehrwert› an Komfort ist ein Taschenspielertrick.

Ebensowenig wie die Verbrauchsgüter im fertigen Endzustand das Leben bequem machen (dies vielmehr nur dem Schein nach, wenn man sie isoliert betrachtet), ebensowenig sind sie ‹genießbar›. Genuß ist der Fähigkeit des Erleidens verwandt. Er ist wie diese das Vermögen, etwas auf sich wirken zu lassen, etwas an sich geschehen zu lassen. Nur ist der Genuß eine beglückende, angenehme Erfahrung, das Leid dagegen eine schmerzhafte, quälende Erfahrung. Beide aber setzen das Vermögen voraus, sich durch ein Gegenüber anrühren und verwandeln zu lassen. Genuß und Leiden-Können sind Weisen des *Umgehens* mit der Welt. Woran ich leiden kann und was ich genießen kann – Mensch oder Ding –, zu dem habe ich eine unverwechselbare und aufmerksame Beziehung, eine Beziehung, wie sie zu einem Versatzstück der «fertigen Welt» kaum zustande gebracht werden kann. Genießen ist im höchsten Maße aktiv.[14] Genießen erfordert Aufmerksamkeit, Hingabe, ja unter Umständen wohl auch ein Ritual, einen angemessenen Rahmen. Aktiv ist Genießen auch darin, daß etwas um so mehr genossen werden kann, je kundiger der Genießer gegenüber dem Gegenstand seines Genusses ist. Je differenzierter seine Fähigkeit, den Gegenstand wahrzunehmen in seinem Eigensinn, desto mehr von ihm kann er in sich aufnehmen, desto tiefer kann er ihn auf sich wirken lassen.

Und wenn der Genuß dem Neuen, dem Fremden, dem Staunenswerten gilt, dann wird er um so größer sein, je brennender die Neugier ist. Aber auch die ist ein Ergebnis aktiver Weltbegegnung und hat mit Bestimmtheit an der fertigen Welt keine Nahrung.

Schließlich: es gibt auch den reinen Mehrwert des Genusses nicht. Er ist der glückliche Augenblick im Zusammenwirken der Fähigkeiten des Bewirkens, des Erleidens und des Unterlassens. Er ist die andere Seite der Mühe, wenn auch nicht in dem allzu simplen Sinn des sauer verdienten Lohnes, aber doch so, daß nur der Zusammenhang mit der Mühe, nicht deren Ausschluß, dem Genuß seine Fülle gibt.

4. Die Entwertung von Ge- und Verbrauchsgegenständen Ein allgemeiner Grundzug der Knappheit

Wenn menschliche Fähigkeiten für die *Produktion* von Gegenständen unbeansprucht bleiben, wenn der Zusammenhang zwischen der Tätigkeit und den Alltagsgegenständen aufgelöst ist, dann schadet das nicht nur den Fähigkeiten der Menschen, die ungebraucht brachliegen und verlorengehen – sei es, daß sie unausgebildet bleiben, sei es, daß sie vergessen werden. Es schadet auch den Gegenständen, deren Nutzen um so geringer wird, je unkundiger die Menschen ihrer sind. Wie auch umgekehrt die Menschen um so unfähiger werden, je geringer der Nutzen der Dinge ist. Verknappung ist eben nicht nur ein Vorgang *quantitativer Beschränkung* von Gegenständen und Tätigkeiten, sondern vor allem ein Akt *qualitativer Entwertung* von Gegenständen und Tätigkeiten. Von Gegenständen oder Tätigkeiten zu sagen, sie seien knapp, heißt immer zugleich festzustellen, sie haben Schaden genommen an ihrer *Qualität*, ihrer Eigenart, ihrer Potentialität. Daß Befriedigungsmittel in diesem Sinne immer schadhaft und von minderer Qualität sind, sei es, daß sie tatsächlich nichts taugen; sei es, daß das, was sie taugen, von ignoranten Benutzern nicht ausgeschöpft werden kann – macht Bedürfnisse nicht zuletzt so unersättlich.[15]

Die Beschädigung und Schädlichkeit von Gebrauchsgütern und Verbrauchsgütern zeigt sich insbesondere daran, daß Gebrauchsgüter unter der Herrschaft von Knappheit mehr und mehr behandelt werden wie Verbrauchsgüter und umgekehrt Verbrauchsgüter zunehmend die Eigenschaften von Gebrauchsgütern annehmen: Gebrauchsgüter werden so kurzlebig, wie es den Verbrauchsgütern zukommt. Umgekehrt nehmen diese eine Haltbarkeit und Dauerhaftigkeit an, werden resistent gegen natürliche Auflösung, wie es jenen eigen sein sollte.

Eine ähnliche Verkehrung der Lang- und Kurzlebigkeit findet auch bei den kulturellen Gütern und den sozialen Grundorientierungen statt. In dem Maße, wie die überdauernden kulturellen und sozialen Rahmenbedingungen, die Gebräuche, die Sprache, die Feste, die geschlechtsspezifische Aufgabenteilung (vgl. dazu: I. Illich, 1983), die religiösen Traditionen ihre Verbindlichkeit und Gültigkeit verlieren – und sie tun dies immer dann, wenn ihr Zusammenhang mit lebenssichernden Tätigkeiten aufgehoben wird, wenn sie keinen «Sitz im Leben» mehr haben –, in dem Maße, wie also die «kulturellen und sozialen *Gebrauchsgüter*» wie «*Verbrauchsgüter*» behandelt werden; in dem Maße, wie das Überdauernde ins Modische verkehrt wird, in demselben Maße werden kulturelle und soziale «*Verbrauchsgüter*», wie situationsspezifische Übereinkünfte, bewegliche Regelungen, vorübergehend praktische Verfahren zur Dauerhaftigkeit verfestigt. Sie werden zu Institutionen, Gesetzen und Prinzipien versteinert, der Veränderlichkeit und Zersetzung entzogen, weil in den sozialen Verhältnissen keine Zersetzungskräfte entstehen können, die ihrem Geltungsanspruch etwas anhaben könnten.[16]

An den überdauernden, mit subsistenten Tätigkeiten zusammenhängenden *Gebräuchen* können sich *Haltungen* herausbilden, die das vielfältige konkrete Handeln, den dinglichen, den kulturellen und sozialen Austausch mit der Umwelt anleiten und gestalten. Den erstarrten Institutionen, Verfahren und Prinzipien, die den zerschlagenen Zusammenhalt ersetzen müssen, entsprechen isolierte *Verhaltensweisen*, die ihrerseits unbewegliche, veränderungsfeindliche, zusammenhanglose und unverstandene Reaktionen sind: «Wenn die Regeln sich vervielfältigen, entsteht eine sklavische, kleinliche Gleichförmigkeit in den Köpfen, und dann herrscht Mittelmäßigkeit und Leere in ihren abgemessenen, nach dem Rezept verfertigten Werken.» (G. Forster, 1970, S. 281f; ursprüngl. 1790–92)

Knappheit hat eine Tendenz, das Überdauernde zu sprengen oder aufzulösen und das Flüchtige, Vorübergehende für die Ewigkeit zu schmieden.

Über die Erfahrung

1. Fremdheit und Erfahrung

Dem Menschen werden seine Fähigkeiten und Tätigkeiten zu Erfahrungen, wie auch umgekehrt die Erfahrungen neue Tätigkeiten und Fähigkeiten ins Spiel bringen.

An den heute möglichen oder wahrscheinlichen Erfahrungen bewährt sich die Beobachtung von der Umkehrung des Verhältnisses von Beständigkeit und Wechselhaftigkeit, von Kontinuität und Bewegung. *Der Boden schwankt, und die Bewegung krallt sich fest.* Der Boden, der Halt und Kontinuität bietende Untergrund der Erfahrung oder – in einem anderen Bild – das Schwingungszentrum der Bewegung ist das Vertrauen in die Erfahrungs*fähigkeit* selbst. Erfahrung ist immer Verwandlung von bedrohlich Fremdem in Vertrautes, so, daß sich das Subjekt das Fremde anverwandelt und sich dem Fremden anverwandelt, besser: durch das Fremde verwandelt wird.

Anverwandlung ist gründlich mißverstanden, wenn sie als Angleichung vorgestellt wird. Die Angleichung ans Fremde oder des Fremden ist gerade Ausdruck angst- und machtvoller Vermeidung von Erfahrung:

– Sei es, daß ich das Fremde dadurch aus der Welt schaffe, daß ich mich ihm anpasse: *Konformismus.*
– Sei es, daß ich seine Fremdheit ignoriere und nur das an ihm gelten lasse, was mir bekannt deucht: *Reduktionismus.*
– Sei es, daß ich das Fremde zur Gleichheit zwinge: *Herrschaft.*

Erfahrung erwächst aus dem tätigen, sinnlichen, wachen Umgang mit Fremdem, Neuem, Ungesichertem. Demnach ist Erfahrung zuallererst eine Frage des Vertrauens – des Vertrauens zum Unbekannten, dem man sich anvertraut, und des Vertrauens zum Selbst, dem man etwas zutraut. Nun ist es ja, wie wir wissen, eine Eigentümlichkeit des Vertrauens – wie auch der Hoffnung –, daß es sich nur dadurch zu rechtfertigen vermag, daß man es hat. Um geringeres Risiko ist seine Bestätigung nicht zu haben. Aber selbst diese Vorleistung ist natürlich nichts, worauf man pochen kann: ich habe dir oder mir vertraut, nun mußt du dich/ich mich zweifelsfrei dieses Vertrauens würdig erweisen. Vertrauen schränkt die Freiheit seines Gegenübers nicht ein, so wie Hoffnung ihrer Wirkung auf Kommendes nicht sicher sein kann oder darf.

Allerdings so ganz mit leeren Händen steht das Vertrauen in die eigene Erfahrungsfähigkeit nicht da, da sie ja eine *Fähigkeit* ist, eine erworbene Potentialität. Viel fragiler zwar als manuelle oder denkerische Fähigkeit, viel leichter irritierbar, viel unzuverlässiger, viel weniger absichtsvoll zu handhaben, ohne erkennbaren Grund blockiert und unzugänglich. Aber sie ist Fähigkeit und als solche geübt, entfaltet, Resultat schon gemachter Erfahrung, schon stattgehabten Umgangs mit Fremdem, schon gelungener Verwandlung von Fremdem in Vertrautes.

Wenn nun Erfahrung nicht Gleichmachen ist, wie wird dann das Fremde vertraut? Durch Auflösen starrer Fronten, dadurch, daß eiserne Zuständlichkeit in elastische Beweglichkeit überführt wird. Vertraut wird das Fremde nicht dadurch, daß ich mich einigermaßen komfortabel mit ihm arrangieren kann. Vertrautheit ist nicht notwendigerweise daran gebunden, daß ich das Fremde liebe und ehre. Um mir vertraut zu werden, muß es nicht notwendig seine Anstößigkeit und Befremdlichkeit verlieren. (Das mag passieren, ist aber beileibe keine

Grundbedingung.) Erfahrungsoffen bin ich dem Unbekannten gegenüber, wenn ich es nicht zu einer Fertigkeit und Abgeschlossenheit herabwürdige, der ich mich unverwandelt gewachsen weiß. Vertraut ist das Fremde, wenn ich es nicht fixiere, ihm kein Bild aufzwinge, wenn ich ihm zubilligen kann, daß es voller Überraschungen ist. Vertrautheit ist nichts anderes als Ebenbürtigkeit, eine Wesensverwandtschaft der Beweglichkeit und Wandelbarkeit.

Das Gegenüber der Erfahrung darf wandelbar, vielgestaltig, eigenwillig sein, weil ihm eine Wandlungsfähigkeit, Vielgestaltigkeit und Eigenwilligkeit in mir entspricht. Ein Plädoyer für Erfahrung schließt den Lobpreis der vielgeschmähten Inkonsequenz ein und das Mißtrauen gegenüber der achtbaren Haltung der Konsequenz.

Fremdheit ist nichts, was dem Erfahrungsgegenüber eignet. Die Fremdheit meines Gegenübers ist ein Spiegelbild meiner Unerfahrenheit mit ihm ebenso wie seiner ganz anders gearteten und meiner Vorstellung gänzlich verschlossenen Unerfahrenheit mit mir. Darin unterscheidet sich Fremdheit von Verschiedenheit. Fremdheit kann es ohne ein Gegenüber, das die Fremdheit erfährt, nicht geben. Der Weigerung, starre Fronten gegenüber Fremdem aufzulösen, entspricht immer das Bemühen, starre Fronten und wohlgeordnete Arrangements in mir selbst unberührt zu lassen. Darum gelingt es so selten, mir das Fremde dadurch vertraut zu machen, daß ich lebe und es in seiner Verschiedenheit leben lasse. «Die Fähigkeit, dem Objekt einen Vorrang einzuräumen, wäre gleichbedeutend mit der Fähigkeit, zu leben *und* leben zu lassen (statt *live* und *let die*) (...).» (P. Sloterdijk, 1983, S. 658) Darum muß es denunziert, erniedrigt, verächtlich gemacht werden, weil es eine gefährliche Erinnerung an ungelebtes Leben für mich aufbewahrt; weil es ans Licht zerren könnte, was ins Dunkle verdrängt ist, weil es die Aussperrung von Gegenteilen zu meiner realisierten Existenz, auf der deren unstabile Balance und Wohlgelittenheit beruht, enttabuisiert.

Selbst die Unterschiedenheit des Erfahrungsgegenübers, die im Gegensatz zur Fremdheit offenbar ‹objektiv› besteht, läßt sich nicht als seine Eigenart oder als sein Wesen beschreiben. Vielmehr erfahre ich die Andersartigkeit nicht an sich, sondern immer nur als meine Erfahrung von ihr.

Mein Erfahren macht mir zugleich die unüberwindliche Getrenntheit von meinem Gegenüber bewußt, wie auch die unentwirrbare Verwicklung mit ihm. Bei jedem Akt des In-Erfahrung-Bringens ist meine ganze Erfahrungsgeschichte gestaltgebend mit ihren Licht-, Dämmer- und Dunkelanteilen beteiligt.

Erfahrungsfähigkeit ist ausgezeichnet durch die Wandelbarkeit der Erfahrung. Erfahren ist nicht nur einfach Einsammeln von Impressionen, nicht nur Kapitalbildung an Bildern, Kenntnissen, Gefühlsregungen, Fähigkeiten und Empfindsamkeit. Erfahrung läßt sich nicht in Zuwachsraten an innerem Reichtum verrechnen. Erfahren-Sein heißt nicht nur, immer mehr in sich tragen, sondern immer anders sein: «täglich neu geboren werden» (E. Fromm); im Dialog mit sich selbst, dem Anderen und der Umwelt bleiben, in den drei Umgangsweisen des Bewirkens, des Erleidens und des Unterlassens. Erfahrungsfähigkeit macht unangewiesen auf «fertige Welt»: fertige Deutungen, fertige Verfahren des Miteinander-Umgehens, fertige Lebensgüter.

Wenn die Erfahrung auf eine «fertige Welt» trifft, wenn sie den Dingen und Ereignissen nicht mehr auf den Grund kommt, wenn sie des Ursprungsortes und der Entstehungsgeschichte des Gewordenen nicht ansichtig wird, wenn sie mit ihrer eigenen Geschichte nicht in die Geschichten ihrer Gegenüber verwoben ist, dann kommt die Erfahrungs*fähigkeit* zum Erliegen. Aber auch umgekehrt: Wenn die Erfahrungsfähigkeit brachliegt, versteinern die Verhältnisse. Nicht die Erfahrungsfähigkeit als Schwingungszentrum, aus dessen Halt heraus waghalsige Bewegungen riskiert werden, bietet dann die Sicherheit der Kontinuität, vielmehr muß das Bewegliche, Verwandelbare, der Inhalt der Erfahrungen selbst auf einem Niveau erträglichen Komforts eingefroren werden, um das andrängende Chaos der Fremdheit zu bändigen. Blockierte Erfahrung ist Teil jenes Abstoßungszusammenhangs, als den wir die durch Neid, Konkurrenz und Knappheit begründeten Bedürfnisbeziehungen gekennzeichnet haben.

Die «fertige Welt» findet ihr Pendant im abgeschlossenen Subjekt. Das Mobile ist zur Immobilität verurteilt, und der Bewegungsdrang reagiert sich an modischen Oberflächenkräuselungen ab.

Erfahrungsfähigkeit ist dagegen rebellisch gegen das ‹Verhängnis› der *Einnormalität* und gegen die Aussperrung der verschiedensten Erscheinungsformen ihrer Gegenteile. Sie ist ‹unverschämt› neugierig auf alles, was nicht ist und was nicht gilt. Sie ist auf der Suche nach Zusammenhang. Sie ist ein gefährlicher Anschlag auf die Macht durch Knappheit.

2. Der Prozeß der Erfahrung

Betrachten wir den Prozeß der Erfahrungsbildung und seine Unterbrechungen genauer:

Erfahrung ist zugleich in höchstem Maße gesellschaftlich vermittelt und zugleich äußerst individuell. Sie ist so sehr dem Individuum zugehörig, daß man einerseits sagen kann, das Individuum ist durch seine Erfahrung – die immer Erfahrung der gesellschaftlichen Praxis ist – konstituiert, und daß man andererseits feststellen muß, die Erfahrung des Individuums sei nicht mitteilbar, durch sie werde die Grenze der Zugänglichkeit, des Verstehens, die Rätselhaftigkeit des anderen Menschen gezeichnet. In diesem Sinne ist der Mensch durchaus «homo clausus» (vgl. dazu: N. Elias, 1977, S. XLVII ff). Dies, daß der Zugang zur Erfahrung allein dem Subjekt der Erfahrung offensteht, hat meisterhaft R. D. Laing beschrieben: «Wir können das Verhalten anderer Menschen, aber nicht ihre Erfahrung sehen. (...) Das Verhalten des anderen ist eine meiner Erfahrungen. Mein Verhalten ist eine seiner Erfahrungen (...).

Ich sehe dich, und du siehst mich. Ich erfahre dich, und du erfährst mich. Ich sehe dein Verhalten. Du siehst mein Verhalten. Aber ich sehe nicht deine Erfahrung von mir, habe sie nie gesehen und werde sie nie sehen. Ebenso kannst du nicht meine Erfahrung von dir ‹sehen›. Meine Erfahrung von dir ist nicht ‹in› mir. Sie ist einfach du, wie ich dich erfahre. Und ich erfahre dich nicht als in mir. Gleichfalls nehme ich an, daß du mich nicht als in dir erfährst. ‹Meine Erfahrung von dir› ist nur ein anderer Ausdruck für ‹du, wie ich dich erfahre›, und ‹deine Erfahrung von mir› entspricht dem ‹ich, wie du mich erfährst›. Deine Erfahrung von mir ist nicht in dir, und meine Erfahrung von dir ist nicht in mir; aber *deine Erfahrung von mir ist unsichtbar für mich, und meine Erfahrung von dir ist unsichtbar für dich*.

Ich kann deine Erfahrung nicht erfahren. Du kannst meine Erfahrung nicht erfahren. Wir sind beide als Menschen unsichtbar. Jeder ist für den anderen unsichtbar. Erfahrung ist die Unsichtbarkeit des Menschen für den Menschen. Erfahrung nannte man früher ‹Seele›. Erfahrung als Unsichtbarkeit des Menschen für den Menschen ist gleichzeitig evidenter als irgend etwas sonst. *Einzig* Erfahrung ist evident. Erfahrung ist die *einzige* Evidenz. Psychologie ist der Logos der Erfahrung. Psychologie ist die Struktur der *Evidenz*, und deshalb ist Psychologie die Wissenschaft der Wissenschaften.

Wenn schon Erfahrung Evidenz ist, wie kann man je die Erfahrung *des anderen* herausfinden? Denn die Erfahrung *des anderen* ist nicht evident für mich, da sie weder jetzt noch jemals eine meiner Erfahrungen sein kann.

Ich kann nicht anders – ich muß versuchen, deine Erfahrung zu verstehen. Denn wenn ich auch deine Erfahrung nicht erfahre, da sie unsichtbar (unkostbar, unfaßbar, unriechbar, unhörbar) für mich ist, so erfahre ich dich doch als *Erfahrenden*.

Ich erfahre nicht deine Erfahrung. Aber ich erfahre dich als Erfahrenden. Ich erfahre mich als von dir Erfahrenen. Und ich erfahre dich als dich Erfahrenden als von mir Erfahrenen. Und so weiter.» 1969, S. 11 ff)

Erfahrung ist bei aller sprachlichen Verständigung über sie immer rätselhaft. Prototypisch für zwei Weisen der Betrachtung erscheinen die folgenden Zugänge zur Erfahrung:

- Erfahrung ist der *Umgang* mit der «rätselhaften Sinnlichkeit» der Umwelt. Sie ist das «Erschnuppern und Erschnüffeln von Sinn, Stil und Kompetenz» (I. Illich, 1982b, S. 53 u. S. 58f).
- «(...) Erfahrung – Wissen, welches aus der unmittelbaren Beziehung der Menschen zu ihrer natürlichen und gesellschaftlichen Umwelt in der gesellschaftlichen Praxis erwächst. (...) Die gesellschaftliche Praxis ist der Boden, auf dem die Erfahrung erwächst, sie kann aber nicht mit ihr identifiziert werden. Im Ergebnis der Erfahrung, die immer in der Praxis mit eingeschlossen ist, entsteht eine theoretisch noch nicht verarbeitete empirische Kenntnis, die eine wichtige Voraussetzung der theoretischen Erkenntnis ist. Die aus unmittelbarer Erfahrung gewonnenen empirischen Kenntnisse sind ein Verbindungsglied zwischen dem theoretischen Wissen und der Praxis.» (Philosophisches Wörterbuch, Bd. 1, 1976, S. 345)

Die beiden Aussagen haben eine inhaltliche Spannbreite, die ihrem sprachlichen Gestus entspricht. Wir finden in ihnen in der Beschreibung der Erfahrung einmal als «*Umgang*» zum anderen als «*Wissen*» und «*Kenntnis*» die zwei grundlegend verschiedenen Komponenten des Erfahrungsphänomens angesprochen:

- Erfahrung sind die *Akte* der Welterkundung und die Ereignisse der Weltbegegnung. Erfahrung bezeichnet den Vollzug des In-Erfahrung-Bringens, des Erfahrungen-*Machens*.
- Erfahrung ist zweitens der *Bestand* des Erfahrenen, des in der Erinnerung, im Gedächtnis und Bewußtsein Aufbewahrten. «Erfahrung» meint Erfahrung-Haben, Erfahren-Sein.

Diese beiden Gestalten der Erfahrung begründen nun ein doppelt dialektisches Verhältnis:

- Einerseits sind die Art und der Umfang des Neuen, das jemand in Erfahrung bringt, durchaus abhängig von der Qualität, Dichte, Differenziertheit und dem Umfang der schon gemachten Erfahrungen.[17] Man kann sagen, der Erfahrungsbestand lenkt die Welterkundung, leitet die Weltbegegnung an, bestimmt deren Auswahl. Umgekehrt ist der ‹Erfahrungsbestand› abhängig von der Welterkundung. Insbesondere die Frage, ob der Erfahrungsbestand *offen* oder *geschlossen* ist, entscheidet sich daran, wie die Weltbegegnungen verlaufen sind: ermutigend oder entmutigend.
- Andererseits gibt es ein dialektisches Verhältnis zwischen der Erfahrung des Subjekts und dem Gegenstand der Erfahrung. In der Erfahrung bildet sich auf eine individuelle Weise die Welt ab. Die Dinge der Welt nehmen darin die vom Individuum geprägte Gestalt an, wie auch umgekehrt der Zustand der Welt und ihre Gangart ein Resultat der Erfahrungen ist, die Menschen gemacht haben oder haben machen können.

Erfahrungen-Machen – Erfahren-Sein

Es besteht also ein dialektisches Verhältnis zwischen dem Akt des Erfahrens und dem Bestand an Erfahrung. Beide beeinflussen die *Art* der Synthese des Vorhandenen mit dem Neuen, die Kraft der synthetischen Leistung, mit der Vorhandenes und Neues zusammengeschmolzen werden.

Der Bestand an Erfahrung ist ein theoretisches Konstrukt. Er bezeichnet gleichsam die *Summe*, die ein Individuum zu einem gegebenen Zeitpunkt seiner Lebensgeschichte aus den unendlichen Akten seiner Weltbegegnung gezogen hat. Der Erfahrungsbestand ist nicht einfach Spiegelbild seines Weltausschnitts, sondern die individuelle Weise *der Verarbeitung, Deutung, Auswahl* dieser Abertausende von Kontakten und *Austauschprozessen* mit der Umwelt.[18]

Erfahrung als Bestand ist die Ablage dieser Verarbeitungsergebnisse zu einem Fonds von Deutungs*mustern* und Handlungs*schemata*. Insofern hat Erfahrung eine gewisse Nähe zu «Erinnerung» und «Gedächtnis»; und sie hat eine Komponente im «Wissen». «Aus der Erinnerung geht bei den Menschen die Empirie hervor; erst viele Erinnerungen nämlich ein und derselben Sache ergeben die Fähigkeit (δύναμις) *einer* E(rfahrung)» (Historisches Wörterbuch der Philosophie, Bd. 2, 1972, Sp. 609)[19] Weder deckt sich jedoch der Erfahrungsfonds mit einer dieser Bedeutungen noch mit ihrer *Summe*. Die Gleichsetzung der Erfahrung mit «Erinnerung», «Gedächtnis» oder «Wissen» verführt zu einem mechanistischen Verständnis. In der erkenntnistheoretischen Ausdeutung ist Erfahrung ein Instrument der Wahrnehmungsspeicherung. Zwar ist sie in der Verfügung des Subjekts und gehört zu dessen Ausstattung, aber sie wird lediglich beansprucht, um verläßliche Aussagen über Objekte zu machen, generelle Urteile zu fällen von der Art: diesem Objekt kommt eine bestimmte Eigenheit zu oder nicht zu. Solche Aussagen werden in der Tat um so gewisser, je häufiger sich eine Wahrnehmung am Gegenstand wiederholt, je mehr sich die Ereignisse, die dem Gegenstand widerfahren oder von ihm ausgelöst werden, gleichen und also kommende Ereignisse erwartbar und voraussehbar machen. Erfahrung in diesem Sinn ist eine Funktion der *Wiederholung*; das Instrument des Vergleichs vergangener und gegenwärtiger Ereignisse, das den Charakter der Wiederholung erst aufdeckt, ist die *Erinnerung*, und das Ergebnis ist mehr oder weniger verläßliches *Wissen*. Aber: «Das unbewegte anscheinende Sosein der Dinge, von dem die Erkenntnistheorie so gern ausgeht, ist nur ihre ‹Ruhestellung› – so erscheinen sie, wenn die Fülle der durchgeprobten Eigenschaften sich zu einer Art Durchschnittsansicht niedergeschlagen hat, die für unsere in andere Richtung beschäftigten Interessen genügt, um sie einstweilen ‹dahingestellt› sein zu lassen.» (A. Gehlen, 1980, S. 34)

Betrachten wir dagegen Erfahrung nicht nur als auf die Objektwelt gerichtete Registrier-Apparatur, sondern als Konstituens des Individuums und der Individualität[20], dann sind die Prozesse der Erfahrungs*bildung* viel verwickelter. Und auch die Entstehung von *Handlungs- und Deutungsmustern* aus gemachten Erfahrungen bleibt weitgehend unberechenbar. Der Erfahrungsbestand[21] ist keinesfalls rückführbar auf eine quantitativ meßbare Größe wie Anzahl der Wiederholung einer bestimmten Wahrnehmung oder Beobachtung. Vielmehr wird Erfahrung bestimmt durch die *Intensität* der Wahrnehmung und durch *Zulasungsbeschränkungen*, die unterbewußt bestimmten Wahrnehmungen auferlegt werden. Das Verhältnis zu neu andrängenden Erfahrungsinhalten wird maßgeblich beeinflußt durch die *Art* und *Weise*, in der der *Erfahrungsfonds* gebildet wurde, durch die Art des Zugangs zur Welt... «Die unmittelbare Erfahrung von Menschen vollzieht sich nicht als bloße Aneignung und Kumulation von Wissen; sie stellt, wenn sie gelingt, keinen Aneignungsprozeß allein dar, sondern der Mensch wird von den Gegenständen so angeeignet, wie er diese sich aneignet.» (O. Negt, A. Kluge, 1972, S. 57)

Wir haben dann *Grade der Vermitteltheit und Unmittelbarkeit* von Erfahrung zu berücksichtigen; ferner ist Erfahrungsbildung abhängig von den Möglichkeiten, Notwendigkeiten, Dringlichkeiten ihrer *Nutzung*. Und schließlich ist sie abhängig von schon gebildeter, sedimentierter Erfahrung. So gesehen kann es sehr wohl dazu kommen, daß die Evidenz von generalisierenden Aussagen über einen Gegenstand sich mit der Anzahl der Wiederholung von Ereignissen für das Individuum nicht im mindesten erhöht. Die ‹Evidenz› muß nicht die leiseste Überzeugungskraft haben, wenn das Individuum diese bestimmte Erfahrung vom Zugang zum Erfahrungsfonds, d. i. zum Bewußtsein, ausgesperrt hat, wenn es Blockaden oder Barrieren gegen sie errichtet hat. Erfahrung als Konstituens der Person kann eher verbergen als enthüllen. Sie ist gerade keine Realitätsgarantie, nicht spiegelbildliche Verdoppelung der «Realität», sondern eine *je eigene Realität*, die durch und durch «*realitäts*»verleugnend sein kann.

Zur Intensität von Erfahrung

«Erfahrung liegt (...) auf einem Kontinuum: irgendwo zwischen einmaligem Erlebnis und vielfach – bis zur Gewißheit – bestätigter Wahrnehmung, die dann Einsicht oder Wissen heißt. Wissen ist verallgemeinerte Erfahrung, die Form, in der ich mir Erfahrung anderer aneignen kann, ohne sie notwendig selber machen zu müssen.» (H. v. Hentig, 1973, S. 21)[22]

Die Konstruktion eines solchen Kontinuums könnte die Vermutung nahelegen, ihm entspräche ein zweites, paralleles Kontinuum, an dessen einem Ende die flüchtige, unbeständige Erfahrungsqualität angesiedelt ist und an dessen anderem Ende wir auf die nachhaltig wirksamen, dauerhaft aufbewahrten, handlungs- und deutungsbestimmenden Erfahrungen treffen. Dies ist ein Trugschluß. Für die Intensität einer Erfahrung gelten ganz andere Kriterien als die vielfache Bestätigung. In dem «*Erlebnis*»begriff sind einige dieser Kriterien beschlossen.

Meine erste Grundannahme über *Erfahrung* ist, daß sie das erfahrende Subjekt als ein *aktives* voraussetzt. Erfahrung ist immer ein Ergebnis von *Aktivität*: «(...) nur durch Aktion kann unsere Erfahrung transformiert werden.» (R. D. Laing, 1969, S. 17) Damit ist nicht zugleich gesagt, daß jede Aktivität notwendig erfahrungshaltig ist. Diese Grundannahme steht im Widerspruch zu einer Auffassung, nach der «in allen Bedeutungen von Erfahrung (...) beides (steckt): eine notwendige Aktivität des Erfahrenden gegenüber den jeweiligen Phänomenen und eine unvermeidliche Passivität, indem er es nicht in der Hand hat, was ihm wie heftig wie lange zusetzt.» (H. v. Hentig, 1973, S. 21 f)

Um diesen Widerspruch zu begründen, sollen zwei Typen von Ereignissen unterschieden werden, mit denen Menschen konfrontiert sein können:

Erstens: *Ereignisse, die das Individuum aufsucht.* Diese Kategorie umfaßt ein breites Spektrum, von jenen geplanten, absichtsvollen Weltbegegnungen mit dem erklärten Ziel einer Bereicherung der je eigenen Erfahrung (z. B. eine Reise in ein fernes Land; gezielte Begegnungen mit anderen Menschen, Standpunkten; das planvolle Studium, die Erforschung eines Gegenstandsbereiches; die wie immer geartete Erkundung von Unbekanntem, welcher Art auch immer). Bis hin zu den unbewußten, halbbewußten, vorbewußten Wahrnehmungsselektionen gegenüber hunderterlei alltäglichen Einzelheiten, jenen Hinwendungen oder Versagungen von Aufmerksamkeit, deren Bewußtseinsgrad durchaus differieren kann.

Zweitens: *Ereignisse, die ihrerseits das Individuum aufsuchen*, Heimsuchungen, *ag-gressive* Ereignisse, auf-dringliche *Eindrücke.* Diese Kategorie umfaßt ebenfalls ein breites Spektrum, dessen eines Extrem prototypisch in überindividuellen Katastrophen repräsentiert ist und dessen anderes Extrem wir z. B. finden im unwiderstehlichen Angezogensein durch Schönheit, durch einen anderen Menschen; ein Ereignis, das literarisch beschrieben wird als «Wie-vom-Schlag-getroffen-Sein».

Alle Formen der *Betroffenheit* gehören in diese Kategorie der Ereignisse, in der die Mächtigkeit des Geschehens sich die Absichten des Individuums – wenn auch unterschiedlich gebieterisch – unterwirft.

Unter den Gesichtspunkten von Aktivität und Passivität scheinen die unter «Erstens» aufgeführten Weltbegegnungen solche des aktiven Subjekts zu sein, während die unter «Zweitens» aufgeführten als Widerfahrnisse den Aktivitätsspielraum stark einzuschränken scheinen, bis hin zur Passivität.

Mit Hilfe der am Fähigkeitsbegriff gewonnenen Unterscheidung der zwei Gestalten von Aktivität, nämlich der des Bewirkens und der des Erleidens, ist der Trugschluß, es gäbe einen aktiven und einen passiven Modus des Erfahrens, zu widerlegen.

Ereignisse, die das Individuum aufsucht

Wenn sich Individuen gegenüber Ereignissen bewußt oder unbewußt auswählend verhalten, wie werden ihre Wahlen gesteuert? Wie wird ihre Aufmerksamkeit gelenkt? Woran entscheidet sich, ob ein Ereignis, das objektiv stattfindet, subjektiv erfahren oder von der Erfahrung ausgeschlossen wird? Ob einem Ereignis Zutritt zur Erfahrung gewährt wird, hängt wesentlich davon ab, wieweit es dem Individuum ein Wiedererkennen erlaubt, ob es eine Aura von Vertrautheit hat, ob es dem Individuum ein erträgliches Ausmaß von Neuheit und Verunsicherung zumutet. Ein Ereignis passiert um so wahrscheinlicher die Kontrollinstanzen, mit denen sich das Subjekt vor den Risiken des Neuen schützt, es findet um so eher Beachtung, es wird leichter aus einem diffusen Umfeld ausgewählt, wenn es vielfältige Möglichkeiten der Anknüpfung und Verknotung mit schon gemachten, abgelagerten Erfahrungen zu erkennen gibt. Der Vorgang des Erfahrens, die Reichweite der Neugier, der Mut, sich Staunenswertem auszusetzen[23], hängen vom inneren Reichtum eines Menschen ab. Je erfahrener jemand ist, desto weniger beängstigend Fremdes hat er zu gewärtigen. Je mehr Erfahrungen er hat, desto mehr Erfahrungen kann er machen. Je differenzierter die Erfahrung, desto differenzierter die Wahrnehmung.

Das *Wiedererkennen* gewährt eine Grundsicherheit, die Sicherheit der Orientierung, und ist darum affektiv hoch besetzt. Das *Staunen* ist verunsichernd, denn es hat den Bruch mit dem, was für sicher galt, zur Voraussetzung.

Nur im Extremfall der pauperisierten, der geschlossenen Erfahrung ist zum Wiedererkennen notwendig, daß das Bekannte und Gewohnte getreulich abgebildet, genau nachgebildet oder buchstäblich wiederholt wird. Die pauperisierte Erfahrung schafft eine Grundunsicherheit, die so beängstigend ist und das Individuum so sehr des Zutrauens zu sich selbst beraubt, daß es sein Heil und seine Sicherheitsgarantie nur in der strikten Wiederholung des immer Gleichen sucht.

Jenseits dieser äußersten Einschränkung der Erfahrungsfähigkeit findet Wiedererkennen auch statt, wenn Fremdes dem Vertrauten beigemischt ist und Unbekanntes dem Bekannten. Ja, das allzu Bekannte erzeugt sogar Unlust und Langeweile. Jeder Erfahrungsgegenstand und jedes Ereignis hat eine Reihe von Komponenten oder Dimensionen, in denen es sich als vertraut oder fremd, Sicherheitsempfindung gewährend oder beunruhigend neu erweisen kann. Ich unterscheide sechs solcher Komponenten:

- eine kognitive Komponente,
- eine affektive Komponente,
- eine handlungspraktische Komponente,
- eine imaginative Komponente,
- eine soziale Komponente,
- und eine Wertkomponente.

Wenn jemand sich in einem oder einem Teil dieser Aspekte von Situationen auf sicherem Terrain weiß, mag er die Unbekanntheit der anderen durchaus tolerabel finden oder sogar genießen; und das Neue, das ihm da entgegentritt, mag weniger beunruhigend als erregend und herausfordernd sein.

In einer vertrauten sozialen Situation kann ich mich auf Inhalte einlassen, die unverständlich sind, um deren Verständnis ich ringen muß, die mir widerstreben, mich mit mir selbst in Konflikt bringen; ich kann mich auf eine Praxis einlassen, für deren Bewältigung ich nicht auf eine bereits bewährte Handlungskompetenz zurückgreifen kann. Umgekehrt kann ich mir die Erfahrung einer fremden sozialen Situation leisten, wenn ich mich mit bewährter zweckbezogener Handlungskompetenz in sie hineinbegebe. Emotionale Vertrautheit läßt die Auseinandersetzung mit fremden Wertmaßstäben zumutbar erscheinen; das Wiedererkennen von vertrauten Werthaltungen kann affektive Fremdheit überwinden oder ein gewagtes Vorhaben riskierbar erscheinen lassen. Eine starke Imagination kann Blockaden des Nicht-Verstehens aufbrechen. Es sind alle möglichen Kombinationen von Fremdem und Vertrautem möglich und denkbar, die auf der Grundlage von hinreichender Sicherheit einen Aufbruch in Unsicherheit verlockend machen. Aber es gibt auch verunsichernde und beängstigende Mischungsverhältnisse, die die Erfahrung blockieren, ob dies dem Betreffenden nun bewußt oder nicht bewußt ist. Auch sind nicht alle Weisen, Erfahrungen zu machen, in unserer Gesellschaft gleich wohlgelitten. Der kognitive, der «vernünftige», aufgeklärte Weg der Erfahrungsbildung steht deutlich am höchsten im Kurs, alle anderen sind weniger reputierlich:

«Die kognitiven Dimensionen – Gedächtnis, Denken, Wahrnehmen – können wie die menschliche Körperkraft im Arbeitsprozeß als Arbeitskraft ihre produktive Anwendung finden, während die Emotionen und Affekte als Störvariable neutralisiert werden müssen.» (Th. Leithäuser, 1977, S. 174)

«Alles was von der Vernunft und dem rationalen Denken nicht absorbiert oder verwaltet werden kann, nicht in ihr Schema paßt, fällt unter den Begriff der Ausschließung. Die Vernunft bestimmt, was vernünftig ist und was nicht und bringt auf diese Weise das Kriterium hervor, um sämtliche Formen der Abweichung von der Norm festzustellen.» (A. Schmidt, 1980, o. S.)

«Wahrnehmung, Vorstellung, Phantasie, Spinnerei, Träume, Erinnerungen sind einfach verschiedene *Modalitäten von Erfahrung* (...).» (R. D. Laing, 1969, S. 14)

Aber wer sich in unserer Gesellschaft «erfahren» oder «weise» nennen wollte, dürfte sich nicht auf Vorstellungen, Phantasien, Träume, und Spinnereien berufen, ohne sich der Lächerlichkeit preiszugeben.

Die Selektion der Wahrnehmung, wie auch die Zensur bestimmter Ereignisse kann sich also unbewußt vollziehen. Die Erfahrungsbildung selbst ist ein bewußter Akt der Synthese des Neuen mit dem schon Erfahrenen, sozusagen die Umstellung der «inneren Einrichtung» des Individuums, also in höchstem Maße aktiv.

Zwei Schlußfolgerungen:

Eine Erfahrung ist um so intensiver, nachhaltiger und lebensbestimmender, je mehr Seiten eines Ereignisses in den aktiven, aufmerksamen Umdeutungs- und Synthetisierungsvorgang eingehen, je weniger seiner Eigenheiten als diffuse Impressionen belassen werden, je vieldeutiger und vielfältiger die Dinge von uns Besitz ergreifen und je mehr Sinne an ihrer Wahrnehmung beteiligt sind.

«Wir *erfahren* die Wirklichkeiten nur, indem wir uns praktisch mit ihnen auseinandersetzen oder dadurch, daß wir sie durch die Mehrheit unserer Sinne hindurchziehen: die gesehenen betasten, befühlen oder endlich indem wir sie ansprechen und so eine dritte Art rein menschlicher Aktivität gegen sie setzen.

Wenn wir ihnen so eine selbsterschaffene Gestalt – ein Wort – entgegenwerfen oder, eine andere Art des Bewältigens, indem wir sie aus einer Sphäre in die andere ziehen, behandeln, ansprechen, ‹im Auge behalten›, ‹begreifen›, mit einem Wort: *ihre Vieldeutigkeit entwickeln*, dann erfaßt sich der Geist selber in seinen eigenen Möglichkeiten in der Erfassung der Sache, dann erschließt er sich aus seinem dunklen Hintergrunde in immer neuen belebten Eindrücken und Impulsen, in der ganzen Fülle des vitalen Bereichs: der Phantasmen und Bewegungsentwürfe, Empfindungen, Gefühlsvorgriffe und ‹Ansprüche›.» (A. Gehlen, 1980, S. 33f)

Das heißt aber nicht, daß alle Komponenten eines Ereignisses spannungsfrei und ohne anzuecken in die «innere Einrichtung» eingefügt werden könnten. Keinesfalls stiftet Erfahrung immer Ordnung, sondern mit größerer Wahrscheinlichkeit Unordnung. Keinesfalls klärt jede neue Erfahrung das Denken auf, oft verdunkelt es sie. Der innere Gemütszustand des Erfahrenden wird durch neue Erfahrungen beileibe nicht immer ausgeglichener und abgeklärter, im Gegenteil: Erfahrungen haben eine Neigung zur Disharmonie. Nicht behagliche Widerspruchslosigkeit zeichnet demnach den Erfahrenen aus, sondern die Fähigkeit, Widersprüche als Widersprüche gelten zu lassen und sich ein helles Bewußtsein ihrer abzuverlangen, trotz der Unbehaglichkeit. Widerspruchsfreiheit ist kein wünschbares Ziel des Erfahrens. Erfahrung ist immer unterwegs. Die Widersprüche sind die Reizungen ihrer Reiselust. Widerspruchsfreiheit setzt ihrer nomadisierenden Lebensweise ein Ende. Eine seßhaft gewordene Er*fahr*ung ist aber schon keine Erfahrung mehr.

Ihr Gegensatz ist die Scheinerfahrung, bei der noch die widersprüchlichsten Inhalte additiv, scheinharmonisch ohne Thematisierung ihrer Widersprüchlichkeit unter ein und derselben Hirnschale versammelt werden. Beziehungslos, sozusagen im Rohzustand, werden sie aneinandergereiht. Sie scheinen durchaus friedlich zu koexistieren, nicht im mindesten unglückliches Bewußtsein zu bereiten. Oft ist der Körper die einzige Instanz, die sich gegen ihre Unzumutbarkeit wehrt, indem er daran krank wird. Scheinerfahrungen sind gänzlich ungeeignet, Handlungen und neue Erfahrungen anzuleiten. In ihnen ist die Reiselust abgetötet, sie haben Sitzfleisch.

Die andere Schlußfolgerung: *je vielfältiger* die Erfahrungen sind, die jemand gemacht hat, um so größer wird der Toleranzspielraum für Erfahrungswagnisse werden, weil er dann nicht so sehr auf das Wiedererkennen angewiesen ist, sondern sich auf die Geschichte des Erfahrens und des Erprobens *selbst* verläßt. Das Zutrauen zur eigenen Erfahrungsfähigkeit gibt dann den sicheren, elastischen Grund ab für die Fortschreibung der Erfahrungsgeschichte.

Ereignisse, die das Individuum aufsuchen

Es gibt Ereignisse, die sich Zutritt zur Aufmerksamkeit des Subjekts erzwingen. Der Mensch wird von ihnen ereilt, er kann ihnen nicht entrinnen und ihnen nicht einfach den Zutritt verwehren. Er ist unausweichlich betroffen. Auch wenn hier die Mächtigkeit der Erfahrungsgegenstände pointiert wird, bleibt doch das Subjekt ‹Souverän› seiner Erfahrungen, ja das *betroffene* Subjekt ist u. U. souveräner gegenüber seinen Erfahrungen als das *zensierende*. Das klingt paradox, hängt aber mit dem besonderen Charakter der Betroffenheit und der Wahrnehmungsselektion zusammen. Aggressive Ereignisse variieren nach dem Grad ihrer Aggressivität. Zweifellos gibt es solche, denen man sich auf keine denkbare Weise entziehen kann: als Erdbebenopfer kann ich zunächst einmal über meine Betroffenheit sowenig diskutieren, wie ich es als Kriegs- oder Unfallopfer kann, zumal wenn ich bleibende Schäden davontrage. Der Betroffenheit durch eine unheilbare Krankheit kann ich mich bis zu einem gewissen Grad durch Verleugnung entziehen; der Betroffenheit durch den Verlust eines Menschen kann ich wiederum bis zu einem gewissen Grad – durch Vergessen oder Ablenkung – entgehen.[24] Es zeigt sich, extrem aufdringlichen Ereignissen gegenüber habe ich nicht die Möglichkeit, ihnen im Vorfeld den Zutritt zu meiner Erfahrung zu verweigern; sie befassen mich unerbittlich mit sich, sie überfallen mich.[25] In zweiter Instanz aber kann ich sie aussperren aus der Erfahrung durch die Weigerung, sie zu verknüpfen mit der schon vorgegebenen Erfahrung. Ich kann ihnen den Status einer verändernden Kraft nicht zubilligen. Ich kann sie dem Vergessen oder der Verdrängung preisgeben. Ich kann solche Erfahrung gleichsam an der zweiten Kontrollinstanz eines fixierten, *geschlossenen* Erfahrungsbestandes der Zensur unterwerfen und sie daran scheitern lassen.[26] Das Ereignis kann so zur folgenlosen Episode werden, folgenlos in dem Sinn, daß es als bewußt handlungsleitende Bereicherung der Erfahrung ausfällt, wiewohl es als verdrängte ‹Erfahrung› Einfluß auf das Handeln nimmt. Betroffenheit ist eine Befindlichkeit des Subjekts, die einerseits einen Zustand der Entsicherung darstellt, die das Individuum aus dem Gefüge des Gewohnten, Bewältigten und Gekonnten wirft. Betroffenheit ist aber zugleich auch immer Indiz dafür, daß der Entsicherung *Fähigkeiten*, auf die Situation einzuwirken, sie zu verändern oder sie zu ertragen, gegenüberstehen, oder doch zumindest das Vertrauen, solche Fähigkeiten entwikkeln zu können. *Betroffenheit* muß man sich leisten können. Hätte der Betroffene ihr nichts entgegenzusetzen, er würde sie sich nicht zumuten. Ausweglosigkeit wird eher verdrängt als ausgehalten. Und wenn sie ausgehalten wird, ist sie schon nicht mehr ganz ausweglos. In diesem Sinn ist der Betroffene Souverän seiner Erfahrung, d. h., er hat die Wahl, sie zuzulassen oder auszusperren.

Noch eine andere Qualität gibt sich in der Betroffenheit zu erkennen: die Vielfalt der realisierten Lebensmöglichkeiten. *Betreffbar* im Sinne der *Verwundung* ist jemand nur im Blick auf Gegenstände, Ereignisse, die zur Fülle seines realisierten, ausgeschöpften Lebens gehören. Was man nicht lebt, kann man nicht verlieren. Durch den Verlust von etwas, das mir nicht wichtig war, kann ich nicht betroffen werden. *Betreffbar* ist man nur im Blick auf das, wofür die Sinne geschärft sind. So zeigt Betroffenheit einerseits die Fähigkeiten eines Menschen an. Andererseits gibt das Spektrum der Betreffbarkeit eines Menschen Aufschluß über die Vielfalt oder Einfalt seines gelebten Lebens.

Erfahrung ist in ihrer Erneuerungsfähigkeit, aber nicht nur dadurch bedroht, daß sie seßhaft wird. Sie ist auch bedroht, wenn sie sozusagen *kernlos* wird; wenn ungehindert beliebig Neues in sie einströmen kann. Solche ‹Erfahrung› ist ohne jeden Handel, ohne Auseinandersetzung der *Mode* unterworfen, der schieren Opportunität, außerstande, Individualität zu begründen; Erfahrung kann durch Starrheit pauperisiert sein, aber auch durch ihre Fluidität und Flüchtigkeit, welche die völlige Konturlosigkeit einer Person zur Folge hat. Erfahren muß immer auch konservativ, bewahrend sein, die Erneuerung ist ja nicht ein Wert an sich. *Erfahrung* ist existentiell darauf angewiesen, sich in der *Reibung*, der Spannung, dem Konflikt von *Schon-Erfahrenem* und *Neu-Andrängendem* von Erfahrung als Bestand und Erfahrung als Prozeß, von *Nähe* und *Distanz* zu transformieren. Andernfalls ist sie nicht Erfahrung, sondern *Schein-Erfahrung*. Erfahrung ist undialektisch und unter Umgehung von Schwierigkeiten nicht möglich. Über die Sklavenarbeit in der antiken Gesellschaft schreibt Hannah Arendt: «Der Preis dafür, daß die gesamte freie Bürgerschaft der Last des Lebens ledig sein durfte, war ungeheuer hoch, und er bestand keineswegs nur in der gewalttätigen Ungerechtigkeit, die denen angetan wurde, die man in das Dunkel der Notwendigkeit und der Mühsal zwang. (...) Und so ist der wirkliche Preis, den die absolute Freiheit von der Notwendigkeit zu zahlen hat, in einem gewissen Sinn das Leben selbst, bzw. seine Lebendigkeit; der Preis, um den allein man der Last des Lebens ledig sein kann, ist, daß eine Art Ersatzleben zurückbleibt, ein künstliches Leben, das seine natürliche Lebendigkeit verloren hat. Mit Hilfe ihrer Sklaven konnten die Herren für ihre fünf Sinne einen Ersatz finden, auch die ‹Last› des Sehens und Hörens konnte ihnen von ihren Stellvertretern abgenommen werden, ‹durch die sie sahen und hörten›, wie es bei Herodot heißt.» (H. Arendt, 1960, S. 108)

Der Prozeß, daß das Lebendigsein als Preis dafür entrichtet wird, daß man die Last des Lebens, sein Risiko, seine Unsicherheit, seine Fremdheit sich vom Halse hält, ist fortgeschritten: «In einer Umwelt, in der (...) Waren die entsprechende Unterhaltstätigkeit ersetzt und gelähmt haben, sind die Bedingungen für Subsistenz im Erleben, Erfahren und Erleiden der Gegenwart aus der Umwelt verschwunden.» (I. Illich, 1982b, S. 55)

Die Umwelt selbst wird zur Ware degradiert: «Schließlich könnten wir Neigung haben, Als-ob-Umwelten zu schaffen durch Ersatz und Simulation (...). Künstliche Prärien und Wildnisse sind bereits geschaffen worden, und es besteht kein Grund zu der Annahme, daß diese künstlichen Umwelten notwendigerweise unbefriedigend sein müssen für die, die sie erleben. Eine kürzlich übertragene Radiosendung berichtete über ein mehrstöckiges Parkhaus für Camping-Fahrzeuge in Texas City, in dem jede einzelne Fahrzeugkabine mit Plastikgras ausgestattet ist und Filme von einer Wildwasserlandschaft und Wildlife-Szenen an die umgebenden Betonwände projiziert werden. Diese Radionachsicht mag apokryphen Ursprungs gewesen sein. Dann hätte sie allerdings das Ereignis nur vorweggenommen.» (W. Leiss, 1978b, S. 33)

Martin Krieger findet in «Plastic Trees» eine Metapher für Ersatzumwelten und Erfahrungsurrogate. Plastic Trees sind ein Symbol der Weltbegegnung zu Niedrigpreisen. «Plastikbäume und die anderen Artefakte einer simulierten Umwelt ‹repräsentieren eine Natur, die zu reinen Kategorien menschlicher Bedürfnisse abstrahiert ist›. (...) In einem bestimmten Sinn sind Plastikbäume Ausdruck unserer Sehnsucht, unbehelligt zu sein durch die Ansprüche anderer Lebewesen in unserer Umwelt: In unseren Wohnungen und Büros erfordern sie keine Pflege, entlang den Straßen sind sie unbeeindruckt durch Luftverschmutzung. In einem anderen Sinn zeigt dieser Wunsch, unsere Umwelt zu vereinfachen, eine Gleichgültigkeit gegenüber dem Charakter und den Gegenständen unserer eigenen Wünsche. Wir brauchen so viele Dinge, daß wir es uns nicht leisten können, den besonderen Qualitäten jedes einzelnen viel Pflege und Aufmerksamkeit zu widmen.» (W. Leiss, 1978b, S. 54)

Hier besteht nun weder ein dialektisches Verhältnis zwischen Erfahrung und Erfahren, weil zwischen beidem kein Spannungsgefälle besteht; dieses ist der Sicherheit des Gewohnten geopfert. Noch besteht ein dialektisches Verhältnis zwischen dem Erfahrungssubjekt und seinem Gegenstand. Das Subjekt hat seine Gegenstände so gewählt, daß es nichts von ihnen befürchten muß, am allerwenigsten eine Veränderung seiner selbst.

Das ist Sicherheit durch Perfektionierung der Mittel, das ist das Ende der Erfahrung, das ist die Abtötung der Lebendigkeit, und das ist die Voraussetzung der Selbstzerstörung: «Unser Handeln entspricht unserer Sicht der Dinge. Wenn unsere Erfahrung zerstört ist, wird unser Verhalten zerstörerisch sein.» (R. D. Laing, 1969, S. 22)

Eine spartanische Schlußbemerkung

Unsere Sicherheit, die Habgier nach ihr, ist verhängnisvoll. Das ist das kürzeste denkbare Resümee.

Zwei möglichen Versuchungen will ich in der Schlußbemerkung nicht nachgeben:

Erstens: der Versuchung, doch noch einmal, in einem letzten Bemühen, um der Klarheit willen, die vielerlei Einzelaspekte des Verhängnisses, aufgereiht, übersichtlich nach Perlenschnurmanier, in äußerster Kürze und Präzision und in der einzig möglichen, folgerichtigen Anordnung darzubieten.

Die Einzelaspekte des Verhängnisses bilden keine solche Reihenfolge, die dem Vorhaben einer endgültigen, eindeutigen Ordnung hilfreich wäre, das hilft, dieser Versuchung zu widerstehen.

Zweitens: der Versuchung, einen Ausweg aus dem Verhängnis wenigstens anzudeuten, der Lust auf ein wenig Programmatik. Dieser Versuchung ist viel schwerer zu entgehen, weil die Bedrohlichkeit, die das Verhängnis angenommen hat, geradezu auswegsüchtig macht.

Der Eindimensionalität des Faktischen nicht trauen, der Fiktion widerstehen, daß die Äußerungs- und Erscheinungsformen des Lebendigen (und des Toten) sich in dem, was sie sind, erschöpfen, Entdeckungslust an den überschießenden, unverwirklichten, widersprechenden Gehalten der Dinge, das hat den Gang dieser Arbeit bestimmt.

Einen anderen Ausweg als die «gefährliche Erinnerung» und Verlebendigung dessen, was in den Dingen sonst noch steckt, vermag ich mir nicht vorzustellen.

Anmerkungen

Kapitel 1

1 P. P. Pasolini schreibt mit Blick auf die vorindustrielle bäuerliche Welt: «Sie lebten das Zeitalter (...) des Brots (...) Sie waren Konsumenten von unbedingt notwendigen Gütern. Das war es vielleicht, was ihr armes und prekäres Leben so notwendig machte. Es ist klar, daß überflüssige Güter das Leben überflüssig machen (...).» (P. P. Pasolini, 1979, S. 46)

2 «(...) dem Menschen wohnt von Natur aus eine gewisse Eignung zur Tugend inne; aber um sie zu erlangen, ist ein bestimmtes Maß an Zucht notwendig: So sehen wir auch, daß dem Menschen nur durch Fleiß in seiner Lebensnotdurft, z. B. Nahrung und Kleidung, Genüge wird. Freilich hat er dazu von der Natur die Voraussetzung, nämlich Verstand und Hände mitbekommen, nicht aber die notwendige Ausstattung selbst, so wie die übrigen Tiere, denen die Natur genügend Körperbedeckung und Nahrung gewährt.» (Th. von Aquin, 1887, S. 440)

3 «Ein zweiter Aspekt ergibt sich aus der chronischen Bedürftigkeit des Menschen. Diese erscheint physisch in seiner mangelnden Organausstattung, geistig in dem weltweiten Umfang der ihm offenen und also zu beherrschenden Reize und Motive, von seiten des Antriebslebens dagegen in der fundamentalen Eigenschaft, daß diese Antriebe selbst *nichtperiodisch*, d. h. *chronisch* sind.» (A. Gehlen, 1966, S. 58)

4 «Mangel als Bedürfnis enthält also eine anthropologische Aussage; Mangel ist so, als Bedürfnis, eine anthropologische Grundbefindlichkeit, bei der das Bedürfnis nicht auf Vorfindliches zu seiner Befriedigung bezogen ist, sondern das, worauf es gerichtet ist, schafft. Damit aber können Kultur und Zivilisation im weitesten Umfang als ‹menschliche Natur› legitimiert werden, und das ‹Bedürfnis› zeigt sich dabei als Stimulans für Aktivität und Zivilisation schlechthin.» (Geschichtliche Grundbegriffe, Bd. 1, Art. «Bedürfnis», 1977, S. 452)

5 Forster fährt fort: «Allein die eigentliche Leckerey ist nicht die Erfindung eines Hungrigen, sondern eine Folge des Nachdenkens über einen gehabten Genuß, ein Bestreben der Vernunft, die Begierde darnach durch andre Sinne wieder zu reizen; und es war sicherlich kein geringer Fortschritt im Denken von der Sorge für den Magen zur Sorge für den Gaum! Es ist immer schon viel gewonnen, wenn das Nervensystem auch nur bei dieser Veranlassung und nur zu diesem Endzweck seine höheren Übungen beginnt.» (G. Forster, 1970, S. 20f; Original 1788–90)

6 «Das Bedürfnis des Einzelnen, seine Fähigkeiten vielseitig zu entfalten, kann nur dort und nur insoweit in Erscheinung treten, wo und inwieweit Objektivationen, die dieses Bedürfnis lenken, bereits vorhanden oder vorstellbar, postulierbar sind, und nur in der Form, die vorhanden bzw. denkbar ist. (...) Kein Wunsch ohne Objekt (...).» (A. Heller, 1977, S. 79f)

7 «Die soziale Geschichte des Menschen begann damit, daß er aus dem Zustand der Einheit mit der natürlichen Umwelt heraustrat und sich seiner selbst bewußt wurde als ein von der umgebenden Natur und vom andern Menschen getrenntes Wesen. Dennoch blieb dieses Bewußtsein über weite Strecken seiner Geschichte sehr undeutlich und verschwommen. Das Individuum blieb der Natur und der sozialen Welt, aus der es hervorging, verhaftet; (...) In der Lebensgeschichte des Individuums finden wir denselben Vorgang. Ein Kind ist geboren, wenn es mit seiner Mutter nicht mehr eins ist, sondern ein von ihr getrenntes biologisches Wesen. Dennoch (...) bleibt das Kind für eine beträchtliche Zeitspanne mit der Mutter funktional verbunden.» (E. Fromm, 1972, S. 39f)

8 In dieser Hoffnung auf Bedürfnisse als kritische ‹Authentizität› erhält sich die «Zwiespältigkeit der herkömmlichen Menschenbilder» fort, «die Spaltung in Bilder von einzelnen Menschen, von Individuen, die oft so geformt sind, als ob es Individuen ohne Gesellschaften gäbe und in Bilder von Gesellschaften, die so geformt sind, als ob es Gesellschaften ohne Individuen gäbe.» (N. Elias, 1977, S. LXVII)

9 Dazu auch: «In diesem Verhältnis (des Mannes zum Weibe) zeigt sich auch, in (wie) weit das *Bedürfnis* des Menschen zum *menschlichen* Bedürfnis, inwieweit ihm also der *andre* Mensch als Mensch zum Bedürfnis geworden ist, inwieweit er in seinem individuellsten Dasein zugleich Gemeinwesen ist.» (K. Marx, MEW, Ergänzungsbd. 1, 1968, S. 535)

10 «Nur ein Wesen, das dauernd akute Antriebe und also einen über jede augenblickliche Erfüllungssituation hinaustreibenden Antriebsüberschuß hat, kann seine Weltoffenheit damit ins Produktive wenden und auch noch jene überindividuellen Tatsachen *als Motive* in sein Verhalten einbeziehen, also aus dem generativen, sozialen und wirtschaftlichen Zusammenhang noch Aufgaben höherer Art entwickeln, die sich dann objektiv in den verschiedensten Sozialordnungen niederschlagen.» (A. Gehlen, 1966, S. 58)

11 «Zu den Dingen, die der Welt (...) Stabilität verleihen (...) gehören auch eine Anzahl von Gegenständen, die überhaupt keinen Nutzen aufweisen und dazu noch so einmalig sind, daß sie prinzipiell unvertauschbar sind, also überhaupt keinen ‹Wert› besitzen, den man (...) auf einen Generalnenner bringen könnte. (...) Auch ist die angemessene Art des Umgangs (...) sicher nicht das Brauchen und Gebrauchen. (...) So müssen sie auch den täglichen Bedürfnissen und Notdurften des Lebens entrückt werden, mit denen sie weniger in Berührung kommen als irgendein anderes Ding.» (H. Arendt, 1960, S. 154f) Die Einschätzung, das Kunstwerk gehöre der Sphäre des Nutzens in keiner Weise zu, teile ich nicht. Eine solche Perspektive ist erst mit dem Zerfall des Alltagslebens in zusammenhanglose Sektoren möglich.

12 «(...) so verwirft die romantisch-konservative Gesellschaftslehre im Rückgriff auf das kynische Ideal der Bedürfnislosigkeit und in der Nachfolge des zivilisations- und bedürfnisfeindlichen Rousseau (...) die Bedürfnissteigerung als kultur- und gesellschaftszerstörende Kraft. (...) H. Leo klagt darüber, daß man sich nicht mehr mit ‹wirklichen Bedürfnissen› begnüge, sondern dazu übergegangen sei, ‹Bedürfnisse künstlich zu erzeugen› (...).» (Historisches Wörterbuch der Philosophie, 1971, Bd. 1, Art. «Bedürfnis», Sp. 765/66)

So auch Novalis: «Eine längere Gemeinschaft der Menschen vermindert die Neigungen, den Glauben an ihr Geschlecht und gewöhnt sie, ihr ganzes Dichten und Trachten den Mitteln des Wohlbefindens allein zuzuwenden, die Bedürfnisse und die Künste ihrer Befriedigung werden verwickelter, der habsüchtige Mensch hat so viel Zeit nötig, sich mit ihnen bekannt zu machen und Fertigkeiten in ihnen zu erwerben, daß keine Zeit zum stillen Sammeln des Gemüts, zur aufmerksamen Betrachtung der innern Welt übrigbleibt.» (Novalis, 1944, S. 23; ursprüngl. 1799)
Vgl. dazu auch J. B. Müller, 1971, S. 55 und S. 63. Müller verweist darauf, daß das Festhalten an der ständischen Ordnung die konservative Kritik an der Bedürfnissteigerung inspiriert, weniger ein moralisch begründetes Armutsideal.

13 So besonders in Ferdinand Lassalles berühmtem Ausspruch von der «verdammten Bedürfnislosigkeit»: «Ihr deutschen Arbeiter seid merkwürdige Leute! Vor französischen und englischen Arbeitern, da müßte man plädieren, wie man ihrer traurigen Lage abhelfen könne, euch aber muß man vorher noch erst beweisen, daß ihr in einer traurigen Lage *seid*. (...) Das kommt aber von eurer verdammten Bedürfnislosigkeit! Wie, werdet Ihr sagen, ist die Bedürfnislosigkeit denn nicht eine Tugend? (...) *Möglichst viel Bedürfnisse haben,* aber sie *auf ehrliche und anständige Weise befriedigen – das* ist die Tugend der heutigen, der nationalökonomischen Zeit.» (F. Lassalle, Bd. 3, 1919, S. 227f)

14 «Ich habe soeben darauf verwiesen, daß der Begriff der Entfremdung fraglich zu werden scheint, wenn sich die Individuen mit dem Dasein identifizieren, das ihnen auferlegt wird, und an ihm ihre eigene Entwicklung und Befriedigung haben. Diese Identifikation ist kein Schein, sondern Wirklichkeit. Die Wirklichkeit bildet jedoch eine fortgeschrittene Stufe der Entfremdung aus.» (H. Marcuse, 1968, S. 31)

15 «Die meisten der herrschenden Bedürfnisse, sich im Einklang mit der Reklame zu entspannen, zu vergnügen, zu benehmen und zu konsumieren, zu hassen und zu lieben, was andere hassen und lieben, gehören in diese Kategorie falscher Bedürfnisse.» (H. Marcuse, 1968, S. 25)

16 «Die Produktivkräfte sind in den kapitalistischen Ländern längst hinreichend entwickelt, wenn nicht überentwickelt. Worum es ging und worum es immer noch geht, ist ein neues Realitätsprinzip. Das wird bei Marx nicht thematisch; es ist zwar als Spur da, besonders in den Jugendschriften, aber verschwindet dann.» (H. Marcuse, in: J. Habermas u. a., 1978, S. 59)

17 «An einem (...) Punkt der Sättigung angelangt, würde sich die potentielle Produktion des Überflusses, die heute noch unter dem Prinzip der Bedürftigkeit steht und die Konsumenten in Abhängigkeit hält, zu einer Produktion des realen Überflusses verwandeln können. (...) Die Konsumverpflichtungen (...) würden inmitten des Überflusses einer Konsumaskese weichen können. (...) Askese bezieht sich (...) auf den Pauperismus im Überfluß, sie weist den Konsumzwang ab (...) Askese in diesem Sinn ist daher kein Gegensatz, sondern die eigentliche Voraussetzung der Befriedigung der realen Bedürfnisse.» (J. Habermas, 1958, S. 231)

18 «In letzter Instanz muß die Frage, was wahre und was falsche Bedürfnisse sind, von den Individuen selbst beantwortet werden, das heißt, sofern und wenn sie frei sind, ihre eigene Antwort zu geben. (...) Deshalb kann sich auch kein Tribunal legiti-

merweise das Recht anmaßen, darüber zu befinden, welche Bedürfnisse entwickelt und befriedigt werden sollten.» (H. Marcuse, 1968, S. 26)

19 Es ist nicht von ungefähr, daß konkrete Aussagen über ‹wahre› Bedürfnisse noch viel vorsichtiger ausfallen als jene über ‹falsche›. Im «eindimensionalen Menschen» fehlen sie ganz. Auch ist es nicht möglich, sie einfach als das Gegenteil der ‹falschen› zu unterstellen. So rechnet Marcuse jene Bedürfnisse, die harte Arbeit und Mühsal verewigen, zu den falschen, ohne zugleich das Bedürfnis nach Bequemlichkeit zu rechtfertigen als sein «wahres» Pendant. Vielmehr gehört auch, was «erträglich, lohnend und bequem» ist, zu den die Befreiung verhindernden Bedingungen.

20 «So ist also ein Aspekt der ‹Grundbedürfnisse›, daß sie verbunden sind mit dem Konzept des Notwendigen. Das bedeutet, daß wir eine Vorstellung davon haben, was notwendig ist, um menschlich zu sein, oder mindestens eine Vorstellung von dem, was unmenschlich ist. Darüber hinaus müssen wir davon ausgehen, daß irgend etwas universell Gültiges an dieser Vorstellung ist.» (J. Galtung, 1980, S. 59)

21 Auf die naheliegende Gefahr, ‹Vielfalt› zum obligatorischen Programm in Ablösung anderer Programme zu erheben und so ein neues Mängelwesen zu entdecken, nämlich jenes, dem zu Reichtum verholfen werden muß, bin ich umwegig aufmerksam geworden durch P. Feyerabend, der den Vorwurf abweist, seine anarchistische Erkenntnistheorie sei nichts anderes als ein neues Programm: das Programm der Vielfalt oder des «Anything goes». (P. Feyerabend, 1977, S. 52)

22 G. Anders konstatiert einen «neue(n) Perversions-Schritt. Offen und schamlos tritt nun das *Gerät* mit dem Anspruch auf, *Subjekt der Nachfrage* zu sein; mit dem Verlangen, daß ihm dasjenige geboten werde, was es benötigt; daß also der Mensch (...) sich anstrenge, mit immer besseren Offerten aufzutreten;» (...). (G. Anders, 1980, S. 40)

23 Diese Beobachtung verdanke ich Wolfgang Sachs.

24 «Mit dem Atomzeitalter entsteht eine *Verdoppelung* der Welt. Die Welt hinter der Welt, die uns unvorstellbar bedroht, bleibt unseren Sinnen ein für allemal unzugänglich. (...) Dabei wird die Wirklichkeit der Gefahr immer und notwendig *zentralisiert verwaltet.*» (U. Beck, 1987, S. 526f) Von «Entmündigung der Sinne» spricht U. Beck in diesem Zusammenhang, und von einem «gesamtkulturellen Erblindungseffekt».

25 «Knappheit ist in der Wirtschaft und für ihre Wissenschaften das Mißverhältnis zwischen materiellen Bedürfnissen und Vorräten. Im *erweiterten soziologischen Sinn* verstehe ich unter Knappheit Mißverhältnisse und Fehlbeträge zwischen jeglicher Art von Bedürfnissen und Aspirationen einerseits, Vorräten und Verfügbarkeiten andererseits.» (B. Balla, 1975, S. 693)

26 Bedürfnislosigkeit hier nicht verstanden als besondere Anstrengung, verbunden mit der «Verachtung des Reichtums, des Ruhmes und der hohen Geburt», wie es die kynische Schule lehrte, sondern als Organisierung des Alltagslebens nach Maßgabe des Verfügbaren. Bedürfnislosigkeit, wie sie in der Antike als Eigenschaft der Götter zum Ideal erhoben wurde, ist eine «Verfassung und Zustand eines Seienden, in dem ihm nichts mangelt (ἐνδεές ἐστιν) und daher auch kein Verlangen (ἐπιδυμία) nach etwas empfunden wird, was man nicht besäße.» (Historisches Wörterbuch der Philosophie, Bd. I, Art. «Bedürfnislosigkeit», 1971, Sp. 772)

27 Hierin unterscheide ich mich von H. Arendts Auffassung, die das Heimatgefühl der Dauerhaftigkeit der Dingwelt zuschreibt und gerade sie zum Sicherheitsgaranten gegen den alles verschlingenden Kreislauf der Natur erhebt. Daß die Dauerhaftigkeit pervertiert werden kann, nicht nur durch geplanten Verschleiß, sondern auch durch ihre Selbstüberbietung, zeigt sich daran, daß das vermutlich Dauerhafteste, was von Menschhand hervorgebracht wurde, zugleich das Zerstörerischste ist: die Strahlkraft nuklearen Mülls. Es gibt also eine Kontraproduktivität der Dauerhaftigkeit. (S. H. Arendt, 1960, S. 125)

28 «In der kapitalistischen Welt steht jeder allein vor dem allgemeinen Äquivalent. Ebenso findet sich jeder allein vor dem Tode wieder – und das ist keine Koinzidenz. Denn *die allgemeine Äquivalenz ist der Tod.*
Von da an wird die Obsession des Todes und der Wille, den Tod durch Akkumulation abzuschaffen, zum Hauptmotor der Rationalität der politischen Ökonomie.» (J. Baudrillard, 1982, S. 231)

29 Nun gibt es den nicht seltenen Fall, daß Gefahr absichtsvoll aufgesucht wird. Dies setzt die hier getroffene Feststellung nicht außer Kraft. Selbstgewählte Gefahren sollen *bestanden* werden, um der Anteilhabe am Mächtestrom des Überlebens willen. Der mögliche Untergang in ihnen bestimmt nicht ihr Kalkül. In ihnen wird der Profit des Überlebens qua eigener Machtvollkommenheit inszeniert, und: *Zeitknappheit* wird durch *Intensität* des Erlebens kompensiert. Vgl. hierzu, was M. Ozaki über Stuntmen schreibt. (M. Ozaki, 1981, S. 61 ff)

30 Vgl. I. Illich, 1982b, S. 77. Und: «Der Konsum wird beschleunigt, um so den Aufwand an Zeit zu vergrößern, der dem Konsumieren gewidmet wird.» (St. B. Linder, 1970, S. 91; vgl. auch S. 96)

31 «Unsere Wünsche sind Vorgefühle der Fähigkeiten, die in uns liegen, Vorboten desjenigen, was wir zu leisten imstande sein werden. Was wir können und möchten, stellt sich unserer Einbildungskraft außer uns und in der Zukunft dar; wir fühlen eine Sehnsucht nach dem, was wir schon im Stillen besitzen. So verwandelt ein leidenschaftliches Vorausgreifen das wahrhaft Mögliche in ein erträumtes Wirkliches.» So Goethe im Zusammenhang seiner Betrachtung über das Straßburger Münster. (J. W. Goethe, Bd. 20, o. J., S. 349 f)

32 Die Frage, ob der Wunsch aus der Fülle oder aus dem Mangel kommt, ob er «bedingungsloser Produzent von Realität» oder «mangelbedingter Konsument von produzierter Realität» ist, wirft L. Kurzawa auf. (L. Kurzawa, 1977, S. 35)

33 Vgl. zum Begriff der ‹Vornahme›: K. Lewin, 1926, S. 336 ff. Auch: J. W. Goethe, der den Gedanken als «das Erste und Letzte alles Vornehmens» benennt. (J. W. Goethe, Bd. 20, o. J., S. 351)

34 Dies wird nicht einmal bestritten von den Theoretikern, denen die Knappheit als wirklicher Fortschrittsmotor gilt. Nur nennen sie die Konsequenz nicht tödlich. «Die Befriedigung von neuen Bedürfnissen auf der ‹Sonnenseite› des Fortschritts bedeutet auf der ‹Schattenseite›, d. h. aus der Sicht all derer, die das betreffende Bedürfnis nicht – oder noch nicht – befriedigen können, die Entstehung von immer neuen und neuen Knappheitsproblemen komparativer Art infolge von Vergleichen mit irgendwo bereits erfüllbaren oder auch nur mit entworfenen, neu erfundenen Bedürfnissen, Wünschen, Aspirationen. Im Zuge des Fortschritts werden ‹zuerst›

neue Bedürfnisse stimuliert und geltend gemacht; ‹darauf› folgt die Entwicklung von Drang und Druck zu ihrer Verbreitung durch die Generalisierung des Gewinnprinzips auf dem Weg der Ausweitung der Ausschüttung des Ertrages der Naturausbeute und auch durch *systematischen* Rückgriff auf das uralte Neidprinzip. All das dabei *nicht oder noch nicht auf Massenbasis Erreichte ist Thema komparativer Knappheit.*» (B. Balla, 1978, S. 129)

35 Dazu schreibt J. Baudrillard: «Je mehr man produziert, um so mehr entfernt man sich, inmitten der Verschwendung, unwiderruflich von dem eigentlichen Ziel, dem Überfluß, welcher definiert ist als ein Gleichgewicht zwischen der menschlichen Produktion mit den menschlichen Zwecksetzungen. Da das, was in einer Wachstumsgesellschaft befriedigt wird und immer mehr befriedigt wird, in dem Maße, wie die Produktion wächst, die Bedürfnisse des Produktionssystems selbst sind, nicht aber die menschlichen Bedürfnisse, auf deren Mißachtung ja im Gegenteil das ganze System beruht, ist es offensichtlich, daß der Überfluß endlos vertagt wird. Mehr noch: er wird endgültig unmöglich gemacht zugunsten der organisierten Herrschaft der Knappheit (...)» (J. Baudrillard, 1970, S. 90).

36 «Wenn sich ein Volk die Zen-Strategie zu eigen macht, kann es einen unvergleichlichen materiellen Wohlstand genießen – bei niedrigem Lebensstandard.» (M. Sahlins, 1978, S. 155)

37 Exemplarisch für viele andere: A. O. Herrera, H. D. Scolnik, 1977.

38 Exemplarisch: H. Gruhl, 1975.

39 Exemplarisch: A. B. Lovins, 1978; K. Traube, 1978; F. Vester, 1979.

40 Es ist das besondere Verdienst W. Harichs, die Gleichgewichtigkeit beider Stoßrichtungen betont zu haben. (W. Harich, 1975)

Kapitel 2

1 In der «List of Social Motives» von Henry Murray tauchen unter dem Stichwort «Achievement» Formulierungen auf wie: «To rival and surpass others»; oder unter der Kategorie «Aggression»: «To revenge an injury. To attack, injure, or kill another. To oppose forcefully or punish another»; oder unter «Dominance»: «To influence or direct the behavior of others by suggestion, seduction, persuasion, or command.» Diese Liste ist aber ausdrücklich eine solche von generell gültigen Handlungsantrieben, nicht eine von unabdingbar notwendigen Lebensvoraussetzungen. Henry Murray's List of Social Motives, zit. bei E. J. Murray, 1964, S. 97f.

2 Sie können, wie Erich Fromm feststellt, befriedigt werden auf eine Weise, die den Lebensinteressen schädlich ist, aber dies eben heißt, daß sie in der Tiefe unbefriedigt bleiben, daß der Mensch seine Potentialität verfehlt.

3 «Aber man kommt nicht um die Vorstellung einer *conditio sine qua non* herum. Keine Entwicklungstheorie (hier verstanden als ‹Entwicklung von Menschen›), die ihren Namen verdient, kann ohne eine Anthropologie auskommen. Und wie immer

die Anthropologen differieren mögen, ein Konzept über notwendige Bedingungen des Lebens bleibt unerläßlich.» (J. Galtung, 1980, S. 105)

4 «Grundbedürfnisse sind praktisch anthropologische Konstanten – raum-zeitlos für die Menschen von Bestand. Bedürfnisse dagegen, Konkretisierungen von Grundbedürfnissen, können unter verschiedenen Lebensformen an verschiedenen Orten und zu verschiedenen Zeiten durchaus unterschiedlich geartet sein.» Es gibt «noch ein weiteres Verständnis von ‹Grundbedürfnissen› (...). Es handelt sich dabei um eine Bezeichnung für solche Bedürfnisse, deren Befriedigung als besonders dringlich, meist: lebensnotwendig, angesehen wird. Dazu werden in aller Regel (...) die physiologischen Bedürfnisse gerechnet (...).» (K. Lederer, 1979, S. 16 und S. 14)

5 «Die Konzepte der Entfremdung und der Inauthentizität verlangen das Konzept menschlicher Bedürfnisse.» (A. Etzioni, 1968, S. 622) Ohne ein solches Konzept der Grundbedürfnisse wird man immer nur «Annahmen über abweichende Individuen, Subkulturen, sogar soziale Bewegungen» formulieren können, «niemals aber über eine abweichende Gesellschaft». «Das Konzept der abweichenden Gesellschaft hingegen ist das Schlüsselkonzept für die Entfremdungstradition – eine Gesellschaft, deren Struktur der menschlichen Natur widerspricht, erlaubt die Befriedigung von menschlichen Grundbedürfnissen nicht.» (A. Etzioni, 1968, S. 623)

6 Im Zusammenhang des Grundbedürfniskonzepts wird von «*Minima* – nicht von Maxima (...) gesprochen; vom *unbedingt Notwendigen*, nicht vom Wünschbaren.» (P. Menke-Glückert, in: A. O. Herrera, H. D. Scolnik u. a., 1977, S. 9)

7 Vgl. zu den historisch verschiedenen Abgrenzungen des ‹Notwendigen› gegen das darüber Hinausgehende: Geschichtliche Grundbegriffe. Historisches Lexikon zur politisch-sozialen Sprache in Deutschland, 1972, Art. «Bedürfnis», S. 447f, S. 449, S. 457, S. 471.

8 Polemiken wie die von Herbert Gruhl vorgetragene, die selbst in den Menschenrechtserklärungen der UNO «Kataloge von Ansprüchen» sehen, die keine letzte Gültigkeit für sich einfordern können, lehnen überhaupt die *Bedürfnisse* als Maßstab für politische Entscheidungen ab. Gruhl argumentiert ausschließlich von den planetarischen *Möglichkeiten* aus, weist also jede anthropozentrische Perspektive zurück: «Wo nichts ist, hat selbst der Kaiser das Recht verloren.» Vgl. hierzu: H. Gruhl, 1975, S. 228ff.

9 Wohl allerdings können die konkreten Weisen der Befriedigung von Grundbedürfnissen entwertet werden, wenn sie häufig und umstandslos verfügbar sind. Das heißt: «Je häufiger und schneller eine Bedürfnisorientierung in einer bestimmten Art befriedigt wird, desto niedriger wird diese Art der Befriedigung im Vergleich zu anderen Befriedigungen bewertet. Daraus können wir schließen, daß Personen von einer Anhäufung bestimmter Befriedigungen sozusagen gesättigt sind (...).» (K. O. Hondrich, 1975, S. 33) Vgl. zur Sättigung auch: A. Etzioni, 1968, S. 626.

10 «Die Hauptschwäche des Grundbedürfnisansatzes besteht darin, daß er keine Aussagen darüber macht, wie die Verelendung produziert wird; er enthält keine Gesellschaftstheorie. So schweigt er sich aus über Ungleichheit (...). Gleichheit und Ungleichheit mögen – ebenso wie die soziale Gerechtigkeit – als soziale Werte so tief internalisiert sein, daß sie den Charakter eines Bedürfnisses annehmen, aber

solche Fälle müssen wohl als Ausnahme betrachtet werden.» (J. Galtung, 1980, S. 101)

11 Die differenziertesten Bedenken gegen den Grundbedürfnis-Ansatz trägt J. Galtung vor. Vgl. J. Galtung 1980, S. 89, S. 70, S. 60, wo er eindringlich vor «zu klar definierten positiven Vorstellungen» warnt, und S. 101 f. Gleichwohl hält er BNA («basic needs approach») für einen unerläßlichen theoretischen Ansatz, nicht einen solchen, der alle anderen wegen seiner überragenden Erklärungskraft überflüssig macht, sondern: «obwohl nicht ausreichend, (...) so doch mindestens notwendig; (...) ein unverzichtbarer Bestandteil von Entwicklungs-Studien.» (J. Galtung, 1980, S. 56)

12 «Wir beschäftigen uns hier mit *menschlichen Bedürfnissen*, nicht mit physiologischen, die Menschen und Tieren gemeinsam sind und die in anderen Kontexten als *Grund*bedürfnisse diskutiert werden.» (A. Etzioni, 1968, S. 624)

13 D. Seers, 1974, S. 41 f.

14 A. O. Herrera, H. D. Scolnik u. a., 1977, S. 21. Ähnlich auch der Grundbedürfniskatalog der Weltbeschäftigungskonferenz von 1976: «(...) ausreichende Ernährung, eine Wohnung, dezente Kleidung, gewissen Hausrat, Trinkwasserversorgung, gesundheitliche Betreuung und Bildungsmöglichkeit.» Vgl.: «Alle Menschen sollen Grundbedürfnisse befriedigen können», in: Frankfurter Rundschau, 19. Juni 1976.

15 D. Senghaas, 1977, S. 74.

16 E. Mandel, [2]1973.

17 Ich zitiere hier aus Gründen der Übersichtlichkeit nach der deutschen Übersetzung des Kapitels: Amitai Etzioni: Menschliche Grundbedürfnisse, in: Peter Massing, Peter Reichel, 1977, S. 96 f.

18 E. Fromm, 1974, S. 207–219.

19 B. Winterer, 1973, S. 97.

20 A. H. Maslow, 1977, S. 74–89; ursprüngl. 1954.

21 J. Galtung, 1980, S. 65: «Eine Typologie der menschlichen Grundbedürfnisse

	abhängig von Akteuren	abhängig von Strukturen
materiell	Sicherheit (Gewalt)	Wohlfahrt (Verelendung)
nichtmateriell	Freiheit (Unterdrückung)	Identität (Entfremdung)»

22 C. A. Mallmann, 1980, S 40 f.

23 A. Heller, 1975, S. 20 f.

24 H. Fleischer, [2]1969, S. 55 ff.

25 So spricht auch K. Lederer von der Notwendigkeit, Aussagen über planungsrelevante Bedürfnisse zu machen. Diese Aussagen hätten für «Zwecke der gesellschaft-

lichen Planung» hinlänglich konkret zu sein. Grundbedürfnisse hätten diesen Konkretionsgrad nicht. (K. Lederer, 1979, S. 13, S. 15 f) Entscheidend ist, daß sich das Interesse an den Bedürfnissen als ein planerisches zu erkennen gibt. So fordert auch der damalige Außenminister der USA, Cyrus Vance, auf der Ministerkonferenz der OECD-Staaten für die Entwicklungsländer ein «Programm für menschliche Grundbedürfnisse». (Neuer Kurs in der Entwicklungspolitik, in: Frankfurter Rundschau, 24. Juni 1977)

26 Um zu verdeutlichen, wie sehr die Rückschlüsse auf Grundbedürfnisse von verallgemeinerten Klassen von Befriedigungsmitteln her in die Irre führen, will ich das Beispiel der Hunza, eines Bergstammes aus dem Zentralhimalaja, anführen. Die Hunza fasteten entsprechend dem Rhythmus des Anfalls und des Ausbleibens von Nahrungsmitteln im Jahresverlauf während mehrerer Wochen (bis zu zwei Monaten) am Jahresbeginn. Während dieser Zeit waren sie voll arbeitsfähig und bestellten ihre Felder und besserten ihre im Winter beschädigten Bewässerungsanlagen aus. Ein vom Befriedigungsmittel ‹Nahrung› her konstruiertes Grundbedürfnis nach Nahrung führt zwangsläufig zur Gleichsetzung von Fasten und Hungern. Und da Grundbedürfnisse – im Sinne der eingangs gemachten Bemerkungen – Minimalrechte konstituieren, legitimiert der ‹Hunger› der Hunza eine Intervention mit Nahrungs*mittelversorgung*. So wirkt das ‹Grundbedürfnis› nach Nahrung gleichmacherisch und zerstörerisch, weil es – kontextlos – nur auf die Gewährung von Mitteln rekurriert. Die Gemeinschaft der Hunza ist an dem Import haltbarer Nahrungsmittel volksgesundheitlich und sozial zugrunde gegangen.

27 «(...) ein Minimalkanon unabdingbarer Bedürfnisse zur Aufrechterhaltung der Homöostase des Organismus ist schwerlich abzuleugnen: Nahrung, Sauerstoff, Kleidung, Unterkunft, Sexualität; sind sie nicht ‹basic needs›? Doch ist diese für das Verständnis einleuchtende Reihe wirklich akzeptabel, läßt sie sich nicht beliebig fortsetzen (...)?» (B. Winterer, 1973, S. 72)

28 In «The Sane Society» findet sich noch der folgende Katalog: Verbundenheit vs. Narzißmus; Transzendenz-Kreativität vs. Destruktivität; Verwurzelung-Brüderlichkeit vs. Inzest; Identitätsbewußtsein-Individualität vs. Herdenkonformität; das Bedürfnis nach einem Orientierungsrahmen und Hingabe-Vernunft vs. Irrationalität. (E. Fromm, 1955, S. 35–66)

29 «Der Begriff ‹normal› oder ‹gesund› kann auf zweierlei Weise definiert werden. Erstens: Vom Standpunkt einer funktionierenden Gesellschaft kann man eine Person normal oder gesund nennen, wenn sie in der Lage ist, ihre soziale Rolle, die ihr in einer gegebenen Gesellschaft zugewiesen ist, zu erfüllen. (...) Zweitens: Vom Standpunkt des Individuums betrachten wir Gesundheit oder Normalität als Optimum an Entfaltung und Glück des Individuums. (...) eine Person, die im Sinne einer gelungenen Anpassung normal erscheint, ist im Blick auf menschliche Werte oft weniger gesund als eine neurotische Person.» (E. Fromm, 1972, S. 159f) Vgl. dazu auch: E. Fromm, 1972, S. 158ff; F. Basaglia, F. Basaglia-Ongaro (Hg.), 1980, S. 20, S. 22, S. 25, S. 27; Gespräch mit D. Cooper, in: H.-J. Heinrichs (Hg.), 1982, S. 99.

30 «Die Diskussion der existentiellen Bedürfnisse des Menschen hat gezeigt, daß diese auf verschiedene Weise zu befriedigen sind. Das Bedürfnis nach einem Gegenstand der Verehrung kann durch Hingabe an Gott, an Liebe und Wahrheit – oder durch den Götzendienst an destruktiven Idolen befriedigt werden. Das Bedürfnis

nach einer Beziehung zu anderen kann durch Liebe und Freundlichkeit – oder durch Abhängigkeit, Sadismus, Masochismus und Destruktivität befriedigt werden. Das Bedürfnis nach Einheit und Verwurzeltheit kann durch leidenschaftliche Hingabe an Solidarität, Brüderlichkeit, Liebe und durch mystische Erlebnisse befriedigt werden – oder auch durch Trunkenheit, Drogenabhängigkeit oder Entpersönlichung. Das Bedürfnis nach Wirkung kann durch Liebe und produktive Arbeit befriedigt werden – oder auch durch Sadismus und Destruktivität. Das Bedürfnis nach Stimulation und Erregung kann durch ein produktives Interesse an Menschen, Natur, Kunst und Ideen befriedigt werden – oder auch durch die gierige Jagd nach immer neuen Vergnügungen.» (E. Fromm, 1974, S. 229 f)

31 «Natürlich kann man den Glauben an die positiven Möglichkeiten der Menschheit oder das Vertrauen in sie auf vielerlei Weise fundieren. Ich möchte hier auf einen anderen großen Zeitgenossen, auf Ernst Bloch, hinweisen, der sein ‹Prinzip Hoffnung› gerade *nicht* aus der *a priori* guten Grundsubstanz der ‹Menschengattung› ableitet, sondern es bewußt und entschlossen *ideologisch* begründet; für ihn ist die Hoffnung selbst ein Demiurg, der Berge versetzt; die Hoffnung kann *prinzipiell* nicht betrogen werden, ihr Vorhandensein *bestätigt* die *Möglichkeit* ihres Gegenstandes. (...) Fromm jedoch will die Hoffnung, oder wie er sie nennt, den Glauben *bestätigen; er will beweisen,* daß er *begründet* ist.» (A. Heller, 1977, S. 11)

32 Mit anderem Akzent bestreitet auch Agnes Heller den «existentiellen» Bedürfnissen ihre kulturübergreifende allgemeine, das Wesen *des* Menschen bestimmende Gültigkeit: «Indem Fromm die ‹existenziellen Bedürfnisse› des heutigen Menschen untersucht, meint er damit zu den jeweiligen Grundbedürfnissen ‹des Menschen› vorgestoßen zu sein. Seine eigenen Ergebnisse widerlegen jedoch diesen theoretischen Ausgangspunkt. Denn jene Eigenschaften, die er im heutigen Menschen enthüllt, kennzeichnen in ihrer überwiegenden Mehrzahl eben nur den *modernen*, sich in der bürgerlichen Weltepoche entfaltenden Menschen. Genauer gesagt: in seinen Resultaten vermischen sich die tatsächlich zur Natur des *homo sapiens* und die nur zu den Erlebnissen des heutigen Menschen gehörenden Konstituentien.» (A. Heller, 1977, S. 44) Die Pointe in A. Hellers Kritik ist aber die, daß die Entstehung der existentiellen Bedürfnisse als eine Errungenschaft der Gattungsentwicklung angesehen wird, der gegenüber die vormodernen Gesellschaften durchaus als entwicklungsbedürftig erscheinen. Ihre Kritik richtet sich gegen die Entfremdung, nicht aber auf die Entstehung der Bedürfnisse.

33 Ich verwende hier «Ohnmacht» im Sinne Fromms: E. Fromm, 1937 (1980).

34 «Es gibt aber einen grundlegenden Unterschied zwischen (...) ‹entfremdeter› und ‹nicht entfremdeter› Tätigkeit (...). In der entfremdeten Aktivität erlebe ich mich nicht als Subjekt meines Handelns, sondern erfahre das *Resultat* meiner Tätigkeit, und zwar als etwas ‹da drüben›, das von mir getrennt ist und über mir bzw. gegen mich steht. Im Grunde handle nicht *ich*; innere und äußere Kräfte handeln *durch mich*. Ich bin vom Ergebnis meiner Aktivität getrennt worden.» (E. Fromm, 1976, S. 92)

35 Identität haben heißt, «zu sagen und zu fühlen ‹ich bin ich›. Weil jemand nicht *gelebt wird*, sondern *lebt*, weil er seine ursprüngliche Einheit mit der Natur verloren hat, weil er Entscheidungen treffen und seiner selbst und seines Gegenübers als verschiedener Personen bewußt sein muß, muß er in der Lage sein, sich selbst als Subjekt

seiner Handlungen zu fühlen.» (E. Fromm, 1955, S. 62.) Dies ist eine andere Auffassung von ‹Identität› als die von P. Sloterdijk angeprangerte: «Der Tanz ums goldene Kalb der Identität ist der letzte und größte Taumel der Gegenaufklärung. Identität lautet das Zauberwort eines teils heimlichen, teils offenen Konservatismus (...). Aber man spräche nicht von Identität, wenn es nicht im Grunde um die *feste Form* des Ich ginge.» (P. Sloterdijk, 1983, S. 132f)

36 Galtung räumt durchaus ein, daß die Hierarchisierung der Bedürfnisse in akuten Notlagen als kurzfristige Perspektive ihren Sinn hat: «Soforthilfemaßnahmen nach Naturkatastrophen oder sozialen Katastrophen, wie zum Beispiel Suppenküchen, sind ein gutes Beispiel, wie dies auf eine Weise gehandhabt werden kann, die langfristig in höchstem Maße entfremdend sein würde (...)». (J. Galtung, 1980, S. 69)

37 «Die Übereinstimmung zwischen Bedürfnishierarchie und sozialer Hierarchie führt zu ihrer wechselseitigen Verstärkung, indem jede die andere bestätigt. Die Eliten werden zunächst unter dem Vorwand der Humanität die Idee ‹erst kommt das Fressen› propagieren und so die Marginalisierung für Generationen festschreiben (...). Diese Bedürfnisse zu befriedigen ist womöglich ein niedriger Preis, wenn man sich dafür ein Monopol in der sozialen Steuerung sichert – wie das in den sozialen, demokratischen Wohlfahrtsstaaten geschieht.» (J. Galtung, 1980, S. 90) Und: «So kann Maslows Hierarchie als eine sehr genaue und ausgeklügelte Übersetzung des westlichen Kulturmusters in eine Bedürfnistheorie angesehen werden.» (J. Galtung, 1980, S. 93)

38 «Ich neige zu der Ansicht, daß einer Gesellschaft am meisten mit einer Theorie der Bedürfnisse und einer Politik der Bedürfnisbefriedigung gedient ist, in der die materiellen und die nicht-materiellen Bedürfnisse eher gleichrangig behandelt werden (...).» (J. Galtung, 1980, S. 94) So auch A. Heller, die ausdrücklich «das Bedürfnis nach sozialem Kontakt und Zusammenarbeit und das Betätigungsbedürfnis», neben dem Nahrungs- und sexuellen Bedürfnis, in die Reihe der ‹existenziellen› Bedürfnisse stellt. (A. Heller, 1975, S. 20.) So auch C. A. Mallmann, der Bedürfnisse überhaupt nur als Ergebnisse des Zusammenwirkens von «intra-humanen, interhumanen und extra-humanen» Faktoren oder anders: von «psychosomatischen, psychosozialen und psychohabitationalen» Bedingungen/Befindlichkeiten entstehen und sich wandeln sieht. Der analytischen Vereinzelung der Phänomene (hier: Bedürfnisse) erteilt er zugunsten einer dynamischen und systemischen Betrachtungsweise eine deutliche Absage. (C. A. Mallmann, 1977, S. 1.2., S. 1.3., S. 3.4.)

39 Ausnahmen zeigen die Relativität auch dieser Aussagen: Magersucht ist nicht auf Mangel an vorhandener Nahrung zurückzuführen; auf Stress kann mit Müdigkeit trotz ausreichenden Schlafes reagiert werden usw.

40 Auch hier gilt wieder: Daß die physischen und psychosozialen Lebensgrundlagen einen unauflöslichen Wirkungszusammenhang bilden, zeigt sich daran, daß die Körpersignale sich mit psychischen Befindlichkeiten wandeln. Hungergefühle können selbst bei 3000 Kalorien noch aufkommen, wenn gewohnheitsmäßig Essen als Reaktion auf Frustration folgt.

41 Auch ist, so Galtung, der Grundbedürfnisansatz *ein* Zugang zu einer Theorie der Entwicklung, der andere weder ausschließt noch überflüssig macht, der aber insbesondere die Würde des einzelnen gegenüber kollektiven Interessen im Auge behält.

42 Diesen Prozeß der Gegenseitigkeit hat meisterhaft Karl Marx in seinen «Pariser Manuskripten» beschrieben: «Gesetzt, wir hätten als Menschen produziert: Jeder von uns hätte in seiner Produktion sich selbst und den andren doppelt bejaht. Ich hätte 1. in meiner Produktion meine *Individualität*, ihre Eigentümlichkeit vergegenständlicht und daher sowohl während der Tätigkeit eine individuelle *Lebensäußerung* genossen als im Anschauen des Gegenstandes die individuelle Freude, meine Persönlichkeit als *gegenständliche, sinnlich anschaubare und daher über allen Zweifel erhabene Macht zu wissen.* 2. In deinem Genuß oder deinem Gebrauch meines Produkts hätte ich unmittelbar den Genuß sowohl des Bewußtseins, in meiner Arbeit ein menschliches Bedürfnis befriedigt, als das menschliche Wesen vergegenständlicht und daher dem Bedürfnis eines andren menschlichen Wesens seinen entsprechenden Gegenstand verschafft zu haben, 3. *für dich der Mittler* zwischen dir und der Gattung gewesen zu sein, also von dir selbst als eine Ergänzung deines eigenen Wesens und als ein notwendiger Teil deiner selbst gewußt und empfunden zu werden, also sowohl *in deinem Denken wie in deiner Liebe mich bestätigt zu wissen*, 4. in meiner individuellen Lebensäußerung unmittelbar deine Lebensäußerung geschaffen zu haben, also in meiner individuellen Tätigkeit unmittelbar mein wahres Wesen mein *menschliches*, mein *Gemeinwesen bestätigt und verwirklicht zu haben.* Unsere *Produktionen* wären ebenso viele *Spiegel, woraus unser Wesen sich* entgegenleuchte (...).» (MEGA I 3, Exzerpte, S. 546ff)

Kapitel 3

1 Ich sehe einmal davon ab, daß ein Teil dessen, was als Funktionslust erscheint, in Wahrheit Subventionslust ist.

2 Die wundersame Vermehrung der Bildung ist teils Folge der Ermäßigung der Einlaßbedingungen: mehr einzelne bekommen Zugang zu den Bildungsinstitutionen; teils beruht sie tatsächlich auf einer quantitativen Ausweitung des Bildungssektors (beides bedingt sich wechselseitig); teils wird mehr von dem, was ohnedies gelernt wird, durch die Bildungsinstitutionen adaptiert, d. h. in den Kanon der anerkannten Bildung aufgenommen. Die Bildungsinstitution verleibt sich mehr und mehr von den außerinstitutionell erworbenen oder bei Bedarf erwerbbaren Alltagserfahrungen in ihre Verwaltung ein, indem sie die Alltagserfahrungen in speziell zubereitete, abfragbare, der Erfolgsmessung bedürftige, obligatorische Lernstoffe transformiert. Mehr Bildung ist dann nur mehr verwaltete Bildung zu Lasten des beiläufigen, alltäglichen Lernens. Mehr Bildung ist mehr knappe Bildung. Dem Anspruch nach jedoch geschieht dies im Dienste der Bildungsgerechtigkeit (wiederum subjektiv wahrhaftig und bester Absichten voll), die eine Gleichbehandlung regionalspezifischer und schichtspezifischer Kulturinhalte mit jenen, die Bildungsinstitutionen dominierenden, von Mittelschichtstandards geprägten Inhalten erheischt und jenen gegenüber diesen die gleiche Dignität einzuräumen fordert.

3 Der andere Ausweg, der zur Konkurrenzminderung vorgeschlagen wird, ist der, eine Entlastung zu schaffen durch Diversifikation der Belohnungssysteme. Der Bildungshierarchie, die ja selbst schon eine Entlastungshierarchie der Besitzhierarchie ist, sollen andere Hierarchien hochbewerteter Leistungen («persönliche Qualifika-

tion, soziales Engagement, moralische Integrität») an die Seite gestellt werden, die ihrerseits sozialen Rang und gesellschaftliche Anerkennung garantieren. Auch hierfür gilt, daß immer mehr Bereiche täglichen Handelns in Knappheit und Verwaltetheit überführt werden, zum Instrument sozialer Kontrolle verkommen und eine degradierende Umwandlung von selbstbestimmter Tätigkeit in verwaltete Befriedigungsmittel erfahren. Dies bedeutet eine Expansion und nicht eine Eindämmung des Konkurrenzkampfes. Man kann dann nicht nur um Bildung und Wohlstand sich die Köpfe einschlagen, sondern auch um einen moralisch einwandfreien Lebenswandel unter der Herrschaft dekretierter Normen für Moral, dekretiert von eben jenen Instanzen, die auch über die entsprechenden Gratifikationen, d. h. Zuweisungen von Rangpositionen, verfügen. Dies bringt keine «Entmonopolisierung» ein, wie vorgegeben wird, sondern eine Stärkung der Monopole. Vgl. hierzu: D. Birnbacher, 1979, S. 55 f. – Ähnlich argumentiert auch I. Fetscher: «Meine Hinweise auf Gesellschaften mit einer Vielzahl von nebeneinanderstehenden und untereinander nicht voll konkurrierenden Hierarchien waren nicht nostalgisch gemeint. Sie sollten lediglich zeigen, daß der schon von Hobbes geschilderte Wettlauf erst im 20. Jahrhundert zu einem Wettlauf eines jeden gegen jeden sich entwickelt hat und daß notwendig erst damit (und mit der Einführung eines einzigen, einheitlichen Maßstabs) das Dilemma entstand (...) (das darin besteht), daß die dynamische Wirtschaftsgesellschaft allen verspricht, daß sie ‹morgen glücklich sein und an der Spitze stehen werden›, daß sie aber mit noch so viel Dynamik dieses Versprechen prinzipiell nicht einlösen kann.» (I. Fetscher, 1979, S. 107 f)

4 «Den fundamentalen Mechanismus für gesellschaftliche Evolution überhaupt vermute ich allerdings in einem Automatismus des Nicht-nicht-lernen-Könnens: nicht Lernen, sondern Nichtlernen ist auf soziokultureller Entwicklungsstufe das erklärungsbedürftige Phänomen. Darin besteht, wenn man so will, die Vernünftigkeit des Menschen; allein auf dieser Folie wird die überwältigende Unvernünftigkeit der Geschichte dieser Gattung sichtbar.» (J. Habermas, 1973, S. 27 f)

5 Wie sehr die Selbstverwirklichungsforderung dem System der Bedürftigkeit verpflichtet ist und umgekehrt, ist ein gut gehütetes Geheimnis: «Amorphe Konzepte wie zum Beispiel das der ‹menschlichen Selbstverwirklichung› gehen über die Erfordernisse von Bedürftigkeit und sogar ‹Vor-Bedürftigkeit› hinaus. Sie beschreiben Zustände, die niemals voll erreicht werden. Die Box (sich selbst störungsfrei, zu eigenem Nutzen erhaltender Apparat der Dienstleistungsbürokratie; M. G.) kann jeden Beweis verweigern, der zum Inhalt hätte, es könne sich eine Person jenseits professioneller Zugriffe und gleichsam aus eigener Kraft selbst verwirklichen. Niemand ist ‹wirklich› ohne ständige fremde Hilfeleistung (...).» (A. Gordon u. a., 1980, S. 279)

6 Askese: «(...) die Überwindung bestimmter Grundtendenzen menschlichen Lebens, die der Verwirklichung religiöser Ziele entgegenwirken.» (Art. «Askese», in: Religion in Geschichte und Gegenwart, 1957, Bd. I, Sp. 639) Vgl. auch Art. «Askese», in: Historisches Wörterbuch der Philosophie, 1971, Bd. I, Sp. 538 ff.

Kapitel 4

1 So auch Th. W. Adorno, der davor warnt, «der Technik, also den Produktivkräften, die Schuld» aufzubürden «und eine Art Maschinenstürmerei auf erweiterter Stufenleiter theoretisch» zu betreiben. «Nicht die Technik ist das Verhängnis, sondern ihre Verfilzung mit den gesellschaftlichen Verhältnissen, von denen sie umklammert wird. Erinnert sei nur daran, daß die Rücksicht auf das Profit- und Herrschaftsinteresse die technische Entwicklung kanalisierte: sie stimmt einstweilen fatal mit Kontrollbedürfnissen zusammen. Nicht umsonst ist die Erfindung von Zerstörungsmitteln zum Prototyp der neuen Qualität von Technik geworden. Demgegenüber verkümmerten diejenigen ihrer Potentiale, die von Herrschaft, Zentralismus, Gewalt gegen die Natur sich entfernen und die es wohl auch gestatten würden, viel von dem zu heilen, was wörtlich und bildlich von der Technik beschädigt ist.» (Th. W. Adorno, 1979, S. 362f)

2 Bahro vermutet in diesem Sündenfall den Beginn der Geschichte, als deren Ausgang uns heute der mögliche Exterminismus vor Augen steht. Exterminismus ist der «Grundtext unserer fehllaufenden Zivilisation», weil sie «ihrem innersten Wesen nach aggressiv, nämlich auf Prinzipien wie Expansion und Explosion gebaut ist» (R. Bahro, 1981, S. 12). – Vgl. dazu auch: «Die Krankheit der Vernunft besteht darin, daß Vernunft entsprungen ist aus dem menschlichen Drang, die Natur zu beherrschen. Und ihre Erholung hängt von der Einsicht in den wahren Charakter dieser ursprünglichen Krankheit ab, nicht von der Kurierung ihrer jeweils letzten Symptome. (...) Man könnte sagen, daß der kollektive Wahnsinn (...) im Keim schon vorhanden war, (...) als der erste Mensch bei seiner abschätzenden Betrachtung der Welt sie als Beute auffaßte.» (M. Horkheimer, 1947, S. 176)

3 M. Münzel bezieht sich dabei auf so geniale und umstürzende Erfindungen wie das Feuerzeug, das transportable glimmende Holzscheit, die Lampe; auf Messer, Hacke, Bohrer, Harpune, «Grundformen eines Großteils auch unserer kompliziertesten modernen Geräte»; und auf den Faustkeil, das *erste* Werkzeug: Jede Erfindung danach »fügte der Liste bloß etwas hinzu, arbeitete aber mit Werkzeugen, die schon erfunden waren». (M. Münzel, 1989, S. 8 u. S. 7) Vgl. dazu: «Die ‹primitiven› Wildbeuter haben offenbar geistige Fähigkeiten entfaltet, die den unsrigen zumindest ebenbürtig waren. Dies stellt eine Herausforderung an jene Auffassung von Entwicklung dar, derzufolge mit dem Fortschreiten der Geschichte auch die Möglichkeit des Menschen fortschreite und zunehme, sich geistig zu entfalten.» (M. Münzel, 1983, S. 8 u. S. 7)

4 C. Lévi-Strauss wendet sich gegen diese Mißdeutung: «(...) die moderne Ethnologie bemüht sich (...) weit mehr die verborgenen Ursprünge dieser Optionen aufzudecken, als eine Bestandsaufnahme einzelner Wesenszüge zu machen.» (C. Lévi-Strauss, 1975, S. 387)

5 «Gerade für Menschen, deren Überleben so sehr wie das der Wildbeuter auf enger Wechselbeziehung mit der Umwelt aufbaut, muß jede einzelne dieser Umstellungen gewaltig gewesen sein. So findet sich beispielsweise in weiten Teilen des südamerikanischen Waldlandes (in das die Aché auf ihrem Zug von Alaska nach Süden einwanderten; M. G.) nicht genügend Steinmaterial für die massenhafte Herstellung von Pfeilspitzen. Irgendwann im Verlauf ihrer Geschichte müssen die hier eingewander-

ten Wildbeuter die steinerne Pfeilspitze durch eine von anderem Material ersetzt haben (...) eine Umstellung, die (...) für die Technik des Jägervolkes wohl nicht weniger umwälzend war als z. B. für die europäische Technik der Übergang von der Bronze- zur Eisenzeit.» (M. Münzel, 1983, S. 14). Eine Umstellung, die – das füge ich hinzu –, nachdem sie vollzogen ist, erneut einmündet in eine Phase des Lebens-in-Daseinsbedingungen.

6 «Viel eher als Angst scheinen die Jäger ein Vertrauen zu haben, das dem Überfluß entspringt, einer Lebensbedingung, in der alle Wünsche der Menschen (so wie sie sind) im allgemeinen mühelos erfüllt werden. Dies Vertrauen verläßt sie auch während schlechter Zeiten nicht. Es erhält ihnen ihr Lachen sogar in solchen Zeiten, die selbst eine Jesuitenseele hart ankämen (...).» (M. Sahlins, 1975, S. 89)

7 Am Beispiel der Aché, eines indianischen Jägervolkes in Ost-Paraguay: «Auch ohne Jagdglück war die Ernährung gesichert: Durch allerlei kleines, stets reichlich zu bekommendes Getier, wie Vögel, Schlangen, Mäuse und als Leckerbissen proteinreiche Maden und Ameisen. (...) Das mag ein Grund dafür gewesen sein, daß sie, obwohl sie den Bodenbau von ihren Nachbarn kannten, ihn nicht oder wenig praktizierten – sie brauchten ihn nicht.» (W. Lindig [Hg.], 1981, S. 12f)

8 Von diesem Verhältnis der gegenseitigen Hilfe entdeckte im vorigen Jahrhundert auch H. D. Thoreau etwas wieder: «Freilich unterstütze ich die Sonne nicht erheblich beim Aufgehen, doch bezweifle ich nicht, daß meine bloße Gegenwart bei dem Akt von größter Wichtigkeit war.» (H. D. Thoreau, 1971, S. 29) Und: «Die Magie aber ist gleichsam die ‹Vernatürlichung› des Menschen, der in sich die Qualitäten der gesamten übrigen Welt entdeckt und sich als einen organischen Bestandteil der Natur betrachtet (...) durch den Menschen selbst verlaufen die Kraftlinien des Funktionierens dieser Welt.» (A. J. Gurjewitsch, 1980, S. 391)

9 «Es scheint auch, daß gewisse Züge der Frühkultur wie die Domestikation von Haustieren und der Ackerbau keine Problemlösungsversuche waren, sondern daß ‹der Mensch spielerisch und unabsichtlich auf ihren praktischen Nutzen kam›.» (F. Alexander, zit. bei P. Feyerabend, 1977, S. 40). Und: «...der Frühmensch sei ein Müßiggänger gewesen, der nutzbringende Arbeit als Zeitvertreib und nicht mit ernsthafter problemorientierter Absicht geleistet habe.» (Hahn, zit. bei P. Feyerabend, 1977, S. 40)
C. Lévi-Strauss wendet sich dagegen entschieden gegen den Versuch, die großen zivilisatorischen Leistungen der Frühzeit als Zufallsfunde zu deuten. (C. Lévi-Strauss, 1975, S. 390ff)

10 Diese Auffassung setzt sich in modifizierter Form fort bis zu den Physiokraten, die die *Arbeit* als wertschöpfenden Produktionsfaktor bestreiten. «Wertschöpfende A.(rbeit) ermöglicht nur die Natur. Die in der Landwirtschaft Tätigen (cultivateurs) bilden deswegen die produktive Klasse. Die rohstoffbearbeitenden Tätigkeiten werden als nützlich, aber unproduktiv bezeichnet, die entsprechende Klasse der Arbeiter als classe stérile. Die theoretische Basis für diese Bewertung liefert bei Mirabeau z. B. ein an einem Neuschöpfungsbegriff orientierter Produktionsbegriff: ‹einen Stein zu brechen, bedeutet nicht, einen Stein zu produzieren›, und: ‹nur die Erde hat von Gott die Gabe zu produzieren empfangen›.» (Historisches Wörterbuch der Philosophie, Bd. 1, 1971, Art. «Arbeit», Sp. 483f)

11 Vgl. auch: «Doch die Gliederung der Welt in einen Naturkosmos und einen sozialen Kosmos ist mehr oder weniger konventionell, denn in vielen Gesellschaften kann man sie im Grunde genommen kaum feststellen: der Kosmos ist anthropomorph, und gleichzeitig damit ist die Welt des Menschen nicht oder nur schwach von der Welt der Natur getrennt.» (A. J. Gurjewitsch, 1980, S. 19)
«Wenn die Natur einen Sinn hat, dann Bereitstellung von Lebens-Mitteln für Menschen. Fast niemand genießt Landschaft ästhetisch.» Und: «Mittelalterliche Menschen sind der Natur nahe genug, um ihre bedrohliche und ihre gebändigte Wirkung zu spüren; sie stehen ihr aber nicht fern genug, um sie als Einheit zu sehen.» (A. Borst, 1980, S. 212)

12 «Aber in der Mehrzahl der Fälle ist Teamarbeit offenkundig ein sehr bedeutsamer Teil der Jagdmethoden des primitiven Menschen, gewöhnlich ist sie eine Notwendigkeit, bedingt durch die Art seiner Technologie.» (E. R. Service, 1966, S. 11)

13 Vgl.: «Die Neigung, die Welt nach jenem begrenzten Teil zu beurteilen, welcher als einziger gut bekannt ist (...)» (A. J. Gurjewitsch, 1980, S. 68).

14 Vgl.: Das Verhältnis zwischen Mensch und Natur ist in klassischem Verständnis ein solches der Symbiose. «Natur wird von vornherein unter dem praktischen Gesichtspunkt ihrer Nützlichkeit für den Menschen gesehen. Aber diese Perspektive spricht der Natur nicht das Selbstsein ab. (...). Sie kann den zerstören, der sich gegen sie und ihre Ordnung vergeht.» (R. Spaemann, 1979, S. 485)

15 Ich unterscheide hier die «Vermitteltheit» (= Relation und Austausch zwischen Subjekten) von der Ver-Mittel-ung, der Degradierung eines Subjektes zum bloßen Mittel. Die Ver-Mittel-ung hat gerade die Unvermitteltheit zur Voraussetzung.

16 «Mit Bezug auf gesellschaftliche Verhältnisse sind wir heute geneigt, jeden Zustand als einen von uns zu verantwortenden anzusehen; wenn er uns nicht der bestmögliche zu sein scheint, sind wir geneigt, eine Pflicht zu seiner Verbesserung zu unterstellen, was immer wir darunter verstehen mögen. Ob wir uns mit einer solchen generellen Optimierungspflicht nicht übernehmen, möchte ich hier dahingestellt sein lassen.» (R. Spaemann, 1979, S. 486)

17 Vgl. auch: «In keiner primitiven Gemeinschaft wird irgend jemandem der Zugang zu den natürlichen Ressourcen verwehrt – kein Individuum besitzt diese Ressourcen.» (E. R. Service, 1966, S. 22)

18 Ich selbst verwende in diesem Zusammenhang den Begriff «Produktionswissen» *nicht*, weil ich ihn pointiert dem Nutzungsbegriff gegenübergestellt habe.

19 Dagegen: «(...) bei gegenwärtigen Wachstumsraten wird sich die ‹Menschheit bald zwei Arten von unaufhebbarer Knappheit gegenübersehen – jene, die aus der Endlichkeit der natürlichen Ressourcen kommt, und jene, die in der begrenzten Assimilationskraft der Biosphäre ihre Ursache hat›.» (W. Leiss, 1978b, S. 42)

20 «Das deutsche Wort ‹A.(rbeit)› kommt von lateinisch ‹arvum, arva›, ‹gepflügter Acker›. Im Hochdeutschen und Altsächsischen drückt das Wort die Vorstellung sich auferlegender, beengender Notwendigkeit aus, die Unbequemlichkeit, Schmerzen und Erschöpfung durch Müdigkeit mit sich bringt; es ist synonym mit ‹Mühsal›, ‹Not›, ‹Beschwerde›. Entsprechend kann man im Französischen feststellen, daß ‹travail› vom vulgärlateinischen ‹tripalus›, Dreipfahl – einer Vorrichtung zur Bändigung

von Pferden, die schwierig zu beschlagen sind – herkommt und also Qual bedeutet (tripaiare = quälen).» (Historisches Wörterbuch der Philosophie, Bd. 1, 1971, Art. «Arbeit», Sp. 481)

21 «Eine Ausrichtung auf Wachstum ist für die Wirtschaft der Wildbeuter nicht naheliegend. Ihr liegt vielmehr eine Tendenz zur Beibehaltung eines einmal erreichten Gleichgewichtes zwischen menschlicher Nutzung des Waldes und dessen natürlicher Regeneration zugrunde.» (M. Münzel, 1983, S. 174)

22 Vgl. I. Illich, 1983. Über die !Kung schreibt M. Sahlins: «Jeder Mann kann die Dinge, die traditionell von Männern verfertigt werden, jede Frau die Dinge, die Frauen herstellen. (...) *Sie lebten in einem gewissen materiellen Reichtum*, weil sie die Grundstoffe für Werkzeuge, die sie zum Leben brauchten, ihrer unmittelbaren Umgebung entnahmen, wo sie im Überfluß vorhanden waren und von jedem frei angeeignet werden konnten (...).» (M. Sahlins, 1978, S. 163) Und: Die Arbeitsteilung ist simpel; «vorwiegend wird die Arbeit nach Geschlechtszugehörigkeit verteilt»

(M. Sahlins, 1978, S. 165). «Die Arbeit in den einzelnen Familien wird lediglich nach dem Alter und dem Geschlecht eingeteilt, ganzzeitliche Spezialisierungen sind dagegen nirgends zu finden.» (E. Fromm, 1974, S. 123)

Beispiele für geschlechtsspezifische Aufgabenverteilung, die nach Illich Voraussetzung für «Aufwachsen», also für Lernen ohne Erziehungsinstitutionen, ist (= Leben-in-Lernen), finden sich auch in: A. Eggebrecht, J. Flemming u. a., 1980, so z. B. für das alte Ägypten, S. 58 f; für das Imperium Romanum, S. 99 und S. 131; für den Feudalismus, S. 166.

23 Dem «Einzeltier (wird) im jägerischen Denken eine spirituelle Persönlichkeit von Anfang an zugeordnet (...), an die sich versöhnende wie auch abwehrende Handlungen und Reden wenden. Bemerkenswert ist es, daß diese geistige Individualität vielfach als eine menschliche begriffen wird.» Dies wird zurückgeführt «auf die dem jägerischen Denken eigene Anschauung von der Wesensgleichheit oder zumindest Wesensverwandtschaft des Menschen mit den Gegenständen seiner Umwelt, insbesondere den Tieren» (G. Zerries, zit. bei M. Münzel, 1983, S. 179).

24 Auch dieses Grundprinzip kann eine Modifikation in altersspezifischen und geschlechtsspezifischen Eßgeboten erfahren. Vgl. M. Münzel, 1983, S. 246 ff.

25 Auf die Analogie der frühen Werkzeuge zu den Leibgliedern, deren Nachahmung sie sind, verweist Bloch: «(...) der Hammer ist die Faust, der Meißel der Nagel, die Säge die Zahnreihe (...).» (E. Bloch, Bd. 2, 1967, S. 771)

26 Die Aché lebten von der Jagd und vom Sammeln wildwachsender Waldprodukte «bei größtmöglicher Schonung der Umwelt. Das Jagdterritorium jeder Gruppe war in Zonen unterteilt, die nach einem Rotationssystem nacheinander durchjagt wurden. (...) Strenge Jagdregeln garantierten den Wildbestand: Verbot der Jagd auf junge trächtige oder Leittiere; Schonzeiten. (...) Bäume, deren Blüten Honigbienen anziehen, durften nicht gefällt werden.» (W. Lindig [Hg.], 1981, S. 12) – Aber: «Heute (...) (blicken) wir neidvoll auf die relative Harmonie, in welcher Naturvölker mit der Natur lebten (...) Eine Idealisierung des indianischen (oder sibirischen usw.) Jägers im Sinne modernen Umweltbewußtseins bedeutete das nicht.» (M. Münzel, 1983, S. 12)

27 «Da Fleisch in den meisten Klimazonen außer der arktischen leicht verdirbt, konnte man es nicht aufbewahren. Nicht alle Jäger hatten das gleiche Glück bei der Jagd; die praktische Folge war deshalb, daß diejenigen, welche an einem bestimmten Tag Glück gehabt hatten, ihre Beute mit denen teilten, die vielleicht am nächsten Tag die Glücklichen sein würden.» (E. Fromm, 1974, S. 120)

28 Dazu: «(...) der Buschmann sagte, ‹Das schlimmste ist, keine Geschenke zu machen. Wenn Menschen einander nicht leiden können, aber einer dem andern ein Geschenk macht und der andere es annehmen muß, dann schafft das Frieden zwischen ihnen. Wir geben weg, was wir haben. Das ist die Weise, wie wir miteinander leben.›» (L. Marschall, zit. bei M. Sahlins, 1974, S. 182)

29 «(...) die Früchte eines Geschenkes (z. B. die Nachkommenschaft eines Nutztieres; M. G.) müssen dem ursprünglichen Tierhalter zurückerstattet werden (...).» (M. Sahlins, 1974, S. 160)

30 Die besondere zerstörerische Energie des Neides tritt hervor, wenn man ihn mit dem Affekt der Eifersucht vergleicht: «Die Eifersucht ist in bestimmter Hinsicht angemessen und vernünftig, denn sie versucht nur ein Gut zu bewahren, das uns gehört (...) dagegen ist der Neid eine Raserei, die das Wohl der anderen nicht erträgt.» (P. Dumouchel, J. P. Dupuy, 1979, S. 28) Und: «Es gibt nur sehr wenige rein partikulare Affekte. An oberster Stelle stehen Neid (...). Wenn es einen vollends nutzlosen Affekt gibt, so ist es zweifellos der Neid. Noch niemand hat durch Neid Güter erlangt, wohl aber Unannehmlichkeiten und Schmerz.» (A. Heller, 1978, S. 46f)

31 «Der Mensch ist nicht nur Neider, er ist auch homo ludens und homo faber, aber er ist in Gruppen und Gesellschaften assoziierbar, in erster Linie dank seines stetigen, oft unterschwelligen Angetriebenseins zum Neiden.» (H. Schoeck, 1966, S. 10)

32 Schoeck spricht davon, daß die «Geschichte der Zivilisation (...) das Ergebnis unzähliger Niederlagen des Neides, d. h. der Neider» ist. (H. Schoeck, 1966, S. 9)

33 «(...) man darf die Geschichte nicht mit den Augen einer Epoche, die durch die Ökonomie beherrscht ist, lesen. In unserer Gesellschaft ist alles Verbrauch, weil eben alles sich verbraucht (...). Alles ist Reichtum, weil eben alles (...) der Bewunderung der anderen für würdig befunden wird.» (P. Dumouchel, J. P. Dupuy, 1979, S. 35)

34 Um eine allzu dingliche Engführung zu vermeiden: 1. «Gegenstand des Begehrens» meint ganz allgemein das Angestrebte (Materielles und Nicht-Materielles, auch Tätigkeit, ja sogar den anderen); 2. Nützlichkeit ist nicht nur am schieren Überlebensbedarf orientiert, das Angenehme gehört dazu.

35 Zum Begriff des Standard: «Standard» ist seit dem 15. Jahrhundert verwendet worden im Sinne von «autoritatives Beispiel von Korrektheit». «Aber es gibt auch einen Gebrauch, der einen anderen Sinn von *Standard* trägt: nicht das zustimmungsfähige Maß, sondern, metaphorisch, die Flagge: der *Standard*, den wir selber setzen; angemessene Standards der Gesundheitsfürsorge; ein angemessener Lebensstandard. Dies meint Zukunfts-Standard: die alten Maße, die erreichten Grade sind unangemessen, und wir werden etwas Besseres anstreben. Dies ist eine sehr interessante Verwendung. Anstatt sich nach rückwärts auf eine Quelle der Autorität zu beziehen oder ein gegenwärtig gebräuchliches Maß zugrunde zu legen, wird ein projektiver

Standard gesetzt, der sich von Ideen über Bedingungen, die wir noch nicht realisiert haben, die aber realisiert werden sollten, herleitet.» (R. Williams, 1981, S. 248 u. S. 250f) I. Illich spricht in vergleichbaren Zusammenhängen vom «normativen Noch-Nicht».

36 «Unter *Konvivialität* verstehe ich das Gegenteil der industriellen Produktivität. Wir alle definieren uns im Verhältnis zu anderen und zur Umwelt durch die Grundstruktur der Werkzeuge, die wir verwenden. (...) Die – stets neue – konviviale Beziehung ist das Werk von Personen, die an der Erschaffung des sozialen Lebens beteiligt sind.» (I. Illich, 1975, S. 32)

37 Vgl. dazu auch eine Bemerkung über das den Tod einschließende Leben-in-Daseinsbedingungen, bezogen auf die Welt des Alten Testaments, von H. Arendt: «Den Lohn für Mühe und Arbeit zahlt die Natur selbst, der Lohn ist die Fruchtbarkeit; er liegt in dem stillen Vertrauen, daß, wer in Mühe und Arbeit sein Teil getan hat, ein Teil der Natur bleibt in Kindern und Kindeskindern. Den Menschen des Alten Testaments, denen, anders als der klassischen Antike, das Leben heilig war, galt weder Arbeit noch Tod als Übel, und sie wären nicht auf den Gedanken gekommen, in ihnen einen Einwand gegen das menschliche Leben zu sehen. Die Geschichten der Erzväter zeigen, wie frei von Todesfurcht ihr Leben war, unbedürftig einer irdischen Unsterblichkeit oder irgendwelcher Aussichten auf ein ewiges Leben, wie sehr sie wußten, der Erde ‹heiliger Einfall ist der vertrauliche Tod› (Rilke). Und der Tod kam zu ihnen in der vertrauten Gestalt von Nacht und Stille und Ruhe, wenn sie alt waren ‹und des Lebens satt›.» (H. Arendt, 1960, S. 97)

38 «Die Macht installiert sich auf dieser Barriere zum Tode. Später nährt sie sich von anderen bis ins Unendliche verzweigten Trennungen: diejenige von Seele und Körper, von männlich und weiblich, von gut und böse etc., aber die erste Trennung ist die von Leben und Tod. (...) dieses Dekret, das den Austausch zwischen Leben und Tod unterbricht, diese Zoll- und Kontrollstelle zwischen zwei Ufern.
Auf die gleiche Weise wird die Macht sich später zwischen dem Subjekt und seinem Körper installieren, zwischen dem Individuum und dem geteilten gesellschaftlichen Körper, zwischen dem Menschen und seiner geteilten Arbeit: an der Trennstelle entsteht die Instanz von Vermittlung und Repräsentation. Aber man muß beachten, daß das Urbild dieser Operation in dem besteht, was eine Gruppe von ihren Toten trennt beziehungsweise jeden von uns heute von seinem eigenen Tod. Alle Formen der Macht haben ständig irgendetwas von diesem Geruche um sich, da die Macht sich in letzter Instanz durch die Manipulation und Verwaltung des Todes begründet.» (J. Baudrillard, 1979, S. 18)
«Das Bild des Todes, die Vorstellungen, die sich die Menschen von ihm machen, sind notwendigerweise sozialen Ursprungs (...). Diese Bilder entstammen einer bestimmten sozialen Strategie; die herrschende Klasse verwendet sie wie eine symbolische Gewalt, als Waffe der Überredung, der Beeinflussung, der Lüge, kurz der Beherrschung. Die verdrängt die Bilder, die dieser Strategie nicht dienlich sind (...).» (J. Ziegler, 1982, S. 30)

39 Zur Geschichte der Verdrängung des Todes vgl. auch: Ph. Ariès, 1976. Vgl. auch B. Groethuysen, der die Aussperrung des Todes als Konsequenz der bürgerlichen Weltanschauung beschreibt: «Das Problem des Todes als solches tritt immer mehr zurück, das Todeserlebnis verliert immer mehr eine zentrale Bedeutung für das Leben.» Der Tod ist in einer Weltanschauung, «die auf der ‹Autarkie der Lebenswerte›

begründet ist, stets etwas Fremdes und Widerspruchsvolles.» (B. Groethuysen, Bd. 1, 1978, S. 138) Auch: J. Baudrillard, 1979, S. 54 ff.

40 «Die konkrete Persönlichkeit erscheint zunächst als Gesamtheit von nichtentfremdeten persönlichen, ja auch interpersonellen Aktivitäten, die sich als Selbstbetätigung entfaltet; doch auch abgesehen davon, welcher geschichtliche Weg ihr seine Male hinterlassen hat, ist der Regelfall der kapitalistischen Gesellschaft, daß diese konkrete Persönlichkeit von der gesellschaftlichen Arbeit getrennt und zugleich wesentlich unter deren Produkte subsumiert ist, also unter die abstrakte Persönlichkeit, die sie umzingelt, überwuchert, erdrückt, ihr Gefüge mehr und minder tief nicht nur von außen, sondern auch von innen her zerstört.
Die abstrakte Aktivität dagegen erscheint gleich als entfremdete Aktivität, die der äußeren Notwendigkeit unterworfen und den Bestrebungen der konkreten Persönlichkeit mehr oder minder fremd ist; und doch hat das Individuum gerade in der abstrakten Aktivität Kontakt mit den entwickelten Produktivkräften und gesellschaftlichen Verhältnissen, den im Verlauf der Menschheitsgeschichte geschaffenen immensen Mitteln zur Beherrschung der Natur und zur Organisierung der Gesellschaft, kurz, mit dem Hauptteil des Erbes, des wirklichen Wesens der Humanität; das heißt, in *dieser* Aktivität müßte sich das Individuum tatsächlich das menschliche Wesen aneignen können.» (L. Sève, 1977, S. 349 f)

41 «(...) sobald (das Individuum; M. G.) aufhört zu lernen, neigt seine Persönlichkeit zum Stillstand; sobald es substantiell seine Tätigkeiten ändert, erhält seine Persönlichkeit neue Impulse in ihren tiefsten Strukturen.» (L. Sève, 1977, S. 366)

42 Vgl. zur Zusammensetzung des Zeitplanes die folgende Grafik:

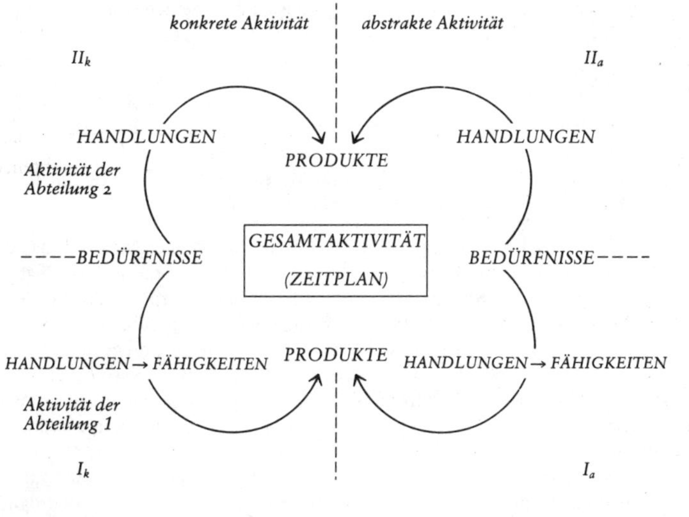

Hypothetischer Entwurf zur allgemeinen Topologie von in kapitalistischen Individualitätsformen produzierten Persönlichkeiten

«Die konkrete Aktivität der Abteilung I (Quadrant I_K) ist die Gesamtheit der Lernhandlungen, worin sich die in der konkreten Aktivität gebrauchten Fähigkeiten herausbilden und entwickeln. Die konkrete Aktivität der Abteilung II (Quadrant II_K) ist die Gesamtheit der Handlungen, die diese Fähigkeiten gebrauchen und unmittelbar zum Individuum zurücklaufen. Die abstrakte Aktivität der Abteilung I (Quadrant I_a) ist die Gesamtheit der Lernhandlungen, worin sich die Fähigkeiten herausbilden und entwickeln, die durch die gesellschaftliche Aktivität und ihren Rahmen, die objektiven gesellschaftlichen Verhältnisse, geboten sind. Die abstrakte Aktivität der Abteilung II (Quadrant II_a) ist die Gesamtheit der Handlungen, die diese gesellschaftliche Arbeit unmittelbar ausmachen.» (L. Sève, 1977, S. 355)

43 «Die Kultivierung des Verstandes und des Geistes ist allgemein als höchstes Ziel menschlicher Anstrengung anerkannt. (...) Die weltlichen Denker, die das Evangelium des wirtschaftlichen Wachstums entwickelten, betrachteten den ökonomischen Fortschritt als ein aktives Mittel, um den kulturellen Fortschritt zu befördern. Sie erwarteten, daß mehr und mehr Zeit der Kultivierung des Geistes gewidmet würde.» (St. B. Linder, 1970, S. 94) Aber: «Dies Bild ist durch die Ereignisse Lügen gestraft worden.» (St. B. Linder, 1970, S. 10)
«Mehr Zeit wird für Aktivitäten aufgewendet werden, in welchen eine gesteigerte Zufuhr von Konsumgütern nennenswert zur Gesamtbefriedigung beiträgt. Das Vergnügen, das bezogen wird aus der Zeit, die man für die Entfaltung der Vernunft und des Geistes aufwendet, ist in der Tat wenig abhängig von Gütern. Aus diesem Grunde sind solche Ziele am attraktivsten, wenn das allgemeine Einkommensniveau niedrig ist.» (St. B. Linder, 1970, S. 95)

44 Vgl. dazu: «John Stuart Mill (hat) über alle arbeitssparenden Erfindungen gesagt (...): Daß nie eines erfunden worden sei, das auch nur einem einzigen Menschen eine Minute Arbeit erspart hätte.» (M. Sahlins, 1978, S. 191)

45 «(...) gegen Ende des fünften Jahrhunderts begannen die Polis, alle Beschäftigungen nach dem Maß der für sie erforderlichen körperlichen Anstrengung zu klassifizieren, so daß Aristoteles diejenigen als die niedrigsten bezeichnet, bei denen ‹der Körper sich am meisten abnutzt›. So war er auch bereit, wiewohl er βαυαυσολ als Bürger nicht zulassen wollte, für Hirten und Maler eine Ausnahme zu machen, aber nicht für Bauern und Bildhauer.» (H. Arendt, 1960, S. 78)

46 «Das Reich der Freiheit beginnt in der Tat erst da, wo das Arbeiten, das durch Not und äußere Zweckmäßigkeit bestimmt ist, aufhört; es liegt also der Natur der Sache nach jenseits der Sphäre der eigentlichen materiellen Produktion. Wie der Wilde mit der Natur ringen muß, um seine Bedürfnisse zu befriedigen, um sein Leben zu erhalten und zu reproduzieren, so muß es der Zivilisierte, und er muß es in allen Gesellschaftsformen und unter allen möglichen Produktionsweisen. (...) Die Freiheit in diesem Gebiet kann nur darin bestehen, daß der vergesellschaftete Mensch, die assoziierten Produzenten, diesen ihren Stoffwechsel mit der Natur rationell regeln, unter ihre gemeinschaftliche Kontrolle bringen, statt von ihm als von einer blinden Macht beherrscht zu werden; ihn mit dem geringsten Kraftaufwand und unter den ihrer menschlichen Natur würdigsten und adäquatesten Bedingungen vollziehn. Aber es bleibt immer das Reich der Notwendigkeit. Jenseits desselben beginnt die menschliche Kraftentwicklung, die sich als Selbstzweck gilt, das wahre Reich der Freiheit, das aber nur auf jenem Reich der Notwendigkeit als seiner Basis

aufblühn kann. Die Verkürzung des Arbeitstages ist die Grundbedingung.» (K. Marx, MEW, Bd. 25, 1969, S. 828)

47 Es ist «der Rhythmus des Lebens, der dem ‹Zählen› der Zeit zugrunde liegt. Man richtet sich nach dem Wechsel der Jahreszeiten und den Mondphasen, ohne daß diese in identischer Wiederholung aufeinander abgestimmt oder gewußt (gezählt) würden. Das Alter des Menschen ist folglich auch nicht nach der Anzahl seiner Jahre bemessen, sondern ergibt sich aus dem relativen Zueinander der Altersgruppen und Ereignisse, die mit dem jeweiligen Leben verknüpft sind.» (Handbuch Philosophischer Grundbegriffe, Bd. III, 1974, Art. «Zeit», S. 1801) – Henri Lefebvre unterscheidet zwischen kumulativen und nicht-kumulativen Prozessen und «ordnet den Prozeßtypen verschiedene Zeitmodi zu: dem nicht-kumulativen die ‹zyklische Zeit›, dem kumulativen die ‹lineare Zeit›. Die zyklische Zeiterfahrung entstammt dem vorkapitalistischen agrarisch-handwerklichen Lebenszusammenhang, in dem die Jahreszeiten, das Wetter, der Stand der Sonne, die Gestirne die Zeiterfahrung gliederten – im Gegensatz zum Uhrzeiger der ‹linearen Zeit› des kumulativen Prozesses. In die zyklische Zeit ist die Lebenserfahrung eingewoben, sind Reflexion und Emotion im Einklang mit der Arbeit noch kaum geschieden.» (Th. Leithäuser, 1977, S. 175 f)

Kapitel 5

1 Auch: «In der der Zivilisation vorangehenden geschichtlichen Epoche existierte – wenn auch mit gewissen Beschränkungen – *nur* das Alltagsleben, insofern der Vorgang für die Erhaltung von Gattung und Individuum sich noch nicht – oder kaum – abgesondert hatte.» (A. Heller, 1969, S. 91)

2 Der Begriff des Individuums ist hier noch unspezifisch verwendet, synonym zu «Einzelner».

3 Dagegen: «Ein Individuum ist derjenige, der im Gewohnheitssystem seiner Umgebung *individuell* selektiert aufgrund selbstgewählter Werte. (...) Es ist selbstverständlich eine der Vorbedingungen der Ausgestaltung des individuellen Verhältnisses, daß die *Möglichkeit der Wertwahl* vorhanden ist. Von einigen primitiven Kleingemeinschaften abgesehen, können wir sagen: *es gibt* immer die Möglichkeit für eine solche Wahl, weil einerseits die Gesellschaften nicht homogen, sondern stratifiziert sind und die Wertpräferenzen verschiedener gesellschaftlicher Schichten (Stände, Klassen) meistens unterschiedlich sind. Andererseits sind die Gesellschaften nach außen zumeist nicht ‹geschlossen›, und es besteht die Möglichkeit, daß der in die eine Gesellschaft hineingeborene Einzelmensch die Werte einer fremden Gesellschaft statt der eigenen bewußt präferiert.» (A. Heller, 1980, S. 217)

4 Dies berührt nicht die Feststellung, daß der Grad und das Ausmaß des Überschreitens der modernen Alltäglichkeit abhängig ist von der gesellschaftlichen Struktur, die die Tendenz des Überschreitens nahezu vollständig unterbinden kann. Dies ist aber eine andere Art von Unmöglichkeit, das Alltagsleben zu überschreiten, als sie im Leben-in-Daseinsbedingungen angelegt ist.
«Ob der Einzelne als Gattungswesen an sich zu einem Repräsentanten des Gattungs-

wesens *werden kann*, hängt freilich davon ab, wieweit die gegebene Gesellschaft, die gegebene gesellschaftliche Struktur dazu beiträgt, die Wesenskräfte des Menschen, das Gattungswesen, das menschliche Wesen zu entfalten. Er *kann* zu einem Repräsentanten *werden*, er wird es aber nicht notwendigerweise, ja, er wird sogar – je nach dem Grad der Entfremdung – *im gesellschaftlichen Durchschnitt notwendigerweise nicht zu einem Repräsentanten werden.*» (A. Heller, 1978, S. 53 f) – Und: «Oft entwickelt sich die im Alltag entstandene Grundstruktur (der Persönlichkeit; M. G.) überhaupt nicht weiter – denn oft verrichten ja die Menschen gar keine über den Alltag hinausgehende Tätigkeit (...) Für die Mehrheit der Menschen aber ist das Alltagsleben ‹das› Leben.» (A. Heller, 1978, S. 31)

5 Als zweites Wesensmerkmal der gattungsmäßigen Objektivationen nennt Heller die Tatsache, daß sie Eigengesetzlichkeiten entwickeln, die sich «hinter dem Rükken» der Menschen realisieren, ohne jedoch dem bewußten menschlichen Eingriff (ganz) entzogen zu sein.

6 Vgl. auch: «Die Entwicklungstendenz der Menschheit ist die Zurückdrängung der Naturschranken, die Erzeugung zunehmenden Reichtums an Gütern und Mitteln, was mit der Verringerung der für einen Arbeitsprozeß – zur Herstellung ein und desselben Gegenstandes – gesellschaftlich notwendigen Arbeitszeit einhergeht. Ebenso verringert sich mit der Entfaltung der Produktionstechniken die in die Herstellung ein und desselben Produkts investierte Menge geistiger und physischer Energie. Doch wird – eben infolge der Warenproduktion, der Entfremdung – der Energieverbrauch des einzelnen Arbeiters während eines Arbeitstages keineswegs geringer. Hier kommt die Ökonomie nicht im reduzierten Aufwand geistiger und physischer Energien zum Vorschein, sondern darin, daß derselbe Aufwand für die Herstellung von mehr Produkten, mehr Waren oder von anderen Produkten, anderen Waren, komplizierteren Produkten und Waren ausreicht.» (A. Heller, 1978, S. 211)

7 «Der innere Zwang, das Schwierigere zu wählen bzw. *die Wahl des Schwierigeren als Wert* (...) hat moralische, politische oder ästhetische Gründe.» (A. Heller, 1978, S. 212) Er weist also über das Alltägliche hinaus.

8 «Ein Alltagsleben gibt es (...) in *jeder Gesellschaft* – ohne es gibt es keine Gesellschaft. Zu gleicher Zeit: ein jeder Mensch – mag seine Stelle in der gesellschaftlichen Arbeitsteilung wo auch immer sein – hat ein Alltagsleben.» (A. Heller, 1969, S. 91)

9 Dieses, daß sie Beziehungssysteme bilden, unterscheidet die Objektivationen von bloßen Objektivierungen (= Folgen veräußerlichter Handlungen).

10 Demgegenüber ist das *partikulare* Verhältnis zur Welt und zu sich selbst gekennzeichnet durch die völlige Identifizierung mit seiner eigenen Welt und mit sich selbst. Der einzelne, der ein partikulares Verhältnis zur Welt bewahrt, selegiert ebenfalls aus seiner Umwelt, nur wird er nicht durch selbstgewählte *Werte* angeleitet, sondern durch seine Selbsterhaltungsmotive. Er expandiert sein Terrain der Selbsterhaltung, sofern dies konfliktfrei möglich ist. Die Erweiterung der Bedürfnisse, die der Expansion der Partikularität dienen, ist also rein quantitativ. Das Ziel des partikularen Individuums «ist die Aufrechterhaltung seiner selbst; es identifiziert sich auf spontane Weise mit jedem Gewohnheits- und Erfordernissystem, das seine bloße Selbsterhaltung ermöglicht und konfliktfrei, ‹bequemlich› macht» (A. Heller, 1969, S. 93; vgl. auch: dies., 1980, S. 215 f).

11 Der Gegensatz dazu ist das *vermittelte Verhältnis* des Alltagslebens: auch im Alltagsleben steht der einzelne ja im Verhältnis zu gattungsmäßigen Objektivationen, aber nicht unmittelbar, sondern vermittelt durch die funktionsbestimmte Ausschnitthaftigkeit seines gesellschaftlichen Ortes: Schicht, Klasse.

12 «*Ein Individuum ist also ein Einzelner, der ein bewußtes Verhältnis zur Gattungsmäßigkeit eingegangen ist* und auch sein Alltagsleben – im Rahmen der Umstände und Möglichkeiten – aufgrund dieses bewußten Verhältnisses ‹*ordnet*›. Das Individuum ist ein Einzelner, der die Zufälligkeit und Einmaligkeit der Partikularität und die Allgemeinheit der Gattungsmäßigkeit in sich *synthetisiert.*» (A. Heller, 1978, S. 57)

13 «Das Individuum organisiert nämlich seine Alltage auf die Weise, daß es auch ihnen den Stempel seiner aus der Synthese von Gattungsmäßigem und individuellen Gegebenheiten sich ergebenden Individualität aufdrückt. (...) Das Alltagsleben des Individuums haben wir also mit der Kategorie der ‹Lebensführung› beschrieben. Wir sahen, daß die ‹Lebensführung› die Kategorie des Alltagslebens ist, zugleich ist jedoch zur ‹Lebensführung›, d.h. dem Synthetisieren zum Individuum nur jener Mensch fähig, der zu den gattungsmäßigen Objektivationen (zu irgendeiner dieser Objektivationen) im bewußten Verhältnis steht, d.h. ein bewußt gattungsmäßiges Wesen ist.» (A. Heller, 1969, S. 95)

14 Hier sei angemerkt, daß die in der Individualität gelungene Synthese die Wahl des Bösen einschließt, wie Agnes Heller verschiedentlich betont: «Die Individualität kann ihr Schicksal wählen, indem sie das Böse wählt.» (A. Heller, 1978, S. 61) Und: Ein Verhalten ist auch, wenn auch nur bedingt, «individuell, wenn die Menschen die hemmungslose Verwirklichung ihrer eigenen Partikularität *wählen* (wie die Helden de Sades) (...) Die Individualität ist in diesem Falle in bezug auf ihren moralischen Wertgehalt *negativer* als das partikulare Verhalten, auch wenn sie ein ‹größeres Format› aufzuweisen vermag.» (A. Heller, 1980, S. 217)

15 So auch noch Erich Fromm in «Escape from Freedom»: «Wenn der Mensch nicht die asketische Grundhaltung hätte, zu arbeiten und die Früchte seiner Arbeit um der Entwicklung der Produktionskapazitäten des ökonomischen Systems willen zu investieren, hätte unser Fortschritt in der Naturbeherrschung niemals gelingen können. Es ist dieses Wachstum der gesellschaftlichen Produktivkräfte, welches uns zum ersten Mal in der Geschichte eine Zukunft ahnen läßt, in der der unaufhörliche Kampf um die Befriedigung der materiellen Bedürfnisse aufhören wird. Dennoch, während das Prinzip der Arbeit für die Akkumulation von Kapital objektiv von einem Wert für den Fortschritt der Menschheit ist, hat es subjektiv den Menschen bestimmt, für außerpersönliche Zwecke zu arbeiten, hat ihn zum Sklaven der Maschine gemacht, die er selber hervorgebracht hat, und ihm ein Gefühl persönlicher Bedeutungslosigkeit und Ohnmacht vermittelt.» (E. Fromm, 1972, S. 132)

16 «Das Fürsich bzw. die gattungsmäßigen Objektivationen für sich sind ohne ein *bewußtes Verhältnis zur Gattungsmäßigkeit* überhaupt nicht möglich; sie repräsentieren die menschliche Entwicklung nicht nur objektiv, sondern auch durch die einschlägige Intention.» (A. Heller, 1978, S. 188f)

17 In Fortführung dieses Gedankens schreibt sie: «Das bedeutet natürlich nicht, daß die vom heutigen Gesichtspunkt aus als divergent beurteilten Entwicklungen

keine gesellschaftlichen und ideologischen Inhalte hervorgebracht hätten, die von den ‹konvergierenden› Gesellschaften nicht übernommen und vererbt worden wären. Wahrscheinlich wäre ohne die asiatische Produktionsweise die antike nicht zustande gekommen; dies ändert aber nichts an dem Standpunkt, die erste – nach Marx – als die ‹nicht-normale›, die zweite aber als die ‹normale› Kindheit der Menschheit zu betrachten.» (A. Heller, 1978, S. 39)

18 Wenn wir auch in «unserem *endlichen* Ich (...) die *unendliche* Welt nie reproduzieren, mit der menschlichen Gattung uns nie identifizieren» können, so soll doch der ganze Gattungsreichtum prinzipiell zur Wahl stehen. (A. Heller, 1980, S. 215)

19 So schon vor 200 Jahren Georg Forster: «An die Stelle des besonderen europäischen Karakters ist die Universalität getreten und wir sind auf dem Wege, gleichsam ein idealisirtes, vom Ganzen des Menschheitsgeschlechts abstrahirtes Volk zu werden, welches, mittelst seiner Kenntnisse, und, ich wünsche hinzuzusetzen, seiner ästhetischen sowohl, als sittlichen Vollkommenheit, der *Repräsentant* der gesamten Gattung heißen kann.» (G. Forster, 1970, S. 278; ursprüngl. 1790–92)

20 Vgl. dazu auch: «Während die Akkumulation des Kapitals seine erweiterte Reproduktion und Vergegenständlichung in Maschinerie und Technologie besorgt, verpflichtet es die Produzenten, jedenfalls im Rahmen der Diktatur der organisierten Arbeitszeit, auf nicht kumulative Typen des Bewußtseins (Gedächtnisses) und eine Erfahrung, die sich nicht anreichert, die stehenbleibt und gegenüber den enormen Veränderungen und Anhäufungen der kapitalistischen Gesellschaft verarmt, diesen Prozeß nicht nachvollziehen, begreifen, reflektieren und kontrollieren kann und ihm daher den Status einer überwältigenden (zweiten) Natur zubilligen muß.» (Th. Leithäuser, 1977, S. 170)

21 «Vielleicht könnten wir es in der gegenwärtigen Lage genauso gut haben, wenn viele nicht lesen könnten, sofern es für sie sozial akzeptabel wäre. Es würde schwieriger sein, die Leute zu beherrschen, wenn sie nicht so ‹informiert› wären.» (P. Goodman, 1975, S. 24)

Kapitel 6

1 «Alle erkannten Gesetze spiegeln objektiv reale Bedingungszusammenhänge zwischen Prozessen wider, und die Menschen sind in dieses von ihrem Bewußtsein und Willen Unabhängige, doch mit ihrem Bewußtsein und Willen Vermittelbare durchaus eingebettet.» (E. Bloch, 1967, S. 780)

2 «Die Namen der Dinge sind nicht nur ‹hindeutend für ihre Funktionsweise›, *sondern ihre ‹tatsächliche› Funktionsweise bestimmt und ‹umschließt› den Sinn des Dings, indem sie andere Funktionsweisen ausschließt.*» (H. Marcuse, 1967, S. 106; Hervorhebung M. G.)

3 «(...) Putschismus und Abenteurertum, als jene Übertreibungen des subjektiven Faktors» entstehen vor allem auch, «indem die Notwendigkeit einzig als *äußere*, mit dem subjektiven Faktor unvermittelte, ja ihm entgegengeltende aufgefaßt wird,

eine mögliche *Feindschaft* gegen die Notwendigkeit, also gegen den objektiv-realen Gesetzesfahrplan überhaupt.» (E. Bloch, 1967, S. 781)

4 «‹Nicht in der geträumten Unabhängigkeit von den Naturgesetzen liegt die Freiheit, sondern in der Erkenntnis dieser Gesetze und in der damit gegebenen Möglichkeit, sie planmäßig zu bestimmten Zwecken wirken zu lassen›.» (F. Engels, zit. bei E. Bloch, 1967, S. 781)

5 «Erfindung hat erst dann wieder wirklich Utopie im Leibe, wenn Bedarfswirtschaft statt Profitwirtschaft betrieben wird. Wenn endlich das Gesetz des Sozialismus: maximale Bedarfsdeckung auf dem Stand der höchsten Technik, das Gesetz des Kapitalismus: maximalen Profit, abgelöst hat. Wenn der Konsum imstande ist, alle Produkte aufzunehmen, und die Technik, ohne Rücksicht auf Risiko und private Rentabilität, wieder zur Kühnheit, ohne alle imperialistisch beförderte Dämonie, beauftragt wird.» (E. Bloch, 1967, S. 771)

6 Zu irreversiblen Schäden an der Natur «gehören beispielsweise weiträumige Klimaänderungen und Festlandsüberflutungen, weltweite Strahlenschädigungen, Absterben der Pflanzendecke durch Übersäuerung des Bodens infolge des Chlor- und Schwefelgehaltes der Luft usw.
Der Ermessensspielraum, den wir uns in diesem Bereich zubilligen müssen, verschwindet, wo es sich um jenen Bereich der Wirklichkeit handelt, dem wir selbst angehören, den Bereich des Lebendigen. Da wir selbst keine natürlichen Arten neu schaffen können, haben wir die Pflicht, die natürlichen Arten in einer für die Arterhaltung erforderlichen Anzahl von Exemplaren weiterzugeben. (...) Das ist die einzig mögliche Konsequenz aus seiner ambivalenten Lage, einerseits aufgrund seiner Instinktungebundenheit und Vernunft ‹über der Natur› zu stehen, andererseits aber doch als natürliches Wesen mit seiner Existenz an natürliche Voraussetzungen gebunden zu bleiben.» (R. Spaemann, 1979, S. 489 f) Bezogen auf die Vernichtung von Lebensfähigkeiten bedeutet dieser Gedanke, daß zukünftigen Generationen die Möglichkeit genommen wird, auf ihre Weise von der natürlichen Vielfalt Gebrauch zu machen.

7 «Wo die Züchtung von Tieren diese nur als Fleischmasse betrachtet und dabei von der Frage nach so etwas wie einem tiergemäßen Leben, nach irgendeiner Art von Wohlbefinden des Tieres, völlig absieht, wo die ökologische Nische, in welcher jede Tierart angesiedelt ist, von Anfang an durch das Schlachthaus definiert wird, da ist die Basis eines symbiotischen Umgangs mit dem Lebendigen verlassen.» (R. Spaemann, 1979, S. 489) Vgl. dazu auch: «Wenn ein Tier zum bearbeiteten Produktionsstück entwürdigt wird, zu einer Art biochemischem Komplex, so daß sein Fleisch und seine Organe einfach Material sind, das (wenn man darauf kaut) eine bestimmte Textur (weich, zart, zäh), einen Geschmack, vielleicht einen Geruch hat – dann bedeutet eine *positivistische* Beschreibung des Tieres in solchen Begriffen eine Selbstentwürdigung durch Entwürdigung des Seienden selbst.» (R. D. Laing, 1969, S. 53)

8 «Zerstörung» heißt, Raum als Lebensraum für die darin angesiedelten Arten unbrauchbar machen.

9 In einem sehr umfassenden Sinn ist allerdings auch die Müllhalde «Natur»: «Auch die gänzliche Zerstörung dieser Biosphäre auf diesem Planeten durch den

Menschen kann ja als naturgeschichtliche Transformation verstanden werden. Eine Müllhalde ist – so gesehen – nicht unnatürlicher als eine Bergquelle. Der Trieb, der die vorgegebenen Strukturen der Natur auflöst, transformiert, und Natur, auf ihre molekularen Elementarstrukturen reduziert, ist genauso natürlich wie das, was er zerstört. Es liegt in ihm kein Herausgehen aus der Natur. Der vollendete Technizismus ist zugleich vollendeter Naturalismus.» (R. Spaemann, 1973, S. 967) – Dagegen: «Herausgehen aus der Natur findet nur statt, wo Natur als sie selbst erinnert wird.» (R. Spaemann, 1973, S. 967) Nur dann kann Kultur entstehen.

10 «Das Moment der objektiven Ausführung der Handlung verweist nämlich sofort auf zwei (...) Momente – das Moment des Resultats oder Produkts als Fortsetzung und zugleich Auslaufen der Handlung (...) und das Moment der subjektiven Bedingung ihrer Produktion und Reproduktion, die sich in der Handlung selbst offenbaren, mit anderen Worten, das Moment der *Fähigkeiten* des Individuums.» (L. Sève, 1977, S. 317) L. Sève hat andererseits auf den dialektischen Zusammenhang von Fähigkeit und Tätigkeit hingewiesen: «Zwischen Handlungen und Fähigkeiten eines Individuums bestehen nun, wie sofort ersichtlich, zahlreiche dialektische Beziehungen, deren Analyse ein wesentliches Kapitel der Theorie der Persönlichkeit ausmacht. Die Fähigkeit ist die individuelle Bedingung für die Ausführung der Handlung, aber die unermeßliche Mehrzahl der Fähigkeiten wird im Individuum selbst durch eine Gesamtheit von Handlungen, die wiederum Bedingung dafür ist, produziert oder entwickelt.» (L. Sève, 1977, S. 318)

11 «Der Unglückliche gewinnt eine Art von Lust in diesem Gefühl der Überlegenheit, welches das Bezeugen des Mitleids ihm zum Bewußtsein bringt; seine Einbildung erhebt sich, er ist immer noch wichtig genug, um der Welt Schmerzen zu machen.» (F. Nietzsche, 1982, S. 60)

12 Vgl. hierzu den aristotelischen Gebrauch von Dynamis: «Aristoteles gebraucht D.(ynamis) in zwei Hauptbedeutungen. Erstens und zunächst ist D.(ynamis) ‹der Ursprung einer Veränderung (ἀρχή μεταβολῆς bzw. μεταβολητική) *in* einem anderen oder *als* ein anderes›. Da nun zu diesem Vermögen des Bewirkens gleichursprünglich das Vermögen des Erleidens gehört, ‹der im Leidenden selbst vorhandene Ursprung einer leidenden Veränderung durch ein anderes oder als ein anderes›, gelangt Aristoteles von dem kinetischen D.-Begriff zweitens zu dem ihm spezifischen ontologischen D.-Begriff (...).» (Historisches Wörterbuch der Philosophie, Bd. 2, Art. «Dynamis», 1972, Sp. 304)

13 Zur Erschwerung dieses Kosten-Nutzen-Kalküls vgl. auch: A. B. Lovins, 1978, S. 267 und A. Gorz, 1978, S. 90 ff. Zu den sozialen Kosten des verkehrstechnischen Fortschritts liefert eine Fülle von Material: J. Jacobs, 1971.

14 «Worauf es ankommt, ist also, das Sehen zum Gegenstand des Sehens, das Hören zum Gegenstand des Hörens, das Sich-Bewegen zum Gegenstand des Bewegens zu machen. Denn darin liegt ja gerade das besonders Menschenhafte, daß sich das Leben des Menschen ausschließlich als *er-lebtes Leben* verwirklichen kann. Verliert der Mensch die Fähigkeit, das Leben zu *er-leben*, so fällt er nicht etwa auf frühere Stufen des Vegetativen und Animalischen zurück, sondern durch diese Stufen hindurch in chemisch-physikalische Bereiche.» (H. Kükelhaus, 1979, S. 26) – Worauf es also ankommt, ist, das Genießen zum Gegenstand des Genießens zu machen. Ich bin mir der Ambivalenz dieses Satzes bewußt. Schleicht sich nicht da durch die

Hintertür ein Effizienzgesichtspunkt gegenüber dem Genuß ein? Die verpönte Optimierung in der Selbstverwirklichung? Der Häuptling Tuiavii aus Tiavea hat beobachtet: «Es ist eine Art Rausch an seinen eigenen Gedanken. Wenn die Sonne schön scheint, denkt er sofort: wie schön scheint sie jetzt! Er denkt immerzu: wie schön scheint sie jetzt! Das ist falsch. Grundfalsch. Denn es ist besser, gar nicht zu denken, wenn sie scheint. Ein kluger Samoaner dehnt seine Glieder im warmen Licht und denkt nichts dabei.» (Der Papalagi, o. J., S. 100f) Dennoch: Die Gegenüberstellung von Genuß und Konsum hat eine andere Pointe als jene von Genuß und Gelassenheit.

15 Einen ähnlichen Gedanken verfolgt W. Leiss: «Die Desintegration der Güter in (...) Kollektionen von nicht produktspezifischen Attributen entspricht der Fragmentierung der Bedürfnisse. Sowohl die Bedürfnisse selbst als auch die symbolischen und technischen Aspekte der Gegenstände können potentiell unendlich permutiert werden. Dies ist die tatsächliche Lage der Dinge, für die das Postulat der Unersättlichkeit nur eine grobe und unstimmige Erklärung anbietet. Die Zahl der möglichen Kombinationen, die sich aus dem Wechselspiel von Bedürfnisfragmenten und solchen nicht-produktspezifischen Kollektionen von Attributen ergibt, erscheint in der Tat grenzenlos.» (W. Leiss, 1978a, S. 146)

16 Vgl. hierzu: «(...) der ‹Empirismus› und seine Gegenmeinungen sind sich darin einig, daß beide nur nach Bewußtseinsvorgängen fragen, und eben dieser Begriff der Erfahrung als einer *Art des Wissens*, den die Philosophie fast ausschließlich verwendet, ist unzulässig verengt und vereinseitigt. (...) Erfahrung ist ihr ein Begriff der Erkenntnistheorie.» (A. Gehlen, 1980, S. 27) Dem Kantschen, ausschließlich erkenntnistheoretischen Erfahrungsbegriff stellt Gehlen den reicheren, dem Können und der Einsicht verwandten aristotelischen gegenüber und resümiert selbst: «Aber Erfahrung ist reicher. Sie ist Ausübung, Auswahl und Verwerfung, Schöpfung und Aufbau.» (A. Gehlen, 1980, S. 28)

17 Die «Lage der Dinge bedeutet eine fast unglaubliche Verwüstung unserer Erfahrung. Dies ist selbst eine Konsequenz aus der und ein weiterer Anlaß für die Isolierung unserer Erfahrung (oder dessen, was davon übrig ist) von unserem Verhalten.» (R. D. Laing, 1969, S. 21)

18 Erstens «bedeutet Erfahrung eine Art Nachricht, einen Kontakt zwischen einzelnen Ereignissen und einem wahrnehmenden Subjekt»; zweitens «meint Erfahrung einen veränderten Zustand, den jeder Kontakt zurückläßt, eine Verarbeitung, Deutung, Summe» (H. v. Hentig, 1973, S. 21).

19 «Im Unterschied zum modernen wissenschaftstheoretischen Sprachgebrauch von ‹E.(rfahrung)› (...) verwendet Aristoteles das Wort ‹εμπειρία› genau wie ‹τέχνη› (Kunstfertigkeit) und häufig auch ‹ἐπιστήμη› (im Sinne von ‹Wissen›) noch in Anknüpfung an ein Vorverständnis, dem es auf *erworbene Fähigkeiten* des Menschen, auf ein *Geübtsein* in (...), ein *Vertrautsein* mit (...) ankommt – ein Vorverständnis, das auch den alltäglichen Gebrauch des deutschen Wortes ‹E.› (‹Erfahrenheit›, ‹Erfahrensein›) noch weitgehend leitet.» (Historisches Wörterbuch der Philosophie, Bd. 2, 1972, Sp. 609)

20 Vgl. «Wenn unsere Erfahrung zerstört ist, haben wir unser eigenes Selbst verloren.» (R. D. Laing, 1969, S. 22)

21 «Bestand» ist er nur für den Augenblick, darauf sei noch einmal hingewiesen; die Erfahrung ist unablässig im Umbau begriffen, wenn auch von Individuum zu Individuum unendlich verschieden schnell.

22 Nach den eingangs zitierten Reflexionen von Laing ist die Rede von der «Aneignung der Erfahrungen anderer» unkorrekt, möglich ist vielmehr nur die Aneigung der *Manifestation* der Erfahrung, ihrer Erscheinung als Aussage, Handlung oder Verhalten.

23 Erich Fromm rechnet die Fähigkeit zu staunen der «creative attitude» zu, ebenso wie die Fähigkeit der Konzentration, das Engagement pro, den Willen, täglich neu geboren zu werden, und die Fähigkeit, Konflikt und Spannung auszuhalten. Wir können diese Fähigkeiten auch als Bestandteile der Erfahrungsfähigkeit beschreiben. (E. Fromm, 1959, S. 44 ff)

24 Henri Lefebvre weist auf den Doppelcharakter des Vergessens als Bedingung der Beweglichkeit und der Erstarrung von Erfahrung hin: «Vielleicht werden die höchstperfektionierten Maschinen der Zukunft dem logischen, diskursiven und reflexiven Denken unendlich nahekommen. (...) Niemals indessen werden sie die wohltuende und schädliche Kraft des Vergessens besitzen – wohltuend, da sie Neuanfänge ermöglicht, schädlich, da sie mechanische Wiederholungen und Lücken in die akkumulierte Erfahrung einschleppt.» (H. Lefebvre, 1975, Bd. 3, S. 168)

25 Ich sehe hier einmal ab von Spekulationen darüber, ob eine Krankheit eine unbewußte Inszenierung in auswegloser Lebenslage ist, oder ob ein Unfall als Konsequenz aus einem geheimen Todeswunsch gewertet wird, weil solche Spekulationen müßig und *impertinent* sind, solange sie nicht vom Opfer als Frage an sich selbst aufgeworfen werden. Ich folge hier also den äußeren Linien von Ereignissen, und die verweisen auf «*Heimsuchungen*».

26 «Der Mensch hat offenbar verschiedene Möglichkeiten, die Stabilität seines Images gegenüber dieser Bedrohung – wenigstens vorübergehend – zu retten: So werden u. U. widerstreitende Informationen einfach nicht zur Kenntnis genommen, sie erreichen den Empfänger nicht, kommen gar nicht erst an. Aber auch wenn Informationen von solcher Intensität und Insistenz ausgestattet sind, daß sie nicht mehr vom Bewußtsein ausgeschlossen (verdrängt) werden können, kann das Image dennoch unverändert aufrechterhalten bleiben, wenn seine Bedeutung für unser Verhalten groß genug ist.» (H. P. Dreitzel, zit. bei Th. Leithäuser, B. Volmerg u. a., 1977, S. 50)

Literatur

ADORNO, THEODOR W.: Soziologische Schriften I, Frankfurt/Main 1979
ADORNO, THEODOR W.: Thesen über Bedürfnis, in: ders.: Soziologische Schriften I, hg. v. Rolf Tiedemann, Frankfurt/Main 1979
ADORNO, THEODOR W.: Negative Dialektik, Frankfurt/Main ²1980
ADORNO, THEODOR W.: Spätkapitalismus oder Industriegesellschaft, in: Soziologische Schriften I, hg. v. Rolf Tiedemann, Frankfurt/Main 1979
AFHELDT, HORST, PHILIPP SONNTAG: Stabilität und Abschreckung durch strategische Kernwaffen – eine Systemanalyse, in: Carl Friedrich von Weizsäcker (Hg.): Kriegsfolgen und Kriegsverhütung, München 1971
AFHELDT, HORST: Verteidigung und Frieden, München 1976
ANDERS, GÜNTHER: Die Antiquiertheit des Menschen. Über die Seele im Zeitalter der zweiten industriellen Revolution, München ⁵1980
ARENDT, HANNAH: Vita activa – oder Vom tätigen Leben, Stuttgart 1960
ARENDT, HANNAH: Vom Sinn der Arbeit, in: Technologie und Politik. Das Magazin zur Wachstumskrise, 10/1978, Reinbek (Wiederabdruck)
ARIÈS, PHILIPPE: Studien zur Geschichte des Todes im Abendland, München 1976
BACON, FRANCIS: Über den Neid, in: ders.: Essays, Stuttgart 1970
BADURA, BERNHARD: Bedürfnisstruktur und politisches System, Stuttgart/Berlin/Köln/Mainz 1972
BAHR, HANS-ECKEHARD, REIMER GRONEMEYER (Hg.): Anders leben – überleben. Die Grenzen des Wachstums als Chance der Befreiung, Frankfurt/Main 1977
BAHRO, RUDOLF: Überlegungen zu einem Neuansatz der Friedensbewegung in Deutschland. Im Anschluß an Edward P. Thompsons Aufsatz über «‹Exterminismus› als letztes Stadium der Zivilisation», in: Befreiung. Zeitschrift für Politik und Wissenschaft, Nr. 21, April 1981
BALLA, BÁLINT: Knappheit, in: Stimmen der Zeit, Heft 10, Oktober 1975
BALLA, BÁLINT: Soziologie der Knappheit, Stuttgart 1978
BASAGLIA, FOUCAULT, CASTEL, WULFF, CHOMSKY, LAING, GOFFMAN u. a.: Befriedigungsverbrechen. Über die Dienstbarkeit der Intellektuellen, hg. v. Franco Basaglia, Franca Basaglia-Ongaro, Frankfurt/Main 1980
BAUDRILLARD, JEAN: La Société de consommation, Paris 1970
BAUDRILLARD, JEAN: Kool Killer oder der Aufstand der Zeichen, Berlin 1978
BAUDRILLARD, JEAN: Der Tod tanzt aus der Reihe, Berlin 1979
BAUDRILLARD, JEAN: Der symbolische Tausch und der Tod, München 1982
BECK, ULRICH: Entmündigung der Sinne – Egalisierung von Gefahren, in: Universitas, 42. Jg., Heft 6, Juni 1987
BIRNBACHER, DIETER: Was wir wollen, was wir brauchen und was wir wollen dürfen, in: Klaus M. Meyer-Abich, ders. (Hg.): Was braucht der Mensch, um glücklich zu sein?, München 1979
BLOCH, ERNST: Das Prinzip Hoffnung, Bd. 2 und 3, Frankfurt/Main 1967
BLOCH, ERNST: Subjekt – Objekt. Bemerkungen zu Hegel, Frankfurt/Main 1968

BLOCH, ERNST: Erbschaft dieser Zeit (Vorwort zur Ausgabe 1935), Frankfurt/Main 1979
BÖLL, HEINRICH: Anekdote zur Senkung der Arbeitsmoral, in: Arm und Reich, Geschichten und Gedichte, ausgew. v. Ralf Borchers, Frankfurt/Main 1987
BORST, ARNO: Lebensformen im Mittelalter, Frankfurt/Main, Berlin, Wien 1980
BRÜCKNER, PETER: Das Abseits als sicherer Ort, Berlin 1982
CANETTI, ELIAS: Masse und Macht, Frankfurt/Main 1980
CANETTI, ELIAS: Die Provinz des Menschen. Aufzeichnungen 1942–1972, Frankfurt/Main 1981a
CANETTI, ELIAS: Macht und überleben, in: ders.: Das Gewissen der Worte, Frankfurt/Main 1981b
DER NEUE BROCKHAUS, Wiesbaden 1968, Bd. 4, Stichwort «Ohnmacht»
DIE RELIGION IN GESCHICHTE UND GEGENWART, Bd. I, Handwörterbuch für Theologie und Religionswissenschaft, hg. v. Kurt Galling, Tübingen [3]1957, Art. «Askese»
DUMOUCHEL, PAUL, JEAN-PIERRE DUPUY: L'enfer des chases. René Girard et la logique de l'économie, Paris 1979
DUPUY, JEAN-PIERRE, JEAN ROBERT: Die zerstörerische Logik ökonomischer Vernunft, in: Technologie und Politik, 12/1978, Reinbek
EBERT, THEODOR (Hg.): Wehrpolitik ohne Waffen. Vom passiven Widerstand zur sozialen Verteidigung, Opladen 1972
EGGEBRECHT, ARNE, JENS FLEMMING, GERT MEYER, ACHATZ V. MÜLLER, ALFRED OPPOLZER, AKOS PAULINYI, HELMUTH SCHNEIDER: Geschichte der Arbeit, Köln 1980
ELIAS, NORBERT: Über den Prozeß der Zivilisation, Bd. I, Frankfurt/Main [3]1977
ENGELS, FRIEDRICH: Anteil der Arbeit an der Menschwerdung des Affen, in: MEGA, Bd. 20, Berlin 1971
ERDHEIM, MARIO: Die gesellschaftliche Produktion von Unbewußtheit, Frankfurt/Main 1984
ETZIONI, AMITAI: The Active Society, London/New York 1968
FEHÉR, FERENC, AGNES HELLER: Diktatur über Bedürfnisse, Hamburg 1979
FETSCHER, IRING: Was brauchen Menschen, um glücklich zu sein?, in: Klaus M. Meyer-Abich, Dieter Birnbacher (Hg.): Was braucht der Mensch, um glücklich zu sein?, München 1979
FEYERABEND, PAUL: Wider den Methodenzwang. Skizze einer anarchistischen Erkenntnistheorie, Frankfurt/Main [2]1977
FLEISCHER, HELMUT: Marxismus und Geschichte, Frankfurt/Main [2]1969
FORSTER, GEORG: Über lokale und allgemeine Bildung, in: ders.: Werke in vier Bänden, Bd. III, Frankfurt/Main 1970 (Schriften vom Sommer 1790 – Ende Okt. 1792)
FORSTER, GEORG: Über die Beziehung der Staatskunst auf das Glück der Menschheit, in: ders.: Werke in vier Bänden, Bd. III, Frankfurt/Main 1970 (Schriften aus der Zeit vom November 1792 – Ende 1793)
FORSTER, GEORG: Über Leckereyen, in: ders.: Werke in vier Bänden, Bd. III, Frankfurt/Main 1970 (Schriften vom Sommer 1788 – Frühjahr 1790)
FROMM, ERICH: Man for Himself, Greenwich, Conn. 1947
FROMM, ERICH: The Sane Society, Greenwich, Conn. 1955

FROMM, ERICH: The Creative Attitude, in: H. H. Anderson (Hg.): Creativity and its Cultivation, New York 1959
FROMM, ERICH: Marx' Beitrag zur Wissenschaft vom Menschen, in: Ernst Bloch u. a.: Marx und die Revolution, Frankfurt/Main 1970
FROMM, ERICH: Escape from Freedom, New York 1972
FROMM, ERICH: Anatomie der menschlichen Destruktivität, Stuttgart 1974
FROMM, ERICH: Haben oder Sein. Die seelischen Grundlagen einer neuen Gesellschaft, Stuttgart 1976
FROMM, ERICH: Zum Gefühl der Ohnmacht, in: Zeitschrift für Sozialforschung, 6/1937, Nachdruck München 1980
FUNK, RAINER: Mut zum Menschen. Erich Fromms Denken und Werk, seine humanistische Religion und Ethik, Stuttgart 1978
GALBRAITH, JOHN KENNETH: Gesellschaft im Überfluß, München/Zürich 1963
GALTUNG, JOHAN: Eine strukturelle Theorie der Revolution, in: Martin Jänicke (Hg.): Herrschaft und Krise, Opladen 1973
GALTUNG, JOHAN: The Basic Needs Approach, in: Katrin Lederer (Hg.): Human Needs. A Contribution to the Current Debate, Königstein/Taunus 1980
GEHLEN, ARNOLD: Der Mensch, Frankfurt/Main [8]1966
GEHLEN, ARNOLD: Anthropologische Forschung, Reinbek [14]1980
GESCHICHTLICHE GRUNDBEGRIFFE. Historisches Lexikon zur politisch-sozialen Sprache in Deutschland, Bd. 1, hg. von Otto Brunner, Werner Conze, Reinhart Kosellek, Stuttgart 1977, Art. «Bedürfnisse»
GOETHE, JOHANN WOLFGANG VON: Aus meinem Leben. Dichtung und Wahrheit. 2. Teil, 9. Buch, in: Goethes sämtliche Werke, Bd. 20, Stuttgart o. J.
GOETHE, JOHANN WOLFGANG VON: Die Natur, in: Goethes sämtliche Werke, Stuttgart o. J.
GOODMAN, PAUL: Das Verhängnis der Schule, Frankfurt/Main 1975
GORDON, ANDREW, MALCOLM BUSH, JOHN MCKNIGHT, LINDA GELLSEN, TOM DEWAR, KATHY FAGAN, ALICIA MCCAREINS: Jenseits der Bedürfnisse. Der lange Schatten der Dienstleistungsgesellschaft, in: Franco Basaglia, Franca Basaglia-Ongaro (Hg.): Befriedigungsverbrechen. Über die Dienstbarkeit der Intellektuellen, Stuttgart 1980
GORZ, ANDRÉ: Ökologie und Politik, Reinbek 1978
GORZ, ANDRÉ: Ökologie und Freiheit, Reinbek 1980
GROETHUYSEN, BERNHARD: Die Entstehung der bürgerlichen Welt- und Lebensanschauung in Frankreich, Frankfurt/Main 1978, Bd. 1
GRONEMEYER, MARIANNE: Motivation und politisches Handeln, Hamburg 1976
GRONEMEYER, MARIANNE: Politische Partizipation, in: Helmut Moser (Hg.): Politische Psychologie, Weinheim/Basel 1979
GRONEMEYER, MARIANNE: Von der Kraft der Ohnmacht, in: Heinrich Dauber, Werner Simpfendörfer (Hg.): Eigener Haushalt und bewohnter Erdkreis, Wuppertal 1981
GRONEMEYER, MARIANNE, REIMER GRONEMEYER (Hg.): Frieden vor Ort, Frankfurt/Main 1982
GRONEMEYER, MARIANNE: Sicherheit und Verletzlichkeit, in: dies., Reimer Gronemeyer (Hg.): Frieden vor Ort, Frankfurt/Main 1982
GRUHL, HERBERT: Ein Planet wird geplündert. Die Schreckensbilanz unserer Politik, Frankfurt/Main 1975

Gurjewitsch, Aaron J.: Das Weltbild des mittelalterlichen Menschen, München 1980
Habermas, Jürgen: Können Konsumenten spielen?, in: FAZ, 13. April 1957
Habermas, Jürgen: Soziologische Notizen zum Verhältnis von Arbeit und Freizeit, in: Gerhard Funke (Hg.): Konkrete Vernunft. Festschrift für Erich Rothacker, Bonn 1958
Habermas, Jürgen: Bedingungen für eine Revolutionierung spätkapitalistischer Gesellschaftssysteme, in: Ernst Bloch u. a.: Marx und die Revolution, Frankfurt/Main 1970
Habermas, Jürgen: Legitimationsprobleme im Spätkapitalismus, Frankfurt/Main ²1973
Habermas, Jürgen, Silva Bovenschen u. a.: Gespräche mit Herbert Marcuse, Frankfurt/Main 1978
Handbuch philosophischer Grundbegriffe, hg. von Hermann Krings, Hans Michael Baumgartner, Christoph Wild, Bd. II, München 1973, Art. «Natur» von Robert Spaemann; Bd. III, Art. «Zeit» von Wilhelm Dupré
Harich, Wolfgang: Kommunismus ohne Wachstum? Babeuf und der ‹Club of Rome›, Reinbek 1975
Hauptmann, Gerhart: Die Weber, Frankfurt/Main, Berlin, Wien 1959
Heinrichs, Hans-Jürgen (Hg.): Das Fremde verstehen. Gespräche über Alltag, Normalität und Anormalität, Frankfurt/Main, Paris 1982; hier: Von der Anti-Psychiatrie zum Projekt Giugliano. Gespräch mit David Cooper (Paris 1981), S. 97–110. Was wir von den primitiven Gesellschaften lernen können – und lernen müssen. Gespräch mit Stanley Diamond (New York 1981), S. 85–95
Heller, Agnes: Die Marxsche Revolutionstheorie und die Revolution des Alltagslebens, in: Praxis, 1/2, 1969
Heller, Agnes: Theorie und Praxis: ihr Verhältnis zu den menschlichen Bedürfnissen, in: Georg Lukács u. a.: Individuum und Praxis, Frankfurt/Main 1975
Heller, Agnes: Theorie der Bedürfnisse bei Marx, Berlin 1976
Heller, Agnes: Instinkt, Aggression, Charakter, Berlin 1977
Heller, Agnes: Das Alltagsleben. Versuch einer Erklärung der individuellen Reproduktion, hg. v. Hans Joas, Frankfurt/Main1978
Heller, Agnes: Leitidee zur Transformation osteuropäischer Gesellschaftsinformationen, in: Ferenc Fehér, dies.: Diktatur über Bedürfnisse, Hamburg 1979
Heller, Agnes: Theorie der Gefühle, Hamburg 1980
Hentig, Hartmut von: Schule als Erfahrungsraum, Stuttgart 1973
Hentig, Hartmut von: Vier Generationen – vier Welten?, in: ders.: Was ist eine humane Schule?, München/Wien 1976
Herbig, Jost: Das Ende der bürgerlichen Vernunft. Wirtschaftliche, technische und gesellschaftliche Zukunft, Frankfurt/Main 1980
Herder, Johann Gottfried: Abhandlung über den Ursprung der Sprache, in: Herders Sämmtliche Werke, Bd. V, Berlin 1891
Hermann, Friedrich B. Wilhelm von: Staatswirtschaftliche Untersuchungen, München ²1870
Herrera, Amilcar O., Hugo D. Scolnik u. a.: Grenzen des Elends. Das Bariloche-Modell: So kann die Menschheit überleben, Frankfurt/Main 1977
Hirsch, Fred: The Social Limits to Growth, Cambridge, Mass. 1978
Historisches Wörterbuch der Philosophie, Bd. I, hg. von Joachim Ritter,

Basel/Stuttgart 1971, Art. «Bedürfnis», Art. «Bedürfnislosigkeit», Art. «Askese», Art. «Arbeit», Art. «Akt/Potenz»; Bd. II, 1972, Art. «Dynamis», Art. «Fertigkeit»
HONDRICH, KARL OTTO: Menschliche Bedürfnisse und soziale Steuerung, Reinbek 1975
HONDRICH, KARL OTTO: Bedürfnisänderung durch Aufklärung?, in: Klaus M. Meyer-Abich, Dieter Birnbacher (Hg.), Was braucht der Mensch, um glücklich zu sein?, München 1979
HORKHEIMER, MAX: Zur Kritik der instrumentellen Vernunft, hg. v. Alfred Schmidt, Frankfurt/Main 1967
HORKHEIMER, MAX, THEODOR W. ADORNO: Dialektik der Aufklärung, Frankfurt/Main 1969 (ursprüngl. 1944)
HORKHEIMER, MAX: Geschichte und Psychologie, in: Zeitschrift für Sozialforschung, Jg. 1, 1932, Nachdruck, München 1980
ILLICH, IVAN: Die sogenannte Energiekrise oder Die Lähmung der Gesellschaft, Reinbek 1974
ILLICH, IVAN: Selbstbegrenzung, Reinbek 1975
ILLICH, IVAN: Entmündigung durch Experten, Reinbek 1979
ILLICH, IVAN: Das Recht auf würdiges Schweigen, in: Marianne Gronemeyer, Reimer Gronemeyer (Hg.): Frieden vor Ort, Frankfurt/Main 1982a
ILLICH, IVAN: Vom Recht auf Gemeinheit, Reinbek 1982b
ILLICH, IVAN: Genus. Zur historischen Kritik der Gleichheit, Reinbek 1983
ISRAEL, JOACHIM: Der Begriff Entfremdung, Reinbek 1977
ISRAEL, JOACHIM: Does Man Have Needs? A critical inquiry and a program, in: Psyke & Logos, 2/1980
JACOBS, JANE: Tod und Leben großer amerikanischer Städte, Gütersloh 1971
JÄNICKE, MARTIN (Hg.): Herrschaft und Krise, Opladen1973
KAMPER, DIETMAR (Hg.): Über die Wünsche. Ein Versuch zur Archäologie der Subjektivität, München 1977
KÜKELHAUS, HUGO: Organismus und Technik. Gegen die Zerstörung der menschlichen Wahrnehmung, Frankfurt/Main 1979
KURZAWA, LOTHAR: 2. Diskurs. In: Dietmar Kamper (Hg.): Über die Wünsche. Ein Versuch zur Archäologie der Subjektivität, München 1977
LAING, RONALD D.: Phänomenologie der Erfahrung, Frankfurt/Main 1969
LAING, RONALD D.: Ein Traum vom Frieden, in: Franco Basaglia, Michel Foucault u. a.: Befriedungsverbrechen, Frankfurt/Main 1980
LASSALLE, FERDINAND: Arbeiter-Lesebuch, in: ders.: Gesammelte Reden und Schriften, Bd. III, Berlin 1919
LAUGHLIN, WILLIAM S.: Hunting: An Integrating Biobehavior System and Its Evolutionary Importance, in: Richard B. Lee, Irven de Vore (Hg.): Man the Hunter, Chicago 1975
LEDERER, KATRIN (Hg.): Human Needs. A Contribution to the Current Debate, Königstein/Ts. 1980
LEDERER, KATRIN: Bedürfnisse: ein Gegenstand der Bedürfnisforschung? In: Klaus M. Meyer-Abich, Dieter Birnbacher (Hg.): Was braucht der Mensch, um glücklich zu sein?, München 1979
LEE, RICHARD B., IRVEN DE VORE (Hg.): Man the Hunter, Chicago [5]1975
LEFEBVRE, HENRI: Das Alltagsleben in der modernen Welt, Frankfurt/Main 1972
LEFEBVRE, HENRI: Kritik des Alltagslebens, Bd. 3, Frankfurt/Main 1975

LEISS, WILLIAM: The Domination of Nature, New York 1972
LEISS, WILLIAM: Die Grenzen der Bedürfnisbefriedigung, in: Technologie und Politik, 12/1978a, Reinbek
LEISS, WILLIAM: The Limits to Satisfaction, London 1978b
LEITHÄUSER, THOMAS: Vergesellschaftung und Sozialisation des Bewußtseins, in: ders. u. a.: Entwurf zu einer Empirie des Alltagsbewußtseins, Frankfurt/Main 1977
LEITHÄUSER, THOMAS, BIRGIT VOLMERG: Die Entwicklung einer empirischen Forschungsperspektive aus der Theorie des Alltagsbewußtseins, in: dies. u. a.: Entwurf zu einer Empirie des Alltagsbewußtseins, Frankfurt/Main1977
LEITHÄUSER, THOMAS, BIRGIT VOLMERG, GUNTHER SALJE, UTE VOLMERG, BERNHARD WUTKA: Entwurf zu einer Empirie des Alltagsbewußtseins, Frankfurt/Main 1977
LEPENIES, WOLF, HELMUT NOLTE: Kritik der Anthropologie. Marx und Freud, Gehlen und Habermas. Über Aggression, München [2]1972
LÉVI-STRAUSS, CLAUDE: Strukturale Anthropologie II, Frankfurt/Main 1975
LÉVI-STRAUSS, CLAUDE: Mythos und Bedeutung. Vorträge. Gespräche mit Claude Lévi-Strauss, hg. von Adelbert Reif, Frankfurt/Main 1980
LEWERENZ, CHRISTA: Bedürfnisse aus völkerkundlicher Sicht, in: Entwicklung und Zusammenarbeit, 6/1978
LEWIN, KURT: Vorsatz, Wille und Bedürfnis, in: Psychologische Forschung, Bd. 7, Berlin 1926
LEXIKON DER ZEITGENÖSSISCHEN FRANZÖSISCHEN PHILOSOPHIE, in: Basler Magazin Nr. 41, 11. Oktober 1980, Art. «Mensch»
LINDER, STAFFAN BURENSTAM: The Harried Leisure Class, New York/London 1970
LINDIG, WOLFGANG (Hg.): Völker der Vierten Welt. Ein Lexikon fremder Kulturen in unserer Zeit, Art. «Aché», München/Paderborn/Wien/Zürich 1981
LOVINS, AMORY B.: Sanfte Energie, Reinbek 1978
LOVINS, AMORY B., L. HUNTER LOVINS: Atomenergie und Kriegsgefahr, Reinbek 1981
LUKÁCS, GEORG u. a.: Individuum und Praxis. Positionen der «Budapester Schule», Frankfurt/Main 1975
MALLMANN, CARLOS A.: On the Formalization of a Dynamic and Systemic View of Synergic Human Needs Satisfaction Oriented Developments, San Carlos de Bariloche, Dezember 1977
MALLMANN, CARLOS A.: Society, Needs and Rights: A Systemic Approach, in: Katrin Lederer (Hg.): Human Needs, Königstein/Ts. 1980
MANDEL, ERNEST: Der Spätkapitalismus, Frankfurt/Main [2]1973
MARCUSE, HERBERT: Der eindimensionale Mensch, Neuwied/Berlin [3]1968
MARCUSE, HERBERT: Gesprächsbeitrag, in: Theorie und Politik, ein Gespräch mit Habermas, Lubasz, Spengler, in: Jürgen Habermas, Silvia Bovenschen u. a.: Gespräche mit Herbert Marcuse, Frankfurt/Main 1978
MARX, KARL: Ökonomisch-philosophische Manuskripte (1844). In: MEW, Ergänzungsband I, Berlin 1968
MARX, KARL: Das Kapital, Dritter Band. In: MEW, Bd. 25, Berlin 1969
MASLOW, ABRAHAM H.: Motivation und Persönlichkeit, Olten/Freiburg 1977
MASSING, PETER, PETER REICHEL (Hg.): Interesse und Gesellschaft. Definitionen – Kontroversen – Perspektiven, München 1977

McKnight, John: Professionelle Dienstleistung und entmündigende Hilfe, in: Ivan Illich u. a.: Entmündigung durch Experten, Reinbek 1979
Menne, Ferdinand W.: Menschliche Bedürfnisse und Grenzen des Wachstums, in: Internationale Dialog Zeitschrift, 6. Jg., 1973, Heft 2
Meyer-Abich, Klaus M.: Kritik und Bildung der Bedürfnisse. In: ders., Dieter Birnbacher (Hg.): Was braucht der Mensch, um glücklich zu sein?, München 1979
Meyer-Abich, Klaus M., Dieter Birnbacher (Hg.): Was braucht der Mensch, um glücklich zu sein? Bedürfnisforschung und Konsumkritik, München 1979
Moser, Helmut (Hg.): Politische Psychologie. Politik im Spiegel der Sozialwissenschaften, Weinheim/Basel 1979
Müller, Johann Baptist: Bedürfnis und Gesellschaft. Bedürfnis als Grundkategorie im Liberalismus, Konservatismus und Sozialismus, Stuttgart 1971
Münzel, Mark: Roter Faden zur Ausstellung Gejagte Jäger. Aché und Mbia. Indianer in Südamerika, Frankfurt/Main 1983
Murray, Edward J.: Motivation and Emotion, London 1964
Negt, Oskar, Alexander Kluge: Öffentlichkeit und Erfahrung, Frankfurt/Main 1972
Nietzsche, Friedrich: Menschliches-Allzumenschliches, Frankfurt/Main 1982 (urspr. 1886)
Novalis (Friedrich v. Hardenberg): Christenheit und Europa, Zürich 1944
Offe, Claus: Bürgerinitiativen und Reproduktion der Arbeitskraft im Spätkapitalismus, in: ders.: Strukturprobleme des kapitalistischen Staates, Frankfurt/Main 1972
Ozaki, Makoto: Artikulationen, Berlin 1981
Der Papalagi. Die Reden des Südseehäuptlings Tuiavii aus Tiavea, hg. v. Erich Scheuermann, o. O., o. J.
Pasolini, Pier Paolo: Freibeuterschriften, Berlin 1979
Philosophisches Wörterbuch, hg. von Georg Klaus, Manfred Buhr, Bd. I, Leipzig 1976, Art. «Abstraktes und Konkretes»
Polanyi, Karl: Kritik des ökonomistischen Menschenbildes, in: Technologie und Politik, 12/1978, Reinbek
Reimer, Everett: Schafft die Schule ab!, Reinbek 1972
Rousseau, Jean Jacques: Abhandlung über den Ursprung und die Grundlagen der Ungleichheit unter den Menschen (1755). In: ders.: Schriften, Bd. I, München 1978
Sachße, Christoph, Florian Tennstedt: Geschichte der Armenfürsorge in Deutschland. Vom Spätmittelalter bis zum 1. Weltkrieg, Stuttgart/Berlin/Köln/Mainz 1980
Sahlins, Marshall: The Spirit of the Gift, in: ders.: Stone Age Economics, London 1974
Sahlins, Marshall: Stone Age Economics, London 1974
Sahlins, Marshall: Notes on the Original Affluent Society, in: Richard B. Lee, Irven de Vore (Hg.): Man the Hunter, Chicago 1975
Sahlins, Marshall: Ökonomie der Fülle. Die Subsistenzwirtschaft der Jäger und Sammler, in: Technologie und Politik, 12/1978, Reinbek
Schmidt, Aurel, Jürg Altwegg: Lexikon der zeitgenössischen französischen Philosophie, Art. «Ausschließung», in: Basler Magazin Nr. 41, 11. Okt. 1980

SCHOECK, HELMUT: Der Neid. Eine Theorie der Gesellschaft, Freiburg/München 1966
SCITOVSKY, TIBOR: The Joyless Economy: An Inquiry into Human Satisfaction and Consumer Dissatisfaction, Oxford/London/New York 1976
SEERS, DUDLEY: Was heißt ‹Entwicklung›?, in: Dieter Senghaas (Hg.): Peripherer Kapitalismus. Analysen über Abhängigkeit und Unterentwicklung, Frankfurt/Main 1974
SENGHASS, DIETER (Hg.): Peripherer Kapitalismus. Analysen über Abhängigkeit und Unterentwicklung, Frankfurt/Main 1974
SENGHAAS, DIETER: Wie ist Unterentwicklung zu überwinden?, in: Hans-Eckehard Bahr, Reimer Gronemeyer (Hg.): Anders leben – überleben. Die Grenze des Wachstums als Chance der Befreiung, Frankfurt/Main 1977
SERVICE, ELMAN R.: The Hunters, Englewood Cliffs, New Jersey 1966
SÈVE, LUCIEN: Marxismus und Theorie der Persönlichkeit, Frankfurt/Main ^{3}1977
SÈVE, LUCIEN: Marxistische Analyse der Entfremdung, Frankfurt/Main 1978
SLOTERDIJK, PETER: Kritik der zynischen Vernunft, Bd. I und II, Frankfurt/Main 1983
SPAEMANN, ROBERT: Art. «Natur», in: Handbuch philosophischer Grundbegriffe, hg. von Hermann Krings u. a., Bd. 2, München 1973
SPAEMANN, ROBERT: Technische Eingriffe in die Natur als Problem politischer Ethik, in: Scheidewege, 4/1979
THOMAS, ELIZABETH MARSHALL: The Harmless People, New York 1959
THOMAS VON AQUIN – S. THOMAE AQUINATIS, O. P.: Summa Theologica, Prima Secundae, II Quaest. XCV, art. 1, Paris 1887
THOREAU, HENRY DAVID: Walden oder Leben in den Wäldern (1854), Zürich 1971
TRAUBE, KLAUS: Müssen wir umschalten? Von den politischen Grenzen der Technik, Reinbek ^{2}1978
VESTER, FREDERIC: Das Überlebensprogramm, Frankfurt/Main ^{3}1979
WEIZSÄCKER, CARL FRIEDRICH VON (Hg.): Kriegsfolgen und Kriegsverhütung, München 1971
WILLIAMS, RAYMOND: Keywords. A Vocabulary of Culture and Society, Glasgow ^{7}1981
WINTERER, BERNHARD: Traktat über Elend und Bedürfnis, Hamburg 1973
WOLF, CHRISTA: Kassandra, Darmstadt/Neuwied 1983 a
WOLF, CHRISTA: Voraussetzungen einer Erzählung: Kassandra – Frankfurter Poetik-Vorlesungen, Darmstadt/Neuwied 1983 b
ZIEGLER, JEAN: Die Lebenden und der Tod, Frankfurt/Main, Berlin, Wien 1982